Moritz Busch

Wunderliche Heilige

religiöse und politische Geheimbünde und Sekten

Moritz Busch

Wunderliche Heilige
religiöse und politische Geheimbünde und Sekten

ISBN/EAN: 9783743323681

Hergestellt in Europa, USA, Kanada, Australien, Japan

Cover: Foto ©Lupo / pixelio.de

Manufactured and distributed by brebook publishing software (www.brebook.com)

Moritz Busch

Wunderliche Heilige

Wunderliche Heilige.

Religiöse und politische Geheimbünde und Secten

von

Moritz Busch.

Leipzig,
Verlag von Fr. Wilh. Grunow.
1879.

Vorwort.

ie folgenden Culturbilder, meist der Gegenwart entnommen, zum Theil nach eigner Beobachtung gezeichnet, betreffen eine Seite des Völkerlebens, welche in das große Kapitel der menschlichen Thorheit gehört, aber doch nach verschiedenen Beziehungen hin von nicht gewöhnlichem Interesse ist. Sie sind ein Beitrag zur Geschichte der geistigen Krankheiten, die von Zeit zu Zeit namentlich unter minder civilisirten Nationen, aber auch in den bildungsarmen niedern Schichten höherstehender Völker auftreten und bisweilen viel Unheil anrichten, häufig von grauenhaften Erscheinungen begleitet sind, in andern Fällen aber nur Mißgestaltungen am Körper der betreffenden Volks- oder Religionsgemeinde zur Folge haben, die Lächeln erwecken und den Spott der außerhalb derselben Stehenden herausfordern.

Die Gegenstände meiner Darstellung zerfallen in zwei Gruppen: seltsame Erscheinungen auf dem Gebiete der Religion und Kirchengeschichte, bizarre Orden, Secten und Gemeinden, wie sie namentlich der Orient mit Einschluß Rußlands und das unaufhörlich neue Religionsstifter gebärende Nordamerika aufweisen, und Genossenschaften wunderlicher Heiligen auf dem Felde der politischen und socialen Bestrebungen, Geheimbünde, nach dem Vorbilde der Freimaurer organisirt, aber mit Tendenzen, die revolutionärer Natur sind.

Die Secten und Orden, von denen ich zunächst berichte, sind meist chiliastischer Art, sie erwarten den baldigen Eintritt der Zeit, wo ihr Messias kommen und der Himmel sich auf die Erde herabsenken soll, oder sie glauben bereits am Anfang dieser glücklichen Zeit zu leben und die Gemeinde Gottes inmitten der vom Antichrist beherrschten Welt zu bilden. Ein zweites hier mehrfach wiederkehrendes Moment ist die Verehrung Gottes durch Tänze oder tanzartige Bewegungen, welche ein wesentliches Zubehör bei ihren Andachtsübungen ist. Ein drittes endlich tritt uns in den geschlechtlichen Beziehungen entgegen, die in dem Glauben dieser Secten gewöhnlich eine Hauptrolle spielen, und in Betreff deren den Gliedern der Gemeinde in der Regel Entsagung auferlegt ist, indem fleischlicher Verkehr zwischen Mann und Weib als schwere Sünde, ja als Grund und Wurzel alles Bösen und Enthaltsamkeit als die Krone aller Tugenden aufgefaßt wird. Eigenthümlich ist, wie dieselben barocken Gedanken fast in derselben Gestalt sich unter den verschiedensten Nationen, Germanen, Slaven und Semiten, unter Christen wie unter Bekennern des Islam entwickelt und zu beinahe gleichen Vorschriften, Verboten, Riten und Bräuchen geführt haben. Verwundern kann auf den ersten Blick, wie solche Wunderlichkeiten, solche krasse Verstöße gegen den gesunden Menschenverstand, solche Ausartungen des religiösen Gefühls und Bedürfnisses, solche wilde Phantastereien noch in unsern Tagen nicht blos vorkommen, sondern weite Kreise von

Menschen ergreifen und in ihrer Art glücklich machen können. Bei einigem Umschauen und Nachdenken indeß gewahren wir auch in anderen Beziehungen, daß die Sonne des neunzehnten Jahrhunderts zwar größere Strecken der Erde als die der vergangnen Epochen der Geschichte bescheint, aber noch lange nicht die ganze als gesittet und aufgeklärt geltende Menschheit, geschweige denn die außerhalb der letzteren gelegene Welt, und daß infolge dessen noch unendlich viel möglich ist, was man bei oberflächlichem Ueberblicken der Dinge für unmöglich hält.

Welch eine seltsame Religion ist die der Drusen, dieser Gnostiker der muhammedanischen Welt, mit ihrer Seelenwanderung, ihrem abscheulichen Gottmenschen und ihrem schauerlichen Glauben von den letzten Dingen! Welch ein unheimlicher Gottesdienst tritt uns in den Sikrs der heulenden Derwische Aegyptens vor die Augen! Wer ließe sich in Deutschland träumen, daß es in Amerika eine Secte von mehreren tausend Menschen giebt, die der Ueberzeugung leben, daß Christus die Welt in Gestalt einer Frau zum zweiten Mal erlöst hat, daß die Verheißung vom tausendjährigen Reiche erfüllt ist, daß die höchste Pflicht darin besteht, sich geschlechtlicher Genüsse zu enthalten, die Ehe zu fliehen, in communistisch organisirten Niederlassungen abgesondert von den andern Bürgern des Staates, den Staat und seine Einrichtungen als Teufelswerk verachtend, zu leben und Gott vorzüglich durch andächtige Bewegung der Beine zu ehren? Und doch kann man dieß alles jederzeit beobachten, wenn man Gelegenheit hat, eins der achtzehn Shakerklöster der Vereinigten Staaten zu besuchen. Nicht viel weniger wunderliche Heilige sind die Nachbarn dieser komischen Leute, die deutschen Wiedertäufer in den Hinterwäldern des Westens der Union mit ihrem Buchstabenglauben und ihren bäuerischen Predigern und Bischöfen. Ein tragikomisches Bild folgt in den transkaukasischen Chiliasten und ihrem Versuch eines Exodus nach Jerusalem. Bald grauenhaft wild, bald widerlich erscheinen die Secten, die das Altrussenthum erzeugt hat, Blut und Feuer wallen uns aus ihrer Mitte entgegen, durch Selbstmord und Selbstverstümmelung dienen hier Tausende von wüsten Fanatikern ihrem Gotte. Eine wahre Karrikatur auf die Bildung unsrer Zeit endlich sind die Spiritisten, die in Amerika nach Millionen zählen, in England und Frankreich Tausende von Anhängern gewonnen haben und selbst im philosophisch geschulten Deutschland verbreiteter sind, als zu wünschen ist und Mancher glauben wird.

Die politischen Geheimbünde, welche die zweite Gruppe meiner wunderlichen Heiligen bilden, sind in den einleitenden Worten des Kapitels über die Fenier charakterisirt. Sie gehören unter jene Rubrik im weiteren Sinne mit ihren großen Worten und kleinen Thaten, ihrem mächtigen Wollen, dem in der Regel kein Vollbringen entspricht; ihrem Spiel mit leeren Symbolen, ihrem Geheimthun und ihrer Aufschneiderei. Das gilt von den irischen und amerikanischen Feniern und kaum weniger von den Carbonari Italiens und Frankreichs. Einen minder unwesentlichen Einfluß auf die erstrebte Entwickelung der Dinge hatte die griechische Hetärie, doch paßt sie mindestens zum Theil in unsern Zusammenhang, da ihr erster General-ephore und die Mehrzahl der Personen seiner Umgebung, wenn sie mit der Fackel der Geschichte beleuchtet werden und die Glorie verschwindet, mit welcher die Poesie ihr Schicksal geschmückt hat, kaum viel weniger als die Führer jener Irländer und Italiener dem Vorwurf entgehen, viel gewollt und wenig gewagt und geleistet, sich und Andere getäuscht und mehr als billig mit Schein, Phrase und Schwindel gehandelt zu haben. Das letzte Kapitel, welches die Mafia Siciliens betrachtet, schließt diese Gruppe ab mit der Darstellung eines Geheimbundes mit socialen Zwecken und läßt uns lehrreiche Blicke in das Volksleben dieser ihrer Bevölkerung nach wenig bekannten Insel thun, die mancherlei Erscheinungen in der neuesten Geschichte Italiens erklären, welche bisher schwer zu begreifen waren.

I.

Die Secte der Drusen.

as wir bis vor Kurzem von der geheimnißvollen Secte der Drusen wußten, die von Zeit zu Zeit die Augen der europäischen Welt auf den Libanon lenkt, beruhte im Wesentlichen auf den Mittheilungen, die Sylvester de Sacy in seinem „Exposé über die Religion der Drusen" nach einem ihrer Religionsbücher gab, welches als Beutestück in einem der letzten syrischen Kriege Mehemed Alis nach Paris gekommen war. Das Folgende, eine Auswahl des allgemein Interessanten aus dem Anhang zum ersten Bande der „Reisen im Orient" von Professor H. Petermann, beansprucht insofern besondere Beachtung, als es dem eigens für diesen Gelehrten niedergeschriebenen Aufsatz eines gebildeten Arabers in Damaskus entnommen ist, der einst zu den Wissenden der Drusen gehörte, sich dann aber zum Protestantismus bekehren ließ.

Ob der Bericht in allen Einzelheiten vollen Glauben verdient, lasse ich dahingestellt. Es fehlt darin nicht an Widersprüchen, aber jedenfalls giebt er in vielen Stücken Veranlassung, diese wunderlichen Heiligen der semitischen Welt günstiger zu beurtheilen, als bis dahin geschehen, und da der Verfasser keinerlei Ursache gehabt zu haben scheint, uns seine ehemaligen Glaubensgenossen in zu vortheilhaftem Lichte zu zeigen, so werden wir annehmen dürfen, daß er mindestens in dieser Hinsicht die Wahrheit niedergeschrieben hat.

Der Name der Drusen ist von Muhammed Ed Derezi (Muhammed der Schneider) abzuleiten, den man als ihren ersten Propheten anzusehen hat. Sie selbst erkennen jenen nicht an, verschmähen daher den Namen Drusen und nennen sich Einheitsbekenner. Sie sind aus der Secte der Karmatier hervorgegangen, die sich in den Städten Hadschar und Suad El Kufa erhob, sich zu Ende des dritten Jahrhunderts der Hedschra bis in die Gegend von Damaskus verbreitete und von den abbasidischen Chalifen vielfach verfolgt wurde. Einer dieser Secte, Obeid Allah, floh bei der Eroberung der Stadt Selemje, die bei Hama lag, nach Afrika, wo er sich scheinbar zum Islam bekannte, sich für einen Nachkommen Fatimes, der Tochter des Propheten ausgab und in Tunis eine Dynastie gründete, welche ihre Herrschaft über den größten Theil Nordafrikas ausbreitete und mit Maadd, bekannt unter dem Namen El Melik El Muizzeddin, den Thron der Chalifen in Aegypten bestieg, den sie als Familie der Fatimiden mehrere Jahrhunderte innehatte.

Unter dem Chalifen Hakim, mit seinem vollen Namen El Hakim Beamr Illah Achmed Ben Nezar, versuchte der in dieser Herrscherfamilie fortlebende Sectengeist seinen Glauben an die Stelle des Islam zu setzen. Im Jahre 407 der Hedschra trat einer der Diener Hakims, der erwähnte Muhamed Ed Derezi auf, lehrte, daß der Chalif Gott in Menschengestalt sei, und forderte vom Volke die Anbetung desselben. Die Folge war ein Aufruhr, in welchem der Prophet erschlagen wurde. Hakim, in dessen Auftrag er offenbar gepredigt hatte, stellte sich zuerst, als ob er die Ermordung billige, ließ aber später die Mörder hinrichten, und schon im nächsten Jahre folgte jenem ein zweiter Prophet, der die Lehre von Hakims göttlicher Natur vortrug.

Dieß war Hamza Ibn Ali Ben Achmed mit dem Beinamen El Adschemi, d. h. der Perser. Derselbe wählte sich vier Gehülfen, die Ismail, Muhammed, Salama und Behaeddin hießen, und die er seine vier Frauen oder in Verbindung mit sich selbst die fünf Ausgangspunkte der Verkündigung der Einheit (Gottes) nannte. Auch sich selbst legte er verschiedene hochklingende Namen bei, wie: die allgemeine Vernunft, der Mittelpunkt, der Imam, der Führer der Gehorchenden, der Messias der Völker, Jessu (Jesus), der Hermes der Hermesse, der Verbundene, d. h. der in steter Verbindung mit dem Gotte Hakim Stehende u. a. m. Außer jenen vier Hauptjüngern, von denen Ismail, der Schwager Hamzas, den Drusen als der Vornehmste gilt, wählte sich Hamza noch 159 andere Gehülfen, von denen er einige als Glaubensboten, andere als Vorsteher, noch andere als Hausnachbarn bezeichnete. Wie durch die Predigt wirkten er und seine Gefährten auch durch Abhandlungen, deren die Secte 111 besitzt. Die Drusen nennen diese Schriften „Die Sitzungen der Herrscher und ihrer Gelehrten", und dieselben sind jetzt in sechs Bücher zusammengefaßt, die man theils nach dem ersten der darin enthaltenen Tractate, theils nach einem andern benennt. Das erste Buch heißt das Diplom, das zweite die Widerlegung oder die Vernichtung (wörtlich die Kopfwunde), das dritte die Erweckung, das vierte der erste der sieben Theile, das fünfte die Treppe, das sechste endlich die Vorwürfe. Im Jahre 1817 n. Chr. gelangten die Drusen noch in den Besitz eines siebenten, acht Abhandlungen enthaltenden Buches, welches sie von einem Christen, der es in einer ägyptischen Schule gefunden haben wollte, erhielten, und das von ihnen das Buch der Griechen genannt wird.

Der Gegenstand dieser Abhandlungen ist sehr verschieden: einige besprechen die Glaubenssätze der Secte, andere polemisiren gegen die Muhammedaner, die Juden, die Christen, wieder andere vertheidigen die Laster Hakims, denen sie weise Absichten und geheimnißvolle Winke unterlegen; einige geben nur die Anreden, mit denen Hamza seinen Gefährten Aemter verlieh, die meisten bestehen in dunklen Andeutungen, Räthseln und Spielereien mit Worten und Buchstaben.

Der Gott Hakim war eins der blutgierigsten Ungeheuer, welches die Geschichte der Menschheit aufweist, und in allen seinen Neigungen ein sarazenischer Nero. Infolge dessen fand die Lehre Hamzas, nach welcher er ein Gott war, in Kahira, wo er residirte, wenig Anklang. Dagegen machte das neue Evangelium in Syrien rasche Fortschritte. Die Predigt der Apostel Hamzas überzeugte zuerst die Emire vom Geschlechte Tenuch, welche den westlichen Libanon beherrschten, verbreitete sich dann in die Gegend von Rascheia und die Provinz Bellan, östlich vom großen Hermon, und unterwarf sich im Verlauf von drei Jahren das ganze Gebirge mit Einschluß des Antilibanon oder Wadi Et Teim. Daheim in Aegypten nahm die Sache einen andern Gang. Die wüste Ketzerei Hakims empörte die Rechtgläubigen, seine unerhörte Grausamkeit das ganze Volk. Sitt El Mulk, die eigne Schwester des tyrannischen Mystikers, stellte sich an die Spitze der Mißvergnügten und ließ ihn, als er eines Abends seiner Gewohnheit gemäß auf seinem weißen Esel nach dem Mokattamberg geritten, von vertrauten Männern ermorden. Nachdem diese ihn mit Dolchstichen getödtet, zogen sie ihm die Kleider aus, die sie sorgfältig wieder zuknöpften, während sie den nackten Leichnam verbargen. Das Zuknöpfen der Kleider scheint auf Befehl der Schwester stattgefunden zu haben, welche den Glauben an die Gottheit des Bruders erhalten wissen wollte. Wenigstens sagte man, als der Chalif nicht wiederkehrte und die nach ihm Ausgesandten die Kleider in diesem Zustande ohne den Körper fanden, Hakim hobe sich nur unsichtbar gemacht, um die Seinigen zu prüfen und die Abtrünnigen unter ihnen bei seiner Wiederkunft strafen zu können. Um dieses Wunder zu erklären, behaupten die Drusen, daß Hakim einen Leib von feinerer Substanz als der menschliche Körper gehabt, der aus seiner Hülle verschwinden gekonnt, ohne sie aufzuknöpfen oder zu zerreißen. Er war nach ihnen, wie es im Koran heißt: „gleich dem trügerischen Wasserschein (in der Wüste), den der Durstige für Gewässer hält, wenn er aber dahin kommt, findet er nichts, aber Gott findet er bei sich". Daß Dolchstiche an den Kleidern sichtbar waren, wird von den Drusen nicht in Abrede gestellt, aber als ein mysteriöses Zeichen gewisser Absichten ihres Gottes angesehen.

Hakim hinterließ zwei Söhne, aber dieselben wurden von der Secte nicht als seine Kinder anerkannt. Man erzählt, daß der eine derselben, der dem Vater in der Chalifenwürde folgte, Ali Eß Sfahir, zu Hamza gesagt habe: „Verehrt mich, wie ihr meinen Vater verehrt habt; jener aber habe erwidert: „Unser Herr, welcher gepriesen sei, hat weder gezeugt, noch ist er gezeugt worden". Ali entgegnete: „Also bin ich mit meinem Bruder unehelich geboren"? Hamza sprach: „Du hast es gesagt und gegen Dich selber Zeugniß abgelegt". Dadurch in Wuth versetzt, befahl Ali die Ermordung der Unitarier. Wieviel hiervon wahr ist, wissen wir nicht. Sicher ist nur, daß der Chalif Ali Eß Sfahir, um das durch die Tyrannei seines Vaters schwer bedrängte und erbitterte Volk für sich zu gewinnen, die etwaigen Hoffnungen auf göttliche Verehrung aufgab und, sich von der Lehre Hamzas abwendend, den Befehl ertheilte, jedermann solle zum Islam zurückkehren. Die, welche bei der Secte verblieben, wurden entweder getödtet oder entflohen zu ihren Glaubensgenossen nach Syrien, wo sie sich meist im Antilibanon niederließen.

Wir wenden uns jetzt zu den Glaubenssätzen der Drusen, die bei näherer Betrachtung als ein Gemisch von Philosophemen der Neuplatoniker, von Anklängen an die Lehren gewisser gnostischer Secten, an den Islam und an die Meinungen der Bateniden-Secte erscheinen. Die Sittenlehre der von Muhammed Ed Derezi und Hamza gestifteten Religion setzte Anfangs, d. h. so lange Hakim noch lebte, die vollkommene Immoralität auf den Thron. Es scheint, daß damals in dieser Beziehung ungefähr dasselbe vorgetragen wurde, was noch jetzt als Prinicp für ihren Glauben gilt. Wie dieses dahin geht, das für wahr zu halten, was andere Religionen leugnen, so scheint die Ethik der Drusen anfänglich darin bestanden zu haben, das als gut und Gott wohlgefällig zu gebieten, was andere Glaubensgenossenschaften als böse untersagten. Die Verfolgung wird dann läuternd gewirkt haben, denn Behaeddin, der jüngste von den fünf „Ausgangspunkten", welcher die andern überlebte, schrieb mehrere im Buche der Vorwürfe enthaltene Abhandlungen, in denen er die Lehren Muhammed Ed Derezis und der ersten Missionäre Ibn El Berberije und Sokain als schändlich verurtheilte.

Ihren noch jetzt anerkannten Glaubensartikeln zufolge nehmen die Drusen zunächst einen einigen ewigen und vollkommenen Gott an. Dieser schuf nach ihnen im Anfang das Licht und die Finsterniß. Das Licht war die allgemeine Vernunft, seine Menschwerdung und sein Prophet Hamza Ben Ali Ben Achmed, der Führer der Gehorchenden. Die

Finsterniß war der sprechende Geist, Iblis, d. h. der Teufel, und seine Menschwerdung und sein Prophet war Muhammed, der Stifter des Islam. Aus dem Lichte Hamzas wurden vier Geister, die oben erwähnten vier „Ausgangspunkte der Einheitslehre" erzeugt, deren größter Ismail ist. Ebenso entsprangen aus der Finsterniß Muhammeds seine vier Gefährten Abu Bekr, Omar, Othman und Ali Ibn Abu Taleb, welcher letzterer den Drusen als der vornehmste gilt und deshalb als der Asas (Grundstein) oder auch als der Satan bezeichnet wird. So standen vier Ausgangspunkte der wahren Lehre vier Ausgangspunkten der Irrlehre, und so stand die allgemeine Vernunft dem Sprechenden gegenüber. Gott aber blieb allein, getrennt von seinen Geschöpfen. Sein Wesen mit den Sinnen und Kräften des menschlichen Körpers zu erfassen, ist unmöglich. Hätte er sich seinen Creaturen nicht offenbart, so würden sie keinen Beweis für seine Existenz haben. Zufolge seiner Gerechtigkeit aber hat er sich ihnen zu verschiedenen Zeiten kundgegeben, wenn auch in einem Schleier der Körperlichkeit. Dieser Schleier muß von dem edelsten seiner Geschöpfe sein, und darum erschien er ihnen das letzte Mal in der Gestalt Hakims, welcher ein großer König war. „Denn wer Männer beherrscht, der hat", wie die Drusen sagen, „den Verstand von allen, und Hakim war Herrscher über viele Tausende, hatte also auch den Verstand vieler Tausende".

Die Welt wurde nicht in sechs Tagen oder Epochen, sondern auf einen Ruck erschaffen. Ebenso traten die Menschen auf einmal und nicht durch Abstammung von einem einzigen Vater ins Leben. Die Zahl der menschlichen Seelen ist von Anfang an bis jetzt die gleiche geblieben, sie vermehrt sich nicht und nimmt nicht ab; denn jedes Mal, wenn ein Mensch stirbt, geht seine Seele in ein neugebornes Kind über. Dieser Vorgang wird von den Theologen der Drusen als Trennung, bisweilen als Schöpfung, gewöhnlicher aber als Umkleidung bezeichnet. Sie sagen: „Wie das Hemd das Kleid des Körpers ist, welches abgenutzt und dann mit einem neuen vertauscht wird, so ist der Körper das Kleid der Seele, er wird ebenfalls allmählich abgenutzt und dann mit einen neuen vertauscht". Anderswo wird von ihnen die Seele mit einer Flüssigkeit verglichen, die eines Gefäßes bedarf, um beisammen zu bleiben; zerbricht dieses, so muß die Flüssigkeit von einem andern Gefäß aufgenommen werden, damit sie nicht verloren geht.

Die Menschheit ist nach der Meinung der drusischen Dogmatiker unendlich viel älter als nach der Angabe der Genesis. Sie hat bis jetzt siebzig Zeitalter gelebt, jedes zu siebzig Perioden gerechnet, von denen wieder jede siebenmalhunderttausend Jahre zählte, sodaß von Erschaffung der Menschen, denen beiläufig in den Dschinn, den Binn, den Rimm und den Timm andere Erdbewohner vorausgingen, bis zur Erscheinung Gottes in Hakims Gestalt nicht weniger als 3,430,000,000 Jahre verflossen waren. Hakims Auftreten fiel in das Ende der körperlichen Welt. Die Zeit von da an bis jetzt gehört zur Periode der leiblichen Auferstehung, die von den Drusen wie von den chiliastischen Secten Englands und Amerikas in Bälde erwartet wird.

Gott ist aber seinen Verehrern keineswegs blos in Hakim, sondern in jedem einzelnen der siebzig Zeitalter erschienen, und ebenso offenbarten sich die „Ausgangspunkte" des Lichtes und der Finsterniß in jedem Zeitalter einmal. Aber nur zehnmal wurden diese Offenbarungen, die sie als Stationen bezeichnen, den Menschen bekannt. Das erste Mal erschien der „Erhabne" in der Stadt Hadschar, und zwar in der Gestalt eines Vermiethers von tausend Kameelen. „Nach Ansicht der Drusen war also", wie der ironische Witz unseres Exdrusen bemerkt, „in seiner damaligen Erscheinung sein Verstand dem Verstande von den tausend Kameelen, die er beherrschte, gleich". Darauf gab er sich der Menschheit in der Person von Elbar zu erkennen, dann als Muill, Ali, Abu Zekarija, Mansur, Muizz, Kaim, Aziz, endlich als Hakim Beamrihi (d. h. Richter durch seinen eignen Befehl; so nennen ihn die Drusen statt Hakim Beamr Illah, d. h. Richter durch den Befehl Gottes, wie er eigentlich hieß), mit dessen feinem, luftigen Körper bekleidet er in der Auferstehung wiederkommen wird.

Die „Ausgangspunkte" traten, wie soeben bemerkt worden, ebenfalls schon in sehr früher Zeit auf, doch werden immer nur die von den fünfen des Lichts und den fünfen der Finsterniß genannt, welche hier Muhammed und seinem Hauptjünger Ali, dort Hamza und seinem vornehmsten Gefährten Ismail entsprechen. Die erste Verkörperung der Finsterniß, des Natek oder sprechenden Geistes, des Iblis war der, welchen die Andersgläubigen Adam, den Stammvater der Menschen nennen. Er war aber nicht aus Erde geschaffen, sondern der Sohn Termachs, und hieß nicht Adam, sondern Hareth. Sein Asas oder Hauptjünger war Schit (der Seth der mosaischen Ueberlieferung). Die erste Verkörperung des Lichtes oder der allgemeinen Vernunft war Schatnil, der Sohn Danils. Gott befahl Hareth, dem Schatnil seine Verehrung zu bezeigen, und da derselbe sich dessen weigerte, vertrieb er ihn aus dem Paradiese, d. h. er nahm ihm die Erkenntniß der Einheit Gottes. Denn die Drusen glauben, daß unter dem Paradiese der Besitz ihrer Einheitslehre, unter der Hölle die Verehrung des Nichts, d. h. eines unsichtbaren Gottes zu verstehen sei.

Der Geist Hareths wanderte später in Nuch (Noah), der seines Hauptgefährten Schit in Sam (Sem), dann erschienen sie in Ibrahim (Abraham) und Ismail (Ismael), darauf in Musa (Moses) und Harun (Aaron), dann in Isa (Jesus) und Petrus, nachher in Muhammed und Ali, endlich in Said und Kaddah wieder. In gleicher Weise machte der Geist Schatnils seine Wanderungen. Zur Zeit des Moses war er in Jethro, dem midianitischen Priester, den die Drusen Schoaib nennen. Zur Zeit der griechischen Philosophen, die sämmtlich als Verkörperungen der fünf „Ausgangspunkte" der Einheitslehre gelten, lebte er in Aeskulap und Pythagaras. Zur Zeit Jesu redete er aus Jessu, der (Aehnliches lehrt der Koran) von Isa verschieden und der wahre Messias ist. Die Geister der vier „Frauen" Hamzas waren in den vier Evangelisten Matthäus, Marcus, Lukas und Johannes; letzterer war von dem Täufer Johannes nicht verschieden und wird von den Drusen auch Chrysostomus genannt. Zur Zeit der Gründung des Islam endlich wohnte die Seele Schatnils (die später bei Hakims Auftreten den Körper Hamzas anzog) in Selman, dem Perser, und die Seelen der vier Mit-Ausgangspunkte oder Frauen in dessen vier Gefährten El Mekdad, Abu Dsarr El Gaffari, Ammar Ben Jaser und En Nedschaschi.

Die Drusen nehmen eine Art Dreieinigkeit an. Gott besteht nach ihnen aus einem „Namen", einem „Genannten" oder Bestimmten und aus einer „Bedeutung" oder Realität. Der Name Gottes ist Ismail, die „universelle Seele", das Genannte, womit man sein Inneres bezeichnet, ist Hamza, die „allgemeine Vernunft", die Bedeutung oder Realität endlich ist Hakim Beamrihi.

Hamza ist nicht blos ein gottgesandter Prophet, sondern die „Ursache der Ursachen", der „geschaffne Schöpfer", der „empfangende Geber". Er hat völlige Macht über alles Seiende wie Gott, nur daß er geschaffen ist. Gott der Erhabne, Hakim Beamrihi, ist, „der, welcher die Urſache der Urſachen verurſacht", er iſt fern von aller Action und hat ſie von Ewigkeit in die Hand des Schatnil-Hamza gelegt, welchem „die Rechenſchaft, die Belohnung und Beſtrafung, die Vertheilung der Bedürfniſſe und die Beſtimmung des Todes obliegt, mit Ausnahme deſſen, was von dem Weſen des erhabnen Schöpfers allein abhängt".

Der Hauptſatz, den Hamza ſeiner Lehre zu Grunde legte, iſt, wie ſchon kurz bemerkt wurde, der: ein echter Gläubiger muß für wahr halten, was die Uebrigen leugnen. Er ſagt in ſeiner Abhandlung: „Die Rechtfertigung und die Verwarnung" unter Anderm: „Das Beſte, was für das zukünftige Leben erlangt wird, und was man ſich als Reiſegeld für die Rettung der Seele bereitet, iſt das Streben nach der rechten Verbindung mit Gott und dem rechten Glauben, und das Feſthalten an dem, was die übrigen Secten in Abrede ſtellen. Mir aber hat der Geprieſene offenbart, daß die Beſten von euch und die Auserwählten auferſtehen werden mit dieſem Beweiſe gegen das Volk des Abfalls".

Als Hauptpflichten der Bekenner der Einheitslehre ſtellte Hamza den ſieben Geboten des Islam gegenüber folgende auf: Wahrheit der Zunge, Unterſtützung der Brüder, Verlaſſen deſſen, was ſie hatten und glaubten von der Verehrung des Nichts und der Lüge, Losſagung von den Teufeln und der Gottloſigkeit, Bekenntniß der Einheit ihres Herrn (Hakims) zu jeder Zeit, Wohlgefallen an ſeinem Thun, wie es auch geweſen, Ergebung in ſeinen Befehl im Glück und Unglück. Das Faſten gilt für eine wohlthätige Obſervanz, indem es die Begierden des Fleiſches ſchwächt. Sünde aber iſt es, im Ramadhan zu faſten, da dieß eine Satzung des Iblis iſt.

Die Druſen glauben, daß es für die religiöſe Wahrheit Zeiten der Enthüllung, wo ihre Offenbarung nothwendig iſt, und Zeiten der Verhüllung gebe, wo sie verborgen gehalten werden müsse. Zur Zeit Hakims fand die letzte Enthüllung statt: die Aufforderung, ihn zu verehren, war über die ganze Erde verbreitet, und wer glaubte, wurde unter die Erlösten, wer nicht glaubte, unter die Verdammten geschrieben. Nachdem Hakim verschwunden war, sich vor den Menschen wieder verhüllt hatte, hörte die Gelegenheit, unter die Gläubigen zu gelangen, für immer auf, das Glaubensthor wurde verschlossen, und wenn jetzt ein Mensch stirbt, so wird er immer in dem Glauben wieder geboren, den er in seinem früheren Leben bekannte, gleichviel ob er in der letzten Zeit seines Lebens die Bücher der Drusen kennen gelernt und sich zur Religion der Einheitsbekenner bekehrt hat. Dieser Ansicht gemäß gestatten sie jetzt, in der Periode der Verhüllung, Keinem den Uebertritt zu ihrem Glauben.

Unter sich theilen sich die Drusen in Wissende und Unwissende. Ein Wissender ist der, welcher nach ihrem Gesetze, ein Unwissender der, welcher dawider handelt. Von dem letzteren hoffen sie indeß, daß er während seines Lebens in Buße zurückkehre. Stirbt er als Unwissender, so ist nach seiner Wiedergeburt eine Umkehr nicht mehr möglich, sondern bei jedem Wechsel seines Körpers wird er in Unwissenheit sterben. Betritt ein Unwissender den Weg des Wissens, so schreiben sie ihm darüber eine Bescheinigung, die sie „Vertrag des Oberhauptes der Zeit" nennen. Sie glauben, daß Hamza die Verträge, die er mit den durch seine Predigt Bekehrten abgeschlossen hatte, in den ägyptischen Pyramiden aufbewahrte, um nach seiner Rückkehr bei der Auferstehung jenen den Inhalt derselben abfragen zu können. Anderwärts liest man, daß jeder Unwissende, der zum Wissenden wird, schon in einem früheren Leben ein Wissender gewesen und nur wegen eines Vergehens von Hamza auf einige Zeit in den

Zustand der Unwissenden versetzt worden ist. Ueberhaupt sind alle, welche in diesem Leben Unglück haben, arm, blind, gebrechlich sind, darin Büßer für Sünden in einem früheren Leben, und umgekehrt sind alle Reichen, Gesunden, Klugen und Mächtigen Empfänger der Belohnungen, die sie sich auf einer vorhergehenden Daseinsstufe verdient haben. Indeß geht nur der, welchem die Wissenden bei seinem Ableben seine Tugend bezeugen, aus dem Leben zum Glücke in einem folgenden ein, und deshalb versammeln sich die Wissenden, wenn einer von den Drusen stirbt, an dessen Grabe, gehen seine Vergangenheit durch und entscheiden darnach, ob er der Gnade würdig oder nicht.

Das christliche Evangelium und der Koran gelten den Drusen bis zu einem gewissen Grade als Glaubensnorm. Sie nehmen an, daß Schatnil-Hamza unter dem Namen Jessu bei Isa, dem falschen Jesus und unter dem Namen Selman bei Muhammed war und mit seinen vier Gefährten, den Evangelisten, das Neue Testament sowie mit Mekdad, Abu Dsarr, Ammar und Nedschaschi den Koran schrieb. Später aber sei dieser wie jenes vielfach verfälscht worden, sodaß nur wenige Sätze noch die ursprüngliche Wahrheit enthielten und es auch bei diesen der rechten Ausdeutung bedürfte, um sie zu finden. Welcher Art die drusische Exegese gegenüber den heiligen Schriften der Christen und Muslime ist, mögen die folgenden Beispiele zeigen. Die Frage der Apostel, ob der Blinde seine Blindheit der eignen Sünde oder der seiner Eltern zuzuschreiben habe, beweist ihnen, da jener blind geboren war, daß er vor diesem Leben gesündigt haben konnte, und damit lehrt das Evangelium die Seelenwanderung. Dieß wird sehr deutlich bestätigt, wenn wir lesen, daß der Messias, d. h. Hamza als Jessu, im Evangelium des Matthäus sagt: „Johannes ist Elias"; denn das

bedeutet nichts Anderes, als daß Johannes die mit einem
andern Körper bekleidete Seele des alten Propheten Elias ist.
Ferner deuten sie den Spruch: „Hütet euch vor den falschen
Propheten, die in Schafskleidern zu euch kommen, inwendig
aber sind sie reißende Wölfe", auf die christlichen Geistlichen
und Mönche, welche Kleider von Schafwolle tragen. Sodann
erklären sie die Stelle im Koran, wo es heißt: „Siehe, Wein,
Loose, Bilder und Weissagungspfeile sind ein Greuel von den
Werken des Satans, daher vermeidet solche", dahin, daß mit
jenen vier Gegenständen die obenerwähnten vier Hauptjünger
und Nachfolger Muhammeds: Abu Bekr, Omar, Othman und
Ali gemeint seien. Endlich kommen im Koran häufig die
Worte „das Schlechte und das Mißfällige" vor, und damit sind
nach drusischer Interpretirkunst wieder die Chalifen Abu Bekr
und Omar bezeichnet.

Man hat den Drusen nachgesagt, daß sie das Kalb an-
beteten, den Ehebruch gestatteten und dem Manne erlaubten,
seine Schwester oder Tochter zu heirathen. Unser Berichterstatter
erklärt alle diese Vorwürfe für Mißverständnisse oder Erdichtungen.
Das Kalb ist nach ihm vielmehr der Natek, der sprechende Geist
der Finsterniß, der Teufel. Die Ehe aber ist bei ihnen erst im
vierten Verwandtschaftsgrade gestattet, d. h. mit der Tochter des
Oheims oder der Tante. Jene falsche Anklage rührt von den
in mehreren ihrer Lehren von den Rechten der Gattin vorkommenden metaphorisch zu nehmenden Worten her: „Wenn
sich der Gläubige mit seiner gläubigen Schwester vermählt".
Die äußere Stellung der Gatten soll bei den Drusen gleich
sein, auch soll eine Wissende keinen Unwissenden heirathen.
Wo einmal eine Ausnahme von dieser Regel vorkommt, spricht
die Frau mit ihrem Manne niemals über religiöse Angelegenheiten und verbirgt ihre Bücher vor ihm in einer verschlossenen

Kiste. Die drusischen Frauen gehören größtentheils zu den Wissenden und haben überhaupt eine weit bessere Stellung als die der übrigen Orientalen. Sie können fast alle lesen und schreiben. Nie zeigen sie, einem Fremden begegnend, von ihrem Gesichte mehr als das eine Auge und die Wange darunter, und ihre Rede wie ihr Betragen ist im hohen Grade liebenswürdig, sittsam und züchtig. In den Versammlungen der Männer ziemt es sich nicht, der Frauen zu gedenken; muß es geschehen, so hat der Sprechende solche Worte vorauszuschicken, welche bei den Arabern gebraucht werden, wenn sie genöthigt sind, Dinge in den Mund zu nehmen, deren Erwähnung für unschicklich gilt, z. B. Cloaken oder Leichname. Will ein Druse gegen einen Andern von einer Frau reden, so sagt er: „Gott zeichne Dich aus, die N. N."; doch sind davon die Mutter, die Großmutter und die Schwester des Vaters oder der Mutter des Redenden ausgenommen, von denen man zu denjenigen, die mit einem gleichen Ranges sind: „Die für Dich betet, meine Mutter" u. s. w., zu Höherstehenden aber: „Deine Magd, meine Mutter" u. s. w. sagt. Die Drusen gestatten keine Vielweiberei, und die Scheidung von Ehegatten ist zwar erlaubt, aber eine Geschiedene darf nicht wieder zu ihrem Manne zurückkehren. Beide Gatten haben gleiche Rechte. Erfolgt eine Trennung, weil der Mann sich gegen die Frau vergangen hat, so hat sie die Hälfte seines Vermögens zu beanspruchen; hat dagegen sie durch schlechtes Betragen Veranlassung zur Scheidung gegeben, so darf er die Hälfte ihrer Habe zurückbehalten. In der Ehe hat der Mann Alles mit seiner Frau zu theilen, er darf ihr keine zu schwere Arbeit aufbürden und muß ihr Ruhe und Muße zum Gottesdienste lassen. Ein Druse soll ferner nur einmal im Monate mit seiner Frau geschlechtlichen Verkehr haben. Während der Schwangerschaft und der darauf folgenden zwei Jahre des Stillens darf er sie gar nicht berühren. Hat ein Reicher schon vier, ein Armer zwei Söhne, so muß er sich von dieser Zeit an für sein ganzes übriges Leben von seiner Frau vollständig fern halten, „auf daß sie nicht in Noth gerathen und Muße zum Gottesdienste behalten". Halten sich Manche nicht an diese Bestimmungen, die beiläufig einem Commentar des Emirs Said Abdullah Et Tennchi zu Hamzas Schrift über die Ehe der Einheitsbekenner entnommen sind, so liegt, wie unser Exdruse sich etwas dunkel ausdrückt, darin kein Tadel, sondern eine Uebertretung ihres Gesetzes.

Der Druse lebt überhaupt in allen Beziehungen, in Speise, Trank und Kleidung sehr mäßig und einfach. Er kennt fast gar keine Genüsse. Der Wissende raucht niemals, schnupft selten und trinkt weder Wein noch andere berauschende Getränke. Das Weintrinken war ihnen bis auf jenen Emir Said erlaubt. Da aber sandte dieser einen seiner Schüler, den Ibn Sebat, nach Aegypten. Dieser las, was an der Mauer der Moschee des Chalifen Hakim in Kahira geschrieben stand, und siehe da, er erfuhr daraus, daß Hakim die Trauben Masrs (Aegyptens) abgeschnitten habe, um das Keltern derselben zu verhindern. Darauf verbot der Emir seinem Volke den Weingenuß, und man gehorchte seinem Befehle, weil er als eine Wiedergeburt des Nasr Ibn Fetuch, eines der Apostel Hamzas, galt und sich mit dieser Eigenschaft eines hohen Ansehens erfreute.

Man hat beobachtet, daß besonders fromme Drusen sich Jahre hindurch des Essens von Fleisch und frischem Obste enthielten und sich die ganze Zeit über mit trockenem Brot und Rosinen begnügten. Der Bart wird bei den Einheitsbekennern niemals abrasirt, weil seine Pflege zu den „Gesetzen der Vollkommenheit" gehört. Kein Wissender trägt seidene Kleider oder solche von prächtigen Farben. Früher zeichneten sich die Wissenden dadurch vor den Andern aus, daß sie den Kopf mit einem Käppchen von rothem Tuche bedeckten und darum ein weißes Tuch korbartig wickelten, was sie Tabije nannten. Jetzt wird diese Kopfbedeckung nur noch von ihren Einsiedlern getragen. Die übrigen Drusen bedienen sich des gewöhnlichen Tarbusch, um den sie den weißbaumwollnen Turban winden. Nur die Troddel von schwarzer oder dunkelblauer Seide, die sich am Tarbusch gewöhnlicher Leute befindet, wird von der Secte verschmäht. Die Kleider der Drusen dürfen nur aus baumwollenen oder leinenen Stoffen gemacht werden. Sie bestehen aus einem Hemd und Beinkleidern, einem kaftanartigen Kunbaz, der entweder weiß oder schwarz ist und um die Hüften von einem Gürtel aus weißer Baumwolle zusammengehalten wird, endlich aus einem kurzen engen Rocke, dessen Aermel schwarz und weiß gestreift sind. Bei feierlichen Gelegenheiten zieht man darüber noch einen schwarzen Mantel und steckt die Füße in Schnabelschuhe von rothem Leder.

Die Frauen tragen Hemd, Beinkleider und Kunbaz wie die Männer. Jedes einzelne Stück davon ist einfarbig, weiß, schwarz, dunkelgrün, dunkelblau oder violett, niemals roth oder gelb. Den Kopf bedecken sie mit einer Tasa, d. h. einer Mütze, die, etwa einen Fuß hoch und mit Blech überzogen, Aehnlichkeit mit den Mützen der Grenadiere Friedrichs des Großen hat, und über welche der lang auf den Rücken herabhängende weißbaumwollene Schleier gezogen ist. Wenn sie sich in die Versammlung begeben, kleiden sie sich in Röcke von schwarzem geglättetem Baumwollenstoff. Von Schmuck sieht man an ihnen nur grobe Armspangen von Silber oder Messing und die aus drei violettseidenen Schnüren bestehende Flechte, in welche sie ihr Haar binden.

Am Ende jeder Schnur befindet sich ein Büschel dünner Fäden, die in einem silbernen Kügelchen vereinigt sind.

Das Kloster- und Einsiedlerleben der Christen und Muslime findet unter den Drusen sein Seitenstück. Die Enthaltsamen unter den Wissenden, welche sie die „Ausgezeichnetsten" (arabisch: Edschauid) nennen, bauen sich in einiger Entfernung von den Ortschaften, gewöhnlich auf Anhöhen, Andachtsorte, wo sie die meiste Zeit ihres Lebens Tag und Nacht zubringen. Man bezeichnet diese Häuser als Einsiedeleien. Doch befinden sich oft mehrere derselben beisammen, und dann wählen die Bewohner dieses Eremitendorfes einen aus ihrer Mitte zum Schech oder Vorsteher. Die berühmteste dieser Einsiedeleien (arabisch Chalawat) ist die auf einem Berge bei Chasbaia gelegene Bajjada, die einst über sechzig Einsiedlerklausen hatte, aber 1838 vom Heere Ibrahim Paschas zerstört wurde. Die Chalawat stehen bei den Drusen in hoher Verehrung, und jeder von ihnen ausgehende Befehl wird von dem Volke gehorsam befolgt. Gehen die Frommen auf Reisen, so machen sie den Weg, um sich zu kasteien, meist zu Fuße; nur wenn ihr Ziel sehr entfernt ist, reiten sie, aber, um ihre Demuth zu zeigen, blos auf einer Eselin, und zwar meist auf einer solchen von weißer Farbe, wie Hakim sie liebte.

Die Drusen haben oft Ueberfälle gegen die neben ihnen wohnenden Andersgläubigen ausgeführt und dabei vielfach fremdes Gut geraubt. Eigentlich aber ist ihnen der Gebrauch des Eigenthums andrer Leute verboten. Auch essen sie, wenn sie zu den Frommen und Strengen gehören, niemals in den Häusern von Richtern, Wucherern und Zöllnern, oder bei christlichen Geistlichen, „weil diese das Vermögen der Todten an sich reißen", ja sie lassen nicht einmal ihre Thiere bei den Genannten füttern. Ferner ist ihnen von ihrem Gewissen nicht gestattet, für Geld, das sie von solchen Leuten bekommen haben, nothwendige Dinge wie Speise oder Kleider zu kaufen. Sie verwenden daher solches Geld in der Regel für Dinge, die nicht unbedingt Bedürfniß sind, als Seife, Färberlohn u. d., oder zur Bezahlung der Steuern und Strafgelder. Am liebsten aber vertauschen sie es bei einem Kaufmann für gleiches Geld und verwenden dann die erlaubte Münze auf den Einkauf ihrer Bedürfnisse.

Hat einer von den Drusen ein Verbrechen begangen, so ist die größte Strafe, daß sie ihn mit dem Banne belegen, wo keiner der Okkals, d. h. der Wissenden oder Eingeweihten, mit ihm verkehren oder essen darf. Die Vornehmen, welche Fremde bei sich beherbergen, führen in ihren Häusern doppelt Kasse, für erlaubte Ausgaben, d. h. für das, was sie den vorsprechenden Okkals vorsetzen, und für unerlaubte, d. h. für das, was sie Andern reichen. Die Rede der Drusen ist stets voll Würde und Anstand, nie geht aus ihrem Munde ein thörichtes, grobes oder unfläthiges Wort, nie ein Fluch oder Schwur. Stets zeigen sie Achtung vor dem, mit welchem sie sprechen, auch wenn er ihr Feind ist. Oft sieht man sie Betrübniß und Mitleid mit dem Unglücke Anderer an den Tag legen. Doch ist dieß nur Ausfluß ihrer guten Natur. Ihre Religionsbücher verlangen eine andere Denkart. Unter den zweiundsiebzig Handlungen, welche von der Einheitsreligion ausschließen, wird dort auch die aufgeführt, daß ein Gläubiger das Unglück eines „Schwarzen", d. h. eines Andersgläubigen, als unverdient bedauert, ferner, daß man zugiebt, ein solcher könne ein guter Mensch sein, daß man ihn vor einer ihm drohenden Gefahr warnt, und daß man ihm Liebe und Hochachtung bezeigt.

Unter den sieben Hauptgeboten Hamzas findet sich, wie wir sahen, auch das der Wahrhaftigkeit; doch gilt dieß nur gegenüber den Gläubigen und durchaus nicht da, wo es mit dem Gebote, die Brüder zu schützen und zu unterstützen, in Conflict geräth. Selbst gegen die Nichtwissenden unter ihnen, die sehr gering geachtet werden, ihre Religionsbücher nicht lesen dürfen, und denen überhaupt nur die wichtigsten ihrer Lehren, als die Seelenwanderung, die Gottheit Hakims, das Imamat Hamzas und die vier Ausgangspunkte oder Frauen mitgetheilt werden, haben sie nicht nöthig, aufrichtig zu sein. Gegen Christen, Muhammedaner und Juden ist ihnen jedes Verbrechen und so auch Lüge und Heuchelei erlaubt. In dem von Hamza herrührenden Buche: "Die sieben Theile", heißt es geradezu, Wahrhaftigkeit gegen Fremde sei nur gestattet, wenn sie den Gläubigen keinen Nachtheil oder wenn sie ihnen Nutzen bringe; aber wenn Einer eine Schuld an einen Fremden zu bezahlen oder sonst ein Versprechen, das nicht vor Zeugen geleistet worden, zu erfüllen habe, solle man lügen. Ebenso dürfe man, von "Schwarzen" über die Angelegenheiten eines Einheitsbekenners befragt, das Gegentheil des wahren Sachverhalts sagen. "Erst wenn der Schaitan (Satan, d. h. der Fremde) weggegangen ist", so schließt Hamza seine Anweisung, "berichtet der Bruder dem Bruder die Wahrheit der Sache."

Sind Drusen mit einem Muhammedaner zusammen, so bekennen sie sich zum Islam. Unterhalten sie sich mit Christen, so behaupten sie, dem Christenthume näher als alle Andere zu stehen und auf die Lehre des wahren Messias leben und sterben zu wollen. Dabei verschweigen sie aber freilich, daß sie unter dem wahren Messias nicht Isa, den Jesus der Christen, sondern Jessu, in dem die Seele Hamza Ben Alis war, verstehen. Dieß geschieht aus Scheu vor Verletzung des Gebotes, in Sachen ihrer Religion strenge Verschwiegenheit zu bewahren, und sie bekennen, wenn die Umstände sie dazu nöthigen, offen, daß man den kostbaren Edelstein vor den Augen dessen, der seinen Werth nicht zu schätzen wisse, zu verbergen habe.

Dieses Geheimhalten ihrer Religion führte zu ähnlichen Erkennungszeichen und Paßworten, wie sie die Freimaurer und andere geheime Gesellschaften der civilisirten Welt unter sich haben. Wenn sie in Zweifel waren, ob ein ihnen Unbekannter, mit dem sie verkehrten, zu ihrer Secte gehöre oder nicht, so fragten sie ihn: „Säen die Landleute in eurer Gegend die Körner des Ehliledsch"?*) — Antwortete der Gefragte: „Ja, sie werden gesäet in die Herzen der Gläubigen", so wurde es ihnen sehr wahrscheinlich, daß er einer von den Ihrigen war. Er konnte dann aber zu den Nichtwissenden gehören, und darum fragten sie weiter nach den Namen der Ausgangspunkte und ihren Graden, um seine Wissenschaft zu prüfen. Gab er eine falsche Antwort, so wußten sie, daß er kein Einheitsbekenner, wenigstens keiner von den in die höheren Mysterien Eingeweihten war. Oft veränderten sie ihre Erkennungszeichen, nachdem sie entdeckt worden waren, und dieß wird namentlich damals stattgefunden haben, als durch die Einnahme des Einsiedlerdorfes Bajjada ihre heiligen Bücher in die Hände der „Schwarzen" gelangten und sich auf diese Weise die Kenntniß ihrer Geheimlehre in weiten Kreisen verbreiten konnte.

Ich lasse nun zunächst das folgen, was Professor Petermanns Erdruse über die politischen und socialen Verhältnisse seiner ehemaligen Glaubensgenossen mittheilt. Es geht daraus hervor, daß sie eine Art aristokratischer Hierarchie bilden. Jede Ortschaft hat einen Versammlungsort, den sie Medschlis (Rathhaus) oder Chalwe (Einsiedelei) nennen. Hier finden sich in jeder Nacht zwischen Donnerstag und Freitag die Wissenden und zwar sowohl die Männer als die Frauen, um Gottesdienst und zugleich Rath über weltliche Angelegenheiten zu halten,

---

*) Eine Balsamstaude.

da Regierung und Religion bei ihnen nicht von einander getrennt sind. Die Zeit der Zusammenkunft ist die zweite Stunde nach Untergang der Sonne, die Dauer der Versammlung zwei bis drei Stunden. Man hat die Drusen beschuldigt, bei diesen Zusammenkünften, die sehr geheim gehalten werden, unzüchtige Orgien zu halten, wie sie bei unsern Muckern und in den Scheunen, in denen die katholischen Wallfahrer rasten, in der Finsterniß vorkommen; unser Berichterstatter sagt jedoch, daß diese Behauptung alles Grundes entbehre. Im Gegentheil soll es in dem Chalwe sehr ehrbar zugehen und zwischen den Männern und den Frauen eine Scheidewand von Holz oder Zeug gezogen sein, welche die letzteren vor den Blicken jener verbirgt, ihnen aber doch gestattet, die gehaltenen Reden zu hören.

In dem größten Orte jedes Bezirks ist eine Kreisversammlung, an welche die in den Versammlungen der einzelnen Dörfer gefaßten Beschlüsse gelangen. Diese Kreisversammlungen senden dann wieder ihre Beschlüsse an die Generalversammlung in dem Orte Baklin auf dem Libanon. Dieß war der befestigte Sitz der Regierung des Gebirges, bevor in diesem Jahrhundert Deir El Kammar („das Mondkloster") als Metropole des Libanon erbaut wurde. Jede Ortsversammlung entsendet aus ihrer Mitte einen Vertreter zur Kreisversammlung, die in jeder Donnerstagsnacht zusammentritt. Derselbe, der zu den „Ausgezeichneten", dem höchsten Grade der Wissenden, gehören muß, kehrt, sobald die Berathung geschlossen ist, heim, um darüber zu berichten. Ebenso senden die Kreisversammlungen aus ihrer Mitte einen Vertreter zur Generalversammlung ab, und zwar jeden Donnerstag einen andern.

Die Versammlungen beginnen damit, daß man die von den Ortsbewohnern überbrachten Nachrichten sowie die Meldungen der aus den Kreisversammlungen und von Baklin zurückgekehrten Vertrauten erwägt, die darin enthaltenen Neuigkeiten über Volk, Beamte, Gouverneure u. s. w. bespricht und darauf hin Beschlüsse vorbereitet. Hierauf liest einer, der eine schöne Stimme hat, etwas aus den sechs heiligen Büchern vor und zwar mit Modulation und Gesang, wie die Muhammedaner beim Vorlesen des Koran zu thun gewöhnt sind. Dann folgt das Absingen einiger von ihren religiösen Gedichten, die sie „Heereslieder" nennen, und welche das weiter unten zu schildernde große Drama des jüngsten Tages, das Erscheinen der fünf Ausgangspunkte mit einem großen Heere aus China und die Niederwerfung der Christen und Muslime beschreiben. Endlich feiert man eine Art Communion. Es werden Früchte, je nach der Jahreszeit, aufgetragen oder auch ein Kuchen von getrockneten Feigen oder Weinbeeren mit Wallnüssen und gerösteten Kichererbsen — ein Mahl, das aus dem Depositalvermögen der Versammlung bezahlt wird. Nachdem die Anwesenden davon gegessen, wird der erste Theil der Sitzung geschlossen. Die Frauen und die Mehrzahl der Männer entfernen sich, und nur die „Ausgezeichneten" des Ortes bleiben mit denen, die aus anderen Versammlungen gekommen sind, zurück. Nun erwägen die Vorsteher die wichtigeren Angelegenheiten, die zu ihrer Kenntniß gelangt sind, sowie alle Regierungsfragen, deren Einsicht dem Volke niederen Grades vorenthalten bleibt. Dann werden die etwa erforderlich scheinenden Maßregeln, z. B. die Rache an dem einen oder dem andern Feinde, die Absetzung eines Richters oder Gouverneurs, die Plünderung einer muhammedanischen oder maronitischen Ortschaft berathen. Nachdem man sich darüber verständigt, geht man aus einander, und die fremden Vertrauten kehren in ihre Heimath zurück, um am nächsten Donnerstage über das, was sie gehört, Bericht zu erstatten. Auf diese Weise werden die Angelegenheiten der Einzelnen zu gemeinschaftlichen, wenigstens allgemein bekannten, wie wenn die Drusen nur eine große Familie wären, und sie wenden allen Fleiß und Eifer darauf, diese Ordnung der Dinge aufs Beste zu erhalten. „Nach dem, was von ihrer Geschicklichkeit und ihren Einrichtungen bekannt geworden ist", sagt unser arabischer Berichterstatter, „haben sie die meiste Aehnlichkeit mit dem, was von der Bruderschaft der Baulente im Frankenlande*) erzählt wird".

Nachdem die Drusen sich im Wadi Et Teim niedergelassen hatten, breiteten sie sich nach dem Dschebel Esch Schuf, sowie nach Arkub, nach dem Dschurd und nach Metn aus, hierauf über den Dschebel El Ala bei Aleppo, über die Gegend von Safed in Galiläa wie über den Dschebel El Madi und über das Gebirge Karmel, wo indeß jetzt keine mehr wohnen. Als später die Jemeniden im Libanon von den zahlreicheren Kaissiden überfallen wurden, wanderten viele der ersteren nach dem Hauran aus, der östlich vom Libanon liegt, und hier befestigte sich ihre Herrschaft ganz besonders, weil hier nicht viele Muhammedaner und Christen wohnten und sich in der Nähe das für die Truppen der türkischen Regierung schwer zugängliche Bergland der Ledscha befand. Hier hat die Pforte ihren Willen niemals vollständig zur Geltung zu bringen vermocht, sondern sich damit begnügt, daß die Drusen die Obmacht des Sultans mit Worten anerkannten. Bei ernstlichem Wollen freilich würde es ihr auch hier nicht unmöglich sein, die Angehörigen der Secte sich wirklich unterthan zu machen; denn vor der Occupation des Landes durch die Aegypter hatten die Paschas von Damaskus nicht mehr als fünfhundert Mann

---

* Er meint damit die Freimaurer.

regulärer Reiterei zu ihrer Verfügung, und doch drangen ihre Befehle meistentheils durch, und in allen Theilen des Paschaliks fürchtete man ihre Macht. Die Regierung will aber die Drusen nicht zu sehr geschwächt, sie will sie bis zu einem gewissen Grade mächtig sehen, damit ihre Nachbarn, die Maroniten, durch sie nieder gehalten und in der Entwickelung zur Widerstandsfähigkeit gegen die Türkenherrschaft gehemmt werden, und sie hat dieß wiederholt und erst noch im Jahre 1860 wieder dadurch bewiesen, daß die Paschas den Drusen unverhohlen zur Bekämpfung der Christen Hülfe leisteten oder wenigstens bei den Angriffen der Drusen auf die Maroniten nicht einschritten. Wenn sie später gegen jene zu Felde zog, so geschah dieß einestheils, weil Europa dieß verlangte, anderntheils aber paßte es vortrefflich zu ihrer Politik. Nachdem die Maroniten, die freilich auch nichts weniger als unschuldig waren, durch die von den Vertretern des Sultans heimlich und offen unterstützten Drusen auf lange Jahre geschwächt waren, konnte die Pforte unter dem Vorwande, gerechte Strafe verhängen zu müssen, auch den Versuch unternehmen, die Drusen für sich unschädlich zu machen.

Unter den bisherigen Verhältnissen mußte, namentlich im Hauran, die Macht der Drusen und ihre Anzahl von Jahr zu Jahr wachsen. Ihre Glaubensgenossen eilten zu ihnen aus allen Gegenden, in denen sie schwach waren und bedrängt wurden. Christen und Muslime verloren an sie immer mehr von ihren Besitzungen in der Ebne, und das Gebirge sammelte immer größeren Reichthum. Wo die Drusen nicht mit Gewalt durchdringen können, bedienen sie sich der Schlauheit und Verstellung. Sie verstehen sich vor allen andern Bewohnern Syriens auf schöne Redewendungen und edles Auftreten, sowie auf die Kunst, sich andere geneigt zu machen und sie für ihre Zwecke zu gewinnen. Wer sich mit ihnen verbindet oder zu ihnen seine Zuflucht nimmt, dem lassen sie keinen Schaden geschehen, und oft schon hat ein Druse, um den Adel seines Stammes zu bewahren, seines fremden Freundes willen seine eignen Verwandten getödtet. Sie sind im Allgemeinen tapfere Leute, aber nur in den Tagen des Glückes und der Macht; in den Zeiten der Unterdrückung zeigten sie sich meist verzagt und unterwürfig und ertrugen Gewaltthätigkeit und Verachtung wie kein Anderer. Aber trotzdem, daß ihre christlichen Nachbarn im Durchschnitt tapferer und mannhafter sind, unterlagen sie doch in den meisten Fällen, theils weil die Regierung den Drusen Beistand gewährte, theils weil die Schechs aus deren Mitte waren. Nur unter der Regierung Emir Beschirs aus der Familie Schehab, der den Drusen niemals half, zogen diese bei Fehden stets den Kürzeren, auch wenn sie an Zahl überlegen waren.

In früheren Zeiten bestrebten sie sich, die Muhammedaner dadurch zufrieden zu stellen, daß sie sich für deren Glaubensgenossen ausgaben und unter andern Beweisen dafür alljährlich Leute aus ihrer Mitte um Lohn mit der Pilgerkarawane nach Mekka ziehen ließen. Noch unter der jetzigen Generation bemühte sich der Drusenschech Beschir Dschumbalat, der Vater des noch heute im Libanon lebenden Schechs Said, dadurch die Herrschaft zu erlangen, daß er sich als Anhänger des Islam geberdete. Er erbaute in seiner Residenz, dem Flecken El Muchtare, eine Moschee mit Minaret, hielt sich einen muhammedanischen Imam und einen Mueddhin und ließ die Drusen der Nachbarschaft die fünf täglichen Gebete und das Freitagsgebet der Muslime verrichten. Dann überredete er einen thörichten Jüngling aus der Familie der Schehabiden, den Emir Hasan, seinen Vater, sowie seinen Oheim zu ermorden und vorzugeben, er habe dieß als guter Muhammedaner gethan, weil jene zum Christenthum übergetreten seien. Dieß geschah im Jahre 1819. Emir Hasan befolgte diesen Rath, erreichte damit aber nicht, daß er, wie der Verführer ihm vorgespiegelt, von der Pforte an Emir Beschirs Statt zum Oberhaupte des Gebirges ernannt wurde. Vielmehr schickte ihn Suleiman Pascha, der damalige Gouverneur von Saida, in Ketten nach Konstantinopel. Schech Beschir Dschumbalat ließ sich jedoch dadurch nicht abschrecken, neue Pläne zur Erlangung der Oberherrschaft im Gebirge zu schmieden. 1824 verband sich mit ihm eine große Anzahl von Drusen sowie ein Theil der Maroniten, die man durch Geschenke oder Drohungen gewonnen, und so zogen sie unverhofft gegen den Emir Beschir, der nur anderthalbhundert Mann seiner Leibwache bei sich hatte. Zu diesen stießen noch die Schechs von Neked, die den Schech Beschir Dschumbalat haßten, weil er ihre Väter ermordet hatte, und etwa fünfhundert Christen von Deir El Kammar. Der Emir vertheidigte sich mit dieser geringen Mannschaft erfolgreich gegen das dreizehntausend Mann zählende Heer des Schechs, erhielt noch einen kleinen Succurs vom Pascha in Saida, lieferte dem Feinde drei Treffen und besiegte ihn trotz seiner Uebermacht. Auf der Flucht aus dem Libanon wurde Schech Beschir Dschumbalat mit seinem Verbündeten Schech Ali El Amad von Mustapha Pascha Bailanli, dem Gouverneur von Damaskus, gefangen genommen, der den Schech Ali sofort niederhauen ließ, den Schech Beschir aber zu dem Pascha von Saida schickte. Dieser gebot, ihn als Aufrührer zu erdrosseln, und als er in Erfahrung gebracht, daß derselbe, um die Muhammedaner zu täuschen, die Moschee in El Muchtare erbaut, ließ er den Leichnam noch auf Grund eines eingeholten Fetwa (Urtheil des Mufti) in Stücke hauen.

Dieß mag hinreichen, um zu zeigen, wie die Führer der

Drusen Politik treiben. Die Vorgänge der letzten dreißig Jahre sind bekannt, und ich gehe jetzt zu den Mittheilungen über, welche unser Berichterstatter über die Zahl der Drusen in den fünfziger Jahren und über die Hauptfamilien derselben giebt. Gewöhnlich nimmt man an, daß die Secte hundert- bis hundertundfünfzigtausend Köpfe zähle. Dieß ist jedoch sehr übertrieben. Die Zahl der Drusen im Libanon und dessen Nachbarschaft übersteigt nicht fünfzig- bis sechzigtausend Seelen. Davon wohnen im Libanon selbst etwa 28,000, in Chasbeia, Rascheia und Merdschajun 7000, im Bezirke von Bellan, in Damaskus und der Ghuta gegen 4000, auf dem Hanrangebirge 8 bis 9000, im District von Safed 1500, auf dem Dschebel El Ala 2000 und im Ras Beirut 300, welche letztere zu der Secte Zekutt gehören, mit welcher die Drusen wegen ihrer Niedrigkeit nicht umgehen, die aber zu ihnen zu zählen ist.

Der Adel der Drusen zerfällt in drei Klassen oder Grade: Fürsten oder Emire, Vorsteher und Schechs.

Zu den Emiren gehörte das jetzt ausgestorbene Geschlecht Tenuch und die alte Familie Ruslan im Westen des Libanon, die ebenfalls ausgestorben ist, aber in den heutigen Ruslan eine Erneuerung erfahren hat. Der Erste unter diesen letzteren war Fachr Eddin. Als der 1750 starb, folgte ihm in seiner Würde sein blödsinniger Sohn Abbas, für den seine Gemahlin Habus im westlichen Theile des Libanon regierte, wobei ihr der erwähnte Schech Beschir Dschumbalat zur Seite stand. 1853 lebte von ihren Söhnen noch der jüngste, Emir Emin, ein sehr schlauer Herr, der stark den Islam heuchelte und im südlichen Theile des Gebirgs mit der Würde eines Kaimakam (Stellvertreter des Padischa) die Drusen regierte, so weit unter den geschilderten Verhältnissen von einem Regieren derselben die Rede sein konnte. Zu den drusischen Emiren ist ferner das Geschlecht Abul Lama zu rechnen, welches in drei Familien zerfällt: 1) Die Kajid Beih, welcher der vielgenannte Emir Beschir El Achmed angehörte, der 1833 Kaimakam des nördlichen Theils des Libanon war. Derselbe war Christ, seine beiden Eltern waren aber im drusischen Glauben gestorben. 2) Die Familie Murad. 3) Die Familie Fares. Letztere waren ursprünglich nur Mukkademun (Vorsteher) und gelangten erst durch den muhammedanischen Emir Haidar zum Emirat. Von den Abul Lama ist keiner mehr Druse, einige von ihnen bekennen sich gegenwärtig zum Islam, die Mehrzahl aber hat den Glauben der Maroniten angenommen, zu dem sich auch fast alle Glieder der vornehmen Familie Schehab halten.

Von den Vorstehern der Drusen ist nur noch das Geschlecht Mezher übrig, welches in dem Gebiete El Metn, in der Mitte zwischen dem jetzt größtentheils von Maroniten bewohnten Norden und dem vorzüglich von Drusen besetzten Süden ansässig ist und zu den Verwandten des Schechs Dschumbalat zählt.

Die Zahl der drusischen Schechs ist groß, und um diese Bezeichnung richtig zu verstehen, bedarf es einer Erläuterung. Das Wort „Schech" wird in der Anrede, sowie im arabischen Briefstil im Libanon unter Drusen wie unter Maroniten allen angesehenen Personen gegenüber gebraucht, wie in Palästina das Wort „Chowadsche", wie unter den Italienern der Levante das Wort „Signore", wie unter den Griechen das Wort „Kyrios", wie unter uns „Herr". Sodann versteht man darunter die Obermeister der Gilden in den Städten und die Vorsteher, Richter oder Schulzen der Dörfer, obgleich sie aus dem niedern Volke genommen werden. Endlich aber bezeichnet man damit diejenigen Adeligen des Libanon, welche von den Emiren der Familie Schehab mit dem Titel „Geehrter Bruder" angeredet werden. Denn der Adel sämmtlicher Familien des Libanon wird von diesen Emiren verliehen, weil sie das angesehenste Geschlecht in Syrien bilden und von Allen als die Vornehmsten anerkannt sind.

Die Schechs dieser dritten Gattung sind nun doppelter Art: einmal sind sie einfache Edelleute, die von dem Ertrag ihrer Güter leben und über Niemand Macht oder Recht haben, dann aber giebt es unter ihnen solche, bei denen mit der Schechwürde die Herrschaft über einen gewissen Bezirk verknüpft ist. Als die Schehabiden zur Alleinherrschaft über das ganze Gebirge gelangt waren, standen die Schechs im Verhältniß von Vasallen oder Unterfürsten zu ihnen. Als die Herrschaft jener von der Pforte aufgehoben und der Libanon unter zwei Emire, einen drusischen und einen maronitischen, getheilt wurde, blieb fast kein einziger Schech von ihnen unter der Oberherrschaft des Emirs der Christen, sondern sie traten mit alleiniger Ausnahme der Vorsteher vom Stamme Mezher unter die Botmäßigkeit des im südlichen Libanon regierenden Drusenemirs. Die Drusenschechs gebieten über alles Volk, das in ihren Districten wohnt, Drusen, Muhammedaner, Motualis und Christen, und die Zahl der Christen unter ihnen beträgt etwa das Dreifache der Zahl der Drusen.

Die vornehmsten und reichsten Schechs der Drusen sind die von der Familie Dschumbalat. Sie beherrschen den Dschebel Esch Schuf, den Bezirk Dschezzin, den Dschebel Er Rihan und den District Charenb. 1853 stand an ihrer Spitze Said Bey.

Dann sind zu nennen: Das Geschlecht Amad, welches von dem schehabidischen Emir das untere Urkub erhalten hat, das aus Nordafrika stammende Geschlecht Beni Neked, welches von jenem über die Districte El Menasef und Esch Schahar sowie über den früheren Regierungssitz Deir El Kammar gesetzt wurde, den sie indeß im Jahre 1841 durch den Krieg mit den Maroniten verloren, worauf der Pascha von Saida dorthin einen besondern Kaimakam setzte, ferner das Geschlecht Telchuk, welches im vorigen Jahrhunderte mit der Schechwürde über den oberen Westen des Gebirgs bekleidet wurde, endlich das Geschlecht Abdul Melik, welches die Schechs des Dschurd liefert.

Diese fünf Familien erfreuen sich eines größeren Ansehens als alle anderen Schechs der Drusen. Andere angesehene Leute sind die Schechs der Familie Jd, welche das obere Arkub, und die Beni Hamadi, welche den Flecken Baklin beherrschen.

Die Stämme des Libanon zerfallen rücksichtlich der Gemeinschaft der Emire, Schechs und Unterthanen in zwei Theile: die Dschumbalati und die Jezbeki. Zu den ersteren gehören die Dschumbalat, die Ruslan und die Jd, zu den letzteren die Amad, die Telchuk und die Abdul Melik, sodaß die Emire des Gebirgs, die Schehab und die Abul Lama unter die Dschumbalati und Jezbeki vertheilt sind. Nur das Geschlecht Neked steht zwischen beiden Gruppen in der Mitte und neigt sich bald nach der einen, bald nach der andern Seite hin.

In Chasbeia herrschen die Familie Kis und die mit den Dschumbalat verwandte Familie Schems. Die Schechs von Rascheia stehen unter denen von Chasbeia, die vornehmsten unter ihnen sind die von der Familie Orjan und die von der Familie Nassar. Die Schechs von Chasbeia sind ihrerseits wieder dem muhammedanischen Emir aus dem Geschlechte Schehab unterworfen, der seinerseits unter dem Pascha von Damaskus steht. Unter den Adelsfamilien des Hauran sind die Beia Hamdan die vornehmsten, aus denen der Schech der über ihre Ortschaften gesetzten Schechs gewählt wird. Andere angesehene Familien des Hauran sind die Hezime, die El Atrasch, die Aamer und die Fachr; sie gelten für edler als die Beia Hamdan, aber trotzdem gehört die Schechwürde stets diesen zu.

Der Adel des Hauran gilt für geringer als der des Libanon, und die Drusen jenes Berglandes sind, wohl in Folge ihres Verkehrs mit den benachbarten Beduinen, rauher und weniger eifrig in der Beachtung der Vorschriften ihrer Religion geworden. Sie kehren sich nicht viel an den Unterschied zwischen erlaubten und unerlaubten Speisen, sind ungerecht und habgierig gegen die Schwachen und Niedrigen und halten überhaupt nicht viel von Anstand, Rechtschaffenheit und guter Sitte.

Den niedrigsten Standpunkt endlich unter allen Drusen nehmen diejenigen ein, die in der galiläischen Judenstadt Safed wohnen. Sie gelten bei den übrigen als Feiglinge, und ihre Geschlechter bekleiden keinerlei Würden.

Das wären die Drusen in der Gegenwart. Die Zukunft dieser wunderlichen Heiligen gehört wieder in das Gebiet der mystischen Poesie und hat große Aehnlichkeit mit den Vorstellungen, welche sich die chiliastischen Secten des Christenthums, der Verfasser der Apokalypse, die Mormonen und andere Schwärmer dieser Gattung vom jüngsten Tage und vom letzten Gerichte machen.

Wie die Juden auf den Maschiach, die bibelgläubigen Christen auf die Parusie Christi hoffen, so glauben die Drusen, daß dereinst ihr Gott Hakim Beamrihi in Begleitung der „fünf edlen Ausgangspunkte" wiederkehren werde. Sie behaupten, daß diese letzteren seit ihrem Verschwinden in den Regionen des innern China hinter dem „Berge der Scheidewand" leben. Dieser Berg ist wohl die verdunkelte Vorstellung von der großen Mauer, und die Verweisung der Ausgangspunkte nach dem innern China, der Mongolei, vielleicht ein Nachhall der Mongolenzüge unter Timur, die sich bekanntlich bis nach Syrien erstreckten. Sie glauben, daß sämmtliche Bewohner des Reiches der Mitte Drusen und daß sie zugleich Nachkommen der verlornen zehn Stämme Israels sind*). Sie sind „das Volk des edlen Gog und Magog", und ihre Zahl beträgt den fünften Theil des ganzen menschlichen Geschlechts.

Versucht man die oben angeführte Ansicht der Drusen, daß die Zahl der Menschen sich stets gleich bleibe, nie zu- und nie abnehme, mit der Erfahrung zu widerlegen, nach welcher die Zahl ihrer eignen Glaubensgenossen in Syrien nicht immer dieselbe war und im Kriege oft an einem Tage mehr Menschen umkommen, als an demselben geboren werden, im Frieden dagegen die Zahl der Geburten die der Todesfälle übersteigt, so erwidern sie darauf, daß die Ueberzahl der Todten in China wiedergeboren werde, die Ueberzahl der Geburten aber von dort herkomme. Wie sie sich diesen Vorgang denken, ersieht man aus dem Gebrauche, nach welchem, wenn bei den Drusen ein Kind zur Welt kommt, das nicht gleich schreit, die Eltern das Fenster des Gemachs öffnen und die Leute, die sich um das Neugeborne drängen, entfernen, damit „die Seele zu ihm kommen könne".

Die Wiederkehr Hakims und der Tag der Auferstehung und des Gerichts werden nach der Meinung der drusischen Theologen durch verschiedene Zeichen angekündigt werden. Zunächst werden die Franken die Küstengegenden Syriens mit Gewalt wegnehmen. Darauf wird der Padischa der Muslime sich rüsten, jene zu bekriegen und die Kirche der Auferstehung zu Jerusalem (Kenifet El Kijame, von den Drusen und Muhammedanern spöttisch als Kenifet El Kumame, d. h. Kirche des Kothes bezeichnet) zu zerstören. Er wird mit ihnen kämpfen, sie besiegen und

---

*) Die Mormonen haben diese Vermißten bekanntlich in den Rothhäuten Amerikas wieder aufgefunden

die besagte Kirche niederreißen. Wenn die Könige der Christen dieß erfahren, werden sie sich mit dem König Johanna (dem mystischen Priester Johann der mittelalterlichen Geographie) und dem sudanischen König Abu Sewiktin, in welchem letzteren der Asas oder Satan wiedergeboren sein wird, verbinden, eine große Versammlung halten und den Beschluß fassen, zur Rache wegen ihres zerstörten Heiligthums die Kaaba dem Erdboden gleich zu machen. Mit zahlreichen Heerschaaren werden sie gen Mekka ziehen, und wenn dieß die Muslime hören, werden sich ihre Padischas, Chane und Emire ebenfalls mit Heeresmacht aufmachen, um den Feind von ihrer heiligen Stadt abzuhalten.

Während nun beide Theile nach Arabien marschiren, um sich dort eine Schlacht zu liefern, trifft die Kunde bei ihnen ein, daß aus dem fernen Osten ein gewaltiges Kriegsheer heranzieht. Dieß sind Hamza Ben Ali und die vier andern Ausgangspunkte, die sich aus dem Innern Chinas in Bewegung gesetzt haben, an den Berg der Scheidewand gelangt sind, das mit Metallplatten beschlagene Thor in demselben durchbrochen haben und mit ihrem Volke, dem edlen Gog und Magog dritthalb Millionen Reiter stark herausgezogen sind, um das Gericht über die Ungläubigen zu bringen. Sie rücken mit ihren Reisigen zuerst in das Land der Chazaren ein, fahren dann in Schiffen über das indische Meer und steigen in der Gegend von Hadschar aus, wo die Secte der Karmatier zuerst auftrat. Dieß geschieht im Monat Dschumadi oder Redscheb. Dort hält Hamza Ben Ali Musterung, vertheilt das Heer unter die fünf Ausgangspunkte, indem er einem jeden derselben fünfmalhunderttausend Mann giebt und für sich selbst ebenso viele behält. Dann rückt er in der Richtung nach Mekka hin vor.

Wenn die Christen und die Muslime dieß hören, befällt sie Angst und Schrecken. Sie stellen ihren Kampf ein und vereinigen sich zu gemeinschaftlichem Widerstande gegen das Heer aus Osten. Aber ihre Angst vermehrt sich mit dem Herannahen desselben. Ihr Muth entsinkt ihnen, und gewaltiges Zittern kommt über sie. Sie halten Rath und beschließen, sich dem großen Könige, der von Morgen her gegen sie heraufzieht, in Demuth zu unterwerfen. Ausgesuchte Geschenke werden von ihnen zusammengetragen, und ihre Könige bringen dieselben auf ihren Schultern, unbedeckten Hauptes und barfuß einherschreitend, dem Feldherrn des edlen Gog und Magog entgegen.

Sie treffen auf ihrem Wege zunächst auf einen ausgezeichneten König, unter dessen weißem Banner eine halbe Million Reiter in weißer Rüstung auf weißen Rossen dahertraben. Sie halten ihn für den Imam, er aber sagt ihnen, daß er Beha Eddin, der kleinste der vier Ausgangspunkte ist, und daß der Imam sich hinter ihm befindet. Weiter ziehend stoßen sie auf ein zweites Reitergeschwader, das ebenso stark als das erste ist und veilchenblaue Banner, Pferde und Kleider hat. Der Führer desselben ist Abul Chair Salama, der vierte der Ausgangspunkte. Er weist sie hinter sich, und sie kommen zu dem dritten Ausgangspunkte, Muhammed El Keleme, dessen Heer, so zahlreich wie die vorigen, gelbe Fahnen, Rosse und Gewänder führt. Von diesem gleichfalls weiter gewiesen, gelangen sie zu einem Heere mit rothen Standarten, Pferden und Rüstungen, geführt von Ismail, dem zweiten der Ausgangspunkte, der „universellen Seele", dem „Herrn des Saugens" (weil er Weisheit aus Hamza saugt), welcher nächst dem Imam der Vornehmste in der Hierarchie der Drusen ist. Die rothe Farbe seiner Kriegerschaar bedeutet Zorn und Rache; denn er wurde nach der Tradition, als er in der Gestalt Johannis des Täufers auf Erden wandelte, von Herodes und später in der Periode des Hamza wieder von den Griechen getödtet. Auch er weist die Deputation der Könige mit den Geschenken hinter sich, und nunmehr begegnen diese dem „glückseligen Herrn", dem Imam Hamza Ben Ali selbst. Ueber dessen Haupte flattert eine goldne Fahne, seine fünfmalhunderttausend Reiter haben Rosse und Kleider von grüner Farbe, alle wilden Thiere der Erde gehen vor ihm her und sind ihm unterthan und gehorsam.

Wenn nun die Könige der Ungläubigen ihm mit der demüthigen Bitte nahen, ihnen gnädig und barmherzig zu sein, und ihre Gaben in Gnaden anzunehmen, wird er sich letztere überreichen lassen und den Ueberbringern befehlen, vor ihm her nach Mekka zu ziehen. Mittwoch, den achten Tag des Monats Dsul Chidsche werden Alle dahin gelangen. Den folgenden Tag wird die Aufstellung zur Reschenschaftsablegung stattfinden. Freitag, den zehnten wird das Opferfest, die Auferstehung und das Gericht mit dem Schwert über die Ungläubigen gehalten werden.

Die Nacht vor dem Gerichtstage bringen die Christen und die Muslime auf der Ebne vor Mekka in größter Seelenangst zitternd und bebend zu. Am nächsten Morgen mit Aufgang der Sonne erscheint plötzlich Hakim Beamrihi, und zwar in derselben Gestalt, in der er sich zuletzt in Kahira zeigte, reitend auf Kamar, seinem weißen Esel. Er steigt auf das Dach der Kaaba, stellt sich auf die östliche Spitze, schwingt ein goldnes Schwert und ruft den Ungläubigen mit einer Stimme, die sie erbeben läßt, ins Gedächtniß zurück, wie sie nicht geglaubt haben, als er ihnen in menschlicher Gestalt sich offenbarte. Er zählt ihnen die Perioden vor, in denen er sich ihnen früher im Fleische gezeigt und sie zu seiner Verehrung und zum Bekenntniß der Einheitslehre aufgefordert hat, und erinnert sie, wie sie trotzdem in ihrer Verblendung und widerspenstigen Verstocktheit beharrt haben.

Dann werden sich auf den Befehl Gott Hakims Gewitterwolken über der Kaaba entladen, sie zerstören und spurlos von der Erde vertilgen. Hierauf wird der Imam Hamza mit seinen Gefährten, den vier Ausgangspunkten, auf goldenen, mit Perlen und Edelsteinen geschmückten Thronen unter einem prachtvollen Baldachin sitzend, die versammelten Völker Rechenschaft ablegen lassen. Zuerst werden die Gläubigen vortreten. Gott Hakim wird sie mit gnädigem Antlitz empfangen, ihnen alle ihre Vergehungen verzeihen, ihnen köstliche Gewänder geben, ihnen Kronen von Gold und Juwelen aufsetzen, sie auf wunderbar schönen Rossen reiten lassen und sie mit den werthvollsten Waffen zieren, zum Lohne für das, was sie durch die Gewaltthätigkeit der Ungläubigen erlitten haben.

Nachdem dieß geschehen, übergiebt Hakim sein goldnes Schwert an Hamza, und dieser tödtet damit den Ibn El Berberije und den Muhammed Ed Derezi, die wiedererstandenen Lügenpropheten. Den Abu Sewiftin aber, welcher der Satan ist, legt er in Ketten, läßt ihn in allen Ländern herumführen und gebietet, ihn, sobald man nach Balkh in Chorassan gekommen ist, in einer goldnen Schüssel abzustechen.

Nachdem Hamza die beiden Lügenapostel erschlagen hat, übergiebt er das goldne Schwert dem zweiten Ausgangspunkt Ismail, und nun beginnt ein furchtbares Würgen und Gemetzel. Die Einheitsbekenner schlagen ihre Schwerter durch die Hälse der Christen und Muslime. Weder Groß noch Klein wird geschont, sondern alle Bewohner Mekkas sammt den dort versammelten Königen mit allem ihrem Heer bis auf die Frauen und Kinder werden niedergehauen. Die Würger dringen vor bis nach Konstantinopel, in die Länder der Franken und nach den Inseln des Meeres und erobern Alles. Sie tödten die Menschen, rauben ihr Vermögen und plündern die Schatzkammern ihrer Fürsten. „Keine Seele wird in diesen Landen und auf diesen Inseln übrig bleiben, und dieß ist die Auferstehung".

Nun herrscht Hamza in der heiligen Stadt Aegyptens, El Kahira, die vier Ausgangspunkte sitzen zu seiner Rechten und seiner Linken, und Gott Hakim bleibt bei ihnen ewiglich. Die Einheitsbekenner bekleiden, jeder nach seinem Verdienst, hohe Würden und werden zu Königen, Emiren und Wessiren ernannt. Alles übrige Volk (welches erschlagen war, aber, wie man voraussetzen muß, wenn es keinen Widerspruch geben soll, nach einiger Zeit wieder aufgelebt ist) wird ewig unter dem Joche der Sklaverei und der Zuchtruthe bleiben. Man wird ihnen einen Tribut auferlegen und ihnen Ohrgehänge geben, nach welchen sie in drei Klassen zerfallen.

Die erste Klasse, welche die Drusen die „Gegner" oder „das Volk des äußerlichen Gesetzes" nennen, begreift die sunnitischen Muhammedaner und die Juden in sich. Jeder von ihnen wird in seine Ohren zwei Gehänge zwanzig Dirhem (Drachmen) schwer bekommen, und ihr Kennzeichen wird sein, daß das Ende des linken Aermels ihres Rockes in der Farbe von Ringeltauben gefärbt ist. Man wird von ihnen jährlich per Kopf dritthalb Denare (Goldmünzen) als Tribut erheben.

Die zweite Klasse, welche die drusischen Dogmatiker in ihren Schriften als die „Götzendiener", „das Volk der mystischen Erklärung" oder „des innerlichen Gesetzes" bezeichnen, umfaßt die Christen, die Schiiten und die Nosairier. Ihnen wird man in die Ohren Gehänge von Eisen, dreißig Drachmen schwer, hängen. Als Unterscheidungszeichen werden sie am rechten

Rockärmel einen schwarzen Streifen haben, und sie werden jährlich einen Tribut von vierthalb Denaren entrichten.

Die dritte Klasse sind die Scheingläubigen, die „Magier des Volkes Muhammeds", d. h. solche Drusen, die im Zustande des Nichtwissens gestorben sind, und die, welche Hamzas Predigt einst vernommen und geglaubt haben, nach seinem Verschwinden aber von ihm abgefallen sind. Sie werden am Uebelsten gestellt sein. Man wird ihnen Ohrgehänge von schwarzem Glase vierzig Drachmen schwer geben und ihnen eine Jahressteuer von fünf Denaren auflegen. Ihre Kennzeichen werden aschgraue Farbe des Vordertheils ihrer Kleidung und eine hohe spitze Mütze von Fuchsfell sein.

Der Tribut wird von Allen, vom Greise bis zum Kinde in der Wiege, von Frauen ebenso wie von Männern eingefordert werden. Die Ohrgehänge werden sie im Sommer wie Feuer brennen, im Winter ihnen Kälte verursachen wie Schnee. Jedes Jahr wird man das Gewicht derselben untersuchen, und die, welche es verringert haben, werden ihre Köpfe verlieren. Die Ungläubigen werden ferner einen abscheulichen Geruch um sich verbreiten, den aber nur sie selbst, nicht die Einheitsbekenner riechen; sie werden an Leib und Seele niemals Ruhe haben und, was sie auch essen und trinken, fortwährend einen bittern Geschmack im Munde haben.

Der Tribut der Unterworfenen wird an drei Orten niedergelegt werden: in Aegypten in der Moschee Ibn El Aas, bei der Gebetsnische, in Damaskus in der Moschee des Moawija und in Bagdad in der Moschee, welche an der Westseite der Stadt liegt.

Die Glückseligkeit, welche den Drusen nach der Auferstehung zu Theil werden soll, der Ueberfluß an Habe und Gut, der ihnen verheißen ist, wird ewig währen. Nichts wird sie quälen, nichts verunreinigen, „nicht einmal ein Floh wird einen von ihnen stechen", wogegen die Andersgläubigen ein Flohbiß wie der Stich eines Skorpions brennen wird. Die Seelenwanderung wird allerdings auch dann noch stattfinden, jeder von ihnen wird im hundertundzwanzigsten Jahre sterben, aber der Uebergang vom Tode zur Wiedergeburt wird sich ohne Furcht und Schmerz in Ruhe und Genuß vollziehen. Jeder von ihnen wird alle seine Verwandlungen von einem Körper in den andern von Erschaffung der Welt an bis auf die letzte Zeit genau kennen und Freude daran haben. Die Andersgläubigen werden dieses Wissen auch besitzen, aber zu ihrem Leidwesen, und wenn einer von ihnen stirbt, wird er mit Trauer, Angst und Schmerz aus dem Leben scheiden.

Hält man ihnen ein, daß wir nichts von unserm früheren Leben wissen und so auch nichts davon, daß wir damals nicht geglaubt haben, so antworten sie, dieses Wissen war verbreitet in den Tagen der Offenbarung, als die Einladung, gläubig zu werden, an die Bewohner der Erde gelangte. Aber nach dem Verschwinden Hakims zog Hamza diese Gabe zurück und ertheilte sie nur denen, die er sich auserwählte.

Sie behaupten aber auch, daß viele von ihren Kindern jederzeit von ihren Seelenwanderungen zu erzählen wissen und die Wahrheit ihrer Aussagen mit unwiderleglichen Beweisen darzuthun im Stande sind. Ein Beispiel hiervon möge diese Mittheilungen über die Drusen und ihren Glauben beschließen.

Vor etwa sechzig Jahren begann ein drusisches Kind auf dem hohen Gebirge des Dschebel El Ala im Gebiete von Aleppo sich, obwohl es noch nicht fünf Jahre alt war, über die ärmliche Lebensweise seiner Eltern zu beklagen, indem es versicherte, früher im Ueberflusse gelebt zu haben. Als man es fragte, wo dieß gewesen sei, antwortete das Kind, es habe in Damaskus gewohnt, Abu Hasan El Kabbani geheißen, ein Haus in der und der Straße im Stadtviertel der Teimenser (wo die Drusen wohnen) besessen und Frau und Kinder hinterlassen. Nach seinem Ableben sei es an einem andern Orte wieder geboren worden, aber schon nach einem halben Jahre wieder gestorben und darauf bei ihnen wieder zu einem Körper gekommen. Da das Kind diese Erzählung mehrmals wiederholte, suchte man sich endlich Gewißheit darüber zu verschaffen. Man reiste mit dem Knaben nach Damaskus. Als er in die Nähe der Stadt kam, sagte er zu seinen Eltern, daß ihm der Weg bekannt sei, auch nannte er ihnen die Dörfer, Aecker und Straßen, die sie berührten. Als sie nach Damaskus selbst gelangten, gab er ihnen die Namen der Gassen und Märkte, ja sogar die einiger Personen, denen sie dort begegneten, an. Endlich mit ihnen in das Quartier der Teimenser gelangt, zeigte das Kind ihnen sein Haus. Es klopfte an die Thür, die Stimme einer Frau antwortete von innen, und als es diese hörte, sagte es zu seinen Begleitern: „Das ist meine Gattin". Der Knabe rief die Frau bei ihrem Namen und sprach: „Oeffne". Da that sie die Thür auf, und er erklärte ihr, daß er ihr verstorbener Gatte sei.

Sogleich kamen die Drusen, die in der Nachbarschaft wohnten, von der Geschichte benachrichtigt, herbei und fanden mit Staunen, daß es mit den Angaben des Kindes in allen Einzelnheiten seine volle Richtigkeit habe. Der Tod jenes Abu Hasan El Kabbani fiel genau in die Zeit, welche der Knabe genannt hatte. Ebenso bestätigte sich, was er in Betreff der Zahl, der Namen und des Lebensalters seiner Kinder berichtet hatte. Desgleichen das, was er von Pferden gesagt, die er in Gemeinschaft mit Andern besessen hatte. Es war ferner vollkommen wahr, was er von einem gewissen Muslim erzählt, hatte, der ihn während seiner letzten Krankheit besucht und ein Arghile bei ihm geraucht haben sollte. Dabei war eine brennende Kohle auf die Decke gefallen, in welche der Kranke sich gehüllt, und hatte ein Loch hineingebrannt. So erzählte der Knabe, und siehe da, als man die Decke untersuchte, stieß man richtig auf das Brandloch. Sodann bestätigte sich, was er von dem Soll und Haben gesagt, welches er hinterlassen. Nur ein kleiner Posten, den ein Gewandmacher ihm schuldete, war nicht in sein Rechnungsbuch eingetragen. Alles Andere verhielt sich, wie die Frau und die Kinder des verstorbenen und nun in Kindes= gestalt wiedererschienenen Abu Hasan versicherten, durchaus so, wie der Knabe angegeben. Man ließ jenen Schneider kommen, und er gestand, als man ihm jene Behauptung des Knaben vorhielt, ein, daß er Abu Hasan die betreffende Summe schuldig gewesen sei, seine Schuld aber aus Noth bei den Hinterlassenen nicht angemeldet habe. Endlich aber lieferte der drusische Knabe den Hauptbeweis für seine Identität mit dem verstorbenen Abu Hasan: er berichtete, daß dieser an einem geheimen Orte seines Hauses einen Topf mit Goldstücken vergraben habe, und zählte deren verschiedene Sorten auf. Man hatte den Topf bisher nicht gefunden, als man aber jetzt nachgrub, fand er sich, und darin waren die Münzen, die das Kind genannt hatte.

Nach dieser Zeit blieb der Knabe einige Zeit bei seiner Frau und seinen Kindern, die natürlich älter waren als er selbst. Man gab ihm einen Theil seines Vermögens heraus, dann reiste er mit seinen neuen Eltern wieder heim nach dem Dschebel El Ala.

Unser Berichterstatter war vor einer Reihe von Jahren einmal mit einigen Wissenden von den Drusen zusammen, die ihm erzählten, daß sie Abu Hasan El Kabbani vor seinem Tode in Damaskus gekannt, und daß sie nach seiner Wieder=

geburt auf dem Dschebel El Ala mit ihm von der Sache gesprochen hätten. Er hätte ihnen dabei das Ganze unter großen Betheuerungen auf ihre Glaubenslehren berichtet, wie soeben erzählt worden, und ihnen keinen Zweifel darüber gelassen — "aber", so schließt unser Erdruse seine Mittheilung, "Gott weiß es am Besten".

II.

Derwiſche.

s war am 13. März 1857, als ich einem der ſeltſamſten Schauſpiele beiwohnte, welche das an ſeltſamen Dingen überreiche Aegypten dem Fremden bietet. Wiederholt ſchon waren wir in den Straßen Kairos durch das Erſcheinen von Derwiſchen daran erinnert worden, daß wir der Verpflichtung, einen Tanz dieſer wunderlichen Heiligen zu ſehen, noch nicht nachgekommen waren, und daß ganz in der Nähe Gelegenheit dazu war. Um genannten Tage endlich fanden ſich paſſende Begleiter zu einem Ausfluge nach dem Kloſter, welches zu dieſem Zwecke gewöhnlich beſucht wird, und gegen Mittag wurde aufgebrochen.

Das Kloſter befindet ſich nicht fern von Masr Atika oder Altkairo, einige hundert Schritte ſüdlich von dem großen Militärlazareth, gegenüber den Gärten und Paläſten der Nilinſel Roda. Die Umgebung beſteht in Pflanzungen von Rieſencactus, durch welche mehrere breite, von Nilakazien und Sykomoren beſchattete Straßen führen. In dem Kloſter, einem unregelmäßigen, unſcheinbaren Bau, dem ſich eine kleine Moſchee anſchließt, wohnten damals nur vierzehn türkiſche Derwiſche, denen ſich aber bei ihren Freitagsgottesdiensten viele andere Glieder des Ordens, welche als Privatleute außerhalb der Stiftung lebten, anzuschließen pflegen, sodaß wir auf eine zahlreiche Gesellschaft rechnen durften. Es mochte ein Uhr sein, als unsre kleine Karavane, von Haffan Salama, unserm Dragoman geführt, vor der Pforte des Klosters von den Eseln stieg und das Innere derselben betrat.

Der Hof, in den wir zunächst gelangten, zeigte nichts Auffälliges. Er wird von einstöckigen Häusern gebildet, aus deren weißgetünchten Wänden zwei jener grauen, schrankartigen, statt der Glasscheiben mit Holzgitterwerk ausgesetzten Erker hervortreten, welche den Gebäuden der ägyptischen Hauptstadt ein so eigenthümliches Gepräge verleihen. An der Seite des einen Hauses führt eine hölzerne Treppe nach einem freien Gange, der sich an der ganzen Front hinzieht. Vor dem Erdgeschoß eines jeden von den Gebäuden, welche mit der Mauer der Eingangsseite den Hof bilden, laufen Bänke von Lehm, mit Matten belegt, hin. In der Mitte befindet sich, ebenfalls von Lehm construirt und mit Matten belegt, eine zwei Fuß hohe viereckige Erhöhung, die, mit einer Lehne versehen und von drei Akazien beschattet, als eine Art gigantischer Divan für den Kef der Klosterbewohner zu dienen scheint. Außerdem standen unter den Bäumen noch einige mit Schaffellen bedeckte hölzerne Geländerbänke und ein Tischchen mit Gullis, Wasserflaschen von durchlassendem Thon, in deren Hälsen gewissermaßen als Stöpsel Sträußchen von rothen Blumen steckten.

Wir waren zu früh gekommen und fanden nur einige von den Derwischen im Hofe. Der eine rauchte behaglich seinen Tschibbuk, ein anderer ließ sich von einem dritten Kaffee kredenzen, ein vierter machte, sich waschend und kämmend, Toilette zu dem Schauspiel, das unsrer wartete. Letzterer wies uns auf einer der Bänke freundlich Platz zum Sitzen an.

Gewöhnlich denkt man sich einen Derwisch als eine groteske, halbwilde Erscheinung, zerlumpt, sonnenverbrannt und überaus schmutzig, und nach den wüsten Gestalten zu urtheilen, die dem Fremden in dem Gewühl der Straßen Kairos zuerst als Derwische bezeichnet werden, ist gegen diese Vorstellung nichts einzuwenden. Das Volk verehrt sie als Heilige, uns Abendländischen dagegen kann es begegnen, daß wir in ihnen, wenn sie in ihren Fetzenröcken oder mit einem zottigen Fell behangen, bisweilen auch ohne andere Bekleidung als ein Lendentuch, hagern Leibes, mit wirrem Bart und verfilztem Haupthaar, ein Amulet um den Hals, eine rostige Partisane in der Faust, Almosen heischend auf uns zutreten, Wahnsinnige aus dem Morostan, Orangutangs, aus einer Menagerie entsprungen, oder Waldteufel von der Verwandtschaft Calibans zu sehen meinen. Dieß gilt indeß nur von einem Theil der Derwische und nicht einmal von allen denen, welche in den Klöstern wohnen. Die Mehrzahl unterscheidet sich von den übrigen nur durch strengere Beobachtung der Gebote des Islam und durch gelegentliche Theilnahme an dem „Zikr", d. h. an dem gottesdienstlichen Tanze, welcher Freitags, bei gewissen Festen und an den Geburtstagen der muhammedanischen Heiligen aufgeführt wird. Im Uebrigen kleiden sie sich wie Andere, treiben bürgerliche Geschäfte, sind Soldaten, verheirathen sich und treten höchstens dann, wenn bei Gelegenheiten zu religiöser Aufregung der Geist über sie kommt, auf offner Straße aus den Schranken morgenländischen Anstandes heraus.

Die Derwische, die wir hier trafen, gehörten meist zu der letzteren Klasse. Einige erkannten wir als Mitglieder der Brüderschaft erst, als sie zum Tanze antraten. Die türkischen trugen lange dunkelroth gefärbte Haare und die bekannte zuckerhutförmige, mit Anrufungen von Heiligen in arabischer Schrift durchwirkte graue Filzmütze, sonst aber nichts, was ihren Stand hätte ankündigen können. Während wir diese Beobachtungen anstellten und uns von unserm Dragoman, der selbst ein Derwisch, über anderes, was später mitzutheilen sein wird, Auskunft geben ließen, wuchs allmählich die Zahl der Derwische im Hofe. Einige kamen aus den Häusern des Klosters, andere zu Fuß, zu Pferde oder zu Esel aus der Stadt. In gleichem Grade mehrten sich die Zuschauer. Die letzteren waren größtentheils Engländer auf der Reise nach Ostindien, an den wunderlich geformten Helmen aus Nanking, die sie trugen, und an den blonden Hängelocken der Damen, die sie mitbrachten, leicht zu erkennen. Alle Anwesenden wurden gastfrei mit Kaffee, die ziemlich zahlreich eintreffenden muselmännischen Zuschauer auch mit Pfeifen bewirthet. Endlich war der Schech angelangt, und auf ein Zeichen begab sich Alles — auffallenderweise ohne, wie üblich, vorher die Schuhe auszuziehen — in die Moschee.

Das Innere derselben ist ein Raum, der unten viereckig, oben rund und mit einer Kuppel überwölbt ist. Jede Seite des Vierecks mochte zwanzig Schritte lang sein. Der steinerne Fußboden war mit Strohmatten belegt. Wände und Kuppel hatte man einfach weiß getüncht und letztere unten, wo die Rundung begann, mit einem Kranze von kleinen Nischen geziert und oben mit einigen Fensterchen durchbrochen. In der einen Ecke befand sich ein Breterverschlag, in der andern eine große Spitzbogennische, in welcher rostige Waffen, Partisanen, Streitäxte, Spieße und Keulen von gewundener Form, wie sie unsere Handwerksburschen auf Reisen bisweilen tragen, aufgehangen waren. An der Wand links vom Eingange ist die kleine wagerecht weiß und roth gestreifte Rundbogennische, welche, den betenden Gläubigen die Richtung nach Mekka anzeigend, in keiner Moschee fehlen darf. Im Hintergrunde hing eingerahmt ein Koranspruch auf grünem Grunde, darüber an einer Schnur das kahnförmige Zinngeschirr, mit welchem die wandernden Derwische Almosen zu sammeln pflegen. Zu beiden Seiten der etwa mannshohen Nische standen große Fahnen, die eine grün und an der Spitze in eine zweizackige Gabel auslaufend, die andere grün mit weißer Schrift und breitem weißen Rande. Neben den Fahnen hingen zwei kleine, weiße Lampen und von der Mitte der Kuppel eine dritte herab. Endlich befanden sich an der einen Wand mehrere Handpauken und Tambourins.

Vor der Gebetsnische saßen auf den Fersen der Schech und ein andrer Vorsteher des Ordens, dieser schwarz, jener weiß gekleidet, beide ohne die charakteristische Mütze der Derwische. Vor ihnen war auf den Matten des Fußbodens mit Schaffellen und Pantherhäuten ein mit seinen beiden Enden neben der Nische abschließendes Hufeisen bezeichnet, auf welchem die eintretenden Derwische, nachdem sie ihrem Schech kniend die Hand geküßt, dicht an einandergedrängt mit untergeschlagenen Beinen sich niederließen, während die Zuschauer sich außerhalb des Kreises an den Wänden aufstellten oder auf den Boden setzten. Mehrere von den Derwischen waren Greise, einige sehr junge Leute, drei gehörten dem Kindesalter an. Unter den letzteren befanden sich zwei hübsche weiß und rothe Gesichtchen in feinen braunen Tuchgewändern, goldnen Gürteln und lichtgrauen Filzmützen in der Gestalt von Zuckerhüten, welchen die Spitze abgeschlagen ist. Von den Uebrigen trugen nur etwa ein Dutzend diese Kopfbedeckung und das obenerwähnte rothgefärbte Haar. Dem Stande nach waren mehrere Soldaten, andere Kawassen (Polizeidiener), die meisten wahrscheinlich niedere Handwerker, Matrosen oder Tagelöhner. Der Kreis schloß an der Seite, wo die Pauken hingen, mit zwei Flötenspielern und zwei Mundschids oder Sängern.

Nachdem die Theilnehmer am Gottesdienst sich auf etwa vierzig vermehrt hatten (die Zuschauer waren ungefähr eben so stark), sagte der Schech, zu den Sängern gewendet: „El Fatha", worauf diese, von einigen Anderen leise begleitet, die erste Sure des Korans absangen und sodann ohne weitere Aufforderung ein Lied anstimmten, in welchem Gott gebeten wurde, „unsern Herrn Muhammed" sowie alle Propheten und Verkünder des Islam und namentlich die vier ersten Chalifen Abubekr, Omar, Osman und Ali zu segnen. Das Gebet, welches alle gottesdienstlichen Tänze der Derwische eröffnet, schließt mit den Worten: „An Allah haben wir Genüge, und herrlich ist er, der Wächter. Und es giebt keine Macht noch Gewalt außer bei Gott, dem Hohen, dem Großen. O Gott! O unser Herr! O gern Verzeihender! O Allgütiger! O Allah!" Schöne Worte, denen ein überraschend anmuthiger Vortrag entsprach.

Als die Mundschids schwiegen, trat eine Pause von einigen Minuten ein. Dann begann der Schech mit sanfter Tenorstimme langsam und eintönig in dem Takte ⏑—⏑—⏑ · ⏑⏑ das Glaubensbekenntniß des Islam: „La ilaha illa lah" (Es ist kein Gott außer Allah) zu intoniren, und ebenso langsam, eintönig und taktmäßig sang der ganze Kreis der Derwische, auf den Fersen hocken bleibend, aber bei den betonten Sylben sich etwas nach der rechten Seite neigend, die Worte nach und wieder nach. Dieß dauerte etwas länger als zehn Minuten. Die Töne wurden allmählich ein wenig stärker, das Neigen ein wenig hastiger, beides aber blieb noch durchaus in den Grenzen der Anmuth, und der mächtige Widerhall in der Kuppel verlieh dem Gesange sogar eine gewisse Erhabenheit.

Nunmehr erhob sich einer der Sänger auf die Füße, hielt die rechte Hand an das Ohr und trug, während die Andern verstummten, ein' mystisches Liebeslied vor, welches, wie wir später erfuhren, in der Regel bei den Tänzen der arabischen Derwische gesungen wird und in seinem ganzen Wesen, ja selbst in einzelnen Wendungen eine so merkwürdige Aehnlichkeit mit gewissen Stellen im Hohenliede Salomos hat, daß man glauben möchte, es sei, wo nicht eine Nachahmung, ein Nachhall dieser Dichtung. Wie dieses mag es ursprünglich ein profaner Erguß der Sehnsucht nach einem Mädchen gewesen sein und erst später die Bedeutung inbrünstigen Schmachtens nach Vereinigung mit dem Uebermenschlichen, mit der Gottheit gewonnen haben. Wahrscheinlicher indeß ist für den, der die pantheistische Poesie der Sufis kennt, wie sie sich namentlich in Dschelaleddin Rumis Sprüchen und Oden ausdrückt, die Annahme, daß dem Gedicht gleich Anfangs ein mystischer Sinn untergelegen habe, und dasselbe könnte auch mit den Liedern der Fall sein, welche das sogenannte Hohelied in sich begreift. Man begegnet in Kairo gar Manchem, was das alte Judenthum erklärt, und eine hebräische Prophetenschule dürfte einem Derwischkloster der bessern Art ähnlicher gewesen sein als manche Theologen glauben. Der Sänger sang:

„Ueber die Liebe grämt sich mein Herz, und meine Augenlider drückt Trübsinn nieder. Mein Leben zerfließt, und ich vergieße Thränenströme. Meine Vereinigung scheint ferne zu sein. Wird mein Auge je meinen Geliebten sehen? Ach, wäre nicht Geschiedensein die Ursache meiner Thränen, ich würde nicht wehklagen!

Traurige Nächte nagen an mir, die Trennung läßt meine Hoffnung vergehen. Meine Thränen träufeln wie Perlen herab, und mein Herz ist von Feuer umgeben. Wer duldet wie ich? Kaum weiß ich noch Hülfe. Ach, wäre nicht Geschiedensein u. s. w.

O Turteltaube, sage mir, weshalb du so jammerst. Bist

du so bekümmert über die Trennung? Bist du deiner Flügel beraubt und eingesperrt? — Sie sprach: Unser Gram ist derselbe, vor Liebe verschmachte ich. Ach, wäre nicht Geschiedensein u. s. w.

O Erster und allein Ewiger, erweise mir Deine Gunst. Dein Knecht hat keinen Herrn außer Dir. Bei Ta Cha, dem großen Propheten, verweigere mir nicht mein Flehen. Ach, wäre nicht Geschiedensein", u. s. w.

Der Sänger, der eine recht gute und besonders sehr umfangreiche Stimme besaß, und dessen Gesang keine eigene Melodie, sondern ein bald schwungreiches, bald klagend hinzitterndes Phantasiren ähnlich dem des Vorsängers in Synagogen von altem Ritus war, endigte mit dem Ausruf: „Allah!" der nun von den Uebrigen eine Weile als eintöniger Spondäus dumpf und taktmäßig wiederholt wurde, wobei Alle die erste Sylbe mit einer Verbeugung begleiteten und bei der zweiten, stärker betonten, sich wieder aufrichteten.

Erinnerte dieses abgemessene Bücken, bei dem die Beter immer noch auf den Fersen hockten, ein wenig an die Porzellanchinesen der Meißner Fabrik, so machte doch das Ganze noch keinen geradezu abstoßenden Eindruck. Schlimmer schon wurde dem Beobachter zu Muthe, als einer der Derwische nach einigen Minuten ein kurzes „O"! ausstieß und dieses nun von der ganzen Gesellschaft der Beter erst leise und in langsamem Takte, dann lauter und hastiger eine Zeit lang nachgestöhnt wurde, während die taktmäßigen Verbeugungen fortdauerten. Aber es sollte noch unheimlicher und wüster werden.

Auf ein Zeichen des Schechs erhob sich der Halbkreis der Derwische, die Felle wurden weggeschoben, die nunmehr stehenden Theilnehmer an der religiösen Uebung traten Ellbogen an Ellbogen an einander und kreuzten entweder beide Hände über

der Magengegend oder legten, ungefähr wie die Freimaurer
„in Ordnung", die rechte Hand auf die linke Seite der Brust.
Eine Pause — dann intonirte der Schech von Neuem das
„La ilaha illa lah!" und die Kette wiederholte es, wie beschrieben, erst in langsamem, dann in schnellerem Tempo, indem
ihre Glieder sich, ebenfalls wie die Freimaurer, nach rechts und
links schaukelnd bewegten.

Der zweite Akt hatte begonnen. Die Krisis näherte sich.
Eine Flöte hob an zu kreischen. Mehrmals sang einer der
Mundschids das Wort „Meded!" zu Hilfe! Die türkischen
Derwische trugen ihre Mützen vor den Schech hin und standen
nun in ihren langen dunkelrothen Mähnen im Halbkreise da,
der unaufhörlich und immer rascher sich verneigte und dazu unaufhörlich und immer rascher sein „La ilaha illa lah!" hören
ließ, während die Mundschids, bald um die äußersten Höhen
der Tonleiter schwebend, bald in die tiefsten Tiefen herabsinkend,
eine neue liebeglühende Hymne in das taktmäßige Absingen des
Glaubensbekenntnisses hineinklingen ließen. Deutlich bemerkte
man, wie diese Reizmittel wirkten. Eine zweite kreischende
Flöte kam der ersten zu Hilfe. Die Derwische äußerten ihre
Erregtheit durch ein dumpfes Grunzen und fuhren fort mit
ihren abgemessenen Verbeugungen. Das Grunzen verwandelte
sich in ein kurzes stoßweise sich äußerndes Gebrüll, das Neigen
zu tiefstem Bücken.

Da auf einmal tritt einer der beiden braungekleideten
Knaben in die Mitte des Halbkreises, legt seinen Mantel vor
dem Schech hin, breitet die Arme so aus, daß die innere Fläche
der rechten Hand nach oben, die der linken nach unten gekehrt
ist, senkt den Kopf auf die rechte Schulter und beginnt sich um
seine Achse zu drehen, daß sein Gewand ein weites Rad bildet.
Die Andern brüllen im Takte fort und bücken sich fort, wobei sie

jetzt zuerst in die Kniee knicken und dann den Kopf fast bis auf den Boden neigen. Die Aufregung ist bei Einzelnen schon sehr stark. Die Augen glühen, Schweiß glänzt auf Stirn und Wangen, Einer nach dem Andern legt Tarbusch und Kaftan ab. Wo das Feuer noch schläft und die Bücklinge noch nicht tief genug sind, muntert der Vorsteher, in der Mitte des Ringes umhergehend und in die Hände klatschend, durch sein Beispiel zu größerer Andacht auf. Wilder und immer wilder werden die Mienen und Bewegungen, das Bücken ist hier und da schon ein förmliches Schlenkern des Leibes, in das Grunzen mischt sich bisweilen das grausige Allahgestöhn eines Verzückten.

Aber noch ist der Gipfel nicht erreicht. Becken werden klingend zur Flöte geschlagen. Die türkischen Derwische, die jetzt mit ihren stieren, hervorquellenden Augen und dem langen Haar, das ihnen wie ein rother Roßschweif um die gelben Gesichter fegt, vollständig Wahnsinnigen gleichen, schreien ein wüstes „Huhu"! Ein Soldat scheint dem Umfallen nahe zu sein und wird nur dadurch im Kreise erhalten, daß seine Nachbarn ihn unter den Armen fassen. Der tanzende Knabe aber dreht sich ruhig mit auf die Seite gelegtem Kopfe und halbgeschlossenen Augen fort. Nichts verräth, daß er sich anstrengt, nur die Wangen sind etwas geröthet.

Und noch immer war die Inbrunst im Wachsen. Schon lag ein Haufe abgelegter Turbane und Kleider vor dem weißgekleideten Schech, der stumm und ohne eine Miene zu verziehen, nur zuweilen und dann kaum bemerkbar an den Verneigungen theilnehmend vor der Gebetsnische stand. Das Bücken war jetzt allenthalben zu krampfhaftem Auf- und Niederzucken geworden, das zum Gebrüll gesteigerte Stöhnen hallte wie ein Chor von ebenso vielen Löwenstimmen in der Wölbung der Kuppel wieder. Dazwischen hinein kreischten die Flöten, klingelten die Becken, jubelte tremulirend die Stimme des Hymnensängers. Die Haare der türkischen Derwische sausten förmlich durch die Luft. Von den jüngeren Leuten schienen die meisten sich nur mit Mühe noch in den Gelenken zu erhalten. Mehrere hatten das Aussehen von Betrunkenen. Häufiger und immer häufiger machte der Taumelgeist, der sich der Versammlung bemächtigt, sich in ächzendem Allahruf Luft. Grauen, Entsetzen, Ekel malten sich auf den Gesichtern der Zuschauer. Der Wirth unseres Hotels sah sich genöthigt, hinauszugehen. Er gestand später, das Schauspiel habe auf ihn wie das kräftigste Brechmittel gewirkt, und noch am nächsten Morgen hatte er den Eindruck nicht ganz verwunden. Der tanzende Knabe aber drehte sich ruhig fort, bis er nach ungefähr zwanzig Minuten plötzlich, wie er begonnen, aufhörte, seinen Mantel vom Boden aufnahm und sich in die Reihe an seinen alten Platz stellte.

Wieder folgte eine kurze Pause. Dann fing das Bücken von Neuem an, und zwar jetzt nach dem Rufe „He! Hu!" der später zu einem „He! Hu! He!" wurde, woran sich jedesmal das Wort „Allah!" jetzt als Trochäus ausgesprochen anschloß. Bei „He" knickten alle Knie, bei „Hu" verbeugten sich alle Köpfe, beim zweiten „He" schnellten alle Leiber wieder in die Höhe. Da Viele zusammenzustürzen oder sich beim Ruck der Kette nach hinten zu überschlagen Gefahr liefen, so vertheilte der Vorsteher die Stärkeren unter die Schwächeren, und es hielten sich jetzt ganze Gruppen unter den Armen gefaßt. Die Inbrunst der Versammlung war in volle Raserei verwandelt, fast überall verdrehte Augen, verzerrte Züge, wankende Füße.

Ich glaubte, man müsse jetzt des Tobens endlich genug haben; denn die Erschöpfung mußte ungeheuer sein. Aber ich hatte die Ausdauer dieser arabischen und türkischen Sehnen und Lungen nicht bedacht, auch nicht überlegt, was fleißige Uebung selbst aus ursprünglich schwachen Naturen machen kann. Noch einmal loderte das erlöschende Feuer auf. Der Vorsteher riß eine der Pauken von der Wand und schlug mit dem Knüppel darauf, daß das Fell hätte zerspringen können. Ein alter Weißbart trat aus der Kette und feuerte mit Bücklingen und Händeklatschen die Mattgewordenen zu weiterem Ausharren an. Die Flöten jauchzten, die Mundschids jubelten, und siehe da, die gequälten, verrenkten Leiber leisteten noch mehr, vor allen die Türken, die wie die Bestien brüllten und wie die Brunnenschwengel auf- und niederfuhren. Eine ergötzliche Figur in dieser Höllenscene war ein alter steifer Kawaß, der, neben dem vorhin erwähnten Soldaten stehend, ganz im Gegensatz zu diesem den Grundsatz: Alles mit Maßen verkörperte und sich mit Mühe zu einigen kargen Verbeugungen zwang. Und noch eigenthümlicher nahm sich der Contrast dieser widerlichen Fratzen zu dem unschuldig lächelnden Gesichtchen eines kleinen europäisch gekleideten Mädchens auf den Armen eines andächtig grinsenden Negers aus, der im Verlauf der Cermonie nicht fern von der Gebetsnische zur Linken des Schechs Platz genommen hatte.

Man hätte meinen sollen, die menschliche Natur habe hier schon längst ihre Grenze überschritten und sich auf dem Gebiete des Unmöglichen bewegt, und es schien in der That jetzt mit den Kräften der Verzückten völlig und unaufhaltsam zu Ende zu gehen. Einige besonders Eifrige schlenkerten sich brüllend noch auf und nieder, daß gewöhnlich Organisirten das Blut aus Mund und Nase hätte schießen müssen. Die Mehrzahl der Derwische aber schien allmählich zur Besinnung zu kommen und sich nach Ruhe zu sehnen. Nicht so die Vorsteher. Noch war die Katastrophe nicht eingetreten, noch keiner der Versammelten „malbus", d. h. besessen, geworden, und Besessenheit scheint die Krone dieser Zikrs zu sein. Ein Rothgekleideter sang ein

Loblied auf Muhammed und die Stifter der vier großen Derwischorden, und dieses Aufregungsmittel, verbunden mit dem Ge-
zwitscher der aufs Neue losbrechenden Flöten, den Becken und
der Handpauke, die jetzt von dem wilden Weißbarte geschlagen
wurde, that noch einmal seine volle Wirkung.

Nochmals rafften die zu Tode Erschöpften sich auf. Nochmals begann der ganze Halbkreis sich nach der Gebetsnische
hin zu verbeugen, jetzt nach dem Takt von Tönen, die wie ein
grauenhaftes Röcheln klangen. Aber nur noch kurze Zeit vermochten die Nerven dem Willen gehorsam zu sein. Vergeblich
sprang der Alte mit der Pauke im Ringe hin und her, umsonst
schlug er sie hart vor den Ohren der Nachlassenden. Die Kette
kam an mehreren Punkten zum Stillstande, ihre Glieder lösten
sich. Nur vier von den Türken und der Soldat, bückten sich,
wie es schien, von unwiderstehlichem Neigekrampf gepackt und
bewegt, stöhnend fort und fort, trotz der Mühe, welche sich die
Nachbarn gaben, sie zu beruhigen.

Der Soldat stürzte endlich zusammen und wurde dicht neben
uns auf den Rücken gelegt, in welcher Lage man ihn, der
augenscheinlich einen Anfall von Epilepsie bekommen, durch
Streichen und Drücken der Brust- und Bauchmuskeln, wie es
in den orientalischen Bädern angewendet wird, allmählich wieder
zu sich brachte. Neben ihm fiel bald nachher einer der Türken.
Gräßlich sah es aus, wie ein dritter von diesen wüsten Fanatikern, gleichfalls auf den Rücken gefallen, die Augen rollte
und mit allen Gliedern zuckte, und wie seine Brust gleich der
eines am Stickflusse Verscheidenden sich hob und senkte. Den
Gipfel des Grauenhaften aber auf diesem Schlachtfelde religiösen Wahnsinns bildeten zwei türkische Derwische, die, als ob
sie zeigen wollten, wer es am Längsten aushielte, lange nach
Beruhigung der Andern noch immer mit Brüllen und Bücken

fortfuhren, bis endlich, nachdem der eine umgesunken, der andere in vollkommner Raserei wie geblendet umhertaumelte, krampfhaft in die Luft griff, ein Geheul ausstieß und endlich, sich zu einem wüthenden Sprunge zusammennehmend, mit solcher Gewalt mit dem Kopfe gegen die Wand rannte, daß er mehrere Schritte zurückprallte und dann wie todt niederstürzte.

Es war kein Gaukelspiel; denn deutlich hörte ich den dumpfen Schall des Stoßes, und deutlich sah ich die große Beule, die sofort an der getroffnen Stelle auflief. Es war auch kein unwillkürlicher Anprall gewesen. Denn kaum hatte der rasende Mensch einige Sekunden am Boden gelegen, als er wieder aufsprang und das abscheuliche Spiel wiederholte. Ja zum dritten Male riß er sich empor, und noch einmal wurden wir Zeuge dieses Manövers gewesen sein, wenn er dießmal nicht vor der Wand und ohne seine Absicht ausführen zu können, zusammengebrochen wäre.

Niemand schien Schrecken über sein Gebahren zu empfinden. Niemand hielt ihn ab von dem Versuche, sich den Schädel ein=zurennen. Nur Neulinge in diesen Kreisen konnten sich über=haupt über ihn wundern. Denn wie wir später vernahmen, geht fast keiner der Zikrs vorüber, ohne einige der Theilnehmer im Zustande momentaner Verrücktheit zurückzulassen.

Zwei Jahre später, im Mai 1859, besuchte ich auf der Rückkehr von einer Wallfahrt nach Jerusalem das Kloster der persischen Derwische in Kaßim Pascha bei Konstantinopel, um einem ähnlichen, aber wesentlich freundlicheren Schauspiel bei=zuwohnen. Die Moschee, in der es vor sich ging, war erheblich größer und schöner als die in Altkairo. Sie hatte u. A. eine Art Emporkirche, in der hinter einem zierlichen Gitter türkische Frauen dem Gottesdienste unten zusahen, der hier nur in Tanz bestand. Als wir eintraten, saß nur der Vorsteher der Derwische, ein schöner stattlicher Mann in den besten Jahren, vor uns auf dem Teppich vor der Gebetsnische. Nach einigen Minuten erschienen die andern Mitglieder der Gemeinde durch eine Thür zur Seite. Geräuschlos schritten sie paarweise hintereinander auf ihren Meister zu, der die Hände über dem Schooße zusammengelegt hatte, begrüßten ihn nach orientalischem Brauch und nahmen dann im Halbkreise vor ihm auf den Steinfließen Platz. Es waren durchgehends schöne Leute mit edler Gesichtsbildung, langen, dunklen, seidenweichen Bärten, schwarzen Augen und stattlichem Wuchs, den die morgenländische Tracht, ein braunes, blaues oder violettes Gewand und eine hohe graue Filzmütze von der Form eines oben abgestumpften Zuckerhutes noch stattlicher erscheinen ließ. Nachdem sie unter allerlei Neigungen und Verbeugungen still gebetet, erhoben sie sich, legten ihre Obergewänder ab und ordneten sich wieder zu einer Procession. Sie trugen jetzt nur noch die Mütze, eine weiße Jacke oder Weste und einen vielfaltigen Rock, der, von den Hüften bis ein paar Zoll über das Knie reichend, von gleicher Farbe war. Nachdem sie nochmals vor der Gebetsnische und dem Schech vorbeidefilirt waren, wobei letzterer sie mit einer Handbewegung zu segnen schien, ließ sich — man wußte nicht, woher — eine sanfte Musik hören, die allmählich lauter und lebhafter wurde. Und jetzt begann erst langsam, dann rascher der Tanz, der in einem Drehen jedes einzelnen Derwischs um die eigne Achse bestand, wobei der Tänzer, wie wir es in Altkairo gesehen, die Arme wagerecht ausgestreckt und den Kopf etwas auf die Schulter geneigt hielt, und dessen Rock, von der starken Schwingung gehoben und schirmartig ausgebreitet, die Form eines Rades bildete. In dieser Weise wirbelten sie zunächst stehen bleibend, dann langsam sich weiter bewegend, einer nach dem andern durch den Saal — etwa wie Kreisel, die eine unsichtbare Peitsche weiter treibt.

Die Augen der Tänzer waren geschlossen, der Mund war halb geöffnet, kein Laut ging über ihre Lippen. Niemals kam eine Unordnung oder ein Zusammenstoß vor. Ruhig, immer im Takt drehten sie sich langsam weiter, während das Rotiren um sich selbst stets an Geschwindigkeit zuzunehmen schien. Der Vorsteher trat endlich in die Mitte des Kreises, dessen Tänzer jetzt um ihn wie die Planeten um die Sonne kreisten. Von Zeit zu Zeit klatschte er in die Hände, vermuthlich, um das Tempo der Musik zu beschleunigen oder zu mäßigen. Nach zehn Minuten etwa hörten erst einer, dann mehrere, zuletzt alle Derwische mit ihren Umdrehungen auf, und man ließ sich wieder vor der Gebetsnische nieder. Keiner der Tänzer schien erhitzt oder ermüdet, während unter den Zuschauern sicherlich keiner gewesen wäre, der diesen Sphärentanz auch nur eine Minute hätte mitmachen können, ohne taumlig zu werden und zu Boden zu fallen. Es war nichts Wildes und Unheimliches an dem Bilde, das dieser Derwischtanz darbot. Sanft wie die Musik war auch die Bewegung der Gestalten desselben. Alles war Maß und Harmonie, warm und doch kühl, bewegt und doch ruhig — mit einem Worte: Kosmos.

Die Zahl der Derwische soll in Aegypten, das ja auch das Land ist, in welchem die ersten christlichen Mönche und Klöster entstanden, sehr beträchtlich sein. Ihr eigentliches Wesen zu charakterisiren ist ziemlich schwierig, da die verschiedenen Orden verschiedene Lehren, Regeln und Rituale haben, und das Meiste davon geheim gehalten wird. Ob sich viel Bedeutendes hinter dem Schleier birgt, ob ein beachtenswerther Kern unter der Schale liegt, nach der wir sonach zu urtheilen haben, läßt sich nicht errathen. Ich erlaube mir, es zu bezweifeln. In einigen Beziehungen lassen sie sich mit den Bettelmönchen der katholischen Kirche vergleichen, mit welcher der Islam bekanntlich auch die Heiligenverehrung, die Fürbitte der Heiligen, die ewigen Lampen, Wallfahrten, Reliquien, Rosenkränze, die guten Werke und vieles Andere gemein hat. In andern Punkten haben sie einige Aehnlichkeit mit unsern Freimaurern, namentlich denen, welche den mystischen Systemen angehören. Endlich gleichen, wie das Folgende zeigen wird, mehrere ihrer Orden ganz entschieden den fahrenden Leuten des Mittelalters. Den Gebildeteren unter ihnen wird große Duldsamkeit gegen Andersglaubende nachgerühmt; doch liegt darin noch kein Grund, sie, wie geschehen, den Rationalisten beizuzählen; denn auch der Mystiker ist in der Regel tolerant, und wenn man nach ihrer strengen Beobachtung der Vorschriften in Betreff der Gebetszeit, des Weingenusses u. a. m. urtheilen darf, so gehören sie vielmehr zu den Strenggläubigen. Entstanden sind sie, wie bekannt, in Persien, von wo auch der Name stammt, welcher einen Armen bedeutet — arm zunächst im weltlichen Sinne, dann aber auch in dem, welchen die Bergpredigt meint, wenn sie die Armen selig preist. Die Schechs und einige Andere mögen noch an den Urlehren festhalten, deren Grundgedanke die unio cum Deo mystica, das Vernichten des Ich, das Zusammenlodern desselben mit der göttlichen Lebensflamme in Liebe war. Die große Masse der Derwische hat aller Wahrscheinlichkeit nach kein Bewußtsein davon und legt weit mehr Werth auf die Uebungen und Vorstellungen, die als Nachklänge des Heidenthums der Länder, über welche sich das Derwischthum allmählich ausbreitete, zu betrachten sind, ja sehr viele unterscheiden sich fast in nichts von der Gauklerzunft der Seiltänzer- und Taschenspielerbuden unsrer Jahrmärkte und Schützenfeste.

Ihre Orden werden arabisch Tarich, ihre Klöster oder Collegien Tagiah genannt. Von den ersteren giebt es in Aegypten sechs oder sieben, darunter vier große, die wieder in mehrere Nebenzweige zerfallen und einen gemeinsamen Ordensgeneral im Schech El Bekri haben. Dieser ist ein Nachkomme des ersten Chalifen Abubekr, woher der Titel, und hat seinen Sitz am Esbekiehplatz in Kairo. Die ägyptischen Hauptorden aber sind die folgenden:

1) Die Rifajeh, welche schwarze Fahnen haben und schwarze oder wenigstens dunkelblaue Turbane um den rothen Tarbusch tragen. Sie besitzen in Kairo ein Kloster nicht weit von der berühmten Moschee Sultan Hassans und zerfallen in mehrere Secten, von denen die Elwanijeh und die Saadijh die bekanntesten sind. Jene zeichnen sich durch allerhand seltsame Gauklerkunststücke aus, die sie bei Festlichkeiten zu produciren pflegen, stechen sich unter dem Vorgeben, keinen Schmerz zu fühlen, Messer und Nägel in Brust und Arme, zerschlagen sich, auf dem Rücken liegend, Steine auf dem Leibe, verspeisen, anscheinend mit Behagen, glühende Holzkohlen — ob zur Ehre Gottes oder als Wunderthäter ist mir nicht bekannt, sicher ist dagegen, daß sie dabei eine Belohnung in Baarem erwarten. Die Saadijeh sind Schlangenbändiger und Schlangenfresser, also Zunftgenossen der altägyptischen Psyllen. Auch sind sie die Klasse der Derwische, zu deren Ceremonien das vermuthlich aus Indien stammende, später zu schildernde „Doseh" gehört.

2) Die Kaderijeh, von dem berühmten Schech Abd El Kader Gilani gestiftet, mit weißen Bannern und Turbanen. Sie sind großentheils Fischer und tragen als Zeichen dieses Handwerkes bei ihren Aufzügen Angelruthen, Reußen und buntgefärbte Netze auf Stangen einher.

3) Die Said Bidaui, ein Orden, dessen Stifter der größte

Heilige der ägyptischen Muslime, Said Achmed El Bidaui von Tanta (in Gebeten auch Abu Farrag genannt) ist. Ihre Farben sind roth und weiß, und sie zerfallen in mehrere Secten, z. B. die El Beumi, die Schinauijeh, die Schaaranijeh und die Aald Nuch. Die Schinauijeh spielen eine Hauptrolle bei dem Feste, welches alle Jahre zweimal am Grabe des Said Achmed in der unterägyptischen Stadt Tanta gefeiert wird. Sie richten einen Esel ab, während der Feierlichkeit ganz von selbst nach dem Mausoleum des Heiligen zu gehen und dort still zu stehen. Das Volk drängt sich dann herzu und zupft dem Thiere die Haare aus der Haut, um sie dann als Amulete gegen Krankheiten zu gebrauchen. Die Aald Nuch zeichnen sich durch ihre wunderliche Kleidung aus, die sie mit ihrer spitzen, oben mit einem Büschel bunter Zeugstreifen verzierten Mütze, mit den unzähligen an Fäden hängenden Kügelchen, die ihnen über Brust und Rücken hin und her baumeln, mit ihren Holzschwertern und ihrer aus Stricken geflochtenen Peitsche sofort als Possenreißer charakterisirt.

4) Die Said Ibrahim, von einem andern hochverehrten Heiligen Aegyptens, dem Said oder Sidi Ibrahim El Dasuki gestiftet, mit grünen Fahnen und Turbanen. Von ihnen weiß ich nur zu sagen, daß sie in Alexandrien ein Kloster haben, und daß unser Dragoman Hassan zu ihnen gehörte.

Diesen vier Orden ist nach Hassans Bericht von Muhammed die ganze Welt oder der ganze Mond (der wackere Bursch mischte Englisch und Französisch durcheinander und sagte: „the four quarters of the monde") verhießen, und zwar so, daß jeder Klasse ein Viertel zugetheilt ist. Wer daran theilhaben will, hat eine Art Profeß oder, wie man will, eine Art Freimaurerei abzulegen. Der Murid, d. h. der Novize, begiebt sich zu dem Zwecke zum Schech des betreffenden Ordens, vollzieht die vor jedem Gebet übliche Waschung und sagt dann dem Meister, indem er sich zu ihm auf den Boden setzt und ihm die Hand reicht, eine Formel nach, in der er Reue über seine Sünden ausspricht, Gott um Vergebung derselben und „Erlösung vom Feuer" bittet, seinen Vorsatz, sich zu bessern, erklärt und schließlich Allah zum Zeugen seines Entschlusses anruft, sich nie vom Orden trennen zu wollen. Das Ende der Ceremonie bildet ein dreimaliges „La illa ill allah", ein gemeinschaftliches Hersagen der ersten Sure des Koran und ein vom Muriden dem Schech gegebner Handkuß.

Der Zikr ist allen Orden der Derwische gemeinschaftlich, doch weichen einzelne von der zu Anfang beschriebnen Form ab, was namentlich von den Maulauijeh, persischen Derwischen, gilt, nach deren Regel sich (vgl. S. 57 ff.) bei den Gottesdiensten nicht blos der eine und der andere, sondern alle Theilnehmer zu drehen haben und nur der Schech still stehen bleibt, und bei denen kein Bücken und Brüllen vorkommt, sondern der Tanz nur von einer sanften Musik geregelt wird. Das Heirathen ist den Derwischen im Allgemeinen nicht untersagt; hatte doch unser Hassan sich binnen vier oder fünf Jahren drei Frauen genommen. Indeß geschieht es bisweilen, daß einer das Gelübde der Keuschheit ablegt, und dann wird erwartet, daß er es hält. Wie weit der Gehorsam sich erstreckt, den sie ihrem Schech erweisen, habe ich nicht in Erfahrung bringen können. Dagegen bietet sich ein andrer Vergleichspunkt gegenüber christlichen Mönchen in dem Gebrauch einzelner Derwischorden, nach welchem sich die Mitglieder derselben zu gewissen Zeiten in die Einsamkeit zurückziehen und fasten. Dieß wird vierzig Tage fortgesetzt. Sie genießen dann vom Aufgange bis zum Untergange der Sonne durchaus nichts und kommen aus ihrer Zelle nur zu den fünf täglichen Gebetszeiten hervor, um in die Moschee zu gehen.

Wer sie auf diesem Wege anredet, empfängt zur Antwort nur das „La illah ill allah". Die neue Zeit hat, wie sie den alten Glauben und das alte Recht im Morgenlande vielfach erschütterte, auch die Zahl dieser Asceten beträchtlich vermindert.

Bereits bemerkt ist, daß sehr viele Derwische sich als Handwerker, Krämer, Tagelöhner oder Soldaten nähren und nur zuweilen den Drang fühlen, an den religiösen Versammlungen und Uebungen ihrer Ordensbrüder sich zu betheiligen. Andere dagegen erwerben sich ihren Unterhalt lediglich dadurch, daß sie bei den Geburtsfesten des Propheten öffentlich ihre Zikrs aufführen, die übrigens auch Feierlichkeiten frommer Privatpersonen, Entbindungs-, Beschneidungs- und Hochzeitstage verherrlichen helfen, oder daß sie Schulmeisterdienste verrichten oder bei Begräbnissen die herkömmlichen Lieder absingen. Verhältnißmäßig wenige unter den ägyptischen Derwischen fristen ihr Leben als Herumstreicher von Almosen, und selbst von diesen haben manche in einem abgerichteten Thiere, meist einem Kalbe, das Kunststücke macht, Treppen hinaufsteigt, tanzt, nach Befehl auf die Knie fällt, dem Fellah, der ihnen eine Gabe reicht, ein Entgelt zu bieten, mit dem sich noch überdieß der Glaube verbindet, daß es Glück ins Haus bringe.

Manchen Derwischen ist es gelungen, sich durch Uebungen und Büßungen den Zustand frommen Blödsinns, welcher bei den Zikrs auf einige Zeit eintritt, bleibend zu erwerben, und diese gelten dann für Heilige, obwohl sie häufig ein sehr unheiliges Aussehen haben und noch unheiligere Gelüste an den Tag legen. Man nimmt von ihrer Seele an, daß dieselbe bereits bei Gott sei, und entschuldigt es, wenn der Körper sündhaften Leidenschaften fröhnt, damit, daß er bei solcher Entrücktheit des Denkvermögens und Willens ohne Aufsicht sei. So übertreten diese Heiligen oft alle Gebote des Islam, begehen die unsinnigsten Dinge, reißen Possen und Zoten der frechsten Art, kleiden sich wie Hanswürste oder laufen nackt, wie sie erschaffen worden, durch die Straßen, essen Häckerling, Koth oder gestoßnes Glas, ohne daß dieß dem Ruf ihrer Heiligkeit im Geringsten schadete. Man giebt ihnen, den „Ahl el baraka", d. h. den Leuten des Segens, Almosen, ohne daß sie darum bitten oder dafür danken. Man küßt ihnen Haupt und Hand und redet sie mit den Ehrennamen „Schech" oder „Murebid" an. Man sieht in ihnen „Welis", d. h. Günstlinge Allahs, welche sich durch ihre Frömmigkeit eine Stufe über die gewöhnliche Menschheit erhoben haben. Wenn sie sich polizeiwidrig aufführen, so läßt man sie gewähren, da man ebenso sehr ihren Segen sucht als man ihre Ungnade fürchtet. Man schreibt ihnen Wunderkraft zu.

„Ein solcher Heiliger", lesen wir bei Klunzinger*), „wurde darüber betroffen, wie er Nachts in einen Laden einbrach; er wurde von der Polizei angehalten und festgenommen. Den andern Morgen erwachten die Diener der Obrigkeit zur Strafe für diesen Eingriff jeglicher mit einem Ausschlag am ganzen Körper. Ein andrer heiliger Derwisch zündete den Laden eines Kaufmanns an, und alle Waaren verbrannten. Aber der Segen des Missethäters ließ ihn nach wenigen Monaten alle seine Habe verdreifacht wieder gewinnen. Ein solcher außerordentlicher Mensch, ein Greis, der bekannte Schech Selim, sitzt völlig nackt Jahr aus, Jahr ein an einem gewissen Orte des Nilflusses in Oberägypten und lebt von dem freiwilligen Tribut der vorüberfahrenden Schiffer. Geben sie ihm nichts, so hält

---

*) Bilder aus Oberägypten, der Wüste und dem Rothen Meere, Stuttgart, 1877.

sein Fluch das Schiff, selbst die Dampfer, im Laufe auf, und
es ist keine Möglichkeit, weiter zu kommen, bevor dem Heiligen
seine Gabe zu Theil geworden ist. Ein Anderer besitzt die
Eigenschaft der Allwissenheit und giebt dem Fremden, den er
noch nie gesehen, genaue Auskunft über dessen Vorleben, dessen
Namen und dessen Familie".

„Wir müssen solche Fakirs ehren", sagte Hassan; „denn
man kann ja nicht wissen, ob es nicht der Katb ist".

Der Katb (das Wort bedeutet Achse) ist ein geheimnißvolles
gespenstisches Wesen, das als Oberster der Derwische und als
Inbegriff aller Vollkommenheiten, welche sich durch die Uebungen
derselben erreichen lassen, aufgefaßt wird. Obschon er häufig
unter den Menschen erscheint, kennen ihn doch nur die Welis,
seine unmittelbaren Untergebnen, aus deren Mitte derjenige her-
vorgeht, welchem, wenn der Katb stirbt, seine Würde und die
mit ihr verbundenen Gaben verliehen werden. Der erste Katb
soll der Prophet Elias gewesen sein, später bekleideten die Stifter
der vier großen Derwischorden einer nach dem andern dieses
Amt. Zu seinen Eigenschaften gehört die Macht, sich mit der
Schnelligkeit des Gedankens von einem Orte zum andern versetzen zu können. Allen Dingen sieht er auf den Grund. Sein
Aeußeres ist bescheiden, seine Kleidung ärmlich. In Gestalt
eines freundlichen alten Mannes wandert er durch die ganze
Welt, um den Menschen die vom Schicksal bestimmten Freuden
und Leiden zuzutheilen, die gottlos Handelnden mit sanftem
Tadel zur Besserung zu ermahnen und besonders die Heuchler
auf die Strafe ihres Thuns aufmerksam zu machen, die in der
Verbannung in die siebente Hölle besteht. Lieblingsaufenthalte
von ihm sind das Dach der Kaabah zu Mekka, wo man ihn
in jeder Mitternachtsstunde den Ruf: „O Barmherzigster der
Barmherzigen!" ausstoßen hört, ferner das Grab des oben

erwähnten Said Achmed El Bidaui zu Tanta, endlich eine kleine Nische hinter dem Bab Zuweileh, einem der Thore Kairos. Abergläubische Leute sagen, wenn sie hier vorübergehen, das erste Kapitel des Koran her, solche, die an Zahnschmerzen leiden, schlagen, um dieselben los zu werden, unter Anrufung des Katb einen Nagel in das Thor, Neugierige blicken dahinter, um ihn für den Fall, daß er gerade zugegen wäre, kennen zu lernen. Indeß soll ihn nur selten Jemand zu sehen bekommen.

Ein Kaufmann, der sehnlich darnach verlangte, unter die Welis, welche dem Katb als Boten und Vollstrecker seiner Befehle dienen, aufgenommen zu werden, wendete sich an einen Schech, den die öffentliche Meinung als einen Weli bezeichnete, und erbat sich von ihm die Gunst, ihm eine Zusammenkunft mit seinem Gebieter zu vermitteln. Er bekam die Weisung, sich am nächsten Morgen nach der Moschee zu begeben, welche dicht neben dem genannten Thore steht; der Erste, der ihm auf dem Wege dahin begegnen werde, solle der Gesuchte sein. Der Mann that, wie ihm gerathen worden, fand den Katb in einem ehrwürdigen Greise, der einen schlechten braunen Kaftan trug, und brachte, nachdem er ihm die Hand geküßt, sein Anliegen um Aufnahme unter die Welis vor. Dasselbe wurde gewährt. Der Katb theilte ihn denjenigen von seinen Dienern zu, welche in der Stadt Wächterdienste verrichten, und sogleich gewahrte der Kaufmann, daß er durch Thüren und Mauern sehen konnte.

Er ging nun durch den ihm angewiesenen Bezirk, um seines Amtes zu warten, und das Erste, was er that, war, daß er einem Manne, der in einer Garküche einen großen Topf mit Bohnen stehen hatte und eben daraus zu verkaufen sich anschickte, mit einem Steine seinen Topf zerschlug. Der Garkoch sprang heraus und verabreichte dem Störer seines Geschäfts eine tüchtige Tracht Schläge, die dieser sich ohne Widerstreben geben ließ. Als Jener aber zu seinem Topfe zurückkehrte, fand er in den Scherben eine giftige Schlange. Erschrocken rief er aus: „Maschallah! Was habe ich gethan! Der Mann ist ein Freund Gottes, und er hat mich abgehalten, meinen Kunden Gift zu verkaufen". Sofort eilte er dem Weli nach, um ihm die Schläge abzubitten. Der jedoch war bereits nach Hause geschlichen, wo er infolge der üblen Behandlung mehrere Tage das Bett hütete.

Aehnlich erging es ihm, als er das zweite Mal den Versuch machte, sein Wächteramt auszuüben, und einem Milchverkäufer seinen Krug zerbrach. Auch hier waren erbärmliche Prügel die Folge, und der Milchmann würde den Zerstörer seines Kruges todtgeschlagen haben, wenn nicht der Garkoch herbeigeeilt wäre und ihn durch Erzählung der Geschichte von der Schlange gerettet hätte. Man sah in den Trümmern des Milchgefäßes nach und entdeckte mit Entsetzen, daß in der Milch ein todter Hund gelegen hatte. Beide entschuldigten sich nun bei dem Weli, aber die Prügel ließen sich nicht abbitten, und sie waren so schwer gefallen, daß der arme Diener des Katb eine ganze Woche das Zimmer hüten mußte und, als er sich endlich wieder aufmachte, um seinen Obliegenheiten nachzukommen, genöthigt war, sich auf einen Stock zu stützen. Mit diesem hatte er, auf die Straße getreten, nichts Eiligeres zu thun, als ihn einem Sklaven, der mit einer kostbaren Schale voll Eingemachtes auf dem Kopfe vorüberging, zwischen die Beine zu schieben, daß er hinstürzte, die Schale zerbrach und den Inhalt in den Schmutz verschüttete. Der Sklave raffte sich auf und bearbeitete den Rücken des frommen Mannes mit seinen Fäusten so lange, bis er nicht mehr konnte. Da sah er zufällig, wie ein Hund von dem Verschütteten fraß und sogleich todt hinfiel, und jetzt merkte er, wen er gemißhandelt, und bat flehentlich den Weli,

ihm zu verzeihen. Diesem aber waren die Leiden, welche sein
Amt mit sich brachte, zu viel, er bat den Katb, ihm die Last
abzunehmen, die Bitte wurde gewährt, und er sah fortan wieder
mit den Augen gewöhnlicher Menschen.

Die Tage, wo das Derwischthum sich in seinem vollen
Glanze zeigt, sind das Molid En Nebbi und das Molid El
Hossein, das achttägige Geburtsfest des Propheten und das-
jenige des Märtyrers Hossein, welches zwei Wochen dauert.

Der Schauplatz des letzteren ist die Moschee, in welcher das
Haupt Hosseins aufbewahrt wird, und deren unmittelbare Nachbarschaft. Die Moschee ist dann mit zahlreichen Laternen und vielen
zum Theil sehr großen Wachskerzen erleuchtet, die Läden in
ihrer Umgebung stehen die ganze Nacht offen, ebenso die Kaffee-
häuser und die Boutiken der Scherbetverkäufer, vor denen
Musikanten spielen, Märchenerzähler ihre Vorträge halten und
Sänger Liebeslieder und Romanzen von Abu Said und Antar,
dem arabischen Nationalhelden, absingen. Auf den gleichfalls
illuminirten Straßen ist ein großes Gedränge, ein noch größeres
herrscht in der Moschee, namentlich in dem Säulengange und
dem Kuppelsaale, in welchem sich das Grab des Heiligen befindet. An der einen Stelle sitzen Reihen von Frommen, sich
die Gesichter zukehrend, auf dem Boden und recitiren mit
singendem Tone und unter unaufhörlichen Verbeugungen Koran-
kapitel. Ein Stück weiter hin sind Andere beschäftigt, Segens-
sprüche und Lobpreisungen des Propheten aus Gebetbüchern
abzulesen, was ebenfalls so laut als möglich geschieht. Wieder
an einer andern Stelle unterhalten sich Gruppen von Leuten,
welche die bloße Schaulust und das Verlangen, gute Freunde
zu treffen, hier hergeführt haben, und von da und dort her erschallen, das Stimmengewirr übertäubend, die wilden Gesänge
und die taktmäßigen Allahrufe der Derwische, welche hier an

verschiedenen Stellen zugleich ihre Zikrs aufführen. Von Zeit zu Zeit kommt durch die Pforte mit Pauken, Pfeifen und Becken, begleitet von Laternenträgern ein neuer Zug dieser seltsamen Gesellen, geht nach der Grabkapelle, umschreitet das Mausoleum, sagt die erste Sure des Koran her und läßt sich dann, in die Säulenhalle zurückgekehrt, zu einem Zikr nieder oder bewegt sich wieder zur Thür hinaus.

Besonders auffallend treten bei dieser Gelegenheit bisweilen die Esauijeh auf, eine Secte von Derwischen, welche meist aus Nordafrikanern, sogenannten Mogrebinern, besteht. Sie setzen sich zunächst in einen Kreis. Dann schlagen alle mit Ausnahme des Schechs die Tambourins oder Kesselpauken, mit denen sie versehen sind, und ein Theil von ihnen springt empor, um unter dem Rufe: „Allah Maulana"! (Gott unser Herr!) einen ungemein grotesken Tanz aufzuführen, bei dem sie sich vollkommen wie Wahnsinnige geberden, bald sich verbeugen, bald sich wie Kreisel drehen, bald die Arme emporwerfen, hüpfen und unter Geheul Grimassen schneiden, bis endlich der eine und der andere von solcher Tollheit ergriffen wird, daß er auf das mittlerweile in die Mitte des Kreises gestellte Kohlenbecken losstürzt und von den glühenden Kohlen zu essen beginnt.

In einem Falle, den mir ein Augenzeuge mittheilte, wurde das Becken förmlich herumgereicht, und Alle langten zu, wie wenn es Früchte oder Kuchen enthielte. Scheußlich soll es ausgesehen haben, wie diese Fanatiker die feurige Speise zwischen die Zähne nahmen, sie durch heftiges Athmen zu heller Gluth erhitzten, sie dann auf die Zunge gleiten ließen, sie noch mehr erhitzten, sodaß die Mundhöhle wie eine Schmiedeesse glühte und Funken aussprühte, und sie zuletzt kauten und verschluckten, ohne das mindeste Zeichen von Schmerz zu äußern.

Andere Derwische geben bei diesen und ähnlichen Gelegenheiten ihre Inbrunst dadurch kund, daß sie sich während des Umzugs einen Yataghan durch den Arm stoßen und die Waffe in der Wunde stecken lassen. Ja einer soll sich den Bauch aufgeschlitzt, die Eingeweide herausgezogen und sie auf einem Teller den ganzen Weg entlang vom Sammelplatz seines Ordens bis in die Moschee und wieder zurück vor sich her getragen haben. Daß sie auch Glas essen, kann nach solchen Proben ihres Geschmacks nicht Wunder nehmen; ziemlich wunderbar dagegen ist es, wenn das Glasverspeisen bei Manchen zur unwiderstehlichen Manie wird, die sich selbst an das Verbot des Schechs nicht kehrt, wie dieß bei einem Derwisch der Fall war, von dem Lane erzählt.

Dieser seltsame Kauz, beiläufig ein Buchhändler und dem Orden der Saadijeh angehörig, war förmlich versessen auf jene eigenthümliche Speise. In einer Nacht, wo mehrere seiner Ordensbrüder und unter ihnen auch der Schech versammelt waren, gerieth er in eine religiöse Raserei, ergriff eine große Glasglocke, die auf einem Leuchter stand, und verschlang sofort ein tüchtiges Stück davon. Der Schech sah ihn erzürnt an, warf ihm vor, die Regel des Ordens verletzt zu haben, die den Saadijeh wohl Schlangen, aber keine Glaswaaren zu essen verstatte, und stieß ihn sodann aus. Der Gemaßregelte trat hierauf in den Orden der Said Bidaui, und da diese das Glas gleichfalls zu den verbotenen Speisen rechnen, so nahm er sich vor, in dieser Hinsicht fürderhin enthaltsam zu sein. Bald nachher jedoch, bei einer Zusammenkunft des Ordens, befiel ihn abermals seine Tollheit, die alte Lust regte sich von Neuem, er sprang nach einer Hängelaterne empor, riß eine von den kleinen Lampen an derselben herunter und verzehrte sie ungefähr zur Hälfte, wobei er auch das darin enthaltene Oel und

Wasser verschluckte. Er wurde vor den Schech geführt, um wegen seiner ungebührlichen Liebhaberei verhört zu werden; da er indeß eidlich gelobte, nie wieder Glas essen zu wollen, so blieb er ohne Strafe. Trotz seines Schwures aber gab er seiner Leidenschaft, Glaslampen zu verspeisen, kurz darauf zum dritten Male nach und verführte durch sein Beispiel sogar einen andern Bruder Derwisch, ein Gleiches zu thun, ein Versuch, welcher diesem mißrieth, indem ihm ein Stück Glas zwischen Gaumen und Zunge stecken blieb und nur mit großer Mühe entfernt werden konnte. Wieder vor den Schech gebracht, wurde der Verführer von diesem hart angelassen und wegen des Bruchs seines Reuegelübdes bitter getadelt. Er aber antwortete kaltblütig: „Ich bereue wieder. Reue ist gut; denn er, dessen Name gepriesen sei, hat in dem erhabenen Buche (dem Koran) gesagt: Gott liebt den Reuigen". Der Schech rief zornig aus: „Was, Du unterfängst Dich, solche Dinge zu treiben und mir hinterher den Koran vorzuhalten? Fort mit ihm, zehn Tage in das Gefängniß"! Als der Sünder wieder frei war, mußte er abermals eidlich geloben, das Glasessen künftig sein zu lassen, und diesen zweiten Eid versicherte er gehalten zu haben.

Der Schauplatz des Molid En Nebbi, welches in den Anfang des Monats Rabbia El Aual fällt, ist der südliche Theil des Esbekiehplatzes, wo für die Derwische große Zelte aufgeschlagen werden. Zwischen diesen erhebt sich ein hoher Mastbaum, welcher Sari heißt und als Träger von Laternen dient, zugleich aber den Mittelpunkt bildet, um den die Derwische der verschiedenen Orden, jede Klasse an einem bestimmten Tage, im Kreise aufgestellt, die Zikrs tanzen. Im Uebrigen wird das Tag und Nacht herbeiströmende Volk von Romanerzählern, Gauklern, Fechtern, Leuten mit abgerichteten Eseln und Affen, von Zauberern und Possen reißenden Kindern unterhalten. Unter den Bäumen giebt es Schaukeln und Buden mit Näschereien. Mitunter führt auch eine von den durch Mehemed Ali nach Oberägypten verbannten Gawassis, die sich unter der jetzigen Regierung wieder hervorwagen, die üppigen Tänze ihrer Zunft auf. Des Nachts flammt der ganze große Platz allenthalben von Lampen und Fackeln.

Von den Ceremonien, mit denen die Derwische dieses Fest begehen, ist die des „Doseh" die merkwürdigste. Doseh heißt das Treten, und die Sache besteht darin, daß der Schech der Saadijeh über eine Anzahl seiner Leute, die sich auf den Erdboden hingelegt hat, hinreitet. Derselbe begiebt sich, nachdem er vorher mehrere Tage in der Einsamkeit mit religiösen Uebungen verbracht hat, um die bestimmte Stunde nach einer Moschee, um zu beten. Einige Zeit nach Mittag verläßt er dieselbe, um nach dem Hause des Schech El Bekri zu reiten, der, wie bemerkt, das sichtbare Oberhaupt aller Derwische Aegyptens ist und seine Wohnung am Esbekiehplatze hat. Auf dem Wege dahin gesellen sich zu dem Schech der Saadijeh Massen von Ordensbrüdern, welche truppweise mit ihren Bannern aus den verschiedenen Quartieren der Stadt herbeiziehen und sich zu einer langen Procession ordnen. Diese schreitet langsam vor ihm her bis in die Nähe des erwähnten Hauses, wo diejenigen von ihnen, welche sich dem Doseh unterwerfen wollen, heraustreten und sich einer dicht neben den andern mit gerade ausgestreckten Beinen, den Rücken nach oben gekehrt, die Arme unter der Stirn gekreuzt, quer über die Straße legen. Man sagte mir, daß dieß früher von einer sehr großen Anzahl, oft von Hunderten geschehen, daß aber der Eifer jetzt sehr erkaltet sei, und es wurde hinzugefügt, daß wiederholt die Polizeisoldaten, welche die Procession begleiten, Zuschauer durch

Stockschläge sich ebenfalls niederzuwerfen oder wenigstens solche, die schon gelegen, sich aber inzwischen eines Bessern besonnen, am Aufstehen gehindert hätten.

Die Daliegenden murmeln unablässig das Wort „Allah"! Die übrigen Glieder der Procession bleiben entweder, eine Gasse bildend, neben ihnen stehen oder laufen, indem sie kleine Handpauken schlagen und gleichfalls „Allah"! rufen, über ihre Rücken hin, gleichsam als Vorläufer des Schechs, der hinter ihnen zu Rosse kommt. Dieser, gewöhnlich ein alter Mann, pflegt an diesem Tage einen weißen Kaftan und eine flache Mütze von derselben Farbe, umwunden mit einem schwarzen Turban zu tragen. Sein Pferd oder Maulthier, in der Regel kein sehr großes und schweres Thier, aber mit Eisen unter den Hufen, zögert, ehe es den Rücken des ersten der Daliegenden betritt. Aber man schiebt es und treibt es an, und so setzt es erst einen, dann den zweiten Fuß auf den Mann und schreitet dann ohne weitere Scheu, von zwei Derwischen am Zügel geführt, rasch über die ganze Reihe hin, während die Zuschauer, von Andacht ergriffen, ein lang anhaltendes Geschrei: „Allah, la, la, la, lah"! ausstoßen. Nur selten geschieht es, daß einer der Daliegenden verletzt wird, noch seltner, daß einer, den dieß betroffen, mit Geheul und Gewimmer aufspringt. Bei Weitem die Meisten scheinen, obwohl sie alle zwei Tritte, einen von den vorderen und einen von den hinteren Füßen, erhalten, keinen starken Schmerz zu empfinden; wenigstens sieht man nichts davon in ihren Mienen, und sobald einer vom Drucke des Pferdes befreit ist, erhebt er sich und folgt dem Schech. Die Vorstellung wird als ein Wunder betrachtet, welches durch die dem Schech innewohnende übernatürliche Kraft bewirkt wird, und man erzählt, daß einer dieser heiligen Männer über große Haufen von Glasflaschen geritten sei, ohne eine einzige zu zerbrechen. Indeß bereiten sich die, welche das Doseh an sich vollziehen zu lassen gewillt sind, auch durch gewisse kräftige Gebete darauf vor, und die, welche „das Sacrament unwürdig genießen", das heißt, ohne diese Vorbereitung und ohne Glauben, sterben unter den Hufen des Pferdes oder werden mindestens stark beschädigt.

Es muß übrigens bemerkt werden, daß mehrere der letzten Schechs das Unvernünftige dieses Gebrauches einsahen und sich weigerten, das Doseh abzuhalten, sodaß es manche Jahre unterblieben ist. Unter Abbas Pascha aber, der bekanntlich ein sehr bigotter Herr war, fand es wieder statt, und auch unter dessen Nachfolger wurde dem Andringen der Derwische, die es für einen integrirenden Theil des Molid En Nebbi ansehen, in jedem Jahre nachgegeben.

Nach Beendigung dieser Ceremonie, die bisweilen auch das Geburtsfest Hosseins verherrlichte, begiebt sich der Schech in den Hof, der zu dem Hause des Schech El Bekri gehört, um hier dem Schauspiele zu präsidiren, welches nunmehr von den Saadijeh aufgeführt wird. Es treten Leute auf, welche Pauken schlagend und „Allah he"! (Gott ist lebendig!) rufend, dann zu dem Geschrei „Ja Daim"! (O Ewiger!) übergehend, unter fortwährenden Verbeugungen den Zikr tanzen, bis einer oder der andere von ihnen in Verzückung geräth oder „malbus" wird. Es erscheinen andere, die mit scharfgeschliffnen Säbeln ein sehr täuschendes Scheingefecht aufführen. Einer wird dem Anschein nach überwunden, und sein Gegner schneidet ihm, ebenfalls scheinbar, den Hals ab, wobei der Besiegte auf das Entsetzlichste stöhnt, sich windet, zuckt, röchelt und gurgelt. Endlich zeigen die Derwische ihr berühmtestes Kunststück, das Schlangenfressen, welches ebenfalls vom Volke für ein Wunder angesehen wird, aber da es nur im Zustande der äußersten

Aufregung und Besinnungslosigkeit geschieht, nicht einmal insofern wunderbar ist, als es eine gegen alle menschliche Natur streitende Ueberwindung des Ekels erfordert.

Früher fand dieses Verspeisen von giftigen Schlangen, die beiläufig lebendig sind, regelmäßig nach dem Doseh statt. Unter Mehemed Ali wagte ein Schech, es zu untersagen, indem er es für ekelhaft und der Religion zuwider erklärte, welche die Schlangen als unreine Geschöpfe betrachten lehre, und die Sache schien aus dem Programme des Festes gestrichen. Allein unter Abbas Pascha tauchte auch sie wieder auf, und noch jetzt werden von den Saadijeh Schlangen und bisweilen auch Skorpione verzehrt. Gefahr ist, wie angedeutet, nicht dabei. Man stumpft den Skorpionen den Stachel ab und bricht den Schlangen die Giftzähne aus oder macht sie dadurch unschädlich, daß man ihnen einen silbernen Ring um das Maul legt oder dasselbe geradezu mit Seidenfäden zunäht, ehe sie zur Verwendung kommen. Dennoch sieht es gräßlich genug aus, wenn ein solcher Verrückter plötzlich auf das Thier zuspringt, es mit raschem Griffe einige Zoll unter dem Kopfe packt und erst diesen abbeißt, kaut und verschluckt, dann schmatzend und mit den Zähnen knirschend einen zweiten und einen dritten Biß thut, während das sterbende Gewürm sich um seine Faust windet und ihm Gesicht und Arme mit seinem Blute besudelt.

Ich habe den Derwischen des Nillandes viel Unschönes nachsagen müssen. Dennoch hat das Abendland und das Christenthum wenig Ursache, sich beim Hinblicke auf solche wunderliche Heilige in die Brust zu werfen. Nicht blos der Islam treibt religiösen Unfug wie den beschriebenen. Im wohlgesitteten England sieht man die Secte der Jumpers, in den Vereinigten Staaten von Nordamerika die der Shakers, wie wir im nächsten Kapitel finden werden, Gott ebenfalls durch

Tanz verehren. Die Lagerversammlungen der Methodisten und Baptisten bedienen sich gewisser Mittel zur Steigerung der Andacht und Inbrunst ihrer Theilnehmer, welche zwar nicht so grober Natur wie die der muhammedanischen Mystiker sind, aber genau dieselbe berauschende und mit epileptischen Zufällen endigende Wirkung haben, und noch ist wenigstens im Westen Amerikas die Zeit nicht vorüber, wo Vorfälle wie die, welche ich im Folgenden der Vergleichung halber mittheile, in das Bereich des Möglichen gehören. Mehr als einmal hat sich das, was ich zu schildern im Begriffe bin, noch in den letzten Jahren wiederholt, wenn auch nicht ganz in der schrecklichen Weise und nicht in so weitem Umfange wie vor etwa siebzig Jahren.

Ich meine die sogenannten „Revivals", jene „Wiedererweckungen religiösen Sinnes", welche im ersten Decennium dieses Jahrhunderts wie eine Epidemie unter dem Volke von Ohio und Kentucky sowie in einigen Nachbarstaaten grassirten und von den widerlichsten Erscheinungen begleitet waren. Urheber dieser Erscheinung waren fanatische Prediger, welche, wenn die Kirche die Zuhörer nicht faßte, mit ihrer Gemeinde in den Wald hinauszogen und sie dort mit ihrer wilden Beredsamkeit so lange bearbeiteten, bis der Wechsel von Angst und Entzücken, von Sehnen und Schwelgen den Grad von Erregtheit hervorgebracht hatte, bei der jene Phänomene sich einstellten. Dieselben glichen bisweilen der fallenden Sucht, bisweilen mehr dem Veitstanze, waren jedoch ansteckend, sodaß sie sich manchmal von einem Beispiele im Verlauf weniger Minuten über den größten Theil der Anwesenden, oft über Hunderte, ja einige Mal über Tausende von Menschen verbreiteten. Man schrieb sie damals einem Walten himmlischer Macht zu, und Viele betrachteten sie „als Wehen der Creatur vor der Wiederkunft des Herrn".

Ein kirchlicher Schriftsteller dieser Periode classificirt die verschiedenen Manifestationen in das Fallen, das Schlenkern (Jerking), das Tanzen und das Bellen, wozu gewöhnlich noch Gesichte voll Bilder aus Himmel und Hölle kamen. Das Fallen und die damit eintretenden, oft mehrere Stunden, mitunter auch tagelang andauernden Verzückungen und Visionen waren eine Form der Krankheit, die besonders beim weiblichen Geschlechte auftrat. Das Schlenkern äußerte sich häufiger bei Männern und zwar am Gewaltsamsten bei kräftigen, athletisch gebauten Naturen. Es war dies das eigenthümlichste und für den Zuschauer grauenvollste Zeichen jener an das Gebiet des religiösen Wahnsinns streifenden Zufälle. Der demselben Unterworfene wurde plötzlich von einem elektrischen Zittern und Zucken, welches sich bald allen Nerven, Sehnen und Fasern mittheilte, ergriffen und durchschüttelt. Die nächste Form, in die sich das Phänomen umsetzte, war ein Schleudern der Arme abwärts vom Ellbogen, welches außerordentlich schnell vor sich ging und sich in kurzen Pausen folgte. Dieß war die gewöhnlichste und am Wenigsten in die Augen fallende Art. Allein die convulsische Bewegung beschränkte sich nicht immer auf die Arme, sondern erstreckte sich in vielen Fällen auch auf andere Theile des Körpers. Wenn die Muskeln der Halswirbel von dem geheimnißvollen Fluidum erreicht wurden, warf und schlenkerte sich der Kopf auf die fürchterlichste Weise bald nach rechts und nach links, wie ich es bei einem Derwisch in Siut sah, der sich vorgenommen, den Namen Allah zehntausend mal auszurufen, bald wie bei den türkischen Derwischen von Altkairo nach vorn und nach hinten, und zwar geschah dieß mit einer Blitzesschnelle, die niemand, der nicht von demselben unnatürlichen Antriebe bewegt wurde, nachahmen konnte. Die Brust hob sich, das Athemholen verwandelte sich in angstvolles Keuchen und Röcheln.

Stirn und Wangen trieften von Schweiß, die Gesichtszüge wurden zur abscheulichsten Grimasse entstellt, und der Kopf fuhr durch die Luft, daß man sich der Furcht nicht erwehren konnte, der Leidende werde sich das Genick ausrenken oder gar die Augen aus ihren Höhlen schleudern. Bei Frauen, welche langes Haar trugen, „zischten und knallten die Flechten derselben wie eine Peitschenschnur, sodaß man es", wenn meine Quelle nicht übertreibt, „manchmal zwanzig Fuß weit hören konnte".

Bei Einigen ergriff der Krankheitsanfall die Muskeln des Rückens, und der Patient stürzte zu Boden, wo seine Zuckungen und Verrenkungen, sein Emporschnellen und Sichumherschleudern eine Weile dem Zappeln eines Fisches glichen, der durch die Angel aufs Trockne befördert worden ist. Bei Andern endlich fuhr die elektrische Kraft in den ganzen Körper und riß und warf ihn durch ähnliche Zuckungen und Verdrehungen über Baumstümpfe und umgefallene Stämme oder wenn die Versammlung in einer Kirche stattfand, über Tische und Bänke fort, mit augenscheinlicher Gefahr von Beulen und Beinbrüchen.

Fruchtlos war jeder Versuch, die von dieser Epidemie Befallenen, welche zu ihren Sprüngen und Verrenkungen unaufhörlich „Glory"! Glory! schrien, bis sie zuletzt nur noch ein heiseres Gebrüll ausstießen, zu halten oder zu zwingen. Aber ein solcher Versuch wurde, da man abergläubischer Weise meinte, Zwang sei, da die Sache von Gott, Sünde wider den heiligen Geist, überhaupt nur selten gewagt, und man ließ den Paroxysmus gemeiniglich sich nach und nach austoben.

Nach dem Zeugniß aller, welche diese Scenen geschildert haben, waren dergleichen Erscheinungen durchaus unwillkürlich, und in der That zeugt für ihre unabsichtliche Natur zur Genüge schon der Umstand, daß die Zuckungen trotz allen Widerstandes der damit Behafteten fortdauerten, ja sich bei jeder Regung, sie zu unterdrücken, sogar in ihrer Heftigkeit steigerten. Aber noch klarer wird dieß durch die Beobachtung, daß Leute, welche gekommen waren, um über die fallenden, zuckenden, sich herumschlenkernden, Gesichter schneidenden, tanzenden und brüllenden Gläubigen ihren Spott zu treiben, so gut wie die Uebrigen von der mysteriösen Gewalt gepackt und häufig noch weit hurtiger und toller umhergeworfen wurden als jene, obwohl sie jeden dieser Krampfanfälle mit Lästerungen und Verwünschungen begleiteten.

Der Schriftsteller, dessen Darstellung diesem Bericht zu Grunde liegt, schrieb als Augenzeuge. Ich füge hinzu, daß ich im Herbst 1851 bei einem Campmeeting der Methodisten im südlichen Ohio gesehen habe, wie sehr ähnliche Dinge mit einzelnen und ganzen Gruppen vorgingen. Von dem großen Revival endlich, welches 1839 sich über einen beträchtlichen Theil der nordamerikanischen Union verbreitete, wurde Gleiches berichtet und unter den Mormonen waren solche Erscheinungen in den ersten Jahren nach der Entstehung dieser Secte zu Zeiten fast etwas Alltägliches. Und nun überlasse ich es dem Leser, zu entscheiden, ob der Vergleich zu Gunsten des Abendlandes oder des Morgenlandes spricht.

III.

Leben in einer Shakeransiedelung.

ls ich mich im Herbst des Jahres 1851 zu Dayton im Staat Ohio aufhielt, hörte ich unter andern curiosen Dingen auch, daß nicht weit von der Stadt eine Niederlassung von Shakern sei, die eines Besuches werth sein würde, und da ich Zeit hatte und das Wetter günstig war, so beschloß ich, die mir als wunderliche Heilige ersten Ranges geschilderten Leute demnächst kennen zu lernen.

Es war am Nachmittage des 3. October, als ich meinen Entschluß ins Werk setzte und nach ungefähr zweistündiger Wanderung, meist durch schönen Laubwald, vor meinem Ziele anlangte. Das Volk nennt die Niederlassung, die südöstlich von Dayton an einer Seitenstraße der nach Cincinnati führenden Chaussee liegt, schlechthin Shakertown, Shakerstadt, während sie auf der Landkarte den Namen Watervliet führt. Sie befindet sich inmitten einer weiten Rodung im Walde, durch die sich ein kleiner Bach, der Beavercreek, von der Hügellehne herabschlängelt, und besteht aus einer Gruppe von Häusern und Häuschen, die von wohlbebauten Mais- und Weizenfeldern und einem weitläufigen Garten mit Apfel- und Pfirsichbäumen umgeben sind. Die kleineren Gebäude, theils Blockhütten, theils Breterhäuser, sind mit schreienden Farben, eines dottergelb, zwei oder drei schneeweiß, eines grasgrün, angestrichen. In dem Hauptgebäude, einem ziemlich großen Hause von rothen Backsteinen mit einem altersgrauen Schindeldache, vermuthete ich nach den Andeutungen, die man mir in Betreff der Lebensweise dieser Ansiedler gemacht hatte, die eigentliche Wohnung der Gemeinde, und so lenkte ich meine Schritte dahin.

Das Bild der „Shakerstadt", die eigentlich nur ein kleines Dorf darstellte, war recht freundlich, aber nichts weniger als schön. Ihre Bewohner waren offenbar nüchterne, poesielose Leute, die nicht viel von anmuthigen Landschaften hielten. Dem Garten fehlten Blumen, Strauchwerk und Schattenbäume, die Häuser zeigten nicht einmal den Versuch zu einer Verzierung, wenn die grellen Farben ihrer Wände nicht etwas der Art sein sollten. Der Friedhof am Wege war nichts als ein verwilderter Grasfleck, seine Gräber hatten weder Hügel noch Denksteine mit Bildwerk oder Inschriften und waren nur mit rohen Platten, wie man sie auf dem Felde daneben gefunden haben mochte, als solche bezeichnet.

Unbehaglich, fast unheimlich war das tiefe Schweigen, das ringsum herrschte. Es war erst drei Uhr und die ganze Gegend so völlig ruhig und einsam, als ob es Mitternacht gewesen wäre. Eine stille Kuhheerde weidete innerhalb einer Umzäunung, sonst war weit und breit kein lebendes Wesen zu sehen. Kein Laut ließ sich hören als das leise Murmeln des Baches und — halt! doch etwas Menschliches — das Klappern eines fernen Webstuhls, das aber auch das Hacken eines Spechts im nahen Walde sein konnte. Wäre das Hauptgebäude, vor dem ich endlich anlangte, stattlicher gewesen, so hätte ein Tourist phantasievoller als ich ohne Zweifel an ein verzaubertes Schloß gedacht — wenn auch vielleicht erst in seinem späteren Berichte, da sich so was gut ausnimmt. Mir war es mit seiner unromantischen Nüchternheit und seiner anscheinenden Ausgestorbenheit nur ein peinliches Geheimniß, das durch die erste Begegnung mit einem der Bewohner dieser stillen Welt eben nicht minder peinlich wurde.

Ich mochte fünf Minuten vor der Thür gestanden haben, unschlüssig, ob ich mich hineinwagen sollte, als ich aus dem Walde hinter dem Hauptgebäude einen Mann auf mich zukommen sah, der in die Tracht der Shaker gekleidet war. Er trug einen Strohhut mit einem so breiten Rande, daß man einen Brunnenmund damit hätte zudecken können, einen graublauen Rock von sogenanntem Homespun, der hinten unmittelbar unter dem Kragen kittelartig in Falten gelegt war, und gewöhnliche Beinkleider von derselben Farbe. Als er näher kam, sah ich ein bleiches, faltiges Gesicht und hohle, düstere Augen vor mir. Den Kopf gesenkt, die Hände auf dem Rücken, schien er, ohne mehr als flüchtig Notiz von mir zu nehmen, scheu an mir vorüber zu wollen. Ob er sich ein neues Dogma überlegte oder eine Predigt memorirte? Ob alle Shakers daheim so in sich gekehrt, so ungesellig, so griesgrämig einherwandelten? Zu der Stille ringsum hätte es gepaßt, aber ermuthigend für mich war es nicht. Wie, oder war der finstere Träumer etwa tiefsinnig, gestörten Geistes, daß er meinen Gruß nicht beachtete? „Das fängt schön an", sagte ich zu mir, als ich, durch seine Unhöflichkeit nicht abgeschreckt, wenn auch ein wenig verlegen, die Frage an ihn richtete, ob man hier eintreten und von der Einrichtung des Hauses und dem Leben seiner Insassen Kenntniß nehmen dürfe, und nur ein unverständliches Brummen zur Antwort erhielt.

Indeß kam es besser, als ich nach diesem ersten Auftritte der Tragikomödie, die mit dem Erscheinen des Blaugrauen begann, hoffen konnte. Der Wahnsinnige — ein solcher war er, wie ich später erfuhr, in der That — verschwand um die Ecke, und aus der Thür trat ein zweiter Shaker mit einem freundlichen, breiten, rothen Gesichte, in Hemdsärmeln, kaffeebrauner Schooßweste und gleichfarbigen Hosen. Er trug keinen Hut und die grauen Haare über der Stirn kurz verschnitten und hinten lang, ungefähr wie die Deutschen im Mittelalter — eine Haartour, der ich später bei allen Männern und Knaben der Secte wieder begegnete. Ich grüßte und wurde wieder gegrüßt. Dann wiederholte ich den Zweck meines Kommens gegen ihn und erhielt, nachdem er einen prüfenden Blick auf meine Person und mein Gesicht geworfen und in letzterem vermuthlich Gutes gelesen, den Bescheid, wer in der ehrlichen Absicht, ihre Lehre und ihr Gesetz kennen zu lernen, bei ihnen Einlaß begehre, sei willkommen. Es stelle sich freilich, fügte er dann hinzu, zu Zeiten schlimmes Volk hier ein, und so schien er denn wieder mißtrauisch zu werden. Wenigstens meinte er, die Regel erfordere, daß er über meinen Wunsch erst den Aeltesten befrage. Ich gab ihm weiteren Aufschluß über meine Personalien und Absichten, und obwohl er schwerlich begriff, daß jemand fünftausend englische Meilen weit hier her kommen könne, blos, um eine oder ein paar Secten zu studiren, vielmehr, wie das auch sonst bei ähnlichen Leuten in Amerika vorkommt, der Meinung sein mochte, ich wolle entweder bekehren oder bekehrt werden und dann mich den Heiligen von Watervliet anschließen, schien er es doch vorläufig soweit mit mir wagen zu wollen, daß er mich einließ und dann erst zu seinem Aeltesten ging.

Wir traten durch die Hausthür in einen unten mit braunem Holze getäfelten, oben einfach weiß getünchten Gang, dessen

Fußboden gelb lackirt und der Länge nach mit schmalen Bast=
matten belegt war. Rechts und links mündeten mehrere Thüren
auf denselben. Auch hier war Alles still. Nicht einmal das Ticktack
des Perpendikels einer Wanduhr ließ sich hören. Mein Begleiter
klopfte an eine der Thüren zur Rechten. „Herein"! sagte eine
Baßstimme auf Englisch. Wir gingen hinein und standen in einer
Stube, die wie der Gang draußen gemalt und getäfelt war, und
die außer einem großen Himmelbette und einer altmodischen Schub=
lade an Hausgeräth nur noch einige Stühle mit Sitzen aus
Spahngeflecht hatte, welche zum Theil an Pflöcken an der Wand
hingen. Mein Führer stellte mich der Baßstimme als „Freund
Maurice" vor. Diese Stimme gehörte einem Manne in Shakertracht an, der, mit dem Flechten einer ähnlichen Brunnenbe-
deckung beschäftigt, wie sie der Wahnsinnige vor dem Hause
getragen, am Fenster saß, und den er „Bruder Harmon" nannte.
Derselbe mochte ein hoher Vierziger sein und hatte eine große
silberne Brille auf der Nase. Er nahm einen Schaukelstuhl
von der Wand und lud mich zum Sitzen ein. Nach der Brille
rechnete ich ihn zu den gelehrten Ständen, nach den ersten
Sätzen des Gesprächs, das sich nach dem landesüblichen Hände=
schütteln zwischen uns entspann, glaubte ich auch zu wissen, daß
ich einen Landsmann vor mir habe. Ein Deutscher, der studirt
hatte, unter den Shakern — Saul unter den Propheten!

Meine Vermuthungen bestätigten sich, als der Andere ging,
um nunmehr dem Aeltesten meine Ankunft zu melden. Wir
setzten jetzt unsre Unterhaltung in der bequemeren Sprache
unsrer Mütter fort. Sein Dialekt bezeichnete ihn als einen
Norddeutschen. Ich sagte ihm, daß ich Theolog sei, und er
war offenbar auch vom Handwerk. Zwar gestand er das nicht
ausdrücklich ein, aber die Art, wie er meine Fragen nach dem
Glauben seiner „Denomination" (der Ausdruck Secte ist hier

verpönt, weil von beleidigendem Beigeschmack) beantwortete, genügte vollständig. Ueber seine persönlichen Verhältnisse erfuhr ich zunächst nichts, als daß er sich seit dem letzten Herbste hier befand. Indessen hatte ich bald den Eindruck, daß er sich unter den Leuten des Shakerdorfes nicht zu Hause fühlte, und daß seine Ueberzeugung von den Wahrheiten ihres Katechismus nicht gerade felsenfest stand. Nach einer Weile mußte er mehr Vertrauen zu mir gewonnen haben. Augenscheinlich wollte er mir etwas mittheilen, was ihn bedrückte. Aber war es nun Scham oder die Furcht, behorcht zu werden, so oft er dazu ansetzte, stockte er und sprach dann von Anderem. Dann kam es ihm wieder auf die Lippen. Er sah zum Fenster hinaus, wie um sich zu vergewissern, daß kein Lauscher da sei, und öffnete, offenbar zu demselben Zwecke, die Thür. Er war jetzt sicher in Betreff der Andern, aber wieder schien er ungewiß geworden zu sein, ob ich sein Geheimniß wissen dürfe. Er schwieg einen Augenblick, heftete einen scheuen, traurigen Blick auf mich und schlug die Augen nieder. Endlich sah er auf und sagte:

„Darf ich Ihnen etwas mittheilen"?

Ich wollte ihm eben bejahend antworten, als die Hausthür ging und Schritte auf dem Gange sich hören ließen. Es klopfte, und zwei andere Mitglieder der Gemeinde traten ein, die den weit her gekommnen Fremden auch sehen und begrüßen wollten. Unter diesen Umständen verschloß Bruder Harmon seine Offenbarung natürlich wieder, und wir kehrten zum Credo der Shaker, zu ihren Sitten und Bräuchen, zu ihren gesellschaftlichen Einrichtungen und Aehnlichem zurück.

Die Neuhinzugekommenen waren freundliche, gutherzige Leute, nach den Fragen aber, die sie an mich richteten, so unbekannt mit den Dingen in der Welt draußen, wie neugeborne Kinder. Sie nahmen an, ich werde die Nacht bei ihnen bleiben.

Ich mußte dieß eines Versprechens halber, das mich zum Abend nach Dayton zurückrief, ablehnen, sagte aber auf ihre Bitte zu, morgen wiederzukommen und dann länger bei ihnen zu verweilen, was Bruder Harmon mit einem dankbaren Blicke beantwortete.

Als ich mich verabschiedete, erbot er sich, mich zu begleiten, vielleicht, um auf dem Wege Gelegenheit zu nehmen, mir zu offenbaren, was er durch das Hinzukommen der Brüder zu sagen verhindert worden war. Aber ich weiß nicht, wie es geschah, als wir allein waren, schien er wieder den Muth verloren zu haben. Statt zu beichten, zeigte er mir nur die Gebäude der Colonie und erklärte mir ihre Bestimmung. Das grasgrün angestrichne Häuschen war das Bureau des Diakons der Gemeinde und diente zugleich als Herberge für besuchende Brüder. Eine weißgetünchte Blockhütte enthielt Betten für profane Fremde. In einer andern unterrichtete der freundliche Alte, der mich hereingeführt, vier Knaben. Ein größeres Gebäude war das Arbeitshaus der Schwestern, nicht weit davon stand eine Wagenfabrik. Ein einfaches Breterhaus ohne Thurm und Glocke war das Meetinghaus oder die Kirche der Niederlassung. Zuletzt besuchten wir noch die Färberei und die Werkstätte, wo die Shaker ihre Kleiderstoffe verfertigen, und wo ich dem einen der beiden Vorsteher der Gemeinde, dem Elder Richard Pelham, der hinter einem Webstuhle saß, vorgestellt wurde. Es war ein hageres dunkelhaariges Männlein mit lebhaften braunen Augen, das sich sofort anschickte, mir über die Shakerreligion ausführlich Bescheid zu geben, und als ich erklärte, aufbrechen zu müssen, wenn ich vor Dunkelwerden wieder heim sein wolle, mich dringend einlud, morgen wieder zu kommen und dann so lange zu bleiben, wie es mir gefiele.

So ging ich denn, ohne Bruder Harmons Geheimniß mitzunehmen, und so leid es mir thut, auch die Leser dürfen es aus Rücksichten auf die wirksamste Anordnung des Stoffes dieser Erzählung jetzt noch nicht erfahren. Dafür will ich ihm in der Kürze berichten, was ich über die Geschichte und die Glaubenslehre der Shaker in Erfahrung gebracht habe.

Die Secte, der sich unser Freund Harmon angeschlossen hatte, ist zu Bolton in Lancashire entstanden, und zwar aus einer kleinen Gemeinde von Mystikern, die vor ungefähr hundertunddreißig Jahren von Tage zu Tage auf die Wiederkehr Jesu hoffte. Diese Hoffnung erfüllte sich, indem 1758 Ann Lee der Gemeinschaft beitrat. Dieselbe war damals zweiundzwanzig Jahre alt, mit dem Hufschmied Stanley verheirathet und Mutter von vier Kindern. Durch glühende Frömmigkeit und bedeutende Rednergabe ausgezeichnet sowie in unmittelbarem Verkehr mit dem Himmel stehend, nahm sie bald die erste Stelle über den Uebrigen ein. Die Offenbarungen, die sie erhielt, wurden Glaubenssätze, und nachdem man die Vermittlerin derselben eine Zeit lang als „geistige Mutter" verehrt, erfuhr man, daß sie der zur Aufrichtung des tausendjährigen Reiches wiedergekommene Christus sei. Da Spott und Verfolgung nicht ausblieben, empfing Ann 1772 vom Himmel die Weisung, nach Amerika auszuwandern, ein Geheiß, dem sie mit ihren Anhängern zwei Jahre später nachkam. Dreißig Köpfe stark siedelten sich die „Kinder der Mutter Ann" in den Wäldern von Niskayuna bei Albany an, wo sie, obwohl auch hier wiederholt Verfolgung gegen sie ausbrach und Ann mehrmals ins Gefängniß wandern mußte, allmählich an Zahl wuchs, sodaß die Gemeinde nach einigen Jahren schon über tausend Seelen stark war und außer der ersten Colonie New-Lebanon bereits eine andre zu gründen begonnen hatte. Auch als Ann, die „Schwester und Braut Christi", am 8. September 1784 das

Zeitliche gesegnet, breitete sich der Shakerglaube noch weiter aus. Die Ansiedelungen mehrten sich, indem deren auch im Westen und Norden einige entstanden, sie gediehen unter ihrer communistischen Verfassung, und die Lehre der Shaker wurde von Gelehrten dogmatisch geordnet und festgestellt. Gegenwärtig bestehen achtzehn Niederlassungen der Secte, von denen sechs auf die westlichen Staaten (vier auf Ohio und zwei auf Kentucky) kommen. Die Gesammtzahl der in diesen Colonien befindlichen Shaker soll ungefähr viertausend betragen, zu denen seit etwa vier Jahren noch einige Hunderte in England kommen.

Der Glaube der Shaker läßt sich kurz in folgende Sätze zusammenstellen. Sie sind Chiliasten, unterscheiden sich aber von den übrigen Secten dieser Richtung sehr wesentlich dadurch, daß nach ihnen, während jene auf die baldige Wiederkunft Christi zur Errichtung des tausendjährigen Reiches nur hoffen, dieses Reich bereits besteht. Im Jahre 452 n. Chr., so beweisen uns ihre Dogmatiker, z. B. Dunlavy in seinem „Manifesto", ebenso ausführlich als haarscharf, begann mit der Begründung der päpstlichen Macht das Reich des Antichrists, welches nach der Offenbarung Johannis dem zweiten Auftreten des Heilandes auf Erden vorausgehen soll. Es breitete sich zur Herrschaft über die Welt aus und nahm dann seit der Reformation, die den „großen Drachen" aber nicht tödtete, sondern nur in zwei Theile zerriß, allmählich wieder ab. Der göttliche Geist Christi, des „Sohnes der ewigen Mutter Weisheit", kehrte während dieser Herrschaft des Antichrists in den Himmel zurück, um dort seine „Wiederkunft in und mit der heiligen Braut, welche die Tochter der ewigen Weisheit ist", vorzubereiten, und als die Zeit erfüllet war, im Jahre 1747, ließ er sich auf Ann Lee herab, um durch eine zweite Erlösung der Menschheit sein tausendjähriges Friedensreich zu gründen, in welchem die Sünde keine Stätte hat.

Wenn man fragt, warum er in Gestalt eines Weibes wiederkam, so antworten die Shaker: „die Sünde kam durch Adam und Eva, unsere ersten Eltern, in die Welt, und zwar nicht durch den Apfelbiß, sondern durch die erste Vermischung der Geschlechter. Die kann nur durch die Wiedergeburt aufgehoben werden, und zu dieser bedarf es wie zur leiblichen Geburt nicht blos eines Mannes, sondern auch einer Frau. Christus steht als zweiter Adam, Ann Lee als zweite Eva am Anfange der letzten Periode der Menschengeschichte. In ihrer Ehe wird fortan jeder, der an sie glaubt, geistig von Neuem gezeugt und wiedergeboren, und diese Zeugung und Geburt soll hinfort die einzige sein. Wer daher zu den Heiligen des tausendjährigen Reiches gehören will, hat sich alles geschlechtlichen Verkehrs, aller irdischen Liebe zu enthalten oder, um mit den Shakern zu reden, „sein Kreuz auf sich zu nehmen".

Die Welt, der Staat, die bürgerliche Gesellschaft haben mit dem Reiche Christi und der Mutter Ann nichts zu schaffen, alles Weltliche ist daher nach Möglichkeit zu meiden, und so verlangt ein zweites Gebot die Trennung von den Kindern der Welt, die Ablehnung ihrer Ehren und Aemter und die Sammlung der Gläubigen in abgeschlossnen Gemeinden. Als dritte Pflicht tritt eine friedfertige Gesinnung und Haltung gegen jedermann hinzu, die alle Anwendung von Zwang und Gewalt und selbstverständlich die Theilnahme am Kriegsdienst ausschließt und verschmäht. Sodann soll der Shaker nicht schwören und keine die Gleichheit der Menschen verneinenden Ausdrücke brauchen, weshalb er nicht blos keinen Titel annehmen, sondern auch niemand mit einem solchen anreden darf. Selbst das Wort „Herr" ist verpönt; Fremde werden mit „Freund",

Glaubensgenossen und Gemeindeglieder mit „Bruder" oder „Schwester" vor ihrem Vornamen bezeichnet. Wie die Shaker mit ihrer Ehelosigkeit den Mönchen und Nonnen der katholischen Kirche gleichen, nur mit dem Unterschiede, daß in ihren Dörfern oder Klöstern beide Geschlechter beisammen wohnen, so ähneln sie jenen auch darin, daß sie kein persönliches Eigenthum haben dürfen. Wer ihrer Gemeinschaft beitritt, hört damit auf, etwas für sich zu besitzen; was sein war, geht an die Gesellschaft über, die dagegen für die Zukunft die Verpflichtung übernimmt, für seine Bedürfnisse in gleicher Weise wie für die aller übrigen Mitglieder des Vereins zu sorgen. „Ein Leib und ein Brot" lautet in dieser Beziehung ihr Grundsatz. Die Kirche ist endlich eine große geistige Familie, die aus den Kindern Christi und der Mutter Ann besteht. Kinder haben den Willen ihrer Eltern zu thun, und diese Eltern werden hier durch die „Elders", das heißt, die Vorsteher der einzelnen Colonien vertreten, die über sich wieder das sogenannte „Ministerium" in der Hauptniederlassung des gesammten Shakerthums New-Lebanon haben, welches sie einsetzt. Gehorsam ist somit ein ferneres unumgängliches Gebot der Moral der Secte.

Die kirchlichen Einrichtungen und der Gottesdienst in den Shakergemeinden sind sehr einfach. Die Kinder der Mutter Anna sind allesammt heilig und allesammt einander gleich, also giebt es bei ihnen keine Priester. Die Sacramente waren nur nöthig in der Zeit, die auf das tausendjährige Reich vorbereitete; dieses Reich ist da, seit Shaker bestehen, also braucht man weder Taufe noch Abendmahl mehr. Glocken und Orgeln sind Tand, die der Heilige zu seiner Erbauung nicht bedarf. Sein Altar ist sein Herz, folglich hat sein Betort keinen von Nöthen. Dasselbe gilt von Kanzeln und Kerzen, Bildern und Kreuzen. Das einzige Mittel zur Gottesverehrung sind Tänze, welche bald als das Bild ihrer Einheit in der Mannigfaltigkeit, bald als Wanderung nach dem Himmel, bald als ein Rausch und Taumel des Gefühls der Liebe zu Mutter Anna auftreten und mit jubelnden Gesängen begleitet, bisweilen auch von einem kurzen predigtartigen Vortrage unterbrochen werden.

Die Damen, welche diese Mittheilungen lesen, werden begierig sein, zu erfahren, welchem Tanze meine Freunde den Vorzug geben. Diesem Wunsche soll weiter unten mit einer ausführlichen Schilderung eines Shakerballes entsprochen werden. Hier nur die Andeutung, daß sie ihre religiösen Empfindungen weder durch Menuet, noch durch Galopp, noch durch Walzer ausdrücken, und daß auch die etwaige Vermuthung, sie tanzten bei ihren Versammlungen im Meetinghause eine andächtige Polka oder eine gottesfürchtige Française auf Irrthum hinauslaufen würde.

Unsere Damen werden ferner vielleicht Aufschluß haben wollen, wie die Shaker diesen immerhin auffälligen Brauch bei ihren Gottesdiensten erklären und rechtfertigen. Man wird mir Recht geben, wenn ich mit dem Elder Pelham sage: nichts leichter als das, und man muß sich nur wundern, daß die Leute darauf nicht auch schon gekommen sind. Es ist das reine Ei des Columbus. „Gott hat Alles zu seiner Ehre, das heißt, daß es ihn ehre, erschaffen — nicht wahr? Er hat uns ein Herz in die Brust gesetzt, damit wir seine Liebe empfinden, er hat uns die Zunge gegeben, auf daß wir ihn mit Gesängen preisen, er hat uns Hände verliehen, damit wir sie betend zu ihm erheben — nicht wahr, Freund Maurice?" fragte mein Elder, um dann fortzufahren: „Wie kämen nun die Beine dazu, lediglich um weltlicher Zwecke willen sich zu bewegen? Sollten nicht der ganze Körper, Haupt und Glieder, Hände und Füße in gleichem Maße berufen und verpflichtet sein, das

Lob Gottes zu verkünden?" Gewiß, das klang überzeugend, zumal mein Freund in der Lage war, bei seiner Auffassung die fromme Schwester Mosis, des Propheten, die mit Pauken und Cymbeln beim Zuge durch das Rothe Meer den Reigen führte und den nicht minder frommen und heiligen König David, der vor der aus der Gefangenschaft im Philisterlande zurückkehrenden Bundeslade hertanzte, Pathenstelle vertreten lassen und somit den bündigen Beweis liefern zu können, daß der liebe Gott das schon vor Alters so hat haben wollen.

Ich fahre nun mit meinen Erlebnissen in Watervliet fort.

Am nächsten Tage, bald nach der Mittagsstunde, klopfte ich wieder an Bruder Harmons Thür. Ich fand ihn allein, und kaum hatte er meinen Gruß erwidert, mich zum Sitzen eingeladen und sich mit zwei Blicken umgesehen, daß Niemand uns zuhören könne, als ihm auch schon sein Geheimniß von den Lippen floß. Es bestand, soweit es ein Anliegen war, kurz und rund in der Bitte, ihm zu heimlichem Entweichen aus der Colonie durch Verschaffung von gewöhnlichen Kleidern zu verhelfen. Er heiße, so berichtete er weiter, Hermann Cornelius, habe in Kiel Theologie studirt und sei 1849 nach Amerika ausgewandert, wo ihn „unglückliche Verhältnisse", über die er sich nicht näher ausließ, etwa vor Jahresfrist gezwungen hätten, sich vor dem Hunger und dem Winter in das Asyl von Watervliet zu flüchten. Man hatte ihn hier liebreich aufgenommen, ihn zuerst nur mit leichter Handarbeit beschäftigt und ihn dann mit der Erziehung von Kindern und der Beaufsichtigung von Novizen betraut, deren sich vor Einbruch des Winters hier immer eine gute Anzahl einstellt, und aus denen sich die Gemeinde, sofern sie nicht mit Eintritt der milderen Jahreszeit das Weite suchen, um ihr Landstreicherleben fortzusetzen, allein ergänzt. Er hatte hier, was er vorher nicht gehabt, Nahrung,

Obdach und Kleidung, und es war ihm kein Zwang auferlegt, als der, den er selbst gewählt, einen Glauben, den er nicht hatte, heucheln, und einen Gottesdienst, der ihm lächerlich war, mitmachen zu müssen. Das war die traurige Seite der Sache. Er mußte in der That sehr unglücklich sein. Aber die Sache hatte auch eine andere Seite, und diese war von der Art, daß ich, nachdem ich sie erfahren, froh war, nicht in der Lage gewesen zu sein, ihm zur Flucht zu helfen. Ihm war, wenn überhaupt, nur hier in der Einsamkeit und unter der guten Zucht und Aufsicht von Watervliet von den „unglücklichen Verhältnissen" zu helfen, deren Natur der Rest seines Geheimnisses war; denn im Shakerdorfe am Beaver Creek gab es — keinen Whiskey, sondern nur klares Brunnenwasser und Thee ohne Zuthat. „Hermann Cornelius" war ein Gewohnheitssäufer, und um mit ihm gleich hier zu Ende zu kommen, schalte ich eine Stelle aus dem von mir in Cincinnati geführten Tagebuche ein:

„12. November. Heute bei Pastor Kröll von der Johanneskirche. Erzählte ihm von meinem Abenteuer in der Shakerstadt. Horchte hoch auf, als ich ihm Bruder Harmon beschrieb, und brach endlich, indem er auffuhr und die Hände zusammenschlug, in die Worte aus: Ei, das ist ja der leibhaftige — (er nannte ihn nicht Cornelius), den sie aus zwei oder drei Gemeinden fortjagten, weil er sich in der Schnapsflasche das Delirium geholt hatte! — In der vierten hatte er sich, so berichtete der würdige Pfarrer weiter, eine Zeit lang gut gehalten und da er kein übler Prediger und auch sonst kein unebner Mann war, der Liebe und Achtung seiner Gemeinde erfreut. Dann aber war der Versucher wieder gekommen, und er hatte dem Glase so gründlich zugesprochen, daß er in seinem Wahnsinn in den Wald gelaufen war und sich sämmtliche

Kleider vom Leibe gerissen hatte. So hatten ihn Glieder seiner Gemeinde in der Ferne umhertoben sehen. Dann war er spurlos verschwunden. Es ist bisweilen gut, wenn man nicht die Mittel hat, gutherzig und hülfreich zu sein. Mein Fall mit Bruder Harmon war ein solcher".

Ich sagte ihm damals in Watervliet, ich wollte mir die Sache überlegen, und dabei blieb es ungefähr, auch als wir schieden. Zunächst aber besuchte ich mit ihm den Diakon David, einen schläfrigen grämlichen Riesen mit großen lichtblauen verschwommenen Augen, der sich in einem Schaukelstuhle am Ofen wärmte, obwohl die Sonne draußen recht warm schien. Bruder Harmon hing trüben Gedanken nach. Bruder David, überhaupt einsylbig, schien nicht viel von geistigen Dingen zu wissen, doch erhielt ich von ihm einige Mittheilungen über die äußeren Zustände und Verhältnisse der Niederlassung.

Watervliet war jetzt nur von einer „Familie" oder Gemeinde bewohnt, während das benachbarte Union Village deren drei umfaßte. Die hiesige Familie zählte vierundfünfzig Seelen, darunter achtundzwanzig Frauen und zehn Kinder. Die oberste Leitung ist in die Hände von vier Aeltesten, zwei von den Brüdern und ebenso viele von den Schwestern gelegt, zu deren Pflichten unter Anderm gehört, daß sie den sich zum Eintritt in die Gemeinschaft meldenden Weltkindern ein Sündenbekenntniß abfragen. Der Diakon ist unter ihrer Aufsicht der Geschäftsführer der Colonie gegenüber der Außenwelt. Er schließt Lieferungen und Verkäufe ab, verwaltet die Finanzen und hat für die Unterbringung der einsprechenden Fremden Sorge zu tragen. Die Hauptbeschäftigung der Colonisten ist der Ackerbau auf der sechshundert Acres großen Rodung, die ihnen gehört, und etwas Viehzucht. Dazu kommen die Verfertigung grober Kleiderstoffe aus einem Gemisch von Schaf- und Baumwolle, Wagner-

arbeiten und das Flechten von Strohhüten, Bastmatten und
Stuhlsitzen aus Spahn. Der Boden ihres Landbesitzes ist gut.
Ihr Weizen wird oft über den Marktpreis bezahlt. Sehr ge=
schätzt ist die Sarsaparilla, die sie bauen, und allein an Erd=
beeren hatte Diakon David im verflossnen Sommer für zwei=
hundertundfünfzig Dollars verkauft.

Mein langer Diakon war meinen Fragen gegenüber immer
einsylbiger geworden und schließlich sanft eingenickt. Bruder
Harmon brütete fort, ohne Zweifel über sein Schicksal. Ich
versuchte mir die Langeweile zu vertreiben, indem ich in einem
geschriebenen Gesangbuche der Shaker las, aus welchem ich mir
später eine Anzahl Lieder abschrieb. Nach einer Weile wurde
ich in meiner Lectüre durch die Ankunft Elder Pelhams an=
genehm unterbrochen. Der kleine, flinke, hellängige Mann war
das Gegentheil des Diakons. Bald fragend, bald antwortend
gab er mir einen wohlgefügten und anschaulichen Ueberblick
über den geistigen Besitz der Kirche des tausendjährigen Reiches.
Er legte eine nicht geringe Kenntniß der Bibel an den Tag,
brauchte mehrmals originelle Bilder und wußte Zweifeln und
Einreden nicht ohne Geschick zu begegnen. Wir waren noch
im besten Zuge, als eine Glocke läutete. Sie rief zum Essen.
Diakon David führte mich in die Küche des großen Ziegelhauses,
wo eine ältliche Schwester mich mit Kuchen, Apfelmuß, To=
matos, Butter, Fruchtgelée und Thee versorgte. Die Uebrigen
aßen mit den andern Gliedern der Gemeinde für sich in einem
andern Raume, da die Shaker, vielleicht weil sie die Wirkung
fremder Blicke auf die Gemüthsruhe der jüngern Schwestern
fürchten, niemand, der nicht „sein Kreuz auf sich genommen
hat", mit sich an einem Tische speisen lassen. Doch erfuhr ich
später, daß sie vor und nach der Mahlzeit beten, und daß sie

keine Fleischspeisen genießen und weder Wein noch Bier oder sonst ein berauschendes Getränk trinken.

In die „Office" Davids zurückgekehrt, nahm ich das Gesangbuch wieder vor. Dann läutete die Glocke, oder sagen wir die Schelle, wieder, jetzt zweimal — das Zeichen zum Beginn des Gottesdienstes, des Tanzes. Ueber den Hofplatz zwischen der Office und dem Ziegelhause und dann über den Gang, auf den Bruder Harmons Stube mündete, begab ich mich, vom Diakon begleitet, eine braunlackirte Treppe hinauf in einen ziemlich großen, durch die ganze Breite des ersten Stockwerks gehenden, auf jeder Seite durch vier Fenster erleuchteten Saal, der wie die Wohnstuben einfach weiß getüncht und unten an den Wänden mit braunem Holzgetäfel versehen war. Uns gegenüber befand sich eine Glasthür. Auf der Weiberseite, links von unsrer Thür, war ein dritter Eingang. Derselbe gelbe Strich nämlich, der unten auf dem Gange die Grenze der Gebiete der beiden Geschlechter bezeichnete, theilte auch den Saal der Länge nach in zwei Hälften, von denen die eine nur von den Brüdern, die andere nur von den Schwestern betreten werden durfte. An den langen Seiten des Saales liefen einfache Bänke ohne Lehne hin. Ich erhielt einen Stuhl. Von der Decke hing eine brennende Messinglampe herab, unter der ein kleiner blauer Teppich lag. Sonst war nichts von Geräthen hier zu sehen. Von den Theilnehmern am Gottesdienste waren bis jetzt nur vier Knaben in Shakertracht und ihr Mentor, der freundliche Alte, der mich Tags zuvor bei Bruder Harmon eingeführt, sowie sechs oder sieben Mädchen im Backfischalter zugegen. Letztere schienen die Last ihres „Kreuzes" noch nicht schwer zu empfinden, oder es noch nicht mit der rechten Andacht und Würde tragen zu können. Sie steckten bei meinem Eintritte die Köpfe zusammen, kicherten, zischelten unter einander und

warfen mir Blicke zu. Ihre Tracht war ebenso unschön wie
die der Knaben. Die zum Theil recht hübschen Gesichtchen
sahen aus weißen Hauben von der Form eines Kohlenkastens
heraus, an dem sich hinten ein großer Faltenbart sträubte. Die
Glieder steckten in blauen oder grauen Kleidern mit kurzer
Taille, Hals und Brust in einem weißen, steifgestärkten Tuche,
das vorn kreuzweise übereinander gelegt war und hinten drei=
kantig bis zur Hälfte des Rückens herabhing, die Füße in
plumpen Lederschuhen. Sie sahen mit jenen garstigen Hauben
wie in Papierdüten geschoben, mit diesen steifen Tüchern wie
mit Bretern verschlagen und im Ganzen wie junge Groß=
mütter aus.

Eine Uhr schlug jetzt die achte Stunde, und herein wandelten
die übrigen Glieder der Gemeinde mit Einschluß Bruder Harmons
und Elder Pelhams, die Schwestern durch die Thür zur Linken,
die Brüder durch die zur Rechten und die Glasthür. Die
Letzteren legten die Röcke ab und stellten sich dann in drei
Gliedern, die Gesichter dem gelben Strich und dem blauen
Teppich in der Mitte zugekehrt, in der rechten Hälfte des
Saales auf. Die Schwestern traten links von dem Striche in
gleiche Ordnung. Dann verbeugten sich die beiden Colonnen
vor einander, wobei sie die Arme ausbreiteten und die Hände
schwenkten. Und nun stimmte einer der Brüder ein Lied an,
in welches die ganze Versammlung einfiel, und das in raschem
Tempo nach einer nicht übel klingenden Melodie gesungen
wurde. Was ich davon verstand, pries die Herrlichkeit der ewigen
Heimath, handelte sodann von schneeweißen Gewändern und
Engeln mit goldenen Flügeln und drückte die Sehnsucht der
Sänger nach diesen und ähnlichen schönen Dingen aus.

Nach Schluß des Liedes, welches drei Verse hatte, wieder
gegenseitiges Sichverbeugen und Händeschwenken. Hierauf löften

sich die beiden Colonnen auf, und zwei Brüder sowie auf der andern Seite sechs Schwestern schritten näher an den Teppich heran, um sich, die Gesichter einander zugewandt, zu beiden Langseiten desselben aufzustellen. Sie waren für diesen zweiten Theil des Schauspiels der Sängerchor oder, wenn man will, das Vocalorchester des Tanzsaales. Die Uebrigen ordneten sich, die Männer für sich voran, die Frauen dahinter, zu Paaren in der Weise, daß sie nach der Glasthür hinsahen. Plötzlich begann eine der Sängerinnen mit wohlklingender Stimme eine Strophe zu singen, in welche die übrigen Sieben vom Chore nach den ersten Worten einstimmten. Dieselbe fing mit dem Ausrufe: „March heavenward, yea victorius band!" (Auf, himmelwärts wandre, Du Siegerschaar!) an und wirkte mit ihrem zwischen die einzelnen Sätze eingestreuten „La! lala! La! lala!" dem Vorklingen der Frauenstimmen und dem ungemein schnellen Tempo der Melodie mehr wie ein Vogelgezwitscher als wie ein Kirchenlied. Mit dem ersten „La! lala!" setzten sich die Reihen der Nichtsänger in Bewegung und marschirten im Geschwindschritt um den Chor herum. Sie hoben sich dabei auf die Fußspitzen, so daß die Fersen den Fußboden nicht oder nur wenig berührten, drückten die Ellbogen an die Hüften, streckten die Unterarme aufwärts vor die Brust und winkten oder wedelten mit den lose im Gelenk hängenden Händen, so daß sie — Gott verzeihe mir den unheiligen Vergleich, aber meiner Erinnerung nach giebt kein anderer eine bessere Vorstellung von dieser überaus komischen Geberde — ungefähr trommelnden Hasen, oder noch genauer, tanzenden Hunden glichen, die „es schön machen". Die Strophe wurde mehrmals wiederholt, und bei jeder Wiederholung nahm die Begeisterung der himmelwärts tanzenden Heiligen zu, sah man mehr verzückte Mienen und begegnete man mehr nach Oben gerichteten leuchtenden Augen. Das

Bild zeigte zwar außer dem Geschilderten noch andere komische Züge. So watschelte neben dem baumlangen Diakon ein Bruder mit einem Falstaffsbauch und einem fabelhaften Kropfe, dem die Ceremonie offenbar mehr eine Last als eine Lust war. Eine gleichfalls wohlbeleibte Negerin äußerte unter der Schwesternschaar ihre Inbrunst recht wunderlich durch eine Vermischung von Grinsen und Greinen, und die Backfische dachten augenscheinlich nur an den Tanz als Vergnügen, nicht an seine Bedeutung als Wallfahrt nach dem Paradiese. Dennoch machte das Ganze eher einen feierlichen als einen lächerlichen Eindruck.

Die Tanzenden mochten die Singenden etwa vier oder fünf Mal umkreist haben, als diese verstummten und jene Halt machten, um still zu beten, bis der Chor aufs Neue zu zwitschern anfing. Dieses Mal handelte das Lied vom „Lodern des heiligen Feuers der Liebe", welches Lodern „die Seelen läutere". Dem Flackern und Aufzucken dieser göttlichen Flamme schien auch das Tempo des Gesanges zu entsprechen, welches noch rascher war als das der früheren Vorträge, und dem Gesange folgte wieder der Tanz, der jetzt zu einem Hüpfen wurde. Aeltere Tänzerinnen, die zu schwach waren, um sich hieran länger zu betheiligen, traten aus Reihe und Glied und setzten sich, konnten sich aber nicht enthalten, dem Daktylustacte des Reigens im Sitzen durch Trippeln und Klappern mit den Fußspitzen zu folgen.

Das Hüpfen hatte ungefähr drei Minuten gewährt, als der Chor wieder schwieg. Alle traten sich in der anfänglichen Ordnung zu beiden Seiten des gelben Striches in der Mitte des Saales gegenüber, beteten noch einmal still und begaben sich dann, die Schwestern durch die linke, die Brüder durch die rechte Thür des Saales, hinunter in ihre Stuben, womit der Gottesdienst für heute zu Ende war.

Nachdem ich die Nacht in einem guten, sauberen Bette geschlafen und von Mutter Anna und ihrem Bräutigam geträumt — mein Tagebuch besagt, daß jene wie die alte runzelige Schwester, die mir das Abendessen aufgetragen, dieser wie Diakon David aussah, und daß die Mutter um ihre Barthaube, der Bräutigam um seinen Brunnendeckelhut eine große Aureole hatte — frühstückte ich, wieder in der Küche und wieder allein. Dann wohnte ich im Tanzsaale abermals einem gottesfürchtigen Reigen bei, wo jedoch nur nach einer von Allen gesungnen langsam gehenden Weise in drei Gliedern hin und her marschirt, nicht gehüpft wurde. Elder Pelham hielt dabei während einer Pause eine kurze Ansprache, in der er die Welt, die an dem Tanze der Shaker Aergerniß nähme, mit dem Bruder des verlornen Sohnes im Gleichniß zusammenstellte, welcher auch mit Neid und Verdruß von der Freude Zeuge gewesen, die über die Rückkehr des Sünders ins Vaterhaus geherrscht habe. Der Sermon hörte sich nicht schlecht an, aber ich hoffe, daß ich nicht damit gemeint war; denn ich war zwar ein Kind der Welt und gedachte eins zu bleiben, aber gern gönnte ich meinen Freunden in Watervliet ihre Freude und war nicht im Mindesten verdrießlich darüber. Eher das Gegentheil.

Den übrigen Theil des Vormittags verbrachte ich meist mit weiterem Abschreiben von Liedern aus Davids Gesangbuche. Um elf Uhr wurde ich zum Mittagsessen geführt, und zwei Stunden später sah ich die Heiligen der Niederlassung am Beaver Creek zum dritten und letzten Male tanzen. Zweimal an einem Tage schien etwas viel zu sein, indeß war es ein Sonntag.

Man sang zuerst wieder einen „Shovelsong" (wörtlich: Schaufellied; so nennt die Shakersprache die in langsamem Takte sich bewegenden Gesänge, während die rasch gehenden als

„Quicksongs", lebendige, schnelle Lieder, bezeichnet werden), der mit den Worten: „Ich danke Dir, o Gott, für deine freundliche, liebreiche Gnade" begann, und in welchen die ganze Gemeinde einstimmte. Darauf hielt der andere Aelteste eine längere Rede, auf die der vorhin erwähnte Falstaffsbauch — er war, wie ich später hörte, erst vor Kurzem aufgenommen worden und hatte dem Schatze der Kirche ein nicht unbeträchtliches Vermögen zugebracht — einige Worte folgen ließ, in welchen er sich freute, Zulassung zu den Kindern der Mutter Anna und ihrem seligen Leben gefunden zu haben.

Nun sprach Pelham über die Demuth und den Gehorsam, über die Entsagung der Heiligen und deren brünstige Liebe zur „heiligen Mutter", eine Liebe, die nichts mehr wisse und wolle als deren Gegenliebe. Als er geschlossen, stellte sich der Chor, wie oben geschildert, vor dem blauen Teppich auf. Die Uebrigen ordneten sich paarweise zum Reigen, und nun widerhallte, in eine zierliche Strophe zusammengefaßt, der Inhalt der Pelhamschen Rede aus dem Munde einer der Sängerinnen. Mir kam es vor, als ob die Schwester improvisirte, als sie — ich gebe die Worte ziemlich genau deutsch wieder — im Tempo eines Quicksong den Vers zwitscherte:

„Gebeugt will ich und schmiegsam sein,
　　La! lala!
Ein schmiegsam Weidenbäumelein,
　　La! lala!
Will mich bücken und neigen, verflochten im Reigen,
Und taumelnd der Mutter ganz werden zu eigen.
　　La! lala! La! lala"!

Hurtig setzten sich die Füße der Colonnen in Bewegung, um nach dem Takte des Liedes drei oder vier Schritte vorwärts

zu hüpfen, dann stehen zu bleiben, mit dem einen Fuße aufzustampfen und darauf weiter zu hüpfen. Als die erste Sängerin geendet, hörte man eine Weile nur noch das taktmäßige „La! lala"! und das Scharren und Stampfen der darnach tanzenden Füße. Dann begann eine andere Stimme im Chor:
„O himmlische Liebe fluthet, heilige Liebe strömet!
       Hallelujah! La! lala!
Auf, neigt euch und beugt euch und schöpft euch und nehmet,
Und trinken wir jubelnd zu Stelle,
Von der Liebe, die mild
Von droben her quillt
Aus der Mutter unendlicher Quelle".

„La! lala"! schmetterten die übrigen Sänger. „La! lala"! lallte es wie von Trunkenen aus den Colonnen der Tanzenden, deren Reigen immer geschwinder an meinem Stuhle vorüberkreiste. Ein elektrisches Etwas schien sich ihnen von irgendwoher mitgetheilt zu haben, ein Etwas, welches sich auch meinen Fußspitzen aufdrängen wollte; denn ich merkte, daß sie zu dem „La! lala"! den Tact zu trippeln anfingen. Ein gottseliger Rausch hatte sich der Versammlung bemächtigt. Sie tranken von der Liebe der Mutter, sie schwammen im Strome derselben.

„Und trinkt ein wenig mehr — und trinkt, trinkt, trinkt ein wenig mehr", jauchzte der Baß und zitterten und zwitscherten die hellen Stimmen im Chor — und siehe da, plötzlich begann eine der Schwestern, indem sie die Arme am Körper herabhängen ließ und den Kopf, halb nach Oben gerichtet, auf die Seite legte, sich etwa zehn Schritte weit um ihre Achse zu drehen. Eine zweite folgte und eine dritte. Mehrere Brüder thaten deßgleichen, und nach Verlauf einer Minute sah ich den größten Theil der Tänzer in dieser Planetenbewegung begriffen. Taumelnd hielten die Meisten nach einigen Umdrehungen inne, keuchten und stampften und versuchten ihr Gleichgewicht zu bewahren. Dann trieb sie der Gesang wieder fort wie die Dampfkraft das Maschinenrad und nicht eher hörte das andächtige Bachanal auf, als bis die Mehrzahl der Frauen, nach Athem ringend, auf die Bank gesunken war.

Die würdigen Aeltesten, der schläfrige Diakon, Matronen mit grauen Haaren hatten sich an dem Wirbeltanze nach Kräften betheiligt. Sogar Bruder Harmon hatte sich ein paar Mal darin versucht. Da er indeß bei diesen Ansätzen wohl mehr an den weltlichen Zuschauer und dessen Meinung von der Affaire als an den Wohlgeschmack der Liebesquelle dachte, so hatte es ihm damit nicht glücken wollen. Nur Falstaff, dem sein Leibliches das Kreiseln verbot, einige vermuthlich hier auch noch neue Frauen, die vier Knaben und der Wahnsinnige hatten es bei bloßem Geschwindschritt und ein wenig Hüpfen und Händeschwenken bewenden lassen. „Wahnsinn gut gegen Wahnsinn", sagte ich zu mir selbst, indem ich an den Grundsatz unsrer Homöopathen dachte.

Eine Stunde später nahm ich Abschied von meinen gastfreien Wirthen. Man bat mich, noch länger zu bleiben, aber ich hatte für meine Zwecke genug gesehen und erfahren, und so ging ich, begleitet von Pelhams Segen, in welchem er mir wünschte, ich möge bald den Weg finden, der zum wahren Frieden führe.

Bruder Harmon bat sich, indem er mir verstohlen einen schnellen bittenden Blick zuwarf, bei seinem Elder die Erlaubniß aus, mich ein Stück begleiten zu dürfen. Schweigend gingen wir eine Weile neben einander her. Dann wiederholte er dringend seine frühere Bitte. Ich erwiderte, ich selbst könne ihm nicht helfen, wolle aber zusehen, ob sich in Cincinnati etwas für ihn thun ließe, und ihm das Ergebniß meiner Er=

kundigung durch meinen Cousin in Dayton, dessen Adresse ich ihm aufschrieb, wissen lassen. Dieses Ergebniß ist mitgetheilt. Er ist entweder Shaker geblieben und nüchtern ein alter Mann geworden, oder er hat sich von den geistig Trunkenen geflüchtet, um wieder ein Trunkenbold im gewöhnlichen Sinne des Wortes zu werden und im Delirium hinter irgend einem Zaune vor der Zeit zu sterben. Ich weiß wirklich nicht recht, welche von diesen beiden Möglichkeiten vorzuziehen wäre, will aber darüber nachdenken.

IV.

Eine Versammlung deutscher Wiedertäufer in Ohio.

em Reisenden, der Südpennsylvanien, Ohio oder Indiana durchwandert, wird es zuweilen begegnen, daß er Leute antrifft, die in eine andere Zeit zu gehören scheinen. Ein schwarzer Filzhut mit auffallend breiter Krempe und ein grauer oder brauner Frack, dem Kleide ähnlich, welches der bronzene Goethe vor dem Theater in Weimar trägt, wollen nicht wohl zusammenstimmen. Noch weniger paßt zu dieser Tracht das lang herabwallende Haupthaar und der fußlange Patriarchenbart der Männer, besser wieder der weiße Tuchmantel, den sie bei kaltem Wetter umwerfen. Spricht man sie deutsch an, so antworten sie entweder englisch oder in einem Mischdialekt aus Deutsch und Englisch, den man im Westen „Pennsylvanian Dutch" nennt, und immer werden sie in letzterem Falle den Fremden mit Du anreden. Fragen wir nach ihnen bei Kennern des Landes, so erfahren wir, daß es „Tunker", englisch „Dunkards", sind, und daß sie eine große wiedertäuferische Brüderschaft bilden, welche einen bedeutenden Theil der deutschen Farmer

von den Wäldern Virginiens und Pennsylvaniens an bis zu
den Prairien Jowas und Minnesotas zu Mitgliedern zählt.

Von ihrer Geschichte erwähne ich hier nur, daß die Secte
um das Jahr 1708 entstand, wo im Dorfe Schwarzenau an
der Eder der durch Speners Schriften angeregte Bauer Alexander
Mack einige von seinen Nachbarn wöchentlich zum Studium der
Bibel um sich vereinigte — eine Beschäftigung, die dahin
führte, daß man erkannte, der Glaube und die Einrichtungen
der evangelischen Kirche seien nicht schriftgemäß, daß man sich
infolge dessen von ihr trennte, um sich als besondere Gemeinde
zu constituiren, und daß man diesen Act mit einer zweiten
Taufe der Separatisten begann, welche Mack an ihnen vollzog.
Die Secte gewann bald Anhänger in der Umgegend von
Schwarzenau, wo sich ihr nach und nach gegen fünfzig Familien
anschlossen, wurde dann aber Gegenstand einer Verfolgung, so=
daß die Mitglieder derselben zuerst nach dem Crefeldschen, da=
rauf nach Holland und zuletzt in zwei Zügen nach Pennsylvanien
auswanderten, wo sie sich vorzüglich am Mill Creek in Lan=
caster County niederließen, sich aber auch über andere Theile
jenes Staates und in späterer Zeit über den ganzen Westen
der Union bis über den Mississippi hinaus verbreiteten.

Im folgenden will ich schildern, wie ich die Tunker kennen
lernte. Ungefähr sechs englische Meilen von Dayton steht nicht
fern von der Straße nach Salem auf einer Waldblöße ein
langes, niedriges, mit Schindeln gedecktes Ziegelhaus, welches
in einem Umkreise von etwa tausend Schritten mit der landes=
üblichen Zickzackfence umzäunt ist, und vor dem sich unter
einigen Bäumen eine Quelle befindet. Es ist ein Meetinghaus
der Tunker, welche sich in dieser Gegend wie auf der ganzen
Strecke, die der Mad River und die beiden Miamis durchströmen,
zahlreich angesiedelt haben. Es war am 7. October 1851,

wo ich hier einer von jenen Versammlungen der Bruderschaft beiwohnte, zu denen sie oft viele Meilen weit her zusammenkommen, um das Evangelium predigen zu hören und das Abendmahl nebst Fußwaschung zu feiern.

Es mochte Morgens neun Uhr sein, als ich vor dem rothen Hause anlangte. Im Walde vor der Umzäunung hatte ein Marketender seinen Schenktisch aufgestellt, und in seiner Nähe befanden sich unter den Eichen und Ahornbäumen bei der Quelle eine Menge Kutschen und Reitpferde, die theils Tunkern, theils Leuten angehörten, welche gleich mir nur als Zuschauer herausgekommen waren. Zu letzteren schienen die Loafers der guten Stadt Dayton ein starkes Contingent gestellt zu haben. Innerhalb des Ringszauns aber wimmelte es von den langbärtigen Gestalten, den biberschwanzförmig gebauten Fracks und den weißen Frießmänteln der „Brethren", deren Anzahl sich von Minute zu Minute vermehrte. Hand in Hand gingen sie mit einander auf dem Rasen der Waldblöße einher, und alle Neueintreffenden empfingen „die brüderliche Rechte" und den „heiligen Kuß", den ihr Glaube vorschreibt. Aus der einen Thür des Meetinghauses, die sich auf eine Veranda öffnete, loderte, von Tunkerfrauen in weißen Hauben und Brusttüchern unterhalten, ein lustiges Küchenfeuer um Töpfe und Kessel, und aus dem Schornsteine wirbelte eine blaue Rauchsäule empor.

Plötzlich wandte sich Alles außerhalb des Zaunes den Eingängen in demselben zu, und rasch füllte sich das Haus mit Tunkern und Zuschauern, so daß später Kommende an den Fenstern und vor der Thür, an welcher ein riesiger Diakon mit einem prächtigen braunen Barte als Wächter Posto gefaßt hatte, Stehplätze für das nun beginnende Schauspiel zu suchen genöthigt waren. Der Saal war ein längliches Viereck mit neun Fenstern und drei Thüren, seine niedrige Breterdecke wurde von vier grob zugehauenen Balken als Säulen getragen, und er mochte in diesem Augenblicke nahe an vierhundert Personen fassen. Weder Chor noch Kanzel, weder Altar noch Orgel, noch brennende Kerzen waren darin zu sehen, und glich der Raum, in dem das Küchenfeuer munter hineinflackerte und prasselte, mehr einer großen Bauernstube als einer Kirche, so konnte man beim Anblick derer, die ihn füllten, an eine Versammlung der Helden vom Bundschuh oder von der Verbindung des Armen Konrad denken. In der Mitte des Saales saßen um eine weißgedeckte Tafel, die aus zwei Holzböcken und darüber gelegten rohen Bretern bestand, etwa zwanzig meist alte Männer in der Tracht der Secte und mit langen Noahbärten geziert. Es waren die Prediger und Bischöfe. Um sie, zu beiden Seiten des Ganges, der den Raum der Länge nach in zwei gleiche Hälften theilte, reihten sich auf Bänken ohne Lehne dicht gedrängt zur Rechten, wo es in die Küche ging, die Schwestern in ihren weißen Mützen und Schürzen, zur Linken, die Hüte auf den Knien, die hauptumlockten bärtigen Brüder. Glück und Behendigkeit hatten mir einen Platz gerade dem Predigertische gegenüber verschafft, und so entging mir nichts von der ganzen eigenthümlichen Feier.

Der Gottesdienst begann mit einem englischen Liede aus einem Gesangbuche, welches sich „Das Harfenspiel der Kinder Zions" nannte. Darauf folgte, von einem der Geistlichen mit weinerlicher Stimme gesprochen, ein Gebet in deutscher Zunge, welches von dem profanen Feuer mit Knistern und Knacken und von einem mitgebrachten Tunkersäuglinge mit ungeberdigem Geschrei begleitet wurde. Nachdem der Beter Amen gesprochen hatte, verlas einer der Bischöfe ein Kapitel aus dem Propheten Jeremias, und zwar aus der englischen Bibel, wonach man wieder einige deutsche Verse sang, die der Gemeinde von einem der Prediger zeilenweise vorgesagt wurden, da vermuthlich nur wenige der Anwesenden noch ein Gesangbuch in ihrer Muttersprache besaßen.

Nach dem Liede las einer der am Predigertische Sitzenden nach Luthers Uebersetzung das dritte Kapitel der Apostelgeschichte vor, über das sich dann der eine der Bischöfe in englischer Sprache verbreitete. Seine Anwendung des Textes bestand in einer Vergleichung des Lahmen vor der Tempelpforte mit dem Sünder, der auch nicht eher in das Reich Gottes eingehen könne, als bis ihm in Jesu Namen geboten würde: Stehe auf und wandle. Schade, daß das gute Bild in unaufhörlichen Wiederholungen breit getreten wurde! Dabei zog der Redner, als ihm warm wurde, ohne darin etwas Unschickliches zu finden, den Rock vom Leibe und hing ihn an die über seinem Kopfe von Säule zu Säule befestigte Leiste, an welcher bereits etliche andere Körperhüllen schwebten. Etwa eine halbe Stunde mochte er in dieser Weise gesprochen haben, als sein Sermon eine charakteristische Unterbrechung erfuhr, indem der alte Herr plötzlich den Lahmen im Tempel zu Jerusalem stehen ließ, sein Englisch vergaß und im reinsten Pennsylvanier-Deutsch über Schmerzen in der Brust zu klagen anhub. „Mer könnt noch viel schwätze über selle Text, aber meine Lungs wolle's net stände". — „But how ever" — und nun floß der Redestrom ohne Punkt noch Pause und mit seinem Steigen und Fallen dem Tone ähnlich, in welchem bei uns die Litanei gesungen wird, noch eine reichliche Viertelstunde. War diese Probe tunkerischer Beredsamkeit, wie zu erwarten, eben keine Musterpredigt, so war sie doch gehaltvoller und der Form nach besser als die Rede, welche der Nachbar am Tische in deutscher Sprache über denselben Gegenstand zum Besten gab, und welche

nicht viel mehr als eine wenig gelungene Ueberseßung der
ersteren war.

Einen ganz andern Eindruck machte die nun folgende
Ansprache eines Redners, der aus dem nördlichen Maryland
zum Feste gekommen war und englisch sprach. Er war eine
lange hagere Gestalt, die an Lessings Hussitenprediger erinnerte
und etwas Prophetenhaftes hatte. Sein bleiches Gesicht war
mit dunklen Haaren umkränzt, und aus seinen schwarzen Augen
leuchtete jenes eigenthümliche Feuer, das uns Schwindsucht be=
fürchten läßt. Auch seine sonst starke Stimme hatte einen
hohlen hektischen Ton, und das lebhafte Geberdenspiel, mit
dem er seine Worte begleitete, deutete ebenso sehr auf nervöses
Wesen als auf fromme Erregtheit. Die geschickten Wendungen
seiner Predigt und seine wohlgewählten Bilder hätten auch auf
eine Versammlung von Gebildeten ihre Wirkung nicht verfehlen
können. Nachdem er geendigt, wurde wieder gebetet, wobei die
ganze Gemeinde auf die Knie fiel, der vorbetende Bischof aber,
den Kopf auf den rechten Arm gestemmt und die Augen ge=
schlossen, am Tische sitzen blieb. Sodann sprachen noch mehrere
seiner Amtsbrüder mit mehr oder weniger Feuer und Talent,
einige deutsch, andere englisch, fast alle aber von den prasselnden
Holzscheiten des Küchenheerdes unterbrochen, die ihnen ihr
Mittagsbrot kochten und dafür befugt zu sein schienen, ein
Wort mitzureden. Beinahe alle Sprecher schlossen mit der be=
scheidenen und ein wenig naiven Bemerkung, wenn sie nichts
zu Nutz und Frommen der Brüderschaft an's Licht gebracht, so
hofften sie wenigstens nichts Schädliches gesagt zu haben.

So war es etwa drei Uhr geworden, und es mochten neun
oder zehn Redner aufgetreten sein, was bei Versammlungen
amerikanischer Secten durchaus nichts Ungewöhnliches ist, indem
bei den Campmeetings der Methodisten die Seelenhirten in der

Regel mehrere Tage hinter einander bis in die Nacht hinein bemüht sind, einer den andern ablösend, die vor ihnen sitzenden Sünder durch Schilderung der Hölle mürbe zu machen und dann mit dem Bewußtsein der seligmachenden Gnade zu erfüllen. Jetzt schien des Ermahnens vor der Hand genug zu sein; denn der präsidirende Bischof setzte weiteren Ergüssen ein Ziel, indem er die Anwesenden aufforderte, das Haus zu verlassen, da es Zeit zum Mittagsmahle sei und der Raum dazu hergerichtet werden müsse. Da nicht Platz genug vorhanden, um alle auf einmal zu speisen, so sollten, nachdem angerichtet sei, zunächst die alten Leute und die Schwestern essen; die Uebrigen, worunter er auch die nicht zur Brüderschaft Gehörigen verstanden wissen wollte, würden später ihr Theil finden. Schließlich sei auch für die Thiere gesorgt, und es könne sich ein Jeder bei den Diakonen das Nöthige holen. Dieß geschah, und bald sah man Brüder und Fremde mit Taschentüchern voll Hafer in den und Händen Maiskolben unter den Armen aus der Kirche nach ihren Pferden gehen.

Mittlerweile hatte ich Bekanntschaft mit einem Tunker gemacht, der beim Gottesdienste mein Nachbar gewesen war, und dieser wies mich mit meiner Begier nach Kunde vom Glauben der Brüder an einen der Bischöfe, eine ehrwürdige Gestalt in einem kaffeebraunen Kleide von feinem Tuche, über welches ein wohlgepflegter weißer Flachsbart ihm bis auf die Herzgrube herabhing. Als ich ihn deutsch anredete, verstand er mich nur halb, und nach einer Weile fragte er mich, ob ich „nicht Deutsch könnte, das Deutschländische verstünde er nicht ordentlich". Ich zog vor, mich auf Englisch weiter zu erkundigen, stieß damit aber wieder auf Hindernisse, da der ehrwürdige Greis ganz erstaunlich unwissend war. Als ich etwas über ihre Religionsbücher zu hören wünschte, entgegnete er, ihr einziges Buch sei das Neue Testament, und als ich mich nach der Geschichte der Denomination erkundigte, mußte ich ihm den Begriff des Wortes „history" erst dadurch verdeutlichen, daß ich ihn durch rise and progress (Entstehung und Entwickelung) definirte, und dann erfuhr ich nichts Befriedigendes. Ihre Entstehung, sagte der Bischof, finge mit den Aposteln an, und ihre Entwickelung sei die der unsichtbaren Kirche Gottes. Das konnte mir nicht viel helfen, indeß wollte ein Anderer, der sich in das Gespräch mischte, gehört oder gelesen haben, daß ihr Bund von den Waldensern herstammte, und durch weiteres Drängen kamen auch Alexander Macks Name, Schwarzenau und die Colonie am Mühlbache zum Vorscheine. Vielleicht hatte der alte Bischof dem unbequemen Fremden nur nicht Rede stehen wollen, was dann nicht hübsch von ihm gewesen wäre. Er entfernte sich endlich, um zum Essen zu gehen, und ich unterhielt mich jetzt mit jüngeren Leuten, die weniger mißtrauisch und zugeknöpft waren.

Es schien, als ob die Tunker in dem wunderlichen Wahne stünden, ich sei zu einer Disputation mit ihnen oder gar zu ihrer Bekehrung gekommen oder vielmehr, wie einer nicht undeutlich merken ließ, von irgend wem in Deutschland gesendet worden. So begab sich's denn, daß ich nach wenigen Fragen in eine ziemlich lebhafte Debatte verwickelt war, ungefähr wie bei meiner Erkundigung unter den Shakern und später unter andern amerikanischen Secten, und wie acht Jahre nachher unter den Juden, die an der Substructionsmauer des Salomonischen Tempels auf dem Moriah alle Freitage ihre Klage über den Fall Jerusalems anstimmen, und bei denen ich ganz unschuldiger Weise demselben Verdachte begegnete. Zu jener Debatte an der Salem Road in Ohio drängten sich auch mehrere Angloamerikaner, die unaufgefordert und unwillkommen meine Partei

nahmen und meine Reden und Gegenreden mit unschicklichen
Ermunterungen und Beifallsbezeugungen wie: "Now for it,
old boy! — Just let him have it! — Crack fellow, by Golly!
— By Gum, he'll whip them chaps anyhow"! zu begleiten
beliebten. Die Tunker bewahrten diesen Ungezogenheiten gegen=
über kühle Geduld und schienen einen Unterschied zwischen mir
und jenen zudringlichen Burschen zu machen.

Von dem Bekenntnisse der Tunker läßt sich im Grunde
nicht viel mehr als das zu Anfang Bemerkte sagen. Was ich
bei dieser Disputation und bei andern Gelegenheiten davon er=
fuhr, sei hier eingeschaltet. Ihr Glaube unterscheidet sich nur
in Aeußerlichkeiten, auf die sie jedoch großes Gewicht legen,
vom orthodoxen Lutherthume, oder mit andern Worten, der
formelle Grundsatz des Protestantismus, daß die Bibel alleinige
Richtschnur für den Christen sei, umfaßt bei ihnen auch die
Adiaphora. Mit Eifer wird geltend gemacht, daß sämmtliche
Anordnungen Christi und der Apostel durchaus buchstäblich zu
nehmen und zu befolgen seien. Consequent taufen sie deshalb
nur Zurechnungsfähige (believers) und vollziehen diese heilige
Handlung in der Weise, daß der Täufer mit dem Täufling in
einen Fluß geht und ihn dort im Namen des Vaters, des
Sohnes und des heiligen Geistes dreimal untertaucht. Dieß
geschieht so, daß man den Betreffenden nach vorn unterduckt,
nicht aber wie bei den Baptisten mit dem Hinterkopf zuerst ins
Wasser gelangen läßt, da die Tunker nicht wie jene die Taufe
als ein Sterben, d. h. ein der Welt und der Sünde Absterben
auffassen. Die Jünger Alexander Macks feiern ferner das
Abendmahl bei Nacht und als ein wirkliches Essen, worauf
indeß die Communion in der Weise der protestantischen Kirchen
gehalten wird. Sie betrachten sodann die Fußwaschung als
eine von Christus eingesetzte heilige Handlung, welche stets in

Verbindung mit dem Sacramente des Altars zu begehen sei. Der „Kuß der Liebe", auch der „heilige Kuß" genannt, von dem in den paulinischen Briefen gelegentlich die Rede ist, gilt ihnen ebenfalls als ein Gebot, welches ohne Versündigung nicht umgangen werden darf. Ihre Todtkranken werden vor dem Verscheiden mit geweihtem Oele gesalbt. Waffen zu tragen, Prozesse zu führen, Eide zu leisten sind ihnen unerlaubte Dinge. Bis vor wenigen Jahren war ihnen sogar verboten, für Darlehen Zinsen zu nehmen, und noch jetzt verlangen die Frömmeren unter ihnen von bedürftigen Mitgliedern ihrer Gemeinschaft keinerlei Interessen.

Die Geistlichkeit der Tunker zerfällt in Prediger und Diakonen oder Helfer, denen Diakonissen zur Seite stehen. Aus den Predigern wählen sie die Fähigsten zu Bischöfen, welche durch Handauflegung von Seiten der bereits vorhandenen geweiht werden, und deren Pflichten in Bereisung der einzelnen Gemeinden, im Führen des Vorsitzes bei Liebesfesten und in Beaufsichtigung und Berathung der verschiedenen Sprengel bestehen. Den Diakonen liegt ob, für die Armen und Kranken der Gemeinden zu sorgen, die Kirchenkassen zu führen und Streitigkeiten zu schlichten. Alle diese Geistlichen sind unstudirte Leute, die selten viel anderes Wissen als eine tüchtige Kenntniß des Bibeltextes in deutscher oder englischer Sprache besitzen. Sie beziehen keinen Gehalt und erhalten nur etwaige Reisekosten vergütet, die übrigens nur von denjenigen angenommen werden, welche zu arm sind, um sie selbst bestreiten zu können. Der großen Mehrzahl nach sind diese Bischöfe und Prediger Farmer, und die weniger wohlhabenden unter ihnen führen, wenn ihre Amtsgeschäfte sie nicht in Anspruch nehmen, Pflug und Sense gleich den übrigen Brüdern. Alljährlich halten sie um Pfingsten, das Fest, wo der heilige Geist ausgegossen wurde, eine allgemeine große

Versammlung, wenn man will, ein Concil ab, welche von den Bischöfen und Predigern sowie von den Vertretern der weltlichen Gemeindeglieder in den verschiedenen Staaten besucht wird, und wo unter dem Vorsitze der fünf ältesten Bischöfe allgemein gültige Beschlüsse gefaßt und etwa aufgetauchte Fragen in Glaubenssachen entschieden werden, von welchen Maßregeln und Entscheidungen den Einzelgemeinden dann durch gedruckte Berichte in deutscher und englischer Sprache Kunde gegeben wird. Endlich erfuhr ich bei dieser Unterredung vor dem Meetinghause, daß die Lehren der Tunkerbruderschaft denn doch nicht allein in der Bibel enthalten seien, sondern daß über dieselben auch ein Buch von Mack, ein zweites von einem Bischof Winchester und ein drittes von dem Vorstande des hiesigen Sprengels, Bischof Peter Nead, existire.

Der Letztgenannte trat in diesem Augenblicke mit dem blassen, schwarzhaarigen Marylander in unsere Gruppe, und da ich ihnen zugestehen mußte, der „heilige Kuß" sei in der Schrift erwähnt, war man sogleich mit der Frage bei der Hand, weßhalb ihn dann unsere Pastoren nicht ihren Gemeinden empfehlen wollten. War das Achselzucken, mit dem sich darauf allein antworten ließ, keine Freude für die Tunker, so hatte ich dafür die Genugthuung, durch die Bemerkung, daß bei uns Kaiser und Könige, ja selbst der Papst die Fußwaschung als eine fromme Handlung zu vollziehen pflegten, den guten Seelen eine angenehme Ueberraschung zu bereiten.

Bei der Discussion hatten meine Gegner stets die Finger in ihren Taschenbibeln, bereit, jeder Einrede mit einem Dictum der Evangelien oder Episteln zu begegnen. Da es zu keiner Erhitzung kam, so verzogen sich meine unerbetnen angloamerikanischen Secundanten allmählich getäuscht, und andrerseits machte bei den Tunkern, wie an ihren Mienen zu gewahren war, das anfängliche Mißtrauen gegen den vermeintlichen Bekehrer dem Wohlgefallen an dem Zuhörer Platz, der sie nach erlangter Belehrung gewähren ließ. Die Folge war, daß ich von verschiedenen Seiten her Einladungen zum Besuche erhielt, darunter auch vom Bischof Nead, der mir einige Tage nachher auf seiner Farm sein mit Holzschnitten ausgestattetes, hübsch in Leder gebundenes Buch verehrte.

Hatte ein Theil der als Zuschauer anwesenden Amerikaner sich schon während des Gesprächs recht ungebührlich betragen, so setzten sie ihrer Unart jetzt, wo drinnen die Tische für die zweite Abtheilung bereit waren, durch einen förmlichen Sturm auf das Haus die Krone auf. Wie ein Rudel Wölfe stürzten sie auf die Eingänge zu, hoben und schoben einander durch die Fenster, drängten und stießen sich im Saale nach den Schüsseln durch und schrien, als die aufgetragenen Speisen wie im Handumdrehen verschwunden waren, lärmend und lästernd nach neuer Zufuhr.

Als der Magen der „Boys" endlich gefüllt und der Greuel der Verwüstung, die überall auf der Diele verstreuten Knochen, Fleischfetzen und Brotkrumen, aus dem Gotteshause entfernt waren — was die an solche Auftritte vermuthlich gewöhnten Diakonen mit Gleichmuth besorgten — begann das Beten, Singen und Predigen von Neuem und dauerte fort, bis die eingebrochne Dunkelheit an die Ceremonien mahnte, die man für die Nacht vorhatte. Unschlittlichte wurden in blechernen Leuchtern auf die Tische gestellt, und nachdem man einige auf das Folgende bezügliche Lieder gesungen, trugen zwei Brüder, welche die Hemdsärmel in die Höhe gestreift und lange Handtücher um den Leib gewunden hatten, ein Faß herein, in welchem den männlichen Mitgliedern der Versammlung die Füße gewaschen wurden, während einer der Geistlichen die Passionsgeschichte nach dem

Marcusevangelium vorlas. Dasselbe geschah auf der Seite der
Schwestern durch zwei Diakonissen. Dann sprach, während die
Fußwaschung ihren Fortgang nahm, einer der Bischöfe über
deren Bedeutung, indem er darin einerseits die durch das Sich-
niederbeugen des Waschenden ausgedrückte Verpflichtung des
Christen zur Demuth, andrerseits die durch Darreichung der Füße
des zu Waschenden und den Akt des Waschens versinnbildete
Berechtigung der Brüder dargestellt sah, einander durch Ermahnung und Vergebung von Uebertretungen geistig zur Be-
gehung der Abendmahlsfeier, die von dem Redner als Symbol
des Mahles der Gläubigen bei der Wiederkunft Christi am Abend
der Welt aufgefaßt wurde, zu läutern und zu reinigen.

Auf die Fußwaschung folgte nun „the Lords Supper", das
Abendmahl in Gestalt eines gewöhnlichen Nachtessens, bei
welchem die Gemeinde, wie zu Mittage geschehen, nach einem
Tischgebete aus Blechnäpfen mit blechernen Löffeln erst Suppe,
dann Rindfleisch, Brot und Butter speiste. Das geschwätzige
Feuer und der lungenkräftige Säugling verhielten sich bei diesen
Ceremonien still. Dafür aber störten schlimmere Gäste die
Feier. Wahrscheinlich zum Danke für die ihnen gespendete
Mittagsmahlzeit lärmte die Rotte der Loafer draußen nach
Kräften. Sie trommelten an die Fenster, johlten, krächzten und
grunzten in die Thüren herein und brüllten allerlei Gassen-
hauer. Einige schossen sogar mit Pistolen und ließen Feuer-
schwärmer zischen und platzen. Andere umkreisten truppweise
das Haus, indem sie das Geschrei wilder Truthühner nach-
ahmten. Kurz, es gab einen recht widerwärtigen Skandal; aber
trotzdem klang der Ton, in welchem Bischof Nead den rohen
Gesellen endlich ihren Unfug verwies, kaum nach Entrüstung.

Im Hinblick auf die Theorie der Tunker, nach welcher die
Bibel allenthalben durchaus buchstäblich zu nehmen ist, konnte

man erwarten, sie würden die auf ihr Abendmahl folgende Communion als Genuß des wirklichen Leibes und Blutes Christi auffassen. Dem war indeß nicht so. In der Rede, mit welcher Nead diese Feier einleitete, deutete er dieselbe als Gelegenheit zu innerlichem Empfinden der Gemeinschaft aller Brüder und Schwestern in Glauben und Liebe. Der Leib Christi sei, sagte er, diese Gemeinschaft, und das Bewußtsein derselben werde man jetzt glaubend und liebend genießen können. Auf diese Ansprache, in welcher schließlich die Gemeindeglieder ermahnt wurden, wenn sie noch irgend einen Groll gegen einen Bruder oder eine Schwester hegten, sich augenblicklich zu versöhnen, oder vom Tische des Herrn, wo Grollende und Haßerfüllte den Leib des Herrn und sein Blut nicht genössen, wegzubleiben, ging von Mund zu Mund auf der Seite der Frauen wie auf den Bänken der Männer der „heilige Kuß".

Dann erhob sich ein Bischof und sprach einen Segen über das inzwischen hereingebrachte Brot, welches in dünnen ungesäuerten Kuchen bestand, die so gebacken waren, daß sie sich leicht und in gleiche Theile zerbrechen ließen. Das Gebet schloß mit einem lauten, von der ganzen Versammlung gesprochnen Amen, und nun brach der Bischof von dem Kuchen einen langen Streifen ab, wendete sich dem ihm rechts zunächst Sitzenden zu und sagte zu ihm: „Lieber Bruder, das Brot, das wir brechen, ist die Gemeinschaft des Leibes Jesu Christi", worauf er ein Stück von dem Streifen abbrach und es dem Angeredeten hinreichte, der es vor sich hinlegte, hiernach auch den Streifen empfing und dann, seinem Nachbar rechts zugekehrt, damit ebenso verfuhr wie der Bischof. Als die Kuchen auf diese Weise erst rechts, dann links an alle Männer und zuletzt an die Frauen vertheilt waren, erklärte der Vorsitzende, das Brot sei nunmehr gebrochen, und wenn sie es jetzt äßen, möchten sie ernst und fromm seiner Bedeutung eingedenk sein: es sei „shadowing forth the bruised and mangled body of our dear Redeemer".

Nach der Ausspendung des Brotes betete der Bischof über dem Wein, der in zwei grünen Bocksbeutelflaschen hereingebracht und aus zinnernen Bechern getrunken wurde. Es war Rothwein, und die Kelche gingen auf ähnliche Art wie der Kuchen an den Tafeln herum, während man sich dabei deutsch oder englisch zurief: „Lieber Bruder, der Wein, den wir trinken, ist die Gemeinschaft des Blutes Christi", und die Gemeinde ein sich auf die Feierlichkeit beziehendes Lied sang.

Die ganze Festlichkeit schloß mit einem Gebete, worauf Nead die fernher gekommenen Brüder und Schwestern auf den nächsten Morgen zu einem Frühstück im Meetinghause einlud. Dann zerstreute man sich, und ich machte mich auf den Heimweg, den die Sterne in erwünschter Weise beleuchteten.

V.

Deutsche Chiliasten in Transkaukasien.

ie bekannt, befinden sich im transkaukasischen Rußland mehrere blühende deutsche Colonien, und ebenfalls bekannt wird sein, daß diese Niederlassungen Folgen des Sectengeistes sind, der wiederholt schon in Süddeutschland, namentlich in den protestantischen Gegenden Württembergs, Auswanderungen von Landleuten in starker Zahl veranlaßt hat. Weniger bekannt dürfte sein, daß sich vor etwa fünfzig Jahren unter jenen Ausgewanderten eine pietistische Secte entwickelte, deren seltsamer Chiliasmus im Jahre 1843 im Begriffe stand, einen Theil der Colonisten zu einem neuen Auszug in die Fremde, und zwar nach Jerusalem zu treiben. Professor Kolenati hat in seiner Schrift: „Die Bereisung Hocharmeniens und Elisabethopols", eine Darstellung der Geschichte dieser Separatisten mitgetheilt, die ein recht gutes Bild von der Sache giebt, und die ich im Nachstehenden auszugsweise folgen lasse. Man wird in den Zügen dieser „Spohnianer" große Aehnlichkeit mit den Tunkern der Hinterwälder Nordamerikas und in dem weiblichen heiligen Geiste der Secte selbst einen Vergleichspunkt finden, der an die Stifterin der Shaker

erinnert — ein Beweis, daß Ungebildete mit religiösem Bedürfniß, losgerissen aus dem Culturleben der Heimath und hinausgeführt in die zur Beschaulichkeit, zum Grübeln und Träumen anregende Einsamkeit von Niederlassungen in Urwald, Steppe oder Gebirge, so ziemlich auf gleiche seltsame Einbildungen verfallen und damit ungefähr dieselben wunderlichen Heiligen werden, mögen sie im fernen Westen oder im fernen Osten ihr Haus bauen.

Der Separatismus der deutschen Ansiedler in Grusien scheint bereits auf dem Zuge dieser Leute von Schwaben nach Südrußland entstanden zu sein. Seine Ausbildung wurde ohne Zweifel dadurch begünstigt, daß sie, endlich am Ziele angelangt, Anfangs der Prediger entbehrten, welche die Gemeinden zu gemeinschaftlichem Gottesdienste versammeln konnten. So gab es bald Conventikel, und so fanden sich unter den Bauersleuten Geweckte und Strebsame, welche erst bloße Vorleser und Ausleger der Bibel waren, mit der Zeit aber das Ansehen von Propheten gewannen. Zunächst beschränkte man sich — ganz wie bei den Tunkern — darauf, daß man die Aussprüche, Vorschriften und Weissagungen der heiligen Schrift in allen Stücken wörtlich nahm.

Im Jahre 1820 wurde, nachdem inzwischen Prediger, die studirt, eingetroffen waren, ein erheblicher Theil der grusinischen Colonisten der Kirche gänzlich untreu und hielt Versammlungen in Privathäusern, in welchen Stellen aus der Bibel vorgelesen wurden, worauf die Versammelten — den Quäkern ähnlich, wenn sie auf Erleuchtung durch den heiligen Geist warten — insgesammt in ein oft Stunden lang dauerndes stummes Nachdenken versanken. Dieß war in der ersten Zeit ihr Gottesdienst; doch ließen sie damals noch nach den Einrichtungen der Kirche taufen und sich trauen. Das Ergebniß ihres Nachdenkens war vorerst eine Auseinandersetzung der Beweggründe, welche die Kirchlichen veranlaßten, im Bethause zusammenzukommen: sie sagten, dieß geschehe lediglich, um der Hoffahrt durch Kleiderpracht zu fröhnen und um sich von dem Witz eines gelehrten Mannes blenden zu lassen, der ein unnützes Glied der Gesellschaft, eine Last der Gemeinde sei und nicht Jhresgleichen sein wolle. Zur Zeit der Apostel habe man sich nicht in Kirchen versammelt, sondern der Gottesdienst sei unter einem Baume, im Freien oder auch in den Häusern der Gemeindeglieder gehalten worden. Ein jeder, dem der heilige Geist etwas eingegeben, habe bei diesen Zusammenkünften reden können; auch die Apostel hätten ohne alle Gelehrsamkeit und Witzelei ihre Lehre vorgetragen, übrigens aber sich nicht von den Gemeinden ernähren lassen, sondern sich ihr Brot durch den Betrieb eines Gewerbes verdient. Sie gingen dann weiter, indem sie behaupteten, es sei Gott ein Greuel, wenn man gelehrt predige, und indem sie sich einbildeten, das auserwählte Volk Gottes zu sein. Die Kirche bezeichneten sie als die Gemeinschaft der Gottlosen, die von Menschen, welche der gute Geist nicht regiere, Belehrung annähme. Nur Gott, so äußerten die Eifrigeren, sei ihr Oberhaupt, und sie seien nicht verpflichtet, sich den Gesetzen zu fügen, die Menschen gemacht hätten. So lebten sie still und eingezogen volle zwanzig Jahre ganz nach ihrem Belieben und nur unter der Leitung von drei „Aeltesten". Den einen derselben, einen alten Mann Namens Kauter, nannten sie „Gott den Vater", der andere, der jünger war und Grillenborzer hieß, war ihnen „Gott der Sohn", und dazu kam ein altes Weib, die Leibslerin, die ihnen „Gott, den heiligen Geist" vertrat.

Im Allgemeinen waren sie ruhige Leute, unter denen weder Excesse noch Unsittlichkeiten, noch Verbrechen vorkamen.

Wenn sie die Begierde nach etwas trieb, so thaten sie das gerade Gegentheil von dem, wonach sie gelüstete. Wenn Einer z. B. Appetit nach Fleisch hatte, so aß er Milch- oder Mehlspeisen, und hatten sie Lust zu letzteren, so ließen sie sich Fleisch auftragen. Bisweilen geschah es, daß sie sich ein Stück Braten vor den Mund legten und sprachen: „Du möchtest es wohl gerne haben", sich dann auf den Mund schlugen und das Fleisch wegwarfen. Oft saßen ihrer mehrere in der Nacht stundenlang mit entblößtem Unterkörper im Schnee. Sie nahmen auch eine feierliche, mehr singende Sprechweise an, sodaß man sie schon daran erkannte.

Als ihnen im Jahr 1830 die Prediger Vorstellungen wegen ihrer Unkirchlichkeit zu machen anfingen, sagten sie sich von ihnen ganz los, gingen nicht mehr zum Abendmahle und ließen ihre Kinder nicht mehr taufen und confirmiren. Sie entgegneten auf die Einwendungen dagegen, die Taufe sei eine bloße Ceremonie, da Christus die Kinder nicht getauft, sondern blos gesegnet habe, die Confirmation aber sei ein Unrecht, da von ihr nichts in der Bibel zu finden. Einige von ihnen aber meinten, man solle zwar taufen, aber erst dann, wenn der Täufling wisse, warum es geschehe — also ganz wie die amerikanischen Tunker. Aehnlich wie diese behaupteten die grusinischen Separatisten, das Abendmahl sei zwar zu billigen, aber man halte es nicht in der rechten Weise. Denn erstens feiere man es am Vormittag, während Christus es in der Nacht eingesetzt habe, dann aber habe er das Brot den Jüngern nicht in den Mund gegeben, sondern jeder von diesen habe sich davon nach Belieben genommen.

Im Jahre 1835 verlangten die Prediger energisch, die Separatisten sollten ihre sechs- bis fünfzehnjährigen Kinder taufen lassen. „Wir brauchen keine Prediger", erwiderten sie,

„die uns die Kinder taufen, und von nun an betrachten wir unsre Weiber nur als unsre Schwestern; wir sind der Erbsünde abgestorben" — wie man sieht, ein Zug wie bei den Shakern. Sie huldigten nun der Enthaltsamkeit in geschlechtlichen Dingen und fasteten daneben, bisweilen volle sechs Tage hintereinander, sehr streng.

1836, als die Geistlichen sich an die weltlichen Behörden um Beistand wendeten, wurden die Sectirer widerspenstig gegen die letzteren, und so wurde einer von ihnen auf einen Monat ins Gefängniß gesteckt. Darauf allgemein großes Geschrei, Verfolgung sei gegen sie losgebrochen, aber Gott der Herr werde sein Volk schon ausführen, und immer mehr entfernten sie sich von den Bräuchen der Kirche, immer eifriger strebten sie der „Reinigung" nach. Aerztliche Hülfe in Krankheiten zu suchen, galt ihnen für gottlos. Christus habe, so behaupteten sie ferner, gesagt: „Lasset die Todten begraben", aber vor den dabei vorkommenden Ceremonien, Leichenreden, Gebeten und Gesängen und vor dem Läuten der Begräbnißglocken habe er Abscheu. Ueber alle diese Dinge waren unter ihnen Lieder und Gedichte im Umlauf. Viele arbeiteten von jetzt an nur so viel, als für ihren nothdürftigsten Lebensunterhalt erforderlich war, verschenkten alles, was entbehrlich schien und nur den Anschein der Eitelkeit verbreiten konnte, reisten von einer Colonie zur andern, bekehrten zu ihrem Glauben und bettelten. Wohin sie kamen, da knieten sie nieder und beteten, daß Gott sein Volk bald aus der Mitte der Gottlosen hinausführen und ihren gefangnen Bruder befreien wolle. Ihre Betstunden hielten sie einige Mal in der Woche von elf bis zwölf Uhr in der Nacht, ebenso ihre Versammlungsstunden. Dieß habe, sagten sie, die Bedeutung, daß sie „in die Reinigung eingetreten" seien. Die Gebete wurden gewöhnlich mit feierlichem Ernst und erhobener

Stimme verrichtet, zuweilen aber artete ihre Inbrunst dabei auch in wüstes Geschrei aus. Ein Vers, den sie bei jeder Begegnung im Munde führten, lautete:

> „Der Heeland werd bald komme
> Und holt uns, seine Fromme,
> Er werd uns führa naus
> Zu ihm ins Himmelshaus.
> Ich glab, daß d' Obrigkeit
> Uns Vieles thut no z' Leid,
> Se jogt uns aus 'n Haus
> Auf d' freia Felda naus,
> Doch mer wolle Alles leida
> Und alle Weltlust meida".

Die Läuterung der Separatisten erlitt aber bald eine Unterbrechung. Da sie nämlich schon heirathsfähige Kinder hatten und die Noth mit diesen immer höher stieg und mit Aergerniß zu endigen drohte, kam es zu Meinungsverschiedenheiten, die zu heftigen Streitigkeiten führten, und endlich einigten sie sich zu dem Beschlusse, „aus der Reinigung herauszugehen", d. h. ihre Kinder fortan taufen und confirmiren zu lassen, damit sie getraut werden könnten. Auch die Enthaltsamkeit, deren sich die älteren Leute in geschlechtlichen Dingen beflissen hatten, „das Austreiben des Teufels", wie sie es nannten, hatte schlimme Folgen gehabt, indem daraus viele geheime Sünden entstanden waren und Manche in Betreff ihrer körperlichen wie ihrer ohnehin schwachen geistigen Gesundheit sich in Gefahr von Verlust befanden, so daß die Behörden einschreiten mußten. Mit besonderer Energie waren die Weiber bemüht, es dahin zu bringen, daß der Ehestand mit allen seinen Rechten und Pflichten wieder gestattet werde, und gewöhnlich überschrien sie in den Versammlungen die Männer, über deren „Heiligkeit" sie oft arge Glossen machten, oft auch Thatsachen vorbrachten, welche durchaus nicht an Heiligkeit denken ließen. Gaben die Strenggesinnten hinsichtlich der Taufe und Ehe endlich nach, so verschmähten sie von jetzt an auch in Fällen ernsthafter Krankheiten ärztlichen Beistand nicht mehr. Endlich siegten die Weiber vollständig, und dieß drückte sich später sehr charakteristisch dadurch aus, daß die Führung der Secte in die Hände einer Frau gelangte. In einer ihrer nächtlichen Versammlungen stand nach großem Hinundherschreien, Gezänk und Gekeif einer der Männer auf und behauptete, jetzt, wo ihre Kinder ja wüßten, weshalb sie getauft würden, sei es an der Zeit, sie taufen und confirmiren zu lassen, und was die Weiber anlange, so könnten auch diese lehren; denn es gebe deren viele, die einen männlichen Geist hätten, und überdieß sei der heilige Geist eine Taube, auch stehe in der Offenbarung Johannis geschrieben von einem Weibe, das mit der Sonne bekleidet vor dem Drachen in die Wüste fliehen müsse.

So begab sich's, daß nach dem Ableben der Leibslerin Barbara Spohn, gewöhnlich das Bäbele genannt, die Frau eines Wagners, die dritte Person der separatistischen Dreieinigkeit wurde. Sie war bis dahin eine stille Frau gewesen, der nichts Unrechtes nachzusagen war. Jetzt entwickelte sie große Energie, und bald stand sie als Prophetin oder gar als eine Art Gotteserscheinung an der Spitze der verirrten Leute, und ihre Offenbarungen bestimmten deren gesammtes Thun und Lassen.

Die erste Offenbarung wurde der Spohn zu Anfang des Jahres 1842 zu Theil. Sie erklärte da, Gott habe sie wissen lassen, daß die Obrigkeit die Heiligen verfolgen, aus ihren Häusern verjagen und zur Niederlassung an einer andern Stelle zwingen wolle. Doch werde die Behörde damit nicht zu Stande kommen; denn das Ende der Welt sei nahe. Daher müsse man Gott mehr gehorchen als den Menschen. Darauf circulirte unter den Separatisten der Vers:

„Mer werd verfolgt,
Mer werd verjagt,
Ums Heelands will wer mer verfolgt
Und Vieles müssa leida,
Und an alta Glauba bleiba miar,
Und druf und druf sterba miar".

Eine zweite auf göttlicher Offenbarung beruhende Weissagung lautete: „Alle Religionen werden in eine einzige zerfließen, die griechische wird etwas nachlassen, die katholische etwas annehmen, ähnlich wird es mit anderen gehen, und so kommt es zur Vereinigung aller. Wir aber werden bei der apostolischen Lehre beharren, und sollten wir unsern Glauben auch mit unserm Blute besiegeln müssen".

Die Bäbele meinte es mit ihren Aeußerungen durchaus ernsthaft. Sie erwartete Anfangs nicht, daß ihre Offenbarungen in weiten Kreisen Beachtung und Eingang finden würden. Immer mehr zog sie sich von dem geselligen Verkehre zurück und versank sie in Grübeln und Nachsinnen, oft saß sie, die überhaupt wenig schlief, bis nach Mitternacht in den Conventikeln der Secte und überließ sich dem Arbeiten ihrer lebhaften Phantasie, deren Träume ihr volle baare Wahrheit waren. Sie selbst sagte sich: „Wäre ich nicht von Gott zur Prophetin bestimmt, so würde mir niemand glauben, aber Alle halten meine Offenbarungen für echt". Außerdem hatte sie zu allen Zeiten untadelhaft gelebt, und so fand sie in der Meinung ihrer Anhänger, Gott habe besonderen Wohlgefallen an ihr, und sie sei schon von ihrer Geburt an zu dieser Aufgabe bestimmt gewesen, nichts Unpassendes.

Ihre dritte Offenbarung war folgende: „Des Nachts sind zwei Männer in weißen Kleidern zu mir gekommen, die lange weiße Bärte hatten und mich anredeten: Ziehe aus nach Jerusalem; denn der Herr, dein Gott, wird diese Stätte zerstören und die Gottlosen vertilgen; aber euch, ihr Kinder Gottes, wird er ins tausendjährige Reich einführen, wo ihr Freude und Wonne und liebliches Wesen mit Christo genießen werdet tausend Jahre. Ziehet in die Wüste; denn nur in dieser ist Ruhe, und so lange euch die Sonne am Wege immer auf den linken Rockärmel scheinen wird, sollt ihr nicht stehen bleiben; wenn euch die Sonne aufs Herz scheinen wird, so seid ihr an Ort und Stelle, im gelobten Lande'".

Allgemein hieß es nun unter den Sectirern, die Bäbele sei von Gott zur Prophetin ausersehen, und sie thue seinen Kindern nur seinen heiligen Willen kund. Die meisten Separatisten arbeiteten nicht mehr, und viele fingen von Neuem an, alles Werthvolle zu verschenken. Da das Nichtarbeiten langweilig war, so half man sich mit Conventikeln, deren man am Tage drei und eins in jeder Nacht abhielt, wodurch die Gemüther natürlich noch mehr verwirrt und erhitzt wurden.

Die vierte Offenbarung der Spohn lautete: „Wer von euch nach dem tausendjährigen Reiche ein Buch mitzunehmen gedenkt, der komme zu mir, und ich werde hingehen zu Gott und fragen, ob es erlaubt ist".

Darauf folgte die fünfte Offenbarung, die den Modus der Auswanderung nach Jerusalem betraf. Es hieß da: „Gott hat mir offenbart, wir sollen noch vor Ostern fort nach Jerusalem und blos an einem Stecken. Nicht einen Kopeken Geld noch Brot dürft ihr in die Tasche stecken. Auch sollt ihr nur grobe Kleider von Baumwolle anziehen; die Frauen und Jungfrauen müssen alle blau, die Männer alle weiß erscheinen. Und von allen diesen Kleidern wird keines veralten noch zerreißen, bis ihr im tausendjährigen Reiche das Brautkleid anziehen werdet".

Die Separatisten thaten darnach. Die Männer ließen sich lange Röcke von grobem weißen Tuche, weiße Mützen mit ungeheuer großen Lederschirmen und sehr starke Schuhe machen, und die Weiber versahen sich mit blauen Kleidern und Hauben.

Von selbst verstand sich, da den Sectirern die Vernunft abhanden gekommen war, daß die Regierung ein wachsames Auge auf diese Bewegung hatte, da die verblendeten Leute sonst kopfüber in ihr Verderben hineingestürzt wären; denn schon lauerten die benachbarten Kurden auf sie und hatten ihre Kundschafter nach ihnen ausgesandt, um sie beim Austritt aus dem russischen Gebiet gefangen nehmen und in die Sklaverei abführen zu können. Die Spohn wurde nach Tiflis zum Oberbefehlshaber beschieden, und sie erschien, begleitet von den übrigen Häuptern der Separatisten. General v. Neidhardt empfing sie an einem Tische, auf dem eine Bibel lag, und machte ihnen in der schonendsten Weise Vorstellungen über ihren Irrthum und Unfug. Sie aber blieben hartnäckig bei ihrem Vorsatze, nach Jerusalem auszuwandern und dort dem Beginne des tausendjährigen Reiches beizuwohnen. Als man ihnen bemerkte: „Aber, ihr guten Leute, ihr werdet ja in dem dürren Lande, durch das ihr ziehen wollt, verhungern und verdursten", gaben sie zur Antwort: „Der Herr versorgt seine Kinder. Wenn wir nach Gottes Gebot blos mit einem Stecken dahin ziehen, so muß uns Gott auch erhalten. Auch das Volk Israel hat er ohne Geld und Gut in das Land Kanaan gebracht. Wir werden Manna und Wachteln bekommen; denn

das Volk Israel war nur ein Vorbild von uns, wir erst sind
das wahre Israel. So lange wir auf dem Wege sind, wird
es nicht regnen, auch wird uns die Sonne nicht stechen, noch
wird es kalt sein. Die Alten und Schwachen werden wieder
laufen können wie die Jünglinge". — Man hielt ihnen weiter
vor: „Aber wie, wenn ihr nun an ein großes Wasser kommt,
über das keine Brücke führt, wie wollt ihr hinüberkommen"?
— Sie entgegneten: „Das Volk Israel kam über das Rothe
Meer, und Gott kann uns noch besser an unser Ziel bringen
als die Kinder Israel; mit unserm Gotte wollen wir über das
Rothe Meer springen". — „Aber bedenkt doch", sagte der
General, „wenn ihr über die russische Grenze geht, so kommen
die Kurden, nehmen euch gefangen und verkaufen euch als
Sklaven in die Türkei und nach Persien". — Sie erwiderten:
„Wir sind schon verkauft. Uns kauft niemand mehr; denn uns
hat sich der Heiland gekauft mit seinem heiligen theuren Blute.
Wer wollte oder könnte uns dann kaufen"? — „Aber ohne
Paß könnt ihr ja nicht über die Grenze", wendete man ein. —
„Das hält uns nicht auf", antworteten sie; „wir brauchen gar
keinen Paß; denn wir haben unsern Paß von Gott. Und er
wird uns auch den Weg zeigen: der Komet, der einmal am
Himmel zu sehen war, wird, wenn wir von hier abziehen,
wieder erscheinen und vor uns hergehen wie bei dem Volke
Israel die Feuersäule; da werden wir uns überall zurechtfinden".
— „Euer Glaube ist aber Ueberspanntheit und religiöser Wahn;
in der Bibel steht kein Wort von einem zweiten Israel, und
ihr betrügt euch selbst", warf man ihnen ein. — Sie entgegneten
trotzig: „Ihr lästert durch diese Worte blos Gott und sein
Werk. Das ist Sünde wider den heiligen Geist, und die, welche
solcher sich schuldig machen, werden in die unterste Hölle gestoßen werden, wenn wir sie nicht retten. Die Bäbele und wir

haben dieses alles von Gott offenbart bekommen". — Auf diese Reden erwiderte der human und mild gesinnte General: „Nun denn, wenn ihr's von Gott habt, so kann ich nicht wider euch sein", womit er die Leute entließ. Indeß erhielt der Collegienrath von Kotzebue im Stillen den Auftrag, ihr Treiben im Auge zu behalten und zu verhüten, daß sie in ihr Verderben liefen.

Die sechste Offenbarung der Prophetin besagte: „Gott hat mich wissen lassen, daß Viele sich noch bekehren und mit uns ausziehen werden. Viele werden sich noch retten lassen durch Ermahnungen. Thut ihnen den Willen Gottes kund, und sie werden ihm gehorsam sein".

Darauf wurde eifrig und unverdrossen geworben, und zwar mit Erfolg; denn ihr Anhang verstärkte sich selbst aus den Reihen ihrer Widersacher, wie sich ihnen denn unter andern angesehenen Leuten der Kirchenälteste von Marienfeld und der Schulze von Katharinenfeld, Josef Almendinger, anschlossen. Sie verschenkten ihre Häuser und Feldgrundstücke und ihre bewegliche Habe an die der Kirche treu Gebliebnen und bildeten unter sich eine Armenkasse, über welche einer aus ihrer Mitte gesetzt wurde, der ohne Unterschied an Separatisten, Kirchliche und Tartaren reichliche Almosen austheilte, ja sogar für die Kirchlichen Schulden bezahlte. So wurde ihr Anhang von Tage zu Tage größer, nur hielten sich Viele jetzt lediglich ihrer Freigebigkeit und nur auf kurze Zeit zu ihnen. Als man ihnen darauf den Vorwurf machte, daß sie die Leute durch Geldspenden zum Anschluß an ihre Secte verlockten, gaben sie von da an das Geld mit vollen Händen und ohne zu zählen, den muhammedanischen Tartaren, wo man ihnen nichts der Art nachsagen konnte.

Die siebente Offenbarung der Spohn hieß: „Gott hat mir offenbart, daß noch viele Seelen sich retten lassen (sie nannte darauf eine Anzahl von Leuten, wegen deren sie mit Gott gesprochen, mit Namen), doch wer sich bekehren will, muß sich beeilen, da die Gnadenthür nicht lange mehr offen ist. Schließt sie sich einmal, so wird Keiner mehr eingelassen. Bis zum Pfingstsonntage, hat Gott zu mir gesagt, ist nunmehr die höchste Zeit abzuziehen, sonst werdet ihr auch noch vertilgt in Sodoma".

Bis jetzt hatte die Spohn allem Anschein nach in gutem Glauben gehandelt. Nun aber kann das nicht wohl mehr angenommen werden. „Von nun an", sagt meine Quelle, „sind wir der Ansicht, daß sie planmäßig vorging und nicht an alles glaubte, was nach ihrem Vorgeben Offenbarung war; denn mir war bekannt, daß sie selbst gar nichts verkaufte oder verschleuderte, auch nichts wegschenkte und von allen Räumen die Schlüssel bei sich trug, ja zuweilen sich im Keller an bessern Eßwaaren und etwas Wein labte; denn sie war und ist jetzt noch gut genährt. Auch ihre Offenbarungen deuten von jetzt an auf Berechnung und zuletzt auf Unsicherheit hin.

Die achte derselben sagte z. B.: „Gott hat mir offenbart, daß jeder Bekehrte mir seine Sünden beichten soll. Ihr dürft auch einen Esel mitnehmen und das für eure Sachen gelöste Geld. Dieß erlaubt Gott, weil ihr ihm so gehorsam seid. Auch ein Felleisen soll jeder Mann auf seinem Rücken mitnehmen, darin soll er Proviant und Kleider mit sich führen. Eine Woche vor Pfingsten sollt ihr euch aus allen Colonien bei meinem Hause in Katharinenfeld versammeln und die ganze Nacht beten. Am Pfingstdienstage werden wir abziehen".

Schon am Sonnabende vor dem Pfingstfeste trafen in Katharinenfeld an dreihundert Separatisten aus den Colonien Alexandersdorf, Neutiflis, Marienfeld und Elisabeththal ein, bald nachher aber auch der Collegienrath von Kotzebue mit zweihundert Mann Linienkosaken, die vor dem Dorfe ein Lager bezogen. Der Collegienrath ließ ausrufen, daß den Separatisten nicht gestattet sei, ihre Häuser zu verlassen. Die Separatisten versammelten sich darauf an verschiedenen Stellen unter Dach und Fach zu Betstunden, in denen nach ihrer Erwartung Gott seinen heiligen Geist über sie ausgießen und die Bäbele das Zeichen zum Aufbruch ertheilen sollte, der dann ohne Hinderniß vor sich gehen würde. Fest und unerschüttert in ihrem Glauben prahlten sie noch: „So ist noch nie keine Gschicht vorgfalla, so lang Katherinenfeld stoht, als wie de unsrige. Was? so lang de Walt stoht. O wie glücklich sind miar, uns hat Gott allein ausersehn von elle vier Winden, ja von der ganzen Erde, daß wir solln das tausendjährige Reich gründen, wir solle sei das Fundement, wir solle sei die Grundpfeiler im tausendjährige Reich".

Als die Versammlung und Begrüßung ein Ende hatte, wollten alle die kommende Nacht noch zum heiligen Abendmahle gehen. Als es dunkel wurde, gingen zuerst die Männer, dann die Frauen, zuletzt die Kinder. Ein stämmiger Separatist, Namens Krenzinger aus Elisabeththal, sagte, als er dieß sah: „Wenn ich euch meine Meinung sagen soll, so ginge ich lieber mit den Lämmern als mit den alten Schafen, und ehe Pharao nicht ja sagt, wird nichts aus unserm Abzuge". Kaum hatte er diese Worte geäußert, so erscholl der allgemeine Ruf: „Werft ihn hinaus den Ungläubigen"!

So kam der Sonntag, der Montag und endlich der Pfingstdienstag heran. Am Morgen des letztgenannten Tages verkündete Bäbele Spohn, daß von Gott der Ruf gekommen sei, der Aufbruch solle um elf Uhr beginnen. Der Collegienrath von Kotzebue aber ließ den Separatisten den Gegenruf zugehen, sie sollten nicht aufbrechen. Sie gehorchten und warteten um so geduldiger, als ihrer Prophetin ein neuer Ruf vom

Throne Gottes zugekommen war, nach welchem sie erst in der Nacht zwischen zwei und drei Uhr das Zeichen am Himmel erblicken sollten, welches die rechte Stunde zum Abzuge verkündigen werde. Sobald das sichtbar werde, könne die ganze russische Armee sie nicht aufhalten. Sie beteten die ganze Nacht inbrünstig, aber das Zeichen blieb aus. „Und ich sage euch noch einmal", rief ihnen Kreuzinger zu, „so lange wir das Ja des Pharao nicht haben, dürfen wir nicht weg". Er wurde abermals als Ungläubiger ausgescholten; denn noch war das Vertrauen der großen Masse durch diese Verzögerung und Enttäuschung nicht erschüttert.

So verging auch die Mittwoch. Da rief ihnen Barbara Spohn zu: „Morgen, den 2. Juni, werden wir ganz gewiß abziehen. Inzwischen wurde den ganzen Abend und bis tief in die Nacht hinein abermals eifrig gesungen und gebetet. Vor Tagesanbruch versammelten sich dann Alle, besprachen sich noch einmal mit einander und packten auf, um von dannen zu ziehen.

Früh acht Uhr erschienen die Separatisten in Masse auf dem freien Platze am Thore des Ortes. Sie rückten in folgender Ordnung heran. Voran „die Braut Christi", Bäbele Spohn, ihr zur Seite die Gehülfinnen, die Kauter, und die Brautjungfern bei der Hochzeit Christi. Darnach kamen die Aeltesten, darunter der hervorragendste Mann der Secte, ein gewisser Palmer, und die heiligsten andern Männer, neun an Zahl. Dann folgten die übrigen männlichen Angehörigen der Secte, weiterhin die Weiber und die kleinen Kinder, alle, selbst die Kinder mit einem Felleisen auf dem Rücken, alsdann die Jünglinge und nach diesen die Jungfrauen, von denen die einen wie die andern schwerbepackte Esel vor sich hertrieben und ebenfalls Ranzen auf dem Rücken hatten. Zuletzt erschien ein großer vierspänniger Wagen, auf dem die Alten, die Gebrechlichen und diejenigen saßen, die ihren Verstand über separatistischen Grübeleien eingebüßt hatten.

Nach einer Weile bewegte sich der Zug langsam auf das Thor zu. Die vor demselben aufgestellten Kosaken bekreuzigten sich; denn man hatte ihnen durch einen Separatisten sagen lassen, ihre Säbel, Piken und Pistolen würden ihnen nichts helfen, ihr Widerstand werde vergeblich sein, die Kinder Gottes würden unsichtbar aus dem Thore kommen, oder die Soldaten würden, wenn sie Gewalt anwenden sollten, sofort todt zur Erde stürzen. Die Sache gestaltete sich aber anders. Es geschah kein Wunder. Als die Separatisten noch einige Schritte bis zum Thore hatten, trat von Kotzebue auf die Spohn zu und erkundigte sich, wohin sie mit den Leuten da wolle. Keine Antwort. Dreimal fragte er, und immer schwieg sie. Da ertheilte er zwei Kosaken den Befehl, sie aus dem Zuge herauszunehmen und dann scharf zu bewachen. Sie wurde weggeführt, wobei sie vor Bangigkeit kein Wort zu sprechen vermochte. Als die Soldaten, die mit Stricken versehen waren, die Prophetin binden wollten, faltete sie die Hände vor ihrem Schmerbauch, richtete die Augen starr gen Himmel, als ob sie dessen Eingreifen erwartete, und wurde, als dieß natürlich ausblieb, leichenblaß. Doch Herr von Kotzebue ließ sie nicht fesseln, sondern nur in Begleitung ihrer Gehülfinnen unter militärischer Bedeckung in sein Quartier abführen, wohin ihr ebenfalls unter Eskorte die neun heiligen Männer folgen mußten. Dort sagte der Collegienrath den Weibern, daß es unmöglich sei, sie von Katharinenfeld abziehen zu lassen, bevor der Kaiser ihnen die Erlaubniß dazu ertheilt habe. Diese fehle noch, und sie möchten sich bis zu deren Eintreffen gedulden. Sowie aber die neun heiligen Männer zu dem Herrn von Kotzebue in das

Zimmer traten, fielen die Spohn und ihre Gehülfinnen mit dem Angesicht platt zur Erde. Die heiligen Neun thaten also gleich Dasselbe, und nachdem die Nachricht hiervon nach dem Platze vor dem Thore gelangt war, fiel der ganze Zug der Sectirer mit dem Gesicht ebenfalls zu Boden — sogar die schwerbeladenen Esel legten sich nieder. Alles lag eine ganze Stunde im Sonnenbrande wie eingeschlafen im Staube. Nach fünf Minuten schon fingen die Kinder an, nach Wasser und Brot zu schreien. Die Mütter aber hörten sie um sich schluchzen und wimmern und regten sich nicht. Eine gab ihrem Kinde einen Stein, indem sie sagte, der solle zu Brot werden. Das dauerte die umstehenden Zuschauer von den Kirchlichen, sie wurden weich, schleppten Wasser und Brot herbei und speisten und tränkten damit die Kleinen.

Endlich stand auch der stämmige Kreuzinger auf und sagte, das ginge nicht mehr, das könne er nicht mehr aushalten, er habe Durst, worauf ihn die wachthabenden Kosaken zu Herrn von Kotzebue brachten. Dort bat er kurz entschlossen, man möge ihn nach Hause gehen lassen, aber ohne Soldaten, er habe genug von der Sache. Da er vorher von Durst gesprochen hatte, so ließ ihm der Collegienrath Wein einschenken, und er mußte in Wirklichkeit recht durstig sein; denn er nippte nicht blos, sondern trank den Wein auf einen Zug aus. Hierauf erhielt er die Freiheit, und nun ging er in Katharinenfeld von Haus zu Haus, wo ihm überall in dem guten rothen Weine des Landes zugetrunken wurde, sodaß man ihm zuletzt wenigstens einen Begleiter beigeben mußte.

Nachdem hierauf auch die neun heiligen Männer das Versprechen gegeben hatten, nichts mehr unternehmen zu wollen, und darauf hin nach Hause entlassen worden waren, wies man alle übrigen Separatisten aus Katharinenfeld an, sich ruhig in ihre Wohnungen zu begeben. Die von den anderen Colonien Ausgeschiedenen aber wurden zunächst von den Kirchlichen in ihren Häusern gespeist und getränkt und dann von Kosaken in ihre Heimathsdörfer eskortirt, wo sie sich, so gut es gehen wollte, wieder einrichteten.

Die Katharinenfelder Separatisten hatten bei der Affaire den geringsten Verlust zu erleiden; denn sie hatten ihr Vieh und alle häuslichen und landwirthschaftlichen Geräthschaften im Hause gelassen, dieses verschlossen, den Schlüssel ihren Nachbarn gegeben und ihnen die Weisung ertheilt, erst nach ihrem Abzuge das Haus zu öffnen und mit ihm und seinem Inhalte zu thun, was beliebte. Sie befanden sich also nach dem Schlusse dieser Tragikomödie ungefähr in dem Zustande wie vor Beginn derselben. Andern aber erging es schlimmer, indem sie alles Vieh, alles Hausgeräth und ihr Haus selbst verkauft oder gar verschenkt hatten. Viele von diesen bekamen zwar das Verkaufte oder Verschenkte von den Käufern oder den Beschenkten ohne Zögern zurück, andere dagegen erhielten nicht alles und Manche gar nichts zurück, so daß sie genöthigt waren, sich allmählich eine neue Wirthschaft zu gründen. Die Spohn hatte sich am Besten vorgesehen: sie hatte weder etwas verkauft, noch etwas verschenkt, nicht einmal die Schlüssel hatte sie jemand übergeben, sondern sie in der Tasche mitgenommen — in der That eine sehr wunderliche Heilige!

Nachdem der Exodus der Spohnianer auf diese Weise vereitelt worden, schickten sie mit Bewilligung des Gouverneurs von Grusien drei Männer ab, zwei nach Jerusalem und einen nach Konstantinopel, jene zur Ausforschung eines Ansiedelungsplatzes bei der heiligen Stadt, diesen mit der Anfrage, ob die türkische Regierung sie aufzunehmen gewillt sei. Die nach dem gelobten Lande abgegangenen Kundschafter kamen zu Ende des

Jahres 1843 mit der Nachricht zurück, Palästina sei nicht die Gegend, wo es ihnen gefallen könne. Darauf wurden fast alle Separatisten kirchlich, darunter sogar die Spohn, und viele bereuten ihre Verirrungen aufrichtig und achteten ihre ehemalige Prophetin wenig mehr, da sie sich als ehrgeizige Irrlehrerin gezeigt habe. Manche jedoch wurden noch anderthalb Jahrzehnte später für heimliche Separatisten gehalten.

VI.

Die Skopzen.

ie in England, so bestehen auch in Rußland neben der herrschenden Staatskirche eine große Anzahl Secten zum Theil sehr eigenthümlicher Art. Namentlich der Süden und Südwesten und noch mehr der ferne Osten des Reiches ist voll von solchen „Raskolniken", d. h. Ketzern, wie die Kirche sie nennt, oder „Starowerzen", d. h. Altgläubigen, wie sie selbst sich bezeichnen. Die Mehrzahl dieser Afterkirchen entstand infolge der Veränderungen, welche der Moskauer Patriarch Nikon um die Mitte des siebzehnten Jahrhunderts, von der Regierung unterstützt, in Bezug auf die bis dahin gebräuchliche Bibelübersetzung und auf die Gebete und Gesänge beim Gottesdienste einführte. Die Entstehung anderer scheint in sehr alte Zeiten zurückzureichen und ist wohl auf die mongolische Beimischung im Blute eines Theils der Bevölkerung Rußlands zurückzuführen.

Jene Mehrzahl sieht ziemlich harmlos aus. Unter sich wieder in eine Menge kleiner Kreise gespalten, unterscheidet sie sich von der orthodoxen Kirche fast nur in Aeußerlichkeiten, auf die man indeß großen Werth legt. Einige und zwar die Meisten, weichen nur darin von der Staatskirche ab, daß sie deren Klerus, deren Bibel, deren liturgische Bücher nicht anerkennen, den Namen Jesus wie Jssus, nicht gleich der orthodoxen Geistlichkeit wie Jissus ausgesprochen wissen wollen, beim Gebete zweimal das Halleluja, beim dritten Mal aber: „Gepriesen sei Gott"! sagen, das Kreuz nicht mit den ersten drei Fingern der rechten Hand, sondern — um die zwei Naturen Christi anzudeuten — mit dem Zeige- und Mittelfinger schlagen und bei der Taufe nicht wie die Angehörigen der Staatskirche von der rechten zur linken Seite, sondern umgekehrt um den Taufstein gehen. Andere verwerfen Communion, Firmelung und Trauung und haben statt der Priester nur Aelteste, welche ihre Taufen vollziehen. Die Meisten halten zugleich die alte Sitte und Tracht fest, verschmähen das in dieser Beziehung von Europa Eingedrungene, lassen Bart und Kopfhaar ungeschoren, rauchen auf Grund des Ausspruchs Jesu: nicht was in den Körper eingehe, sondern was aus ihm herausgehe, sei Unreinigkeit und Befleckung, keinen Tabak u. s. w.

Hierher gehören auch die Malakani, d. h. Milchtrinker, die sich auch Jleichristiani, d. h. wahre Christen nennen. Sie wohnen in der Krim und andern Gegenden am Schwarzen Meer und empfangen die Sacramente nur „im Geiste", genießen von Getränken lediglich Milch und erwarten den baldigen Eintritt des tausendjährigen Reiches.

Hierher sind ferner die Theodosianer zu rechnen, deren Priesterinnen sich „Christowa Newiestu, d. h. Bräute Christi, nennen und welche nur Heirathen auf Zeit schließen und die aus solchen vorübergehenden Begegnungen der Geschlechter entsprossenen Kinder aussetzen.

Sodann ist hier der Secte der Schaloputen zu gedenken, die besonders in den Kosakengemeinden des Kubangebietes verbreitet ist und 1878 zu einer großen Untersuchung Anlaß gab, welche indeß mit Freisprechung der Angeklagten endigte. Die Lehre dieser Secte erkennt einen lebendigen Gott an, der die Gestalt eines Menschen und Fleisch und Blut hat. Bei ihren Versammlungen wurden Photographien von demselben herumgereicht, die ihn als alten Mann mit grauem Bart und Ketten an den Händen darstellten. Vom Alten Testament, von Kirchen und Sacramenten wollen die Schaloputen nichts wissen. Ebenso wenig glauben sie an die Auferstehung, dagegen an eine fortwährende Ausgießung des heiligen Geistes auf die „Propheten" der Gemeinde und an mehrere Mütter Gottes. Früher hatten sie auf eheliches Leben zu verzichten. Bei ihren Versammlungen singen sie Psalmen und andere Lieder und geloben einander, sich des Genusses von Fleisch und geistigen Getränken sowie aller Schimpfreden und losen Worte zu enthalten — Gelübde, welchen sie mit aller Strenge nachleben. Eigenthümlich ist ihr Verhalten, wenn in ihren Versammlungen der heilige Geist über sie kommt. Unter den Gesängen der Gemeinde befällt den Einen oder den Andern (wie die Quäker Englands und Amerikas) plötzlich ein Fiebern und Zittern, er geht im Zimmer auf und ab, schneller und immer schneller, er schlägt sich dabei mit der Faust vor die Brust, seufzt und weint. Dann ist er vom Geiste Gottes erfüllt. Durch fleißiges Beten und Fasten kann man sich dieses Himmelsgut erwerben, und wer es sich erworben hat, der ist ein Prophet, und ihm gebührt besonders hohe Achtung. Der obenerwähnte Prozeß, im Gerichte zu Jekaterinodar verhandelt, betraf 52 Personen, unter denen sich 28 Frauen befanden.

Endlich mögen von dieser Klasse der russischen Secten noch die Duchoborzen erwähnt werden, die „Geisteskämpfer", welche an die Stelle des üblichen meist in Aeußerlichkeiten bestehenden

Kultus einen rein geistigen setzen wollen. Sie führen ihren
Ursprung auf Sadrach, Mesach und Abednego, die bekannten
drei Männer im feurigen Ofen, zurück. Christus ist nach ihnen
nicht der Heiland und Erlöser der Welt, dieser wird vielmehr
erst aus ihrer Mitte hervorgehen. Ihre Dogmen drücken sich
kurz etwa in den Formeln aus: der Mensch ist der Tempel,
das Herz der Altar Gottes, der Wille zum Guten das Brand-
opfer darauf, der Gott zustrebende Geist der Hohepriester.

Seit Peter dem Großen herrscht unter den Starowerzen
dieser Art der Glaube, der Czar sei der Antichrist, und die
fanatischeren unter ihnen stellen ihm einen geheimnißvollen
Phantasie-Czaren, den echten „weißen Czaren" entgegen, der
einen langen Bart, auf dem Haupt eine Krone und um die
Schultern den Kaisermantel trägt, nicht aber den „Hut und Rock
der Deutschen".

Im Allgemeinen kann man in Betreff dieses Theils der
Raskolniken sagen: „Sie sind die am meisten moskowitischen
unter den Moskowitern, der entschiedenste Ausdruck des Geistes
der orientalischen Kirche, deren Grundlage die Tradition, das
Herkommen, die überlieferte versteinerte Sitte, das für alle Zeit
unabänderlich festgestellte Dogma ist. Sie vertreten in Rußland
das Element der Stabilität, und sie sind mit dieser Eigenschaft
die Regulatoren, die man bei jeder Reform ins Auge faßt,
um zu erfahren, bis zu welchem Punkte man gehen kann."

Die soeben besprochene Klasse von Sektirern vertritt also
die Vergangenheit des russischen Christenthums. Die andere
dagegen stammt wahrscheinlich weder aus dem Russenthume,
noch aus dem Christenthume. Sie besteht aus einer großen
Menge von Secten — es sollen gegen zweihundert sein —
die nicht auf Streitigkeiten der Sakristei und auf liturgischen
Kleinigkeiten beruhen, sondern auf Geheimlehren und seltsamen,

oft sehr abenteuerlichen, bisweilen sehr ausschweifenden Gebräuchen, mit denen ihre Mitglieder außerhalb des Christenthums stehen und zu den düstersten Erscheinungen unter den vielen wunderlichen Heiligen zählen, welche die Culturgeschichte aufzuweisen hat. Nur wenige dieser Secten sind vollkommen harmlos, einige sehr gefährliche Schwärmer, in deren Glauben und deren Bräuchen deutlich das unheimliche Element hervortritt, welches asiatische Einwanderung im Mittelalter dem ursprünglichen Russenvolke beigemischt hat. Hier giebt es u. A. eine Secte der „Stummen", die mit ihrem ewigen Schweigen blos bizarr ist. Widerwärtiger schon sind die „Teufelsanbeter", die dem Satan wenigstens im Geheimen Opfer darbringt und ihn mit großer Ehrfurcht behandelt. Als eine entsetzliche Erscheinung treten uns die Morelstschiki, d. h. die sich selbst Opfernden entgegen, die bei Saratoff und in Sibirien zahlreich angesiedelt sind, und die es für Christenpflicht halten, sich, nachdem sie ihrer Meinung nach in den Stand völliger Reinheit gelangt sind, „Gott ganz darzubringen", d. h. sich mit eigner Hand zu tödten oder sich gegenseitig abzuschlachten. 1868 fand auf den Gütern eines Herrn v. Gurieff an der Wolga ein solches mystisches Opfer im großen Stile statt: 47 Männer und Frauen stachen einander auf einem Flecke todt. Ein anderer Zweig dieser wilden Heiligen zieht dem Eisen den Strick, wieder ein anderer das Feuer vor. Wiederholt „starben" noch in den letzten Jahrzehnten in Sibirien ganze Schaaren solcher Fanatiker, dreißig, fünfzig, ja hundert Köpfe stark, in großen Gruben oder einzeln liegenden Gehöften, die sie vorher mit Reißighaufen umschichtet hatten, „der Sünde durch die Feuertaufe ab". Bei Tumen in den östlichen Vorbergen des Ural sollen vor zwölf oder dreizehn

Jahren nicht weniger als siebzehnhundert Morelstschiks auf einmal freiwillig den Feuertod gesucht und gefunden haben.

Eine andere grausige Erscheinung im Bereiche dieses Zweigs der russischen Schismatiker sind die sogenannten Chlysten oder Geißler. Sie sollen um den Anfang des vorigen Jahrhunderts entstanden sein, dürften aber weit älter sein. Von ihrem Glauben ist nur bekannt, daß sie der Meinung sind, das Auftreten des Antichrists und der Untergang der Welt stünden nahe bevor. Die Ehe gilt unter ihnen für Sünde und ebenso das Zahlen von Abgaben an den Staat. Ihre religiösen Uebungen bestehen im Absingen von mystischen Hymnen und Gebeten so wie in tanzartigen Sprüngen und Verrenkungen, bei denen sie einander geißeln, bis das Blut herabfließt. Dabei gerathen sie zuweilen in eine Aufregung, die auch außerhalb der Secte stehenden Leuten gefährlich wird. So zogen im Sommer 1869 die Chlysten von Balaschof, mehrere Hundert Mann stark, aus dem Orte hinaus ins freie Feld, um eine große Geißelung zu feiern. Auf dem Rückwege, wo alle mit Striemen, Beulen und Wunden bedeckt und in rasende Verzücktheit versetzt waren, warfen sie sich plötzlich unter der Führung eines Bauern, den sie für Christus hielten, auf die nichts Arges ahnenden Zuschauer, ergriffen einige davon und bearbeiteten sie so lange mit Geißeln und Knitteln, bis sie den Geist aufgaben. Andere wurden von ihnen todt getreten, wieder andere zwischen Holzwagen getrieben, welche die Schwärmer dann in Brand steckten, sodaß jene Unglücklichen erstickten und zu Asche verbrannten.

Bestehen die zuletzt genannten Secten durchweg aus wüsten Schwärmern, die an die orientalischen Selbstpeiniger, den semitischen Molochsdienst und die mittelalterlichen Flagellanten erinnern, so gilt dieß von den Skopzen, die ich, da sie vor einigen Jahren besonders viel von sich reden machten, hier ausführlich besprechen will, nur in Betreff der untergeordneten Mitglieder der Secte, nicht in Bezug auf die Führer derselben, die vielmehr nach allem, was wir von ihnen wissen, nichts oder wenig mehr als schlaue Heuchler und Betrüger sind.

Der Name Skopzi ist der Plural von Skopez, d. h. im Russischen ein Verschnittener, ein Entmannter, ein Eunuch, und schreibt sich von dem Hauptkapitel im Glauben der Secte her, welches die Lehre enthält, die Seligkeit werde, da jeder geschlechtliche Verkehr Sünde sei, nur durch Castrirung erreicht.

Als Gott die Menschen schuf — so sagen die Skopzen — meinte er sie für ein geschlechtsloses Leben zu erschaffen. Sie sollten sich allerdings fortpflanzen, aber nur durch „heilige Küsse". Allein Adam und Eva gingen über diese Absicht des Schöpfers hinaus, und darin bestand der Sündenfall, der sie aus dem Paradiese vertrieb — eine Behauptung, die auch von andern Mystikern aufgestellt worden ist. Aus der ersten Sünde entwickelten sich andere, und die Welt wurde immer verderbter, bis es endlich den Herrn erbarmte und er seinen Sohn sandte, um seinen ursprünglichen Willen wieder zur Geltung zu bringen. Der Hauptpunkt der Predigt Christi war der Satz, daß die Menschen die Erlösung von der Sünde und dem Fluche in der „Feuertaufe", d. h. in der Entmannung vermittelst eines glühenden Eisens zu suchen hätten. Im Uebrigen ist uns die Lehre des Heilandes in sehr verstümmelter und verunstalteter Weise überliefert worden. Völlig unversehrt blieben davon nur einige Stellen, z. B. das 19. Hauptstück des Evangeliums Matthäi, wo deutlich verkündet ist, daß niemand des göttlichen Geistes theilhaftig werden und in das Himmelreich eingehen kann, der nicht verschnitten, also des Geschlechtstriebes entledigt ist. Denn dort heißt es im 12. Verse: „Denn es sind Etliche verschnitten, die sind aus Mutterleibe so geboren, und Etliche sind verschnitten, die von Menschen verschnitten sind, und es sind Etliche verschnitten, die sich selbst verschnitten haben um des Himmelreiches willen. Wer es fassen mag, der fasse es". Lucas 23, 29, sagt Jesus ferner: „Es wird die Zeit kommen, in welcher man sagen wird: Selig sind die Unfruchtbaren und die Leiber, die nicht geboren haben, und die Brüste, die nicht gesäugt haben". Endlich aber ruft uns in der Bergpredigt der Erlöser zu, indem er vom Begehren nach Weibern redet: „Aergert Dich ein Glied, so haue es ab und wirf es von Dir. Es ist besser, daß eins Deiner Glieder verderbe und nicht der ganze Leib in die Hölle geworfen werde".

Von selbst versteht sich, daß Christus seiner Lehre sein Beispiel hinzufügte, indem er sich selbst der „Feuertaufe" unterzog, welche die einzig wahre Taufe ist, und daß die Apostel desgleichen thaten. Die erste christliche Kirche folgte dann diesen hohen Mustern. Unter Anderm geschah dieß von dem großen Kirchenvater Origenes, und ebenso waren alle die Heiligen, welche von der traditionellen Malerei der orientalischen Christen mit kleinen Bärten oder völlig bartlos dargestellt werden, freiwillig Entmannte. Nur wurde mit Rücksicht auf die menschliche Schwachheit in späterer Zeit zugelassen, daß das glühende Eisen bei der Operation durch ein gewöhnliches Barbiermesser oder Stemmeisen ersetzt werde.

Nachdem nun Jesus Christus der Welt das Geheimniß der Erlösung durch das rothe Eisen offenbart, schied er von hinnen. Vorher aber verhieß er, abermals zu erscheinen, um die Lebendigen und die Todten zu richten — die Lebendigen, das sind die Skopzen, die Todten, das sind die nicht verschnittenen Sünder. Diese Wiederkunft des Heilandes ist bereits erfolgt. Sie fand in der Person des Kondratji Seliwanoff statt, der wieder niemand anderes ist als der Czar Peter der

Dritte, „Christus, unser wahrer Gott, geboren von der unbefleckten Jungfrau, die als Kaiserin Elisabeth Petrowna hieß". Diese Kaiserin herrschte in eigner Person nur zwei Jahre. Dann übertrug sie die Regierung einer ihr ähnlichen Hofdame und zog sich, nachdem sie den Namen Akulina Jwanowna angenommen, zuerst in das Gouvernement Orel, wo sie bei dem Skopzenpropheten Filimon lebte, dann nach Bjelogrod im Gouvernement Kursk zurück, wo sie unsichtbar, „hinter einer goldnen Mauer" noch im Jahre 1865 die Verehrung der Gläubigen genoß. Der von ihr geborene Sohn Peter wurde von ihr als Knabe nach Holstein gesandt. Nachdem er hier zum Manne gereift, entmannte er sich, vollzog dieselbe Operation an vielen Andern und wirkte allerlei Wunder. Auf den Thron berufen, mußte er sich vermählen. Da aber seine Gemahlin infolge der „Feuertaufe", der er sich unterzogen, keinen Gefallen an ihm fand, wollte sie ihn zu Ropscha ermorden lassen. Doch entkam er den Nachstellungen Orloffs, indem er den Posten eines Wache haltenden Soldaten bezog, und von jetzt an verschwand er den Augen der profanen Welt, um nach einiger Zeit in Gestalt des Bauern Seliwanoff wieder aufzutreten. Als solcher setzte er die in Holstein begonnene erlösende Thätigkeit zunächst in Moskau, dann in den Ländern des Westens fort, wo er allenthalben die Feuertaufe predigte, Viele bekehrte und eine Menge von Wundern verrichtete. In seine Heimath zurückgekehrt, wurde er im Gouvernement Tula wegen Proselytenmacherei festgenommen, vor Gericht gestellt, und dann im Dorfe Sosnowka mit Knutenhieben bestraft, worauf man ihn nach Irkutsk in Sibirien deportirte.

So wird uns in dem Buche von seinen „Leiden", einer plumpen Nachahmung der evangelischen Passionsgeschichte, erzählt. Kaiser Paul — so berichten die Skopzen weiter — ließ

Seliwanoff, als er von seiner Lehre gehört, aus der Verbannung
zurückkommen und gewährte ihm eine Audienz, in der er sich
von ihm die Feuertaufe predigen ließ, doch nahm er den Glauben
nicht an. Unter Czar Alexander dem Ersten lebte Seliwanoff
unbehelligt zu Petersburg, wo ihm der Skopze Sladownikoff
eine stattliche Wohnung eingerichtet hatte, und wo es ihm gelang, eine große Anzahl von Personen nachhaltig zu überzeugen,
daß er „Christus, der wahrhaftige Gott" sei. Auf den Gipfel
der Herrlichkeit gelangt und von höchster Verehrung umgeben,
wurde er, als man endlich außerhalb der Gemeinde inne geworden, daß die Feuertaufe doch etwas mehr als eine bloße
Verstümmelung zu bedeuten habe, von Neuem verfolgt. Indeß
begnügte man sich bei dem duldsamen Charakter der Regierung
Alexanders, ihn in das Kloster von Suzdal zu bringen, wo er
noch heute lebt. Wenn er das Gericht über die Lebendigen
und die Todten noch nicht gehalten hat, so — wird er seine
Gründe dazu haben. Denn er könnte „nach seinem göttlichen
Dafürhalten" in jedem Augenblicke dazu verschreiten, und wenn
es ihm belieben wird, so „werden sich vor ihm alle Kaiser und
Fürsten der Erde mit solcher Inbrunst beugen, daß man vielleicht das Rasirmesser bei Seite thun und wie vor Alters nur
mit dem rothen Eisen operiren wird".

Ueber die Erlebnisse und Verwandelungen Seliwanoffs und
namentlich über dessen vollständige Identität mit dem Czaren
Peter dem Dritten besitzen die Skopzen die sichersten Nachrichten
und Zeugnisse, unter denen vorzüglich die Mittheilungen von
hohem Werthe sind, welche der vertrauteste Jünger ihres Messias,
der Hoflakai Semjon Kobeljoff hinterlassen hat.

Die profane Geschichte des heiligen Mannes jedoch besitzt
den Vorzug, einfacher und für vernünftige Menschen glaub-
würdiger zu sein. Sie ist in Kurzem folgende:

Unter dem Kaiser Paul trat der Bauer Seliwanoff aus dem Dorfe Stolbowo im Gouvernement Orel als Prophet auf, predigte die geschlechtliche Verstümmelung als Mittel zur Gewinnung der Seligkeit, gewann für diese Lehre eine Anzahl reicher Leute mit wenig Gehirn, die ihm ihr Vermögen zur Verfügung stellten, wurde aber endlich von den Gerichten gefaßt und zu Knutenstrafe und Verbannung nach Sibirien verurtheilt. Ein von dort zurückgekehrter Skopez, der Moskauer Kaufmann Kolesnikoff, berichtete einige Jahre nachher dem Czaren, daß Seliwanoff in Orkutsk als Peter der Dritte angesehen werde, worauf Paul denselben zurückkommen und als einen Wahnsinnigen ins Irrenhaus sperren ließ. Pauls Nachfolger auf dem Throne, der Kaiser Alexander, schickte ihn 1802 in eine Strafanstalt. Die reichen Anhänger des Propheten aber wußten ihm nach kurzer Zeit die Freiheit zu verschaffen, und nun lebte er mehrere Jahre umgeben von Glanz und Pracht in den Häusern der Petersburger Millionäre, die der Secte beigetreten waren. 1820 indeß schritt die Behörde abermals gegen sein Treiben ein und sandte ihn in das Kloster von Suzdal, wo er zu Ende der zwanziger Jahre gestorben ist.

Die Akulina Iwanowna, welche als Gottesmutter und zugleich als ehemalige Kaiserin Elisabeth verehrt wurde, ist eine Person, deren Vergangenheit nicht aufgehellt worden ist. Vielleicht ist sie eine und dieselbe Persönlichkeit mit der, welche im Jahre 1844 von den Skopzen zu Morschansk im Gouvernement Tamboff als Gottesgebärerin angesehen wurde. Ihr hohes Alter läßt diese Vermuthung zu; denn Anna Sachanoff, wie die Heilige sich hier nannte, zählte damals fast hundert Jahre.

Ein dritter hochgeehrter Heiliger der Secte ist der Bauer Schiloff; denn in ihm erblickt dieselbe den Fürsten Daschkoff, der zu den Günstlingen Peters des Dritten gehörte und nach der Mythologie der Skopzen nichts Geringeres als die Wiederkunft des Lieblingsjüngers Jesu, Johannes, war. Die Kaiserin Katharina ließ ihn in Dünaburg einsperren. Paul schickte ihn nach Schlüsselburg, wo er 1799 als Gefangner starb. Sein dort befindliches Grab ist eins von den Heiligthümern der Secte, deren Mitglieder zu ihm wallfahrten.

Unter dem Kaiser Nikolaus wurde mehrmals gegen die Secte eingeschritten, und ein Theil ihrer Angehörigen ging in die Verbannung nach Sibirien. Andere flüchteten sich nach den Donaufürstenthümern, wo sie sich seitdem vorzüglich in Galacz und Bukarest, vor Allem aber in Jassy stark verbreitet haben. Beinahe alle Droschkenkutscher sollen hier der Secte angehören. Die Regierung läßt sie gewähren, und sie bemühen sich eifrig um Proselyten, nehmen jedoch nur Russen in ihre Gemeinde auf. Charakteristisch ist in dieser Beziehung die Antwort, die Andreas Kuzin, ihr Prophet und Vorsteher in Jassy, einem Zigeuner gab, der sich bereit erklärte, gegen Zahlung von hundert Dukaten die Feuertaufe der Skopzen an sich vollziehen zu lassen. „Einem Russen", so sagte jener zu dem sich Meldenden trocken, „würden wir gern zweihundert Dukaten geben, auch mehr, wenn er's verlangte; Du aber bekommst nicht einmal zwei; denn Du hast für uns keinen Werth, Dich können wir nicht brauchen".

Im Allgemeinen kam bei den früheren Processen gegen die Skopzen nicht viel heraus. Die Angeklagten waren, so einfältig sie sonst auch sein mochten, auf das Leugnen und Verdrehen der Thatsachen gut eingeschult. Die alte Gerichts= verfassung kam ihnen zu Statten. Die Polizei hatte in vielen Fällen blöde Augen und ein schlechtes Gedächtniß, da die reichen Mitglieder der Secte mit Bestechungen nicht kargten.

Gewöhnlich ergab die Untersuchung nur, daß der Angeklagte das unselige Opfer einer Gewaltthat gewesen war, die ein Unbekannter im Freien oder in einer Schenke an ihm verübt hatte, während jener geschlafen oder sich im Zustande schwerer Betrunkenheit befunden hatte. Von den Geheimnissen der Secte wußte der arme Mensch nicht das Mindeste, ja die bloße Existenz eines Vereins von Entmannten war ihm, wenn der Richter ihm Glauben schenkte, unbekannt, vielleicht eine schändliche Fabel, von Nichtswürdigen oder gar vom bösen Feinde selbst ersonnen und unter die Leute gebracht. Hatte ein Richter diesen Glauben nicht gleich bereit, so wurde er ihm in der Regel dadurch eingeflößt, daß man ihm die Hand vergoldete, wo es dann eine Freisprechung oder im schlimmsten Fall eine milde Strafe gab, gleichviel, ob es sich um einen Verführten oder um einen Verführer handelte.

Dieß wurde mit der Einführung der Geschwornengerichte anders, die bekanntlich seit ungefähr sechzehn Jahren schon für alle Straffachen in Rußland eingesetzt sind. Die Bestechung eines öffentlichen und aus vielen Richtern zusammengesetzten Tribunals wie die Jury, die bewußte Parteinahme eines solchen Gerichts sind so ziemlich Dinge der Unmöglichkeit. Auch die russische Polizei ist seit einiger Zeit etwas besser geworden, und so nahmen die letzten Processe gegen die Secte meist einen sehr andern Ausgang als die früheren.

Im Jahre 1865 gingen aus den russischen Ortschaften am Asoffschen Meere, namentlich aus den Gemeinden Berdiansk und Militipol zahlreiche Klagen über das Umsichgreifen des Skopzenthums ein. Es erfolgte eine Untersuchung der Sache, welche die Richtigkeit der Eingaben zeigte. Das Unwesen hatte wirklich schon weite Kreise der Bevölkerung ergriffen. Man fand eine Menge verstümmelter Männer und Frauen vor. Die

Hauptschuldigen, darunter die Bäuerin Babanin, welche die Versammlungen der Skopzen von Militopol geleitet und als Prophetin gegolten hatte, gingen ins Exil nach Sibirien, Andere bestrafte man milder.

Bald indeß machte man die Entdeckung, daß man am Asoffschen Meere nur auf einen Nebenzweig der Secte gestoßen war. Der Mittelpunkt der letzteren war die Stadt Morschansk im Gouvernement Tamboff. Hier waren — so erzählt ein stark romanhaft gefärbter und in Betreff der darin vorkommenden Millionen wo nicht ganz unglaubwürdiger, doch erheblich übertreibender Bericht — in der Sylvesternacht des Jahres 1869 bei dem Stabskapitän Scott Gäste beisammen, zu denen auch der Polizeimeister Trischatny gehörte. In der Mitternachtsstunde wurde letzterer hinausgerufen, wo ihm ein Diener des Kaufmanns Ploticyn einen Brief seines Herrn übergab, in welchem derselbe um die Freilassung von drei in Gewahrsam befindlichen Frauen bis zum Morgen bat, wo sie sich dem Schließer wieder stellen würden. Dem Schreiben war eine Erkenntlichkeit von zehntausend Rubeln in Bankbilleten beigelegt. Trischatny zeigte zunächst Brief und Geld der Abendgesellschaft drinnen, übergab die Sendung dann der Criminalbehörde und schritt schließlich zur Verhaftung Ploticyns.

Soweit wäre die Sache in der Ordnung. Nun aber wird die Erzählung einigermaßen fabelhaft. Man fand, nachdem eine gründliche Untersuchung angeordnet worden, die wunderbarsten Dinge. Die Häuser, welche der verhaftete Kaufmann in Morschansk besaß, bildeten ein zusammenhängendes Stadtviertel. Die Fenster nach der Außenseite hin waren verhangen und zum Theil verrammelt, und das Innere glich einem Labyrinth von Kammern und Gängen. Zuletzt entdeckte man unter dem Erdgeschoß vier kellerartige Räume, in die ein verborgener Gang führte, und hier stieß man auf einen ungeheuren Schatz: Rollen von Imperialen in Schubladen, Haufen von Silbermünzen, die in halbvermoderten Säcken unter den Steinplatten des Fußbodens oder hinter den Eisenthüren in den Wänden lagen, endlich hundert Reichsbankbillete, jedes zu hunderttausend Rubeln.

Ploticyn war — so lautet unsere Erzählung weiter — nichts Geringeres als das jetzige Oberhaupt der Skopzensecte in ganz Rußland. Der Schatz in seinen Kellern, angeblich ungefähr dreißig Millionen Rubel, war ohne Zweifel ein Theil der Mittel, mit denen die Skopzen in früheren Jahren, wo es noch keine ehrlichen und pflichtgetreuen Trischatnys gab, die Bemühungen der Regierung, der Secte den Schleier abzureißen und ihre Anhänger zur Bestrafung zu bringen, vereitelt hatten. Zugleich aber sollen diese Millionen nach den bei Ploticyn mit Beschlag belegten Schriftstücken zu einem noch bedenklicheren Zwecke aufgehäuft gewesen sein. Die Skopzen hatten, wie man behauptete, diesen Schatz und vermuthlich noch andere Geldmittel angesammelt, um damit zu gegebener Zeit — Einige fügten hinzu: im Einverständniß mit der geheimen polnischen Nationalregierung — die dermalige Staatsordnung des russischen Reiches zu Falle zu bringen und auf deren Trümmern einen Staat nach dem Gesetze der Feuertäufer zu errichten.

Wie viel hiervon wahr ist, läßt sich mit Sicherheit nicht sagen. Daß die dreißig Millionen, von denen während der Untersuchung mehrere im Handumdrehen verschwunden sein sollen, und daß die Verbindung der Skopzen mit der polnischen Verschwörung Mythe sind, ist wohl als ausgemacht zu betrachten. Ploticyn war ein sehr reicher Mann, und daß die Skopzen Gegner der jetzigen Staatsordnung sind, wird später gezeigt werden. Aber sie sind eine zu weichliche Secte, um den Umsturz derselben selbst in die Hand nehmen zu wollen, sie erwarten ihn vielmehr auf dem Wege des Wunders. Ohne Zweifel aber hat man in den Kellern Plotycins viel Geld gefunden — vielleicht ein paar Millionen. Gewiß ist sodann, daß man in dessen Hause nicht weniger als neun verstümmelte Frauen antraf, und daß sich darunter die leibliche Schwester desselben befand. Endlich ist sicher, daß die dort saisirte Correspondenz eine weite Verzweigung der Secte erkennen ließ, und daß durch sie verschiedene reiche und angesehene Kaufleute in den Hauptstädten Rußlands, unter andern der mehrfache Millionär Tretjakoff in Petersburg, arg compromittirt waren. Das Urtheil des Gerichts fiel ziemlich streng aus. Ploticyn wurde seiner Standesrechte und Ehrenzeichen für verlustig erklärt und in die entlegneren Gegenden Sibiriens verwiesen. Außer ihm traf noch zwölf männliche und neunzehn weibliche Angeklagte die Strafe der Verbannung nach dem fernen Nordasien. Der Bauer Kusnezoff wurde wegen Verstümmelung seiner selbst und elf anderer Personen zu vierjähriger Zwangsarbeit in den dortigen Bergwerken verurtheilt. Das „vorgefundene Kapital" händigte man den Erben Ploticyns aus, der „Sache wegen der verschwundenen Summe" wollte man „keine weitere Folge geben", die dem Polizeimeister übersandten zehntausend Rubel sprach das Urtheil dem Reichsschatze zu.

Infolge der Entdeckungen in Ploticyns Hause wurden in den verschiedensten Gegenden des Reiches Prozesse gegen die Skopzen anhängig gemacht, und aus den Ergebnissen derselben entwickelten sich wieder Untersuchungen an andern Orten in langer Kette, die sich bis in das Jahr 1872 hineinzogen und kein Ende nehmen zu wollen schienen. Im letztgenannten

Jahre waren solche Untersuchungen gleichzeitig in Petersburg, wo man Zeugen aus den entlegensten Gegenden Rußlands vernahm, in Moskau, in Tula, Tamboff und Riga im Gange. In Moskau waren es zunächst die Gebrüder Kudrin, welche ins Auge gefaßt wurden. Man entdeckte dabei, daß erstens diese selbst, dann aber auch mehrere der in ihrem Hause lebenden Weiber verschnitten waren, ferner, daß einige Dutzend Skopzen, größtentheils Frauen, des Nachts zu wüsten Andachtsübungen zusammenzukommen pflegten, und daß in dem Hause eine photographische Anstalt eingerichtet war, welche Bilder der Heiligen und der Gottesmutter der Secte nach allen Gegenden des Reiches versandte, sogar unter die lutherischen Finnen bei Schlüsselburg und nach den Ostseeprovinzen.

Ein Theil der weniger schuldig befundenen Sectirer wurde, um vernünftig zu werden, der geistigen Pflege von Klöstern übergeben, und auf diesem Wege ist Einiges über ihre Aussagen in die Oeffentlichkeit gelangt. Besonders lehrreich sind hier die amtlichen Urkunden des Klosters von Solowez, welche der Archimandrit desselben, Dositheus, der heiligen Synode überreichte, und die mit andern Mittheilungen vor einigen Jahren in dem Buche: „Vorlesungen in der kaiserlichen Gesellsellschaft für Geschichte und Alterthümer" in Petersburg publicirt wurden. Aus den Aussagen der Skopzen, denen wir hier begegnen, geht hervor, daß die Secte in den letzten Jahren vor ihrer Entdeckung aus einer kleinen Anzahl von schlauen Betrügern und vielen Betrogenen bestand, welche letzteren, allesammt ohne Bildung, zum Theil sehr reich, der Mehrheit nach aber unbemittelt waren. Viele gehörten den untersten Graden des Militärs an.

Das Geständniß dieser letzten Klasse der Verführten lautete fast immer ziemlich gleich. Sie beantworteten die ihnen vorgelegten Fragen gewöhnlich in folgender Form: „Geboren in dem oder dem Jahre, in diesem oder jenem Orte, getauft nach christlichem, griechisch-russischem Ritus, in der christlichen Religion äußerst mangelhaft unterrichtet, des Lesens und Schreibens unkundig, bei ihrer Einreihung in den Militärdienst ohne irgend eine Vorstellung von häretischen Lehren". Sonst ist aus den Aussagen dieser Skopzen zu entnehmen, daß sie, wenn auch ohne religiöse und anderweitige Bildung, doch meist Leute waren, welche zu einer ernsten Auffassung des Lebens und der Dinge sowie zur Aufnahme der Wahrheiten der Religion hinneigten. Die Propheten und Apostel des Skopzenthums gewahrten diese ernste Stimmung und wußten sich den Leuten zu nähern und sich ihnen zunächst nicht sowohl durch Mittheilung der Lehren und Pflichten der Secte als durch einen wenigstens dem Anscheine nach reinen und gottseligen Lebenswandel zu empfehlen. Mit der Enthüllung ihrer Geheimnisse beeilten sich diese Proselytenmacher überhaupt nicht. Vielmehr ließen sie in dem Neophyten bis zum Acte der Entmannung kaum durch irgend eine Aeußerung oder Handlung den Argwohn aufkommen, daß er im Begriffe stehe, das Christenthum mit einer völlig davon verschiedenen Religion zu vertauschen und zugleich der gewöhnlichen Welt zu Gunsten einer ihr ganz abgewendeten Secte zu entsagen. Erst nach vollzogener Castrirung, nachdem dem Neubekehrten kaum noch eine andere Wahl geblieben war als die Zugehörigkeit zu den unheimlichen Schwärmern, die ihn bethört, weihte man ihn wirklich in deren Mysterien ein, aber nicht, ohne ihn vorher zur strengsten Geheimhaltung derselben zu verpflichten.

Daß die Skopzen im Geheimen auch nach der letzten Untersuchung gegen sie fortbestehen, ist als sicher zu betrachten. Am stärksten verbreitet scheinen sie in Petersburg, Moskau und

Odessa, ferner in Sibirien zu sein, endlich wohnen viele ganz unbehelligt in den Thälern des Kaukasus und dessen unmittelbarer Nachbarschaft. Wie viele es deren überhaupt giebt, läßt sich natürlich nicht sagen, da sie sich möglichst verborgen halten. Die Zahl der ermittelten betrug im Jahre 1874 nicht weniger als 5,444, unter denen 1465 Weiber waren. Die meisten sind Bauern und Soldaten, doch fand man unter ihnen auch Leute der besseren Stände, Kaufleute, Edelleute, Offiziere, Beamte und selbst Geistliche. Man erkennt die Männer unter ihnen gewöhnlich an ihrem aufgeschwemmten, wohlbeleibten Aeußeren und ihren runzligen, beinahe bartlosen Gesichtern.

Ich gebe nun einiges Nähere über den Glauben und die gottesdienstlichen Bräuche dieser wunderlichen Heiligen.

Die geschlechtliche Verstümmelung oder, um mit den Rednern der Secte zu sprechen, die „Feuertaufe" oder „Beschneidungstaufe" ist das höchste gute Werk, die „Thür zu vollkommener Erlösung", das „Siegel Gottes", von dem die Offenbarung des Lieblingsjüngers Jesu handelt. Sie zerfällt in eine höhere und verdienstlichere Klasse, die das „große Siegel" heißt und in gänzlicher Beseitigung des betreffenden Körpertheiles besteht, und in eine zweite Klasse, das „kleine Siegel", welches einfache Castrirung bedeutet. Dieses „Opfer" ist nach der Lehre der Skopzen unerläßlich für den Eingang ins Himmelreich. Wer mit einem Weibe geschlechtlichen Verkehr pflegt, begeht schwere Sünde und fordert die göttliche Strafe heraus wie David durch seinen Verkehr mit dem Weibe des Urias. Denn es ist ganz einerlei, ob die Betreffenden verheirathet sind oder nicht. Unsere eignen Eltern waren heillose Sünder, als sie uns das Leben gaben, weshalb es in einigen Skopzengemeinden zu den Ceremonien zu gehören scheint, die der Proselyt vor seiner schließlichen Einweihung in die letzten Geheimnisse der Secte durchzumachen hat, daß er

einen Zettel, auf dem die Namen seines Vaters und seiner
Mutter stehen, mit Füßen trit. Dasselbe hat er dann mit
einem Stück russischen Geldes und mit einem Heiligenbilde zu
thun. Das Geldstück versinnbildet den Staat, das Bild wird
mit Füßen getreten, um anzudeuten, daß der Neophyt der
orthodoxen Kirche entsagt.

Die Skopzen bilden nämlich einen eignen geheimen Staat und
eine unsichtbare Kirche, die ihre besonderen Heiligen verehrt. Diese
Heiligen, nicht die Czaren, sind auch ihre Fürsten, und wenn
sie dieselben nicht sehen, so wissen sie, daß sie leben, und daß
die Zeit nicht fern ist, wo sie hervortreten und die öffentliche
Gewalt in die Hand nehmen werden. Inzwischen wird die
stille Gemeinde von Stellvertretern, wie Ploticyn einer war,
regiert. Kaiser Peter der Dritte war die im Evangelium ver-
heißene und im Glaubensbekenntniß erwähnte Wiederkunft
Christi, oder vielmehr, er ist diese Wiederkunft noch. Denn es
ist nicht wahr, daß jener Kondratji Seliwanoff, in dessen Gestalt
er nach seiner angeblichen Ermordung zu Ropscha die Lehre
von der seligmachenden Feuertaufe predigte, im Suzdalschen
Kloster gestorben ist. Der wiedergekehrte Christus ist niemals
gestorben, weder als Czar Peter zu Ropscha, noch als Bauer
Seliwanoff in Suzdal. Er ist nur von hier nach der Gegend
von Irkutsk versetzt worden, wo er noch heute in der Ver-
borgenheit lebt. Er hat zwölf Apostel, die mit den zwölf
Jüngern Christi die vierundzwanzig Aeltesten bilden, welche
nach dem fünften Hauptstück der Offenbarung Johannis mit
den wunderbaren vier Thieren voll Augen um den Stuhl des
Lammes sitzen, „Harfen und goldne Schalen voll Räucherwerk
in den Händen, welches sind die Gebete der Heiligen". Als
Mitregentin in diesem mystischen Staate, diesem auf die Erde
herniedergesunkenen Himmelreich ist die ebenfalls bereits er-

wähnte und gleichermaßen noch lebende Akulina Iwanowna, jene Gottesmutter, die als russische Kaiserin Elisabeth Petrowna hieß. Endlich verehrt die Secte auch in dem Czaren Paul und dessen Sohn Alexander große Heilige, und es scheint, daß auch diese sich nach der Meinung der Skopzen vor ihrem Scheiden aus der sichtbaren Welt der Feuertaufe unterzogen haben.

Die rechtgläubige morgenländische Kirche ist das Reich des Antichrists, welches die Apokalypse in ihrem siebzehnten Kapitel unter dem Bilde einer großen Buhlerin beschreibt. „Und ich sah das Weib sitzen auf einem rosenfarbenen Thier, das war voll Namen der Lästerung und hatte sieben Häupter und zehn Hörner. Und das Weib war bekleidet mit Scharlach und Rosinfarb und übergoldet mit Gold und Edelsteinen und Perlen und hatte einen goldnen Becher in der Hand voll Greuels und Unsauberkeit. . . Und an ihrer Stirn stand geschrieben der Name: das Geheimniß, die große Babylon, die Mutter . . . aller Greuel auf Erden. Und ich sah das Weib trunken von dem Blute der Heiligen und von dem Blute der Zeugen Jesu. Und ich verwunderte mich sehr, da ich sie sah". — Die Priester dieser Kirche sind demzufolge nicht mehr werth als die Priester der Heiden, und die von ihnen dargereichten Sacramente haben durchaus keine Kraft und Bedeutung, sie nutzen nichts, können aber auch nichts schaden. Die Skopzen besuchen daher die Kirchen, nehmen an dem Gottesdienst und an dem heiligen Abendmahle Theil und lassen ihre Kinder von dem orthodoxen Popen taufen; aber dieß alles geschieht nur, um den Nachbarn nicht als zum Raskol gehörig verdächtig zu werden, und in der Ueberzeugung, daß es gleichgültige Dinge sind, die mit dem Heile der Seele nicht das Mindeste zu thun haben. Der wahre Gottesdienst ist allein der, welchen die Secte abhält, die wahre

Taufe die Bezeichnung mit dem Siegel des Lammes, die Feuertaufe, die Befreiung vom Geschlechtstriebe, die Entmannung.

Indeß findet vielleicht in allen, jedenfalls in manchen Skopzengemeinden auch eine Wassertaufe der Neophyten statt, bei der es folgendermaßen zugeht. Der Betreffende wird in ein großes Zimmer geführt, welches von Kerzen erleuchtet wird, und in welchem sich ein Taufbecken von solcher Tiefe befindet, daß ein Mensch bequem darin untertauchen kann. Die im Saale Versammelten rufen ihm bei seinem Eintritte zu: „O Bruder, der Du kommst, um Dich in Christi Namen selbst zu taufen, ziehe den Herrn Christus an"! Der Täufling taucht nunmehr mit den Worten: „Im Namen des Vaters, des Sohnes und des heiligen Geistes. Amen"! in das Wasser und sagt, nachdem er wieder aufgestanden: „O Herr, erbarme Dich meiner Seele! Nimm sie auf in die Schaar der Gerechten und trage sie ein in das Buch des siebenten Himmels".

Der Vorsteher der Gemeinde sagt darauf dem Getauften das Glaubensbekenntniß zum Nachsprechen vor, und zuletzt legt der Letztere das Gelübde ewigen Schweigens ab, indem er spricht:

„Nun, o Herr, nachdem ich Dein Gesetz empfangen habe, will ich nimmermehr davon reden, weder zu meinem Vater, noch zu meiner Mutter, noch zu den Nachbarn, noch zu den Leuten, die über die finstere Welt gebieten (die Obrigkeit). Lasse ich darüber nur ein Wort laut werden, o Herr, so vergieb das nie, so erbarme Dich meiner nicht. Dann schlage mich das Kreuz nieder, Du, der am Kreuze starb. Amen"!

Nach diesem Gelübde singt die Versammlung einen Lobgesang auf die Mutter Gottes. Dann sagt der Leiter des Gottesdienstes: „Erbarme Dich mein, o Fürst Gottes"! — worauf er den Namen eines der Heiligen des Skopzenthums nennt, eine Formel, die ihm der Getaufte nachspricht, und die so oft von Beiden, immer mit einem andern Namen, wiederholt wird, als die Secte Heilige hat.

Ueber die Aufnahmeceremonien der Selbstverstümmler in Jassy wird berichtet, daß das Gemach, in welches die Aufzunehmenden geführt werden, beim Eintritt derselben finster ist. Sind sie eingeführt, so zünden die zu ihrem Empfange Versammelten Kerzen an, die sie in der Hand tragen, und von denen jeder Neophyt auch eine erhält. Dann müssen die letzteren vor ein Kreuz treten und geloben, in Betreff dessen, was sie in der Versammlung sehen oder hören werden, strengste Verschwiegenheit zu bewahren, keine Fleischspeisen zu essen, geistige Getränke zu vermeiden und öffentliche Orte zu fliehen, wo man ihnen ihr Geheimniß entlocken könnte. Nachdem dieß geschehen, legen alle Anwesenden lange weiße Hemden an und tanzen und springen zu wilden Gesängen so lange, als sie es aushalten können. Dieß dauert gewöhnlich einige Stunden. Hierauf trinken sie Thee, und bei dieser Gelegenheit erhalten die Neugeworbenen ein narkotisches Mittel, welches sie in fühllosen Schlaf versinken läßt und die Skopzen so in den Stand setzt, die bewußte Operation an ihnen zu vollziehen.

Die Versammlungen der Skopzen, bei denen sie stets jene weißen Hemden tragen, fallen nicht auf die christlichen Sonntage und überhaupt nicht auf einen bestimmten Tag jeder Woche, sondern werden von den Vorstehern jedesmal festgesetzt und den Eingeweihten kundgegeben. Sie beginnen in der zehnten Abendstunde und dauern gewöhnlich bis zum Anbruch des Morgens. Man eröffnet sie mit Liedern, die von den geistlichen Dichtern der Secte gedichtet sind und von Mund zu Mund fortgepflanzt werden. Liturgische Bücher, in denen sie aufgezeichnet wären, kennt man nicht. Ebenso wenig sind gedruckte oder geschriebene Gebetbücher bei den Skopzen in Gebrauch. Jene Lieder, meist in höchster nervöser Aufregung während jener Tänze improvisirt, sollen zwar von Gott eingegeben sein, bestätigen das aber weder durch ihren Inhalt, der ein Durcheinander von allerhand Ausrufungen und zum Theil abgeschmackten Behauptungen ist, noch durch ihre Form, die sowohl im Stil als im Versmaß und Reim viel zu wünschen übrig läßt. Man sehe sich z. B. folgendes Lied an, welches bei der Skopzengemeinde von Militopol im Gebrauche war:

„Segen über dich, heilige Versammlung! Deine Gläubigen wollen dem Herrn Ruhm darbringen in himmlischer Verzückung.. Die Gemeinde bittet den heiligen Geist, auf sie hernieder zu lächeln. O Herr, unser Leben, senke Dich herab aus dem siebenten Himmel! Er kommt und schreitet durch die Dörfer. Licht wohnt in ihm. Das Wort ist ergangen von dem Propheten: wir sollen keine Sünde begehen. O meine Geliebten, ich will euch etwas Wichtiges vermelden: Der Schatz soll aufgestellt werden. Die geheime und verborgene Mauer senkt sich um uns herab vom Himmel, und das Wasser des Lebens strömt uns zu. Zögert nicht; denn ich bin auf dem Wege, die Aussaat einzuernten. Unser Vater, der Czar Peter der Dritte, leidet zum letzten Mal und neigt sich betend vor Zebaoth. Alle Metropoliten und Senatoren sind voll Staunen über sein schweres Leiden. O mein himmlischer Vater, ich gehorche dem, was Du geboten! Deinen Befehl erfülle ich, ich lehre ihn meinen kleinen Kindern und gebiete ihnen, dem Gesetze Gehorsam zu leisten. Führe das himmlische Wort und bitte für uns bei Zebaoth, o Du unser geliebter Vogel! Unser Licht, o Herr — bald wird es im Himmel und auf Erden herrschen.

Ruhm, Preis und Ehre sei Gott dem Herrn in Ewigkeit. Amen"!

In der Regel singen bei solchen Zusammenkünften zuerst nur die Männer. Sie sitzen dabei auf Stühlen oder Bänken und schlagen den Takt zu der Melodie, indem sie die flachen Hände auf die Schenkel fallen lassen; denn in einem Psalme Davids heißt es: "Alle Völker, klatscht mit den Händen". Die Frauen stehen, machen tempoartige Gesten und stampfen taktmäßig mit den Füßen. Manche verlassen auch wohl ihren Ort und wirbeln ein Stück fort, indem sie sich um ihre Achse drehen. Nach einer Weile lösen die Weiber des „Schiffes" (so nennt sich nach altkirchlicher Ueberlieferung eine solche Versammlung) die Männer im Singen ab. Alle Anwesenden erheben sich, mehr und mehr in Verzückung gerathen, klatschen in die Hände, hüpfen empor und drehen sich mit ausgebreiteten Armen gleich den persischen Derwischen in Kreisen tanzend durch den Saal, bis die Verzückung in Zuckungen übergeht und sie halb ohnmächtig niedersinken.

Man bezeichnet diese wilden Tänze, die Gott besonders wohlgefällig sein sollen, mit dem Worte „Radenije", was in Gott arbeiten bedeutet, und die Stimmung, die dazu treibt, mit einem Ausdruck, der unserm „Eifer" entspricht. Schon die heilige Schrift kannte diesen Gottesdienst, sagen die Skopzen, in dieser Hinsicht den amerikanischen Shakern ähnlich. So tanzte Mirjam, die Schwester Mosis, so der Prophet und König David, und mit solchen Reigen feierten die Engel und Erzengel im Himmel den Sieg über Lucifer, den Höllenfürsten. In dieser Weise endlich, also tanzend, betete der Heiland zu Anfang seiner Passion im Garten Gethsemane mit seinen Jüngern, und mit solchen Umdrehungen um sich selbst fuhr er bei der Verklärung auf dem Berge Tabor gen Himmel.

Nachdem solche Tänze und Gesänge genügend aufgeregt hatten, fing jene Babanin, die in Militopol die Versammlungen der Skopzen leitete, an, zu predigen und zu weissagen. Die Bibel in der Hand, trat sie auf einen Teppich in der Mitte des Saales, während die Andern um sie herum niederknieten. „Beten wir mit Inbrunst", rief sie, „auf daß Christus zu uns komme". Nach einer Pause sagte sie: „Jetzt ist er in unsrer Mitte! Und nun öffnet eure Ohren; denn ich werde euch Wunderbares verkündigen. Sehet hier das Buch der Zeugung, die schriftkundige Gottesgelehrte wird euch daraus vorlesen".

Dieß geschah nun, indem sie irgend ein dunkles Kapitel der Bibel, am Liebsten eins aus der Apokalypse, wählte, über welches sie dann allerhand seltsame Einfälle und Phantasien vortrug, die zum Theil in Verse und Reime gekleidet waren. Zuletzt wendete sie sich von der Versammlung ab und an einzelne Glieder derselben, die neu beigetreten waren.

Das eine Mal deutete die Babanin gewisse Kapitel und Verse der Offenbarung Johannis aus, indem sie darin die letzten Regierungsperioden und Regenten Rußlands geweissagt fand. Den zweiten Vers des sechsten Kapitels: „Und siehe, ein weißes Pferd, und der darauf saß, hatte einen Bogen, und ihm ward gegeben eine Krone, und er zog aus, zu überwinden, daß er siegete", bezog sie auf den Kaiser Peter den Dritten, welcher nach ihrer Meinung gesiegt hatte, weil er ein Verschnittener gewesen war. Der vierte Vers jenes Abschnitts der Apokalypse lautet bekanntlich: „Und es ging heraus ein anderes Pferd, das war roth, und dem, der darauf saß, ward gegeben, daß er den Frieden nehme von der Erde, und daß sie sich unter einander würgeten, und ihm ward ein großes Schwert gegeben". Damit war aber nach der Auslegung der Skopzenprophetin niemand anders als der Czar Alexander der Erste gemeint, der den großen Krieg gegen die „Heiden im Westen" führte. Vers fünf und sechs bezog die Babanin auf sich und ihre Glaubensgenossen selbst. Man liest da: „Und da das Lamm das dritte Siegel aufthat, hörte ich das dritte Thier sagen: Komm und siehe zu. Und ich sahe, und siehe, ein schwarzes Pferd, und der darauf saß, hatte eine Wage in der Hand. Und ich hörte eine Stimme unter den vier Thieren sagen: Eine Maß Weizen um einen Groschen und drei Maß Gersten um einen Groschen, und dem Oel und Wein thue kein Leid". Dieß deutete die Babanin in folgender abgeschmackter Weise: „Die Maß Weizen versinnbildet die Verschneidung der Heiligen, die drei Maß Gerste, die auch blos einen Groschen werth sind, wollen besagen, daß ein Gläubiger, welcher noch nicht verschnitten ist, für seiner Seele Heil dreimal mehr arbeiten muß als ein Verschnittener. Das Oel stellt die göttliche Gnade und der Wein die selige Freude dar, die dem, welcher die Feuertaufe erhalten hat, nicht gestört werden soll."

Den achten Vers, welcher lautet: „Siehe ein falbes Pferd, und der darauf saß, deß Name hieß Tod, und die Hölle folgte ihm nach, und ihnen ward Macht gegeben zu tödten das vierte Theil auf Erden mit dem Schwert und Hunger und durch die Thiere auf Erden", behandelte die Auslegerin als eine Weissagung vom Kaiser Nikolaus, der das Volk des Herrn, die Skopzen, den wilden Thieren, nämlich den Bischöfen der orthodoxen Kirche und den unreinen Gerichtspersonen überantwortet habe.

Das „Siegel Gottes" endlich, von dem im neunten Kapitel gesagt ist, es werde die Menschen vor den aus den Brunnen des Abgrundes aufgestiegnen Heuschrecken mit Skorpionenschwänzen bewahren, ist nach der Deutung der Babanin nichts Anderes als die Operation der Beschneidung, die von der Secte auch „das kaiserliche Siegel" genannt wird.

Indem die Prophetin sich zuletzt an die Einzelnen wendete, sagte sie jedem ermunternde Worte, die aber immer einen mystischen Klang hatten. Dem Einen rief sie zu: „Du sollst gleich dem Propheten Habakuk Gast in allen Städten sein. Du bist weiß wie eine Taube, und Du sollst die weißen Tauben füttern". Vermuthlich war damit gemeint, daß der Betreffende als „Wanderer" umherziehen und den entfernten Brüdern predigen sollte. Häufig werden solche Reisen angetreten, die zu dem Charakter des russischen Landvolkes sehr wohl passen, und die reichen Mitglieder der Secte machen sich eine Ehre daraus, solchen Wanderpropheten eine bequeme Herberge zu bieten.

Zu einem andern, der gerade für die Verschneidung vorbereitet wurde, die gewöhnlich am Schlusse solcher Gottesdienste vorgenommen wird, sagte die Babanin: „O vielgeliebte Seele, Du sollst vom Himmel Zeichen erhalten, über welche sich das ganze Haus Israel verwundern wird. Der himmlische Vater wird Dir die Krone mit sieben Zinken reichen. Dazu bedarf es nichts weiter, als dessen, daß Du Dein Blut für Christum vergießest".

Die Versammlung hörte dieses wüste Kauderwelsch wie eine von Gott eingegebene Rede an. Viele schluchzten über das einfältige Zeug vor Rührung und wollten darüber in Thränen zerfließen.

Wir sehen wieder einmal, die Sonne des neunzehnten Jahrhunderts bescheint noch keineswegs alle Winkel der Erde. Noch lagern über weiten Strecken Wolken und Nebel, welche ihr Licht nicht durchdringen lassen. Aber diese slavischen Secten sind doch wilder und unheimlicher als alles, was die germanische und romanische Welt in dieser Richtung heutzutage noch aufzuweisen hat. Man erinnere sich des Bildes, das ich von den Shakern Ohios gab, die in mehr als einer Beziehung als ein

Seitenstück zu den Skopzen Rußlands bezeichnet werden dürfen. Auch jene wunderlichen Heiligen glauben, daß die Wiederkunft Christi im vorigen Jahrhundert erfolgt und das tausendjährige Reich angebrochen ist, auch sie halten den geschlechtlichen Verkehr für Sünde, auch sie verehren Gott durch Tanz mit improvisirten Liedern, auch sie endlich sind der Welt und damit dem Staate abgewandt. Aber das Bild ist hier doch ein ganz anderes, freundlicheres, friedlicheres und harmloses, als dort, wo Elemente hereinspielen, die uns an tartarische und mongolische Religionsübung erinnern.

VII.

Die Spiritisten.

m Herbst 1877 und im Frühling 1878 hörte man von verschiedenen Orten, von Berlin, von Leipzig, von Wien, von Petersburg, daß der famose Spiritist Slade aus Amerika zu Gastrollen eingetroffen sei, bei denen er als sogenanntes Medium Geister citirt habe, die zwar unsichtbar gewesen, aber Schiefertafeln mit Schrift in verschiedenen Sprachen bedeckt hätten. Der Mann war nur einer von den vielen Yankees, die in dieser Weise in England und in Frankreich Geschäfte mit der jenseitigen Welt und denen machen, die diesseits gern etwas von ihr wissen möchten, und er gehört mit seinem Humbug in das Treiben einer Secte, die jenseits des großen Wassers weite Kreise beherrscht und auch diesseits verhältnißmäßig viele Anhänger zählt. So wird es nicht unzeitgemäß sein, wenn ich über diese Klasse von wunder= lichen Heiligen einige Aufschlüsse gebe, die zum Theil auf Augenzeugenschaft beruhen. Den genannten Herrn habe ich zwar nicht selbst gesehen, weiß aber aus glaubwürdigem Munde, daß er ein ziemlich geschickter Taschenspieler mit salbungsvollen Manieren ist. Die Spiritisten dagegen habe ich in ihrer

Leipziger Gemeinde, an deren Spitze damals die Polen Graf Poninski und Buchhändler Kasprowitz standen, und zu der das schöne Geschlecht der untern Stände in der alten Meßstadt das Hauptcontingent gestellt hatte, sowie durch fleißiges Studium ihrer Literatur, ich darf wohl sagen, gründlich kennen gelernt.

Kein Zweifel, unser Jahrhundert ist ein höchst aufgeklärtes, zumal in Deutschland. Der Teufel hat sich in die Köpfe von ein paar orthodoxen Pastoren zurückgezogen, Gespenster giebt es nur noch im Innern von Bauchrednern und in der Zauberlaterne von Taschenspielern, Nixen, Wichtelmännchen und Hauskobolde sind ausgewandert, die ganze unheimliche Welt des Aberglaubens ist auf etliche mattflackernde Irrlichter in weit von der Eisenbahn und den großen Städten entlegnen Winkeln zusammengeschrumpft.

So sagt man uns vergnügt und stolz. Aber sachte, mein Freund, sachte! Wie reimt sich damit, was ich im Folgenden zu berichten habe, und zwar keineswegs aus einer fernen vermoderten Ecke Altbaierns, aus Muffrika, wo man Windthorst in den Reichstag wählt, oder aus den Wäldern hinter Gumbinnen, wo die Wölfe den Füchsen gute Nacht sagen. Was ich erzählen werde, kommt vielmehr direct aus Pleißathen oder Kleinparis, wo sie die Bildung mit Löffeln essen, dann aus dem Centrum der Nation, welche an der Spitze der Civilisation einherschreitet, und aus dem Lande der Yankees, die es nicht für einen Raub halten, wenn sie den Namen des erleuchtetsten Volkes auf Erden beanspruchen.

In Leipzig also — doch zäumen wir unser Pferd nicht beim Schwanze auf, fangen wir hübsch mit dem Wasser an seiner Quelle an. In Amerika also, im Staat New York, der den Spruch „Excelsior"! Immer höher hinaus! im Wappen führt, und zwar in der Stadt Rochester verbreitete sich im

Sommer 1851 das Gerücht von einem seltsamen Spuke. Zwei junge Damen, die Schwestern Fox, hatten seit einiger Zeit ein Klopfen um sich gehört, das sie sich durchaus nicht erklären konnten, bis sie endlich merkten, daß es von Geistern aus dem Jenseits herrührte, die sich ihnen auf diese Weise verständlich machen und durch sie mit andern Sterblichen in Verkehr treten wollten. Bald war die ganze Stadt voll von dem wunderbaren Phänomen. Gläubige sammelten sich um die „Medien", wie man die Vermittlerinnen des Hereinragens der Geisterwelt ins Diesseits nannte. Ungläubige untersuchten das unheimliche Klopfen, um eine natürliche Ursache zu finden, und wurden bekehrt; denn es fand sich keine solche Ursache. Die Erscheinung blieb ein Räthsel, von dem in Kurzem alle Welt vom Hudson bis über den Mississippi hinaus redete.

Denn jetzt unternahmen die beiden Medien Apostelreisen, die wir, da die Misses bei ihren Vorstellungen Eintrittsgeld erhoben, auch als Geschäftsreisen bezeichnen dürfen. In den verschiedensten Städten der Union erschienen sie mit ihrem Geistergefolge, und überall fanden sie Anhang, fast überall bald auch Nachahmer, unter denen dann einige das Anfangs sehr unvollkommene System der Befragung des Jenseits, bei welchem der citirte Geist nur mit Ja oder Nein, d. h. durch Klopfen oder Stillbleiben antworten konnte, sinnreich verbesserten, sodaß fortan inhaltvollere Unterhaltungen mit dem Todtenvolke möglich waren. Nach Verlauf von zwei Jahren gab es schon Hunderte von Medien männlichen und weiblichen Geschlechts, und Tausende schwärmten für den neuen so tröstlichen Glauben. Allenthalben klopften unsichtbare Geisterfinger, überall drängte sich's in der Luft von Jenseitigen, die entweder in der Absicht zu belehren, oder in dem Bestreben, erlöst zu werden, den Menschen Eröffnungen zu machen hatten. Immer be-

quemer wurden die Manipulationen, mit denen man ihnen die
Hand zu Mittheilungen bot. Eine der beliebtesten war das
Tischrücken, bei dem kein Medium nöthig war, sondern der
Besuch aus dem Todtenreiche durch die verbundenen und auf
die Platte eines Tisches gelegten Hände jeder beliebigen Ge=
sellschaft gewissermaßen in den betreffenden Tisch fuhr, denselben
zum Drehen brachte und schließlich durch Aufstampfen mit dem
einen Beine des nunmehr beseelten Möbels die ihm gestellten
Fragen erledigte.

In dieser anmuthigen Gestalt kam die Sache nach Europa
und 1853 auch nach Deutschland, wo sie als hübsche, mit ge=
lindem Gruseln verschönerte Abendunterhaltung sich für einige
Zeit einbürgerte, von Gelehrten der Prüfung und verschiedener
gründlicher Abhandlungen gewürdigt wurde, auch einigen wunder=
süchtigen Männlein und Weiblein den Kopf verdrehte — ich
entsinne mich z. B. einer Dresdener Hofdame, die einen Arm=
stuhl besaß, in welchem die arme Seele eines Stabstrompeters
von den Gardereitern sich häuslich eingerichtet hatte — bis der
Spuk endlich vor wichtigeren Dingen in Vergessenheit gerieth.

Anders in Amerika, wo man das Ding von Anfang an
und weiterhin ernsthafter nahm. Während die Zweifler hier
ferner nach Erklärungen suchten, strebte der Spiritualismus
oder Spiritismus, wie man die Neuerung mittlerweile ge=
tauft hatte, nach „wissenschaftlicher" Vertiefung und religiöser
Begründung. Die Eröffnungen der Geister und die Specu=
lationen über dieselben wurden gesammelt, gesichtet und systematisch
geordnet. Die Methoden, wie dem Jenseits beizukommen, er=
fuhren weitere Verbesserungen, und zuletzt machte ein Medium
in Boston sogar die interessante Entdeckung, daß die Geister
sich unter Umständen photographiren ließen. Massen von Bro=
schüren und mehrere umfangreiche Schriften, verschiedene Wochen=

und Monatsblätter entsprangen dem Bedürfnisse der Spiritisten, sich gegen Angriffe zu vertheidigen und Proselyten zu gewinnen. Allmählich organisirten sich die Gruppen und Clubs der Gläubigen zu größeren Verbänden, und ehe man sich's versah, war das ohnehin religionen- und confessionenreiche Yankeeland um eine neue stattliche Secte reicher. Die Führer derselben bereisten Conferenzen und Synoden, zu denen von Osten und Westen Deputirte eintrafen. Eine Menge höchst wunderbarer, gewöhnlich sehr naiv klingender, oft unerhört abgeschmackter Lehren gruppirte sich um den Kern der angeblichen Thatsache des Geisterklopfens. Der Verkehr mit den Todten wurde etwas Alltägliches, Selbstverständliches, er verlor alles Grauenhafte. Man stellte sich mit den Abgeschiedenen förmlich auf Duzcomment, lebte mit ihnen ganz wie mit Seinesgleichen, wollte alle Disciplinen der Wissenschaften mit ihren Offenbarungen reformiren und ließ sich von den jenseitigen Stimmen selbst in seine Häuslichkeit hineinreden und bei Actienunternehmungen, z. B. durch Aufspürung von Kohlenlagern helfen.

Das klingt Alles äußerst wunderlich, ist aber Thatsache. 1863 zählte die neue Religion allein in den Vereinigten Staaten gegen anderthalb Millionen Bekenner, und zehn Jahre später sprach man sogar von vier Millionen. Circa dreißig Zeitschriften verbreiteten und vertheidigten den Glauben derselben, und die Zahl der von ihnen ausgegangnen und wider sie erschienenen Bücher und Flugschriften betrug über fünfhundert. Eine förmliche Bibliothek von Ungereimtheit! Verrückte Gesellen, diese Yankees, wenn sie sich einmal mit übersinnlichen Affairen befassen! Unbändige Narren! nicht wahr? — Sachte, sachte! Vergessen wir den Anfang der Rede nicht, und hören wir was folgt. Es könnte der Art sein, daß wir am Ende auch vor unsrer Thür zu kehren hätten.

Mittlerweile war der Spiritismus auch nach Europa gelangt und hatte sich hier einigermaßen unabhängig von seinem Mutterlande ausgebildet. Wie in England 1855 eine Mrs. Hayes mit einem wohldressirten Geistertische selbst in aristokratischen Familien Gläubige gefunden, so machte in den ersten sechziger Jahren der Amerikaner Home erst in London, dann in sehr hohen und sogar in den höchsten Kreisen von Paris mit seinen Gespenstercitationen brillante Geschäfte, was uns beiläufig nicht wundern darf, da auch Napoleon der Erste zur Lenormand ging, um sich die Karten schlagen zu lassen, und Eugenie gleich andern vornehmen Spanierinnen das Privilegium hatte, abergläubisch zu sein.

Das Gefallen an dem Verkehr mit der Geisterwelt ist seitdem weder in England noch in Frankreich aus der Mode gekommen. Infolge dessen giebt es unter den Briten, die bekanntlich ein Patent auf die Verwerthung ihres Ueberflusses an gesundem Menschenverstand genommen haben, eine Menge begnadigter „Medien", deren Federn und Bleistifte, von Geisterhand geführt, uns beschreiben und selbst abzeichnen, was im Lande der Schatten existirt und vorgeht und uns sehr ins Einzelne gehende Schilderungen dessen liefern, was jenseits der „janua vitae" Brauch und Sitte ist.

Shakespear spricht von dem „unentdeckten Lande, von dessen Grenze kein Reisender zurückkehrt". Wenn er heutzutage lebte! Diese oft angeführte Phrase des Schwans vom Avon hat jetzt alle die geheimnißvolle Großartigkeit verloren, die sie früher einschloß. Alle Tage kommen gegenwärtig Reisende von dort zurück und zwar Reisende von nicht geringem Namen und Stande. Sehen wir vom weisen Könige Salomo, von Napoleon dem Ersten, von Sokrates, der beiläufig seit seinem Trunk aus dem Giftbecher Hebräisch gelernt hat, vom heiligen Augustinus, dem Kirchenvater, von Jeanne d'Arc und vielen andern historischen Berühmtheiten ab, über deren Besuche hienieden das „Spiritual Magazine", die eine der Zeitschriften des geistergläubigen Albion, von Zeit zu Zeit detaillirt berichtet hat, so war namentlich ein besonders starker Zudrang von hervorragenden Künstlern und Schriftstellern aus dem Jenseits zu bemerken, und nach den Mittheilungen, die man von demselben empfangen hat, sowie nach den Notizen, welche Geister von weniger Ruf, aber gleich großer Wahrheitsliebe sich abfragen ließen (man vergleiche das andere Hauptblatt der Secte, „Human Nature", Nr. vom 1. März 1872), bin ich in den Stand gesetzt, den Lesern einen ziemlich befriedigenden Begriff zu geben, wie die Leute in „jener lichteren Welt" sich einrichten, und was sie treiben.

Natürlich sind ihre Arrangements, verglichen mit den unsrigen, ein erheblicher Fortschritt zum Besseren. Erstens ist jenseits das Klima bezaubernd schön, ewiger Sommer, kein Regen, kein Frost, weder Nebel noch Schnee und Eis. Folglich baut man drüben die Häuser — denn sie haben Häuser — nicht mit verschließbaren Thüren und Fenstern. Sonst sind die Dinge ungefähr ebenso gestaltet wie bei uns, nur ist Alles besser und namentlich eleganter. Es wird merkwürdig viel Staat mit Kleidern gemacht und ungemein viel auf Juwelierarbeit gegeben. Wordsworth muß etwas hiervon geahnt haben, wenn er irgendwo sagt: „Ein Geist und doch zugleich ein Frauenzimmer". Denn alle diese Jenseitigen verrathen ein wahrhaft frauenzimmerliches Wohlgefallen an Spitzen, Falbeln, allerliebsten Shawls, Broschen und niedlichen Möbeln. Daß die Wissenschaft im Jenseits weiter ist als bei uns hier unten, wird nicht überraschen dürfen. Auch ist es nicht gerade wunderbar, daß dort die schönen Künste ganz anders blühen als auf Erden. Dagegen möchte es Manchem seltsam vorkommen, wenn er erfährt, daß die Geister sich auch mit Obst- und Gartenbau beschäftigen, daß sie fleißig der Landwirthschaft obliegen, und daß Bäcker und Branntweinbrenner bei ihnen guten Verdienst finden. Was uns aber am Meisten in Erstaunen zu versetzen geeignet ist, ist der Fortschritt, den das Handwerk der Tapeziere und Meubleure im Jenseits bemerken läßt, und so will ich zunächst hiervon ein paar Proben mittheilen, indem ich einige Stellen aus der vor fünf Jahren erschienenen, sorgfältig ausgearbeiteten Schrift: „Glimpses of a Brighter Land" ausziehe, die von den Herren Baillière, Tindall und Cox veröffentlicht worden ist. Es ist da von einer Wohnung die Rede, in welche ein Geist eingeführt wird, der soeben seine Erdenheimath verlassen hat. Wir lesen da:

„Diese Halle war weiß und blau gestreift. Das Weiß war wie Alabaster, das Blau wie Lapislazuli. Das Muster des Teppichs bildeten große weiße und blaue Kreise, und Vorhänge von glänzendem Blau, von perlenbesetzten Spangen zurückgehalten, hingen in Festons vor jeder Oeffnung. Wir traten in eins der Nebengemächer. Es war blaßblau wie die Farbe der Türkise gehalten, und entzückend anmuthige Vorhänge von weißen Spitzen verhüllten sanft die Oeffnungen oder Fenster. Rings umher befanden sich weiche und behagliche Sophas und Polsterstühle, die aus Perlmutter geschnitzt und mit blauer Seide überzogen waren. Das Parkett bestand aus eingelegtem Holze — mir schien es Sandelholz zu sein — mit seltsamen Mustern in Perlmutter, die denen auf den Möbeln entsprachen. In der Mitte war ein Teppich, der wie Moos aussah, und auf dem man allerlei Blumen, blaue Vergißmeinnicht, Astern und Glocken gewahrte. Wir begaben uns dann über den sammetweichen Teppich nach einem andern Zimmer. Wie soll ich alle die verschiedenen Schönheiten desselben be-

schreiben? Es war ein tiefdunkles Karmoisinroth, welches allerlei
Schattirungen von Schwarz bis Feuerroth durchlief. Die Bogen
der Vorhänge waren von Perlenringen aufgenommen, von
denen jedesmal ein großer Rubin herabhing — man kann sich
nichts Anmuthigeres und Prachtvolleres vorstellen. Wieder
gingen wir in ein anderes Gemach. Hier war Alles mildes,
liebliches, strahlendes Weiß. Die Wände waren mit Seidenstoff
bedeckt, der in Festons aufgenommen war, und in der Mitte
einer jeden befand sich ein Diamantstern und ein von demselben
herabhängendes Rubinherz. Der Teppich war ebenfalls weiß,
aus jeder Ecke kamen Punkte von tiefdunklem Roth in Strahlen-
form, die sich in der Mitte mit einer silbernen Taube vereinigten. Das Hausgeräth bestand durchweg aus Filigranarbeit
in Silber, welche die reizendsten Muster zeigte".

Ich hatte mir die Nothwendigkeit einer Schlafstube und
luxuriöser Sophas für die jenseitige Welt nicht klar gemacht
und ebensowenig erwartet, von „köstlichem Obst, Brot und
Kuchen nebst Wein und duftigen Getränken in Pokalen von
verschiedenen Farben und Gestalten" zu lesen, die dort zu haben
sind. Man pflegt eben nicht an schlafende Geister zu denken
und die Vorstellung von einem Feinschmecker nicht mit der
eines Abgeschiedenen zu verbinden. Das zeigt aber nur, daß
wir gewöhnlichen Sterblichen nichts Ordentliches vom Jenseits
wissen. Nach den Mittheilungen, die uns durch die englischen
Medien zugehen, ist es unbezweifelbare Thatsache, daß man sich
im Geisterlande ganz ebenso leicht einen guten Tag machen,
ein wenig leckermaulen, ein wenig kneipen kann, wie in dieser
Welt. Was die Kleidung betrifft, so werden die Gewänder in
demselben Grade schöner und reicher, als der Geist auf der
Stufenleiter der Entwickelung emporsteigt: je höher die Stufe,
desto kostbarer auch der Juwelenschmuck. Aus dem oben er-

wähnten Buche nehme ich die folgende Schilderung einer wirklich bezaubernden Modedame der Geisterwelt und empfehle sie mit ihrer Tracht den Leserinnen zur Nachahmung.

„Ihr langes Haar umwallte sie rings in Locken und fiel in einer Ueberfülle blonder glänzender Massen auf ihren Rücken und ihre Taille herab. Ihr Kleid war ein weiches gazeartiges Gewebe, blau gerändert und um den Leib von einem Goldbande zusammengehalten, an dem sich als Schloß eine einzige große Perle befand. In den Haaren trug sie über der Stirn einen Goldreif, in dessen Mitte ein riesiger Rubin funkelte. Hinter ihren Ohren bemerkte ich eine Gruppe von Rubinen, die eine Art Blatt bildeten. Ihr Kleid floß in anmuthigem Faltenwurf auf ihre Füße herab, und offne Aermel ließen ihre lieblichen weißen, rundlichen Arme sehen".

Die Erziehungsanstalten der Geisterwelt kleiden ihre Zöglinge gewöhnlich nach einer Farbe und Mode. Kleinkinderschulen ziehen ein heiteres Nelkenroth vor, während andere Kinder in Weiß gekleidet sind. Backfische tragen ebenfalls Weiß, doch treten bei ihnen Perlenarmbänder und Perlenschnüre um die Taille hinzu, desgleichen perlengeschmückte Reifen, welche die Haare zusammenhalten. An einer Stelle des citirten Buches begegnen wir einem rührenden Bericht über die Einführung eines jungen Geistes in eine dieser Jugendbildungsanstalten, wo er das Einmaleins und die zehn Gebote lehren soll. Die Matrone, welche demselben vorsteht, ladet ihn ein, „eine Erfrischung zu sich zu nehmen". Während dieß geschieht, werden die Kinderchen, denen beim Eintritt des Gastes Schweigen geboten worden ist, zum Spielen in den Garten geschickt. Aeltere Geister, welche „auf Erden die Liebe kennen gelernt haben", tragen Roben von himmelblauer Farbe, sehr vorgeschrittne erscheinen in purpurnen Talaren. Grün kommt im Geister-

Modejournal nirgends vor; denn „es ist eine irdische Farbe". Ob das den Geistern von Irländern und Zigeunern recht ist, erfahren wir nicht, ich bezweifle es aber.

Die Landschaften der Geisterwelt sind belebt von Pferden, Kühen und anderem Vieh, und in den vom Winde sanft gekränselten Bächen, Flüssen und Seen wimmelt es von Fischen. Die Geister besuchen ihre Freunde in deren Wohnungen und halten hübsche kleine Kränzchen und Schmäuse, bei denen es äußerst lustig zuzugehen scheint. Sie machen ferner Ausflüge nach andern „Sphären" und bisweilen nach weniger begünstigten Regionen, um dort armen Seelen beizustehen, die sich abmühen, besser zu werden, um einen höhern Platz im Systeme der Geisterwelt zu erlangen. In Betreff der Fahrgelegenheiten, deren sie sich bei solchen Excursionen bedienen, ist zu bemerken, daß sie meist fliegen; doch bei andern Gelegenheiten geschieht's auch, daß sie zu dem Zwecke „Wagen, die mit milchweißen Pferden bespannt sind, oder niedliche Nachen oder Boote mit silbernen Bänken, Rudern und Masten und rosenrothen Polstern" besteigen.

Aber der Leser darf nicht glauben, daß die Jenseitigen ihr Leben blos mit Vergnügungen verbringen. Sie betreiben dieselben Geschäfte und Gewerbe, welche sie in dieser Welt gelernt haben, nur mit viel mehr Geschick, Verstand und, da sie unter günstigeren Verhältnissen arbeiten, mit mehr Leichtigkeit. Häufig auch begiebt sich's, daß ein Geist auf die Erde herabgesandt wird, um einem Gott wohlgefälligen Kunst- oder Handwerksgenossen in der Verfolgung einer schwierigen Aufgabe Beistand zu leisten. Daher befinden sich diejenigen, welche keine Geister zu Freunden haben, ganz unermeßlich im Nachtheile, und diejenigen, welche solche Freunde besitzen, können zuversichtlich auf eine erhebliche Verminderung der Ansätze auf der Jahresrechnung ihres Tischlers, ihres Hausarztes und selbst ihres Advocaten hoffen. Sogar selige Leichenbitter und Küster kommen, wie man erfährt, bisweilen zu Besuch nach der Erde zurück, aber man hat nicht gehört, daß dadurch eine Reduction in den Rechnungen ihrer Collegen, die noch im Fleische wandeln, herbeigeführt worden wäre.

Die vorhin angeführte Nummer von „Human Nature", welches Blatt sich ein „Magazin für Erziehung und Familienleben" nennt, enthält einen Bericht über ein jugendliches Medium, Master Charles Swan, den Neffen von Thomas Wilson, Eisenhändler, Market Square, Aylesbury, der Nacht auf Nacht von einem ganzen Schwarme „unschätzbarer" Geister Besuche erhält. Es sind literarische und artistische Geister, selige Aerzte, selige Handwerksleute, kurz Jenseitige von allen Sorten. Sie malen ihm Bilder, machen Rahmen darum, hängen sie geschmackvoll auf, sie schreiben ihm wissenschaftliche Abhandlungen, curiren die Gicht, das Zahnweh und andere Gebrechen, die den sterblichen Menschen quälen, und beleben ihre Operationen dadurch, daß sie zu gleicher Zeit artige Weisen auf der Mundharmonika und dem Brummeisen spielen.

Diese Geister haben, wie man weiter zu lesen bekommt, die Gefälligkeit gehabt, der Bitte um Unterzeichnung ihrer Namen zu entsprechen, und ein Beispiel solcher Signaturen ist veröffentlicht worden. Wir begegnen da dem Geiste John Wilson, der zum Zeichen, daß er ein Zimmermann, neben seinen Namen einen Hobel und ein Beil gemalt hat, ferner der Geistin (ich bilde das nach dem schönen Worte Gästin in unsern Theaterrecensionen) Mary Wilson, die sich durch einen Gänsekiel als der Schreibekunst Beflissene bezeichnet, dem seligen Doctor William Wilson, neben dem eine Flasche mit der Aufschrift „Gift" seinen Beruf angiebt, und dem weiland Leichenbitter William Angus, neben welchem die Figur eines Sarges angebracht ist. Außer diesen der großen Welt unbekannten Namen aber stoßen wir auch auf Berühmtheiten wie Channing, Wedgwood, Doctor Gall, Isaak Newton und Cuvier und auf die seligen Malergenien Van Dyck, Ruisdael, Hogarth, Turner und Eastlake. Ein andrer Künstler ist Lorenzo di Credi, der in Verbindung mit Eastlake verschiedene Porträts von Bewohnern des Jupiter, des Mars, der Venus, des Merkur und des Saturn gemalt hat, welche Bilder sehr ausführlich beschrieben werden.

Ich gebe einen Besuch bei diesem Medium in den Worten des gedachten Magazins wieder:

„Wir besuchten Wilson in der ersten Hälfte des verflossenen Monats und besichtigten seine Sammlung von Geisterarbeiten. Das Wohnzimmer ist buchstäblich bedeckt mit Zeichnungen und Malereien verschiedenen Stiles, die recht hübsch in massive Rahmen gebracht sind und in sehr eigenthümlicher Weise an den Wänden Platz erhalten haben. Diese ganze Arbeit ist von dem Knaben in schlafwachem Zustande und während die Thüren hinter ihm verschlossen waren, gethan worden. Mehrere von den Gemälden sind groß, Turners Childe Harold z. B. hat vier Fuß Höhe und zwei Fuß Breite, und Niemand möchte es unternehmen, das Bild ohne Beistand eines Andern aufzuhängen. Das Bild eines menschlichen Fußes hängt horizontal dicht an der Decke, zehn Fuß vom Boden, ohne daß man eine Leiter sähe, mit deren Hülfe seine Stelle zu erreichen wäre. Man vermuthet, daß es sogar da oben gemalt worden ist, da seine Vollendung mehrere Nächte erforderte, und man es in verschiedenen Stadien der Vollendung von Tage zu Tage da oben an der Decke sah. Einige der Bilder erregen Verwunderung, da sie eine große Kraft der Conception bekunden, obwohl man von der Behandlung nicht erwarten kann, daß sie ersten Ranges sei".

Ich erlaube mir hier den Bericht mit der Frage zu unterbrechen: Ei warum denn nicht ersten Ranges, wo so ausgezeichnete Maler sich mit den Gegenständen beschäftigen? — Das „Magazin für Erziehung und Familienleben" fährt dann fort:

„Um neun Uhr Abends legt das Medium sein Malercostüm an und macht sich zum Einschlafen fertig. Wir sahen den Knaben bei unserm Besuche in diesem schlafwachen Zustande. Er setzt sich einfach auf einen Stuhl vor der Staffelei und legt seinen Kopf zurück auf ein Kissen, welches von der Lehne gehalten wird. Herr Wilson legt dann seine beiden Hände auf den Scheitel desselben, und das Medium verfällt nach einigen krampfhaften Zuckungen sofort in Bewußtlosigkeit. Es kann aber (merkwürdigerweise) nicht malen, so lange Fremde zugegen sind, und selbst nicht gut in Herrn Wilsons Gegenwart, obwohl letzterer ihn einige Mal bei der Arbeit gesehen hat. Es kann sogar nur mit Schwierigkeit schreiben, wenn andere Leute sich in der Stube befinden. Es schrieb, als wir da waren, einige kurze Sätze, von denen einer uns ersuchte, das Zimmer zu verlassen".

Da die Thorheit und der Drang einer gewissen Klasse von Leuten, sich hinter's Licht führen und übers Ohr hauen zu lassen, keine Grenzen kennen, so mag der Handel mit solchen Geistergemälden ganz schmucke Einnahmen abwerfen, zumal Herr Wilson behauptet, daß man ihn für die vom Geiste Van Dyks durch das Medium sehr schnell — in zwölf Minuten etwa — ausgeführte Skizze einer Frauenhand fünf Pfund Sterling geboten habe, und wenn es den Leuten wohlthut, an solche Sächelchen zu glauben und sich solche Kinkerlitzchen Geld kosten zu lassen, so wird gegen einen solchen Handel nicht viel einzuwenden sein, so lange Andern damit kein Aergerniß gegeben wird. König Salomo und der Kirchenvater Augustin, die Jungfrau von Orleans, Sokrates und Newton sind geschichtliche Charaktere und somit öffentliches Eigenthum, und es ist nicht gerade zu befürchten, daß die Erwähnung ihrer Namen in Verbindung mit einer solchen einfältigen Posse jemand Schmerz erregen könnte. Aber wenn man auch vor Kurzem Verstorbene in die Sache zieht, so ist das ein Unfug, der verhindert werden sollte.

In der Liste der Geister, welche Karlchen Swan besucht haben, befindet sich, wie bemerkt, auch ein Leichenbitter, und da die Secte der Spiritualisten behauptet, daß die Geister im Jenseits das Gewerbe fortsetzen, welches sie Diesseits betrieben haben, so entsteht die wunderliche Frage: welchen Zweck, welche Aussichten kann im Jenseits ein Leichenbitter haben? Oder halten die Geister, wenn sie eine Weltsphäre verlassen, um sich nach einer andern zu begeben, auch etwas der Art wie ein Leichenbegängniß ab? Oder machen sie vielleicht bisweilen Särge und schaufeln sie Gräber aus als Buße für diesseits begangne Sünden, wie der unglückliche Spanier Munjez, von dem wir in den „Glimpses of a Brighter Land" erfahren, daß er zur Strafe dafür, daß er auf Erden nichts gethan, als gesungen, Guitarre gespielt und getanzt hat, drüben allerlei Handlangerdienste verrichten muß.

Ich darf schließlich nicht unterlassen, die Leser darauf hinzuweisen, daß die Sterblichen nach der Meinung der englischen Spiritualisten, die beiläufig ihre Ansichten jetzt in acht Zeitschriften predigen, im Verkehr mit Geistern, die sich ihnen zum Umgang anbieten, sehr vorsichtig sein müssen, da manche von diesen Jenseitigen, besonders die Advocaten und Millionäre, so fürchterlich nach Schwefel riechen, daß sie die Luft der Stuben, die sie besuchen, bis zur Unerträglichkeit verpesten.

Indeß erhalten wir den Trost, daß ein Geisterausschuß niedergesetzt worden ist, der die Sitzungen der Spiritualisten überwachen und üble Folgen, die aus der Anwesenheit solcher Deputationen aus der Unterwelt entstehen können, verhüten soll.

Wir wenden uns jetzt den Schicksalen der Secte in Frankreich zu, wo es von Wichtigkeit war, daß ein Pariser Gelehrter sich zum Spiritismus bekehrte und dessen Vertheidigung und Weiterverbreitung fortan zur Aufgabe seines Lebens machte. Derselbe hieß Leon Denisard Riveil und schrieb unter dem Namen Allan Cardec nicht nur mehrere Schriften, die man als Handbücher für den Verkehr mit dem Jenseits bezeichnen kann, z. B. Le Livre des Esprits und Le Livre des Mediums, sondern wirkte auch in einer Monatsschrift, der „Revue Spirite", mit vielem Eifer, leidlichen naturwissenschaftlichen Kenntnissen und ungefähr so viel gesundem Menschenverstand, als der Glaube an solche Dinge verträgt, für seine Ansichten. Um das Jahr 1858 begann er mit dieser Thätigkeit, die nur mit seinem 1868 erfolgten Ableben aufhörte. Sehr bald fand er Gleichgesinnte und Mitstrebende. Ein Spiritistenklub bildete sich in Paris, in kurzer Zeit gab es deren in Bordeaux, in Lyon, in Toulouse, Metz und andern Orten Frankreichs, und nach einigen Jahren zählte der Zweig der Secte, der in Allan Cardec seinen Mittelpunkt hatte, Gemeinden in Spanien und Portugal, in Italien, in Polen und Rußland, in Griechenland, der Türkei, Aegypten und Algerien, zuletzt auch in Deutschland und Oesterreich. Außer Cardecs Revue hatten sie noch andere Organe: in Lyon „La Vérité", in Bordeaux „La Ruche Spirite", in Palermo „Lo Spiritismo", herausgegeben von Morello, Professor der Philosophie und der Geschichte an der dortigen Universität, endlich in Wien „Das Licht des Jenseits". Auch die spiritistische Bücherliteratur des europäischen Continents mehrte

sich mit jedem Jahre, und ich finde unter ihr mehrere kostbare
Sachen, z. B. „Dichtungen eines Begrabenen", von ihm selbst
dem Spiritistenklub zu Konstantine mitgetheilt, ferner Fabeln
und diverse Poesien des Klopfgeistes in Carcassonne, mit denen
derselbe den ersten Preis bei der Akademie der „Jeux Floraux"
zu Toulouse und später in Nimes eine Bronzemedaille gewonnen
hat, dann eine Lebensbeschreibung der Jeanne d'Arc, von ihr
einer Mademoiselle Hermance Dufaur, „vierzehn Jahre alt",
in die Feder dictirt, endlich das Bruchstück einer Sonate
„dicté par l'esprit de Mozart à M. Brion Dorgeval, medium".

Daß die Secte sich stark verbreitete, beweisen die vielen
Auflagen der Cardec'schen Schriften: das „Buch der Geister"
erlebte deren bis 1874 nicht weniger als achtzehn, und es
wurde ins Deutsche, Russische, Italienische, Spanische, Polnische
und Neugriechische übersetzt. Noch mehr aber sprechen dafür
die vielen Angriffe, welche die französische Geistlichkeit gegen
den Spiritismus unternahm. An mehreren Orten wurde von
der Kanzel gegen ihn gestritten, die Bischöfe von Straßburg
und Konstantine erließen förmliche Hirtenbriefe gegen die Todten-
beschwörer, und ihr Collège in Tulle wollte die neue Ketzerei
sogar vor das Concil bringen. In Spanien aber war dieselbe
bis zu den Ministern hinauf in Ansehen, und Generale ließen
sich von ihr bei ihren Operationen beeinflussen. General
Bassols, im letzten Karlistenkriege der Nachfolger Moriones im
Oberbefehl über das erste Armeecorps, legte seinen Maßnahmen,
wie ein Correspondent des Frankfurter Journals aus Madrid
berichtete, nicht etwa die Regeln der Taktik und Strategie zu
Grunde, sondern zog es vor, sich auf spiritistischem Wege mit
den Geistern verstorbener großer Feldherrn in Verbindung zu
setzen und sich von ihnen Rath und Hülfe zu erbitten. Man
kannte diese Schwäche des Generals an maßgebender Stelle

und ergötzte sich an derselben nicht wenig, jedoch ohne ihr die rechte Würdigung angedeihen zu lassen. Als er aber mit dem bestimmten Vorschlage herausrückte, die Befestigungen der Santa Barbara, vor deren Stärke die Gegner der Carlisten mit Recht großen Respect hatten, mit einem einzigen Bataillon zu erstürmen, und seinem wahnsinnigen Plane dadurch Geltung zu verschaffen suchte, daß er erklärte, der Geist Julius Cäsars habe ihm dazu gerathen, da hielten der General Quesada und sein aufgeklärter Generalstabschef Terreros es doch für geboten, das Wohl und Wehe des ersten Armeecorps lieber einem Offizier anzuvertrauen, der mit der Wirklichkeit und nicht mit den Geistern alter Heiden in gutem Einvernehmen stünde. „Das klingt kaum glaubhaft", setzt der Correspondent hinzu, „es ist aber nur zu wahr; ist ja doch auch im Jahre 1868 im großen Staatsrathe allen Ernstes die Frage erörtert worden, ob es nicht zeitgemäß und nützlich wäre, an der Madrider Universität eine Professur für einen Gelehrten zu errichten, der im Stande wäre, die Studirenden in die Geheimnisse des Spiritismus einzuweihen. Nur der persönlichen Einwirkung des damaligen Königs Amadeo ist es zu danken, daß der Blödsinn unterblieb.

Und jetzt komme ich zu den Leipziger Spiritisten, deren Glaube ebenfalls aus der Schule Cardecs stammt und vor etwa elf Jahren auf dem Umwege über Lemberg zu ihnen gelangt ist. Lange Zeit erfreuten sie sich des ihnen gewordenen Lichts in der Stille. Im November 1869 aber entschloß sich der seitdem verstorbene Graf Poninski, ihr Führer, beiläufig ein charmanter alter Herr, überzeugt von seiner Sache, aber freilich, mild gesagt, sehr naiv, kein Logiker, eher ein Schnelldenker, auch Andere an ihrem Glücke theilnehmen zu lassen, und wir hörten in der Buchhändlerbörse zwei Vorträge von ihm. Im Folgenden schäle ich aus diesen den Kern heraus und ergänze das, was daran fehlt, aus den Schriften des Pariser Großkophtas.

Wie die Menschen schon vor ihrer Geburt gelebt haben, so leben sie auch nach dem Tode fort, aber nur als Geister, d. h. nicht mehr mit einem groben Leibe bekleidet. Indeß haben sie die Fähigkeit, sich mit der Menschenwelt in Verbindung zu setzen, eine Gabe, die sie theils zur Belehrung und Besserung dieser Welt, theils dazu benutzen, sich selbst von den Menschen belehren und bessern zu lassen. Jenes geschieht von Seiten der guten und erleuchteten Geister, dieses von Seiten der bösen und unklaren, die indeß zuweilen auch Versuche machen, die Menschen zu äffen und zu schrecken. Das Mittel, dessen sich die Jenseitigen zum Verkehr mit dem Diesseits bedienen, ist der sogenannte „Perspirit", eine Art feinerer Körper, der auch im irdischen Menschen existirt und hier die Bestimmung hat, zwischen seinem Geiste und dem gröberen Körper als Mittelglied zu wirken. Der Tod trennt unser Ich nur von dem letzteren, den Perspirit nehmen wir in die jenseitige Existenz mit, er ist der „geistige Leib", von dem die Bibel sagt, daß wir mit ihm auferstehen werden.

Den Zustand der Menschen nach dem Tode bestimmt ihr Leben auf der Erde, wie ihre Verhältnisse, ihre Lage, ihr Stand auf Erden nur Folge ihres Vorlebens sind. Es findet also eine stete Seelenwanderung statt, theils diesseits, theils von Stern zu Stern. Es giebt „Prüfungssterne", zu denen die Erde gehört, „Glückseligkeitssterne" und „Strafsterne" in den verschiedensten Abstufungen. Wer diesseits seine bösen Neigungen nicht überwindet, dem dringen dieselben in seinen Perspirit ein und vermischen sich mit demselben in dem Grade, daß er sie mit ins Jenseits nimmt und dort von ihnen mit

Tantalusqualen gepeinigt wird, da ihm daselbst die Organe zu deren Befriedigung mangeln. Wer dagegen Herr seiner Leidenschaften geworden ist, der kommt nach seinem Ableben, je nachdem ihm sein Läuterungswerk gelungen ist, auf Sterne, wo die reineren und reinsten Geister wohnen. Die letzteren besitzen in allen Gebieten des Wissens die ausgebreitetsten Kenntnisse, die sie zur Belehrung der Menschen verwenden; die bösen Geister dagegen sind vollkommen unwissend, und Aehnliches gilt von den blos leichtfertigen. Von allen aber will die Barmherzigkeit Gottes, daß sie bekehrt, erleuchtet und selig werden, und wenn trotzdem viele in Unwissenheit und Pein verharren, so ist es nur ihr Wille, der sie durch Ablehnung der göttlichen Liebe zu diesem Zustande verdammt. Indeß ist Hoffnung vorhanden, daß auch die Verstocktesten endlich erlöst werden. Graf Poninski wußte von einem sehr bösen Geiste zu berichten, der den Leipziger Spiritisten zuerst mit der ungestümen Frage: „Wo ist mein Zobelpelz"? erschienen war, und der über tausend Jahre in der Verdammniß gelebt hatte, zuletzt aber erlöst worden war, und das Wiener „Licht des Jenseits" enthält die Kunde, daß der Geist der schrecklichen Frankenkönigin Fredegunde vor circa neun Jahren in die Seligkeit eingegangen ist.

Die Einwirkung der Geister auf die Menschen äußert sich in verschiedener Weise. Es giebt intellektuelle und physische Manifestationen derselben, und jene zerfallen wieder in Inspirationen, wo der betreffende Mensch denkend, dichtend, künstlerisch schaffend Gedanken, Empfindungen, Bilder von einem Jenseitigen erhält, ohne es zu wissen, und in Kundgebungen durch Medien, die sich bewußt sind, daß ein Fremder vermittelst seines und ihres Perispirits durch sie wirkt. Die Geister wählen sich zu Medien gewöhnlich Leute, die in Betreff dessen, was durch sie der Menschheit zugeleitet werden soll,

Fachkenntniß besitzen. Doch bedienen sie sich im Nothfall auch Anderer, selbst Ungebildeter, wo es dann geschieht, daß ihre Mittheilungen in der Logik, der Grammatik, der Rechtschreibung und in andern Beziehungen mangelhaft sind.

Am Besten eignen sich zu Medien sensitive Menschen, die sich vorzüglich in der Frauenwelt finden. Indeß können auch solche, mit deren Sensitivität es schwach bestellt ist, durch fleißige Uebung zu Medien werden. „Sie brauchen sich nur nach einem bestimmten guten Geiste recht zu sehnen, ihm, den Bleistift in der Hand, still zu halten, so erfüllt er allmählich ihren Perspirit, ihren aus dem Aether stammenden, mit der Elekricität verwandten fluidalen Leib mit dem seinen und setzt dadurch ihre Hand zum Niederschreiben dessen, was er sagen will, in Bewegung". Die physischen Manifestationen endlich sind das, wovon unsre Spukgeschichten handeln, also fühlbare, hörbare oder sichtbare Kundgebungen der Jenseitigen. Dieselben werden nach der hier etwas unklaren Darstellung des Grafen Poninski dadurch hervorgebracht, daß „der betreffende Geist seinen fluidalen Leib im Aether mit feiner Materie erfüllt und mit derselben in der Umgebung desjenigen, vor dem er sichtbar werden, Töne oder Empfindungen hervorrufen will, ein künstliches Leben schafft, wie wir bei der Anwendung galvanischer Batterien auf die Nerven todter Körper".

Die einzelnen Spiritisten haben ihre besondern Schutzgeister, und dasselbe ist mit den einzelnen Spiritistenklubs der Fall. Der Schutzgeist des Leipziger Vereins heißt Jehova, der des Mediums dieser Gesellschaft ist der Evangelist Johannes, der des Grafen Poninski war „der liebe Apostel Paulus", der ihm u. A. den rechten Sinn des neunten Kapitels im Römerbriefe erschlossen hatte. Daneben widmen sich den Gläubigen gelegentlich auch andere „hohe" Geister. So hält in Cardecs

Revue der selige Abbé Lamennais den Pariser Spiritisten Vorträge über das lange Leben der Erzväter Israels und über das Fegefeuer, Hahnemanns Geist unterrichtet sie über die Homöopathie, der heilige Ludwig verbreitet sich vor ihnen über das Weihnachtsfest, und Galilei predigt ihnen von der Allmacht Gottes in der Natur, während Nicolas Ponssin sie über Idealismus und Realismus in der Malerei und Lazarus von Bethanien sie über — den Pantheismus aufklärt. Diese Ansprachen sind zwar recht gut gemeint, aber leider fast ohne Ausnahme entsetzlich fade und langweilig, sodaß man Mühe hat, zu glauben, die Geister der Genannten hätten im Jenseits auch nur die Intelligenz bewahrt, die sie auf Erden besessen, von Fortschritt derselben gar nicht zu reden.

Wenn es Medien giebt, welche die Jenseitigen mit Auge und Ohr wahrnehmen (Geisterseher) und andere, durch welche sie sprechen (Somnambulen), so sind doch die meisten nur „schreibende" Medien, d. h. solche, welche das, was die Geister mittheilen wollen, von ihnen gelenkt, entweder mit dem Bleistift niederschreiben oder mit dem „Psychographen" andeuten. Mit einer kurzen Beschreibung dieses für jeden Spiritistenklub unentbehrlichen Instruments will ich meinen Abriß der Theorien unsrer Secte schließen, um dann ihre Praxis zu zeigen. Der Psychograph ist eine Holztafel mit einem Rahmen, auf deren Fläche ein leicht beweglicher Zeiger befestigt ist, welcher ungefähr die Gestalt eines mehrgliedrigen Storchschnabels hat. Am obern Theil der Tafel sind in zwei in der Mitte unterbrochnen Reihen, die im flachen Bogen laufen, die großen Buchstaben des Alphabets und darunter in einem dritten Bogen die neun Zahlzeichen angebracht. In dem Zwischenraume zwischen den Buchstabenreihen befinden sich die Worte „Ja" und „Nein", und darunter ist ein Stern zu sehen. Diese Tafel wird vor das

Medium auf den Tisch gelegt, wenn ein Geist erwartet wird. Das Medium legt die Finger beider Hände auf das unterste Glied des Zeigers und bewegt dann, von jenem geleitet, die Spitze des Storchschnabels erst langsam, dann immer rascher nach den Buchstaben oder Zahlen hin, die der Geist zu sagen hat. Jedesmal, wenn es ein Wort oder zwei am Alphabet gezeigt hat, spricht es dieselben aus, sodaß ein Protokollführer sie nachschreiben kann. Die Langweiligkeit der Geistervorträge wird durch dieses Verfahren noch beträchtlich langweiliger.

Die Spiritisten in Leipzig halten jede Woche einmal Zusammenkunft. Bei fünf derselben war ich zugegen. Im Folgenden schildere ich die Vorgänge in der zweiten. Das Lokal war eins von den Hinterzimmern einer Bierwirthschaft am Roßplatze. Dasselbe verrieth dadurch, daß in ihm Ketten von buntem Papier, Trinkhörner, Wappen von Pappe und ein Diplom zu sehen war, auf welchem eine „Bummelriege" den Wirth zum Ehrenmitglied ernannte, seine Bestimmung, zu andrer Zeit als Turnerkneipe zu dienen. Auch hätte man auf den ersten Blick als Fremder nicht geglaubt, daß hier eine Art Gottesdienst stattfinden solle. Die Gesellschaft hatte an Tischen Platz genommen, die zusammengestellt ein nach den Fenstern hin offnes Viereck bildeten, und trank hier theils Bier, theils Kaffee, wozu die Herren Cigarren rauchten. Die Mehrzahl der Anwesenden gehörte der Mittelklasse und den untern Ständen an, vier oder fünf waren gleich mir Gäste, und zwar befanden sich unter letzteren eine Baronin v. H. und ein bekannter deutscher Historienmaler Cl. Der Graf Poninski, Kasprowitz und der Versicherungsagent Hindorf hatten mit den beiden weiblichen Medien des Vereins, Hindorfs Ehehälfte und einer Frau Hartmann, an der Wandseite des einen Tisches ihre Plätze, wo neben ihnen auch ein Magnetiseur aus Marienberg, Namens

Huppert, saß. Die Hindorf sollte diesen Abend den Psychographen dirigiren. Ich bemerke dazu im Voraus, daß sie im engern Cirkel der Spiritisten auch als Somnambule deren Verkehr mit den Geistern besorgte.

Bald nach acht Uhr eröffnete der Vorsitzende Kasprowitz die Sitzung mit den Worten: „Sammeln wir uns zum Gebet". Die Cigarren wurden weggelegt. Nach einer Pause las Poninski auf die ihm durch das eine Medium zugekommene Anordnung des Schutzgeistes der Versammlung aus dem Gesangbuche die fünf letzten Verse des Liedes: „Warum willst Du doch für morgen" vor. Nach Verlesung des Protokolls der letzten Zusammenkunft und Erledigung einiger Geschäftsfragen wurde der Psychograph vor das Medium hingestellt, und der Vorsitzende sagte: „Im Namen Gottes bitte ich unsern hohen Beschützer, sich zu manifestiren". Frau Hindorf legte beide Hände auf den Zeiger des Psychographen, und nach einigen Minuten begann derselbe durch die Kraft des Schutzgeistes Jehova zu spielen, erst bedächtig, dann rascher und zuletzt so hurtig, daß das Auge der nach den Buchstaben hinschießenden Spitze nicht mehr zu folgen vermochte. Sobald das Medium auf diese Weise ein oder zwei Worte buchstabirt hatte, sprach sie dieselben aus, worauf sie der Vorsitzende wie ein Dictat in ein Buch schrieb und dann laut wiederholte. Der Schutzgeist aber sagte durch den Psychographen — wörtlich; denn auch ich schrieb nach — Folgendes:

„Gott — grüßt euch! — Ich komme — von — unserm Vater — euch — zu sagen — daß Falschheit — und — Heuchelei — Gott — ein Greuel — ist. (Ich lasse von hier ab die Gedankenstriche, die nur das Tempo angeben sollten, weg.) Merkt euch, daß ich in eurer Seele lese. Nicht alle seid ihr reines Herzens. O, wißt ihr nicht, wie unser Vater dieses bestraft? Legt ab, was nicht in eure Seele gehört. Um zu unserm Vater zu kommen, müßt ihr rein und gutes Herzens sein. Es würde euch viele Mühe machen, zu unserm Vater zu kommen. Auch sage ich euch, daß, wenn ihr eine Seele ab bringet von Gottes Wege, so trifft euch die doppelte Strafe. Auch nicht vor Geld und Gut sollt ihr Gottes Werke verkünden und eure Brüder auf dem rechten Wege führen. Denket, was Gott alles an euch irdischen Seelen für Wohlthaten zeiget, und unser Vater will nur, daß ihr seine Gebote haltet. Denket nicht, daß unser Vater es nicht weiß. Er sieht ja eure Seelen alle Sekunden. Wehe dem, der es für Geld und gute Worte verbreitet! Es soll immer euer Wille sein, eurem Nächsten zu dienen und auf den Weg Gottes zu bringen. Ihr habt das Lied von heute, welches ich euch von Gott gebracht habe. Ihr werdet darin alles finden, was ihr zu wissen nöthig habt. (Hier gestattete sich der Gemahl des Mediums gemüthvoll eine vermuthlich ebenfalls nöthige Prise.) Nehmet es nicht als leeres Werk, was euch Gott gegeben hat. Die Zeit ist nahe, wo Gott, unser Vater, euch alle ermahnen muß. Es sind so viele Seelen, die nicht auf dem Wege wandeln, wie es unser Vater will. Ihr habt ja Gottes Güte empfangen. Theilt sie auch euern Brüdern mit, damit, wenn die Zeit kommt, wo unser Vater seinen Zorn zeigt, ihr gerettet habt, was noch zu retten war. — Ich hatte euch für heute nur diese Warnung zu geben. (Sie galt dem Magnetiseur, der sich hatte bezahlen lassen und gegen das Medium intriguirt haben sollte.) Bedenkt aber, was ich gesagt. Habt ihr Fragen, so könnt ihr fragen. Aber nicht lange mehr, und dann — wie ihr wißt — Mittwoch. (Mittwochs pflegte das Medium somnambul zu werden, und dann gab es „Seelenverkehr", d. h. Unterhaltung der Spiritisten mit den durch Frau Hindorf sprechenden Jenseitigen, und „Wanderung",

d. h. Besuch der Somnambule auf der Sonne und andern Himmelskörpern.

Graf Poninski: „Wir danken Dir, theurer Schutzgeist, für Deine warnenden Worte und hoffen von Dir das Zeugniß zu erhalten, daß wir die Gnade, die uns durch Dich zukommt, zu schätzen wissen. Deine Ansprache war wohl mehr eine Warnung als eine Strafrede. Wir danken Dir dafür und werden Dir folgen".

Schutzgeist: „Ja, ihr werdet die Krone des Lebens erhalten".

Graf Poninski: „Wir danken Dir für diese hocherfreuliche Mittheilung. Für Geld werden wir gewiß nicht die Gnade weggeben, die uns widerfährt".

Schutzgeist: „Nichts mehr zu sagen. So lebt wohl. Ist aber Einer unter euch, den meine Warnung getroffen, so mag er sie beherzigen. Lebt wohl".

Graf Poninski: „Wir danken".

Der Vorsitzende klingelte nun, um darauf die von ihm nachgeschriebene „Offenbarung" des Schutzgeistes Jehova zu verlesen. (Himmel! noch einmal das schale Zeug! dachte ich.) Dann sagte er: „Die Discussion ist eröffnet", hinzufügend, auch Gäste könnten um das Wort bitten, um Fragen zu stellen oder Erfahrungen in Betreff des Spiritismus und der Geisterwelt mitzutheilen. Der Historienmaler machte davon Gebrauch, indem er zunächst seine Befriedigung, daß es hier so würdig zugehe, dann seine Verwunderung über das blitzschnelle Manipuliren des Mediums mit dem Psychographen aussprach und zuletzt ein paar Erlebnisse in spiritistischen Kreisen der vornehmen Welt erzählte. Unter Anderm hatte er vor Jahren zu Berlin in einem Hause der Geheimrathsregion beim Kapellmeister W. in Gesellschaft des Ministers von Manteuffel ein Medium arbeiten sehen. Herr W. sei, so erzählte er, als der Minister vorgefahren, zweifelhaft gewesen, ob der Psychograph vor demselben sprechen werde, und in der That habe er sich Anfangs nicht gerührt. Als jener aber bemerkt, der Herr Psychograph genire sich wohl vor ihm, habe es dreimal auf den Tisch geklopft. Dann habe Excellenz, aufgefordert, eine Frage zu thun, sich erkundigt, wie viel Geld sie im Portemonnaie habe. „In Papier oder Silber?" habe der Geist gefragt. „Nun denn, meinethalben wie viel in Silber"? habe Manteuffel erwidert, und darauf sei die Antwort: „Zwei Thaler, zwanzig Silbergroschen" ergangen, die der Minister beim Nachsehen in seiner Geldtasche als richtig erkannt habe. — Ferner hatte unserm Maler der Fürst von Wied erzählt, daß die junge Fürstin, als sie, in eine schwere Krankheit verfallen, die mit Lähmung geendigt, in Paris eine erfolgreiche magnetische Kur gebraucht habe, dadurch aber somnambul geworden sei, in welchem Zustande sie, ohne ein Wort Griechisch zu verstehen, griechische Gedichte gemacht hätte.

Poninski erklärte hierauf das hurtige Hantiren des Mediums Hindorf: die Dame „besitze das zum Verkehr mit Geistern erforderliche elektrische Fluidum in besonders reichlichem Maße", dasselbe strahle daher dem Schutzgeiste des Vereins stärker entgegen als das von andern Medien, und die Verbindung des fluidalen Leibes der Betreffenden mit dem des Geistes aus dem Jenseits werde ungewöhnlich innig". Der Graf belehrte uns dann noch über die Medien im Allgemeinen, und man erfuhr, daß es mechanische Medien, d. h. solche, die nicht wissen, was sie schreiben oder psychographiren, und intuitive giebt, die es wissen. Ferner hat man halb intuitive und hörende, zu welcher letzteren Gattung Poninski selbst gehörte. Er stand mit drei Geistern in Verkehr. Jeder der drei redete ihn anders an und hatte einen andern Rhythmus der Sprache als seine Collegen. Endlich finden sich auch zeichnende Medien, und der Leipziger Klub ist so glücklich, eins zu besitzen.

„Wir saßen", so berichtete der Graf, „einst bei einander und erfuhren, daß Michel Angelo unter uns war. Im Laufe der Unterhaltung mit ihm fragte ich, ob er uns nicht was zeichnen könne. Warum nicht? antwortete er, und als ich ihn darum bat, verlangte er Fabersche Bleistifte Nummer Eins bis Sieben, gutes Zeichenpapier und ein Reißbret. Als das beschafft war, führte der Geist die Hand des Mediums, eines Mädchens, das höchstens ein bischen Bürgerschulzeichnen gelernt hatte, erst einige Male über dem Papier durch die Luft, als ob er Maß nehmen wollte. Dann warf er mit einem einzigen Strich die Oeffnung einer Vase auf das Papier. Als die Rundung nicht ganz gerathen war, dictirte er durch den Psychographen das Wort „Gummi", wischte die fehlerhafte Stelle aus und verbesserte sie dann wieder mit einem einzigen flotten Zuge, worauf das Ganze in verschiedenen Sitzungen vollendet wurde".

Der Leser zweifelt, wie oben bei den Bildern Karlchen Swans. Aber ich habe die Vase beim Grafen mit eignen Augen gesehen. Sie ist im Renaissance-Geschmack ausgeführt und ungefähr 13 Zoll hoch. Oben an der Wölbung oder dem Bauche befinden sich Epheublätter, darunter sieht man ein Auge Gottes und noch weiter unten einen flatternden Schmetterling, „das Symbol der unsterblichen Seele". Um den Fuß des Gefäßes läuft ein halber Bogen mit Sternen, die Milchstraße. Der linke Henkel ist ein Molch, der rechte ein Fisch. Die Bedeutung dieser Figuren und Embleme ist nach Poninski, der es von dem Künstler selbst hat: „Das Auge Gottes siehet die Guten und die Bösen, er zählet die Sterne am Himmel". Am Rande des Fußes liest man die Worte: „Amor Dei", und daneben steht ganz deutlich: „Michel Angelo". Ich hoffe, daß man jetzt nicht mehr zweifelt.

Zum Schlusse bat der Magnetiseur uns Wort und trug uns einige „odische" Geheimnisse vor, die er mit Experimenten erläuterte. Er behauptete, ein Sensitiver könne von einer Schrift fühlen, was sie enthalte. Schreibe er, der Magnetiseur, das Wort „Ruhe" oder das Wort „Zorn" auf ein Blatt Papier, und lasse er einen solchen Sensitiven die Hand über, nicht auf das Blatt halten, so werde dieser die Empfindung der Ruhe, eventuell des Zornes, verspüren. Ferner wollte er wissen, daß man, die Hand über ein Stück Papier haltend, worauf ein Anderer ein stark wirkendes Medicament geschrieben, den Geschmack desselben auf der Zunge haben werde. Ein Versuch aber, der gemacht wurde, und bei dem ich das Wort „Arsenik" hingeschrieben, fiel nicht glücklich aus. Es wird also dummes — nicht doch, es wird also kein genügend Sensitiver unter uns gewesen sein.

Und doch schien dem nicht so zu sein. Der Magnetiseur hielt mir mit den Fingerspitzen einen Kupferdreier hin, ersuchte mich, die innere Handfläche dagegen zu kehren, und fragte dann, ob ich etwas empfände. Ich glaubte, einen leichten kalten Luftstrom zu spüren. Andere versuchten es und spürten das nach des Magnetiseurs Versicherung Normale, nämlich einen warmen Strom, und ein Mediciner wollte zugleich einen blauen und einen rothen Schein aus dem Dreier hervorstrahlen sehen. Derselbe bemerkte ferner bei einem dritten Experiment, wo der Magnetiseur ihm die ausgestreckte Hand gegen die seinige hielt, zwischen den beiden Reihen von Fingerspitzen etwas wie einen grauen Nebel. Endlich versicherte er und eine neben ihm sitzende Dame, daß sie, die Hand über eine ihnen von Herrn Huppert vorgelegte Photographie hinstreckend, die von Jenem vorausgesagte Wärme und ein gewisses Prickeln fühlten, während ich beim besten Willen nicht das Geringste davon merkte.

Es gab also Sensitive unter uns. Aber wenn der Magnetiseur dann behauptete, dieselben vermöchten im Wasser Geister und entfernt lebende Verwandte zu sehen — so war das wieder einmal dummes — ich wollte sagen, so war das wieder einmal von unsrer Sensitivität zu viel verlangt. Unser Medium freilich hatte dergleichen, wie sie mir erklärte, häufig beobachtet. Wir aber brachten es nicht fertig. Es wurde eine Flasche mit Wasser auf den Tisch gestellt. Der Magnetiseur fragte, wen ich zu sehen wünsche, ich antwortete, meinen Sohn, der zu dieser Zeit als Seemann auf der Fahrt nach China war; jener schlug hierauf leicht mit der Hand auf die Oeffnung der Flasche und „wirkte dann (wie, weiß ich nicht) magnetisch auf uns". — „Und nun blicken sie in die Flasche", sagte er. „Zuerst bildet sich einen Zoll über dem Boden eine kleine graubraune Wolke, dann sieht man sich aus derselben allmählich die gewünschte Gestalt entwickeln". Wir thaten, wie uns geheißen worden. Wir sehen aufmerksam und erwartungsvoll in die Flasche — eine Minute — zwei Minuten — drei — fünf Minuten. „Sehen Sie was"? — „Nein". — „Sie"? — Nicht das Mindeste. — Pause, dann weitere Frage: „Sieht jemand etwas"? — Alles bleibt still, auch der sensitive Mediciner. Weder Wolke noch Gestalt wollte kommen, und sie würden vermuthlich noch heute warten lassen, wenn ich nicht meinen Hut genommen und mich bis auf Weiteres empfohlen hätte.

„Und dann, wie ihr wißt, Mittwoch", mit diesen Worten hatte der Schutzgeist der Leipziger Spiritistengemeinde am Montag seine Manifestation geschlossen, und da ich ebenfalls zu den Wissenden, wenn auch nicht zu den Glaubenden gehörte, so folgte ich der in jenen Worten liegenden Einladung und begab mich Mittwoch in die Privatwohnung des Mediums, wo dieselbe „schlafen", d. h. als Somnambule mit den Geistern verkehren sollte.

Als ich etwa drei Viertel auf acht Uhr ankam, fand ich eine ziemlich zahlreiche Gesellschaft versammelt, die zuletzt aus 13 Herren und 3 Damen bestand, der Historienmaler war wieder dabei, außerdem aber in den beiden Aerzten D. Clothar Müller und D. Lohrbacher ein Paar weniger gläubiger und deshalb wohl weniger willkommener Gäste. Frau Hindorf zeigte sich sehr aufgeräumt und suchte durch lebhafte Erzählung von Vorkommnissen aus dem Verkehr zwischen ihr und den Geistern ihrer seligen Eltern die Bedenken zu entkräften, welche die Doctoren in Betreff dieses Umgangs mit Persönlichkeiten aus der Todtenwelt erhoben hatten. Vielleicht war sie von der Realität ihrer Geister überzeugt. Viel wahrscheinlicher aber war, daß sie in ungewöhnlichem Grade die Gabe besaß, sich zu verstellen, und daß sie ihre Rolle als Medium gut inne hatte.

Auch von der kleinen resoluten und redseligen Frau, die neben mir vor dem Tische und der hellbrennenden Lampe Platz genommen hatte, hinter denen das Medium in einer Ecke des Sophas saß, erfuhr ich, daß sie aus eigner Erfahrung an die Sache glaube. „Seit dreizehn Jahren schon habe ich meine selige Mutter alle Tage bei mir", sagte sie. „Und sehen Sie, ich frage sie über allerhand Dinge um Rath, über Wirthschaftsgegenstände, wenn ich mir was kaufen will, wenn ich verreise, auch über den Charakter von Leuten, wie sie's meinen, sehen Sie, kurz über alles Mögliche, und immer ist's richtig eingetroffen". — „Hm", fragte ich, „wohl mit dem Psychographen"? — „Nein", erwiderte sie, „aber ich habe mir einen bestellt, und dann wird's besser gehen; denn bis jetzt, sehen Sie, da konnte sie mir immer nur mit Ja und Nein antworten. Ich habe nämlich bis jetzt nur mit einem

Tische gefragt, so was man einen Kammerdiener nennt, wissen Sie, so einen kleinen mit drei Beinen". — „Wie antwortet der denn"? — „Nun, ich lege die Hände darauf, und da hebt er das eine Bein in die Höhe und klopft damit, wenn er ja sagen will. Will er Nein sagen, so bleibt er mit allen drei Beinen stehen."

Sie war im Begriffe, mir mehr mitzutheilen und mir namentlich von einem Geiste zu erzählen, der „Kraft" hieß und sie seit einiger Zeit auch besuchte, als die Gespräche der Uebrigen stockten und allmählich allgemeine Stille eintrat. Das Medium lehnte in seiner Ecke, den Kopf auf die linke Hand gestützt, die rechte über die Magengegend gelegt, die Augen noch offen. Ich sah auf die Uhr über ihr. Es war acht Uhr zehn Minuten. — Pause von etwa zwei Minuten. Dann erhob sich der Gatte des Mediums mit dem Leipziger Gesangbuch in der Hand, sagte: „Wir beten" und las hierauf einige Verse des Liedes: „Froh versammelt sind wir hier" mit leiser Stimme vor.

Dann wieder lange Pause. Dem Medium fallen die Augen zu und öffnen sich wieder. Sie verzieht ein wenig das Gesicht, wird roth, darauf blaß und darnach wieder roth. Sie preßt die Lippen auf einander, wie wenn sie Schmerz empfände, holt mehrmals tief Athem und schließt endlich die Augen, um sie nicht wieder zu öffnen. Es ist jetzt acht Uhr zwanzig Minuten. Noch einmal Erröthen, Zusammenpressen der Lippen, tiefer Athemzug, dann anscheinend fester Schlaf. Und jetzt ist er da, Jehova, der Schutzgeist des Vereins.

„Gott grüßt euch", sagt er, oder, wenn man will, Frau Hindorf, leise mit der Aussprache eines Träumenden. „Erlaubst du, daß von den Gästen Fragen gestellt werden? — Du erlaubst es — aber nicht lange".

Pause. Dann fragt der Stenograph, welcher die Manifestation nachschreibt: „Es wurde uns, lieber Schutzgeist, das letzte Mal gesagt, daß die Geister auf der Sonne das Fest Mariä Empfängniß feiern. Nun hat man aber auf der Sonne unsere Jahre, unsere Tage, überhaupt unseren Kalender nicht. Wie wissen da die Geister von unsern Festen, wie können sie sie feiern"?

Antwort: „Sie erinnern sich ihrer aus der Zeit, wo sie Menschen gewesen sind".

Kasprowitz fragt: „Welche Manifestationen, hoher Geist, sind für das Medium am beschwerlichsten"?

Antwort mir nicht recht verständlich, aber ich glaube, sie ging ungefähr dahin, daß die Anwesenheit von Ungläubigen störend wirke.

Der Historienmaler erkundigte sich jetzt: „Ist die Seele meines verstorbenen Sohnes jetzt unter uns, und kann ich ihn fragen"?

Die Hellseherin entgegnete: „Augenblicklich nicht. Es werden aber noch Seelen kommen — später — vielleicht auch er. Aber nicht lange mehr fragen".

Der Doctor und Stadtrath Müller stellte jetzt die Frage: „Wird ein gemeinnütziges Werk, mit dem ich mich heute beschäftigt habe, gelingen"?

Lange Pause. Dann sagte der Geist durch das Medium: „Das weiß ich nicht. Ich will aber unsern Vater fragen und es Dir sagen, wenn ich wiederkomme — heut Abend. Ich bin nicht allwissend".

Hierauf zweite Frage des Malers: „Ich habe die Absicht, dem Spiritistenverein beizutreten. Kannst Du mir dazu rathen? Bin ich dazu befähigt"?

Antwort sehr rasch: „Du hast die besten Anlagen dazu,

und es wird Dir zum größten Segen gereichen. Du wirst die Gnade unsers Vaters erlangen und seine Herrlichkeit erkennen". — Pause. — „Wenn ihr keine Fragen mehr habt, lebt wohl". Darauf abermals lange Pause, während welcher das Medium wieder mehrmals die Lippen auf einander gepreßt und tief Athem holt. Wir haben uns jetzt zu denken, daß der Geist Jehova sie verlassen hat, und daß ein anderer Jenseitiger sich bei ihr einstellt. Es ist, wie ich im Voraus bemerkte, die Seele der ersten Gemahlin des Grafen Poninski, und das Gespräch, das sie durch Vermittelung der Frau Hindorf mit diesem führt, betrifft den Magnetiseur Huppert, der sich hat beikommen lassen, von einer reichen Dame, die seine Geister in einer Geldangelegenheit um Rath gefragt, für seine Dienste Bezahlung anzunehmen, und der beiläufig von Frau Hindorf als Concurrent gefürchtet zu werden scheint.

„Gott sei mit euch"! grüßte der Geist der seligen Gräfin Poninski. Dann fuhr er fort: „Dieß mal hast Du es recht gemacht. Du hast früher Geld ausgegeben für einen Bösewicht. Er ist ein Heuchler. Wie er Dich umarmte! Was für ein Gesicht er machte! Gerade wie ich mir Judas vorstelle. Laßt ihn nicht wieder unter euch, bis er bereut".

„Bist Du es, liebes Christinchen"? fragte der Graf.

„Ja wohl bin ich es", erwiderte die Gräfin, wie es schien, noch immer stark entrüstet über die Heuchelei und Simonie des Magnetiseurs. „Nein, der Heuchler, wie er Dir um den Hals fiel"!

„Ja", seufzte der Graf, „ich hätte mir das nicht vermuthet".

„Er darf nicht wieder unter euch kommen. Was man von Gott hat, darf man nicht für Geld verkaufen".

„War er, als er das erste Mal hier war, auch schon so schlimm"?

„Ja, aber er ist jetzt gestraft. Unser Vater hat ihm fast alle seine Kräfte genommen, und wenn er nicht aufhört, verliert er noch Alles".

„Aber, liebes Christinchen, sein Magnetismus ist doch blos eine natürliche Kraft und keine Mediumnité! Da ist's doch wohl verzeihlich".

„Jesus ließ sich für seine Heilungen und Prophezeihungen auch nicht bezahlen".

„Aber so bedenke doch, liebes Christinchen, es ist bei ihm ja doch nur **thierischer** Magnetismus".

Es hilft ihm nichts, die selige Frau Gräfin bleibt bei ihrer schroffen Auffassung des Falles. Endlich aber läßt sie sich doch milder stimmen und schließt die Unterredung mit den Worten: „Nun, so schreibt ihm und bringt ihn auf gute Wege, damit er begreift, daß er Unrecht gethan hat. Und jetzt lebt wohl".

Wieder Pause, schweres Athmen des Mediums und Aeußerungen von Schmerzgefühl. Ihr eigner Schutzgeist ist nämlich gekommen, um sie zu einer Wanderung durch gewisse Gegenden der jenseitigen Welt abzuholen. Sie sagt: „Gott grüß Dich, lieber Johannes". Aus ihren weiteren Reden erfährt man, daß er mit ihr zuerst den Mond und hierauf „die drei Stufen" der Sonne besucht. Dort sehen sie alle so ernsthaft aus, als ob ihnen was „in die Quere gekommen wäre". Hier ruft die Seherin u. A. aus: „Ei, aber hat diese Seele eine schöne Krone auf! — Prachtvoll, wie das blitzt! Und horch mal der schöne Gesang. Und die vielen hohen Bäume, da könnte man sich ja davon pflücken und Kränze daraus machen. Ach, wie gern möchte ich so einen haben! Du giebst mir wohl einen, lieber Johannes? — Nein. — Aber Du giebst mir auch niemals was. — Und die köstlichen Blumen, wie groß die sind. Und die hübschen kleinen! — Ich soll also keine pflücken, es sind

Seelen, sagst Du. Höre mal, guter Johannes, ich habe Dir Manches geglaubt, aber auch manchmal blos so gethan, besonders, wenn Du immer sagst, die Blumen das sind Seelen. Du sagst, die Seele ist erst eine Pflanze, dann ein kleines Würmchen, dann Thier, zuletzt Mensch. Das ist doch schwer zu begreifen. Am Ende behältst Du mir meine Seele hier, und dann sitz' ich da. Wenn Du mir solch Zeug weißmachen willst —"

Und so ging es weiter, wohl noch eine Viertelstunde. Ich habe diese Faseleien unverdrossen auch nachgeschrieben. Hier aber will ich sie nicht weiter verfolgen; denn ich höre den Leser sagen: „Basta nun endlich mit dem einfältigen Gewäsch, sonst soll Dich Der und Jener!"

VIII.

Die Fenier und ihre Vorgänger.

it diesem Kapitel gehe ich von den wunderlichen Heiligen auf religiösem Gebiet zu ähnlichen Erscheinungen im Bereiche der politischen Interessen über. Ich spreche dabei nichts Neues aus, wenn ich sage: geheime politische Gesellschaften sind zwar in der Geschichte oft aufgetreten und haben dann gewöhnlich eine Zeit lang viel von sich reden gemacht, aber etwas Erhebliches vor sich gebracht, etwas geschaffen, der Sache, der sie dienten oder dienen zu wollen vorgaben, genützt oder geholfen haben sie nur in seltenen Fällen und unter außerordentlichen Umständen, vielmehr haben sie ihr in der Regel geschadet.

Es geht ihnen hier ungefähr wie ihren Verwandten, den geheimen Orden oder Bünden, die sogenannte humanitäre Zwecke verfolgen, den Old Fellows, den Druiden und ähnlichen guten Leutchen. Wie hier das Wesen der Sache in großen Worten und kleinen Thaten besteht, so im Allgemeinen auch dort. Wie hier, so führt fast immer auch dort in der Person des Meisters oder wie der Führer und Leiter sich sonst nennt, der Geist Mr. Pickwicks den Hammer. Wie hier, so spielt man auch dort vielfach mit Seifenblasen, die dadurch nicht wichtiger und inhaltreicher werden, daß zu dem Vergnügen die Thüren geschlossen und von den Anwesenden die Gesichter in feierliche Falten gelegt werden. Hier wie dort „Kunst" ohne viel Können, man müßte denn bei den humanitären Geheimbündlern ein paar Wohlthätigkeitsspenden das Jahr über und etliche schwere tiefe Trünke nach den Toasten der Ordensfeste, bei den politischen einige Putsche, einige gelungene oder mißglückte Mordthaten als Beweise von Können gelten lassen. Lockerten die letzteren bei großer Verbreitung — ich denke an die Carbonari und die griechische Hetärie — den Boden, und besäeten sie ihn mit einigem guten Samen, so war ebenso viel Unkraut darunter. So aber darf man behaupten, daß die Einen unter unsern modernen Mysten für die „Menschheitsveredelung", von der in den Werkstätten derselben ohne Unterlaß geredet wird, die Andern für die Freiheit, die sie meinten und immer wieder meinten, nichts oder doch nur wenig geleistet haben. Beide berauschen sich mit dem Bewußtsein, etwas zu sein, was sie nicht sind, beide gewöhnen mehr oder minder daran, den Schein für das Wesen zu nehmen. Sie erfreuen sich an nichtsbedeutendem Ceremonienkram, an einem inhaltslosen Brimborium von Formeln und Riten, sie schwärmen im besten Falle für Träume, sie befriedigen die Eitelkeit und oft noch schlimmere Eigenschaften ihrer Führer, und nicht selten geschah es, daß sie, ohne es zu wissen, von Gegnern oder Fremden zu ihren Zwecken benutzt wurden. Die Pflanze edler Menschlichkeit gedeiht eben nur in offnem Felde, der Baum der Freiheit nur unter der Sonne; im abgesperrten dunklen Keller wächst nur der Pilz und der Moder.

Dennoch haben die politischen Geheimbünde eine gewisse

geschichtliche Bedeutung, wenn auch lediglich als Symptome krankhafter Zustände. Sie sind Gährungsproducte, Blasen auf Gewässern, deren Lauf stagnirt, und auf deren Boden sich faule Stoffe angesammelt haben, Auswüchse am Baume der betreffenden Nationalität, welche zeigen, daß der Umlauf der Säfte gehemmt ist. Wir sehen sie immer und immer wieder auftreten, wo der Geist des Syllabus auf einem Staate lastet, wo der öffentlichen Meinung durch Vorenthaltung der Preß- und Vereinsfreiheit die Adern unterbunden sind, und der Mund verstopft ist, wo der Alp der Fremdherrschaft der Nation auf der Brust sitzt und dieselbe infolge dessen dem Verkommen nahe ist, niemals aber da, wo sie sich guter Gesundheit erfreut und Raum hat zum Gebrauch ihrer Kräfte. Bei Völkerleichen stellen Geheimbünde die letzten Zuckungen dar. Sie wimmelten in dem an der Doppelkrankheit des weltlichen Papstthums und der Fremdherrschaft hinsiechenden Italien, sie bildeten sich im Leichname Polens, sie machten Frankreich von der bourbonischen Restauration an bis gegen das Ende der napoleonischen hin unsicher. Wir bemerken sie massenhaft im verrotteten Spanien sowie in Portugal unter der Tyrannei Dom Miguels, und auch in Deutschland tauchten deren auf, als der Bundestag hier gebot. Das neue Reich der Deutschen kennt solche Erscheinungen nicht. Ebenso wenig begegnen wir demselben in der neuesten Geschichte Englands, das früher, in der Zeit der Kämpfe mit den entthronten Stuarts, dann, im ersten Drittel unsres Jahrhunderts, wo die Reibungen mit Irland die Orangistenlogen hervorriefen, allerdings ebenfalls an dem Uebel gelitten hat. Irland selbst dagegen, einerseits von England mehrere Generationen hindurch geknebelt, bedrückt und ausgesogen, andrerseits von Rom aus durchwühlt und vergiftet, ist seit länger als hundert Jahren und bis auf den heutigen Tag ein wahres Brutnest geheimer

politischer Secten und Verschwörungen gewesen, und so soll
meine Darstellung einiger von diesen Geheimbünden mit denen
beginnen, welche die Smaragdinsel westlich vom Georgskanal
zur Geburtsstätte und zu ihrem nächsten Tummelplatze hatten.
Zu ihrem nächsten; denn der letzte Act unseres Schauspiels
spielt vorwiegend in Amerika.

Die Lage Irlands nach den Schlachten am Boyen und bei
Aughrim war eine trostlose. Ein sehr großer Theil des Landbesitzes war confiscirt, und furchtbar strenge, damals freilich nothwendige Gesetze hielten die katholischen und nationalen Elemente
nieder. Der katholische Unterricht war verboten, ebenso die
öffentliche Ausübung des katholischen Kultus, kein Katholik
durfte Grundeigenthum besitzen, für das irländische Parlament
wählen oder ein Amt bekleiden. Die Wollmanufactur, vordem
eine Hauptquelle des Nationalwohlstandes, war durch das englische Parlament mit Ausgangszöllen beschränkt worden, die
wie ein Verbot wirken mußten. Der Druck der protestantischen
Grundherren lastete schwer auf dem katholischen Landvolke.
Es waren unerträgliche Zustände. Im Jahre 1761 nahmen
jene den Bauern sogar das Recht der freien Weide, indem sie
ihre liegenden Gründe einzäunten. Da schlossen die Beraubten
sich zu Banden zusammen, um Vergeltung zu üben. Es entstand der Bund der „White Boys", so benannt nach den weißen
Hemden, die sie, um sich unkenntlich zu machen, über ihre Kleider
zogen. Es waren brotlose Arbeiter und vertriebene Pächter, die sich
des Nachts versammelten, um harte Grundherren, Pfarrer u. dergl.
zu bestrafen oder zu ermorden, namentlich aber die verhaßten
Zäune niederzureißen, weshalb man sie auch „Levellers" nannte.
Sie verbreiteten sich vorzüglich über Munster und spukten fast
ein Vierteljahrhundert hindurch beinahe ungestraft fort, da kein
Ire gegen sie vor Gericht zu zeugen wagte.

Auch die Protestanten Irlands hatten unter der englischen Tyrannei zu leiden. Namentlich hatten auch sie drückende Frohnden bei Straßenbauten zu leisten. Ihre Vorstellungen gegen diese Zumuthungen wurden von den Gewalthabern hochmüthig zurückgewiesen, und so suchten sie sich selbst Abhülfe zu verschaffen. Dieß war der Ursprung der „Oak Boys", eine Bezeichnung, welche von ihrem Hauptembleme, einem Eichenblatte, stammte. Außer der Abschaffung jener Dienstleistungen hatten sie, die vornehmlich in Ulster sich ausbreiteten, vor Allem die Verminderung der Macht der Geistlichen und die Beseitigung der unbilligen Abgaben im Auge, welche diese erhoben.

Aehnliche Zwecke verfolgte der 1782 entstandene Bund der „Right Boys", der wieder aus Katholiken zusammengesetzt war. Ein nicht unerheblicher Theil der harten Gesetze, die auf letzteren lasteten, war inzwischen gemildert worden, aber noch immer war viel zu tragen und zu wünschen übrig. Besonders drückend waren für die Katholiken die Zehnten, die sie an die protestantischen Pfarrer entrichten mußten, während sie zugleich für ihre eigne Kirche zu sorgen hatten. Die Härte, mit welcher jene Steuer eingetrieben wurde, war die Hauptursache der Entstehung dieser geheimen Gesellschaft, die aber zugleich die Herabminderung anderer Abgaben, die Erhöhung der Löhne und die Erbauung einer katholischen Kirche für jede protestantische auf der Insel anstrebte. Man versuchte diese Ziele anfänglich auf gesetzlichem Wege zu erreichen, verfiel aber, da dieß nichts half, bald auf gewaltsame Mittel. Die Verbündeten rächten ihre Glaubensgenossen und Landsleute an den Pfarrern, nahmen dem Volke das eidliche Versprechen ab, den Zehnten entweder gar nicht oder nur zu einem gewissen Betrage zu entrichten, und bestraften die, welche ihr Versprechen brachen. Streitigkeiten um jene Kirchengefälle nahmen in dieser Zeit bisweilen förmlich den Charakter eines kleinen Krieges an.

Im Jahre 1772 hatte der Marquis of Donegal eine große Anzahl seiner Pächter von ihren Farmen vertreiben lassen. Dieselben bildeten darauf einen geheimen Verein, der sich die „Hearts of Steel" nannte, womit man die eiserne Beharrlichkeit bezeichnen wollte, mit der man seine Rache an den verhaßten „Saffenach" zu verfolgen beabsichtigte, welche sich des Grundes und Bodens Irlands bemächtigt und dessen Volk besitzlos gemacht hatten. Sie ermordeten die Grundeigenthümer, wo sie deren habhaft werden konnten, legten ihre Gehöfte in Asche und zündeten ihre Ernten an. Erst nach einigen Jahren gelang es, sie zu unterdrücken, wo dann Tausende von Affiliirten nach Amerika flohen und in die Reihen der im Aufstande gegen England befindlichen Colonisten eintraten.

Andere geheime Gesellschaften jener Tage waren die „Threshers", die gegen die von beiden Kirchen beanspruchten hohen Abgaben kämpften, die „Break of Day Boys", Protestanten, welche sich 1785 zusammenthaten, um in der Morgendämmerung gegen ihre katholischen Nachbarn allerlei Gewaltthätigkeiten zu verüben, deren Hütten niederzubrennen, deren Ackergeräth zu zerstören und deren Wintervorräthe zu vernichten, endlich die „Defenders", Katholiken, die sich vereinigten, um sich gegen solchen Unfug zur Wehre zu setzen, bald aber von der Vertheidigung selbst zum Angriff übergingen. Noch andere irische Geheimbünde, die sich in dieser Periode zu dem Zwecke bildeten, Bedrückung auf religiösem und agrarischem Gebiete zu rächen, waren die „Corders" in East- und West-Meath, die „Shanavests" und die „Caravats" in Tipperary, Kilkenny, Cork und Limerick.

Der Ausbruch der französischen Revolution ließ allenthalben in Irland große Hoffnungen und Entwürfe auftauchen, die sich auf völlige Abwerfung des englischen Joches und Losreißung von den „Sachsen" richteten. Im November des Jahres 1791 trat der große Bund der „United Irishmen" zusammen, der nicht mehr blos aus rohen Landleuten, sondern zugleich aus Gebildeten bestand, und dem sich auch viele Protestanten anschlossen. Derselbe hatte angeblich nur den Zweck, die Grundsätze und Ereignisse der Revolution in Frankreich zu besprechen, insgeheim aber betrieb er die Einleitungen und Vorkehrungen einer Revolution in Irland, die dasselbe zu einer unabhängigen Republik machen sollte. Man trat mit dem Pariser Convent in Verbindung und arbeitete an einer Bewaffnung des Volkes. Das Erscheinen eines französischen Heeres sollte das Zeichen zu einem allgemeinen Aufstande sein. Zunächst aber forderten die Katholiken 1792 auf einer aus allen Theilen des Landes beschickten Versammlung zu Dublin völlige Rechtsgleichheit mit den Protestanten. Das britische Parlament gewährte dieses Verlangen nur zum Theil. Der Bund, jetzt über eine halbe Million Mitglieder zählend, kehrte darauf seine revolutionären Absichten kühner heraus, und die englische Regierung antwortete darauf mit Auflösung des Bundes und Aufhebung der 1782 eingeführten Habeas-Corpus-Acte. Französische Expeditionen zur Unterstützung der Irländer mißlangen und bewirkten nur, daß die ganze Insel unter Kriegsrecht gestellt wurde. 1792 traten aber die „United Irishmen" von Neuem zu geheimer Thätigkeit zusammen und begannen sich abermals zum Aufstande zu rüsten. 1798 erhielt die Regierung genaue und sichere Kunde von diesen Umtrieben, und es erfolgte die Verhaftung mehrerer Häupter der Verbindung, was indeß nicht hinderte, daß im Mai an verschiedenen Punkten des Landes die Empörung losbrach. Dieselbe mißlang jedoch vollständig. Fliegende Colonnen englischer Truppen durchzogen die Insel und erstickten den Aufstand im eigentlichsten Sinne in Blut — es sollen damals 30,000 Menschen theils durch die Waffen umgekommen, theils am Galgen gestorben sein. Die britischen Machthaber faßten darauf den Beschluß, eine Vereinigung des irischen Parlaments mit dem englischen einzuleiten, da die Selbständigkeit der Gesetzgebung den Unabhängigkeitssinn der Irländer nothwendig nährte und begünstigte, und mit Hülfe großartiger Bestechungen wurde diese legislative Union zwischen Irland und Großbritannien im Jahre 1800 durchgesetzt.

Die Bildung geheimer politischer Secten hörte aber damit nicht auf. Die „United Irishmen" hatten eine schwere Niederlage erlitten, aber die Gesellschaft währte fort und machte noch geraume Zeit unter dem Namen der „Ribbon Men" von sich reden, die ihrerseits im dritten Jahrzehnt unseres Säculums die „Saint Patrick Boys" zu Nachfolgern hatten.

Alle diese Gesellschaften besaßen mehr oder minder ausgearbeitete Statuten und Rituale, dieselben erkannten sich an gewissen geheimen Zeichen, die „Ribbon Men" z. B. an bestimmten Bändern, alle verpflichteten sich durch schwere Eidschwüre zu unbedingtem Gehorsam und zur Treue gegen den Verein sowie zur Geheimhaltung seiner Zwecke und Gesetze, alle wurden trotzdem verrathen. Die „Saint Patrick Boys" z. B. sahen 1833 ihre Statuten in die Hände der Regierung gelangen, die sie veröffentlichen ließ. Wir lesen darin, daß die Mitglieder der Gesellschaft sich einander durch ein feststehendes Zwiegespräch zu erkennen gaben, welches folgendermaßen lautete:

„Ein schöner Tag heute".

„Es wird ein noch schönerer kommen".

„Die Straße ist sehr schlecht".

„Sie wird ausgebessert werden"

„Womit"?

„Mit den Gebeinen der Protestanten".

„Wie lautet Dein Glaubensbekenntniß"?

„Vertilgung der Philister".

„Wie lang ist Dein Stab"?

„Lang genug, um meine Feinde damit zu erreichen".

„Von welchem Stamme ist das Holz genommen"?

„Von einem französischen Stamme, der in Amerika blüht, und dessen Blätter die Söhne Erins vor der Sonne schützen werden".

Der Eid aber, den die Mitglieder des Bundes beim Eintritt in denselben schwören mußten, lautete: „Ich schwöre, daß ich mir lieber die rechte Hand abhauen und an die Thür des Gefängnisses in Armagh nageln lassen als einen Bruder täuschen oder verrathen will, daß ich getreulich der Sache anhangen will, der ich mich wohl überlegt weihe, und daß ich weder Geschlecht noch Alter schonen will, wenn es meiner Rache an den Orangemännern im Wege stehen sollte".

Die „Orangemänner", denen die „Saint Patrick Boys" so furchtbare Rache androhten, waren eine nur halb geheime protestantische Gesellschaft, die ursprünglich blos den Zweck verfolgte, ihre Mitglieder gegen die Angriffe der katholischen Geheimbünde zu schützen. Ihr Name schreibt sich von dem der Oranier her. Bei ihrer ersten regelmäßigen Versammlung, die am 21. September 1795 im Dorf Loughgal stattfand, vereinigten sich die obengenannten „Break of Day Boys" mit dem Bunde, und man errichtete eine Großloge, welche befugt sein sollte, Tochterlogen zu gründen. Anfangs rekrutirte sich der Verein lediglich aus den untern Ständen, aber bald traten ihm auch Personen der höheren bei, und er verbreitete sich rasch über die ganze Insel und allmählich auch über England, vorzüglich über dessen Fabrikdistricte. Die englische Großloge war erst in Manchester, dann in London, wo der Herzog von York, dann der Herzog von Cumberland, der nachherige König Ernst August von Hannover, als Großmeister an der Spitze des Bundes stand. Der letztere hatte inzwischen sein Programm erweitert, wie die 1833 veröffentlichten revidirten Statuten lehren. Die Gesellschaft hatte früher ihre Mitglieder die Suprematie Roms und das Dogma der Transsubstantiation abschwören lassen. Jetzt blieb dieß weg, aber der Bund verpflichtete die ihm Beitretenden, die königliche Familie so lange zu vertheidigen, als sie den protestantischen Grundsätzen treu bleibe. Er erklärte ferner, daß sein Ziel die Erhaltung der Staatskirche, der protestantischen Thronfolge in Großbritannien und Irland und des Lebens sowie des Eigenthums der Affiliirten sei. Um dem Geiste der Zeit ein Zugeständniß zu machen, bekannte man sich zu Grundsätzen religiöser Duldsamkeit, aber die Thatsachen haben gezeigt, daß dieß eine Täuschung war; denn wiederholt stand der Bund in erster Reihe bei Katholikenhetzen. Von England verbreiteten sich die Logen der „Orange Men" auch nach Schottland, nach den Colonien und nach Canada. Auch in der Armee entstanden solche halb geheime Vereine, und die Zahl derselben belief sich hier um die Mitte der vierziger Jahre auf einige fünfzig. Die politische Wirksamkeit derselben ist bekannt: sie beeinflußten namentlich die Wahlen zu Gunsten der Whigs. Die Bemühungen des Parlaments, den Bund zu unterdrücken, sind bis auf unsre Tage erfolglos geblieben, und noch in der letzten Zeit machte er von sich reden.

Allen gerechten Beschwerden der Irländer war in den

letzten Jahrzehnten fast vollständig abgeholfen worden. Aber die Abneigung derselben gegen das sächsische und protestantische Nachbarland und der Wunsch, sich von ihm zu trennen, dauerte, von der Geistlichkeit und fanatischen oder ehrgeizigen Laien unablässig geschürt, in alter Stärke fort, auch kamen noch immer agrarische Morde vor. O'Connels Bestreben, die Union mit England auf dem friedlichen Wege der Gesetzgebung rückgängig zu machen, war erfolglos. Das „Junge Irland", ein nach dem Muster von Mazzini's „Jungem Italien" gebildeter revolutionärer Verein, that nach Ausbruch der dritten französischen Revolution sein Möglichstes, um die Gemüther gegen England zu erhitzen. Wie in den letzten Jahren des vorigen Jahrhunderts bildeten sich Klubs, die sich zum Aufstande rüsteten, und die Führer der Bewegung, unter denen Smith O'Brien, Mitchell und Meagher die Hauptrolle spielten, suchten durch eine Sendung nach Paris bei der dortigen Provisorischen Regierung um Hülfe nach. Da schritt die Regierung endlich ein. Zunächst wurde Mitchell, der in seinem „United Irishman" ganz ungescheut zur Empörung gegen die britische Herrschaft gepredigt hatte, in Anklagestand versetzt und zu vierzehnjähriger Deportation verurtheilt. Als Smith O'Brien sich dadurch nicht einschüchtern ließ und, als Haupt der irischen Conföderation auftretend, in öffentlichen Aufrufen die bewaffnete Erhebung Irlands gegen die englischen Tyrannen als nahe bevorstehend ankündigte, erließ der Lord Statthalter einen Verhaftsbefehl gegen ihn und andere Rädelsführer. Dublin und einige besonders gefährdete Grafschaften im Süden wurden unter das Martialgesetz gestellt, die Habeascorpus-Acte suspendirt und die englische Truppenmacht in Irland erheblich verstärkt, worauf die Bewegung und mit ihr ein Schauspiel ein Ende nahm, das auf die Nerven der Zuschauer weit mehr komisch als ernst wirkte. Die mit Haft bedrohten Führer flüchteten, die Klubs lösten sich größtentheils auf, einige bewaffnete Banden wurden mühelos auseinander gejagt, offenbar war mehr Prahlerei und Phantasie als Widerstandskraft im Spiele gewesen. Ganz besonders kläglich endigte das Treiben Smith O'Briens, eines wunderlichen Heiligen, wie er bis dahin auf politischem Gebiete selten vorgekommen war. Nach seiner Flucht in den Süden Irlands von den Massen dort als „König von Munster" begrüßt, überließ er sich einem wilden phantastischen Treiben, erließ Proclamationen voll einfältiger Großsprecherei, sammelte bewaffnete Rotten um sich und durchzog mit ihnen das Land, bis die Soldaten erschienen. Ein kurzes, wenig blutiges Gefecht, spöttisch „die Schlacht bei Boulagh" genannt, machte diesen Thorheiten am 29. Juli 1848 ein Ende, und Smith O'Brien wurde, als man seiner einige Tage später habhaft wurde, mit Meagher und einigen Andern wie vorher Mitchell zur Deportation verurtheilt.

Hatten schon diese letzten Vorgänge in der Geschichte der irischen Geheimbünde einen starken Anstrich von Lächerlichkeit, namentlich wenn man sie mit denen von 1798 vergleicht, so ist das letzte Glied in dieser Kette, der auf amerikanischem Boden entstandene Bund der „Fenians", ein so ernstes Gesicht er auch macht, die reine Komödie, oder sagen wir lieber, die reine Posse.

Die Gründer des Fenierthums waren zwei irische Flüchtlinge aus dem Jahre 1848, Oberst John O'Mahoney und Michael Doheny, von denen der letztere eines der talentvollsten und gefährlichsten Mitglieder des „Jungen Irlands" und ein feuriger Bewunderer Mitchells gewesen war. O'Mahoney gehörte einer alten Familie in der Grafschaft Munster an, deren Vorfahren Könige gewesen waren, was indeß nicht allzuviel bedeutet, da fast jeder echte Paddy sich dessen rühmt.

In Smith O'Brien's Treiben verwickelt, entschlüpfte der Königsenkel seinen Verfolgern und ging erst nach Frankreich, dann nach Amerika, wo er sich in den letzten fünfziger Jahren mit Doheny und einem gewissen Corcoran an die Bildung einer geheimen Gesellschaft machte, die den Kampf mit England wieder aufnehmen sollte. Corcoran schrieb den Titel „General" vor seinen Namen, was jedoch auch nicht viel besagen will, da in Amerika die Generalstitel ungefähr eben so billig zu haben und infolge dessen ungefähr ebenso verbreitet sind wie bei uns die Doctorstitel.

Der Bund war anfänglich eine halb geheime Gesellschaft. Seine Verhandlungen fanden hinter geschloßenen Thüren statt, und obwohl seine Vorsteher öffentlich als solche bekannt waren, blieben die Operationen derselben dem Auge des Nichteingeweihten verborgen. Rasch verbreitete sich das Fenierthum über alle Staaten der Union sowie durch Canada und die übrigen britischen Besitzungen in Amerika. Aber im November 1863 nahm die fenische Organisation einen neuen Charakter an. Eine große Nationalconvention trat in Chicago zusammen und kündigte öffentlich den Zweck der Verbrüderung an, der in nichts Geringerem bestand, als in der Losreißung zunächst Canadas, dann Irlands von England und in der Verwandlung jener beiden Länder in Republiken. Eine zweite große Delegirtenversammlung, auf welcher 250,000 Fenier vertreten waren, fand 1864 in Cincinnati statt. Dieselbe forderte alle Mitglieder des Bundes zu einem Beitrag von fünf Dollars auf, die zur Bestreitung der Kosten dienen sollten, welche die Vorbereitungen für einen Krieg mit England erheischten. Einer der in Cincinnati gefaßten Beschlüsse bestimmte, „die nächste Nationalconvention soll auf irischem Boden abgehalten werden". Um dieselbe Zeit wurde neben der Bruderschaft auch eine

Schwesterschaft eingerichtet, und die Damen waren nicht unthätig; denn schon zwei Monate nach ihrem Zusammentritt ließen sie dem Bundessäckel eine Summe von etwa einer Million Dollars zugehen, damit davon Waffen und anderes Kriegsmaterial angeschafft würden. In dieser Periode verließen sich die Fenier nicht ohne einigen Grund darauf, daß die Regierung in Washington ihrem Unternehmen allen möglichen Vorschub leisten werde, wie die Regierung in London den Empörern im Süden der Union Beistand geleistet, und die newyorker Presse bestärkte sie in dieser Auffassung.

In Irland verbreitete sich der Bund ebenfalls, wenn auch bei Weitem nicht in dem Maße wie in den Vereinigten Staaten. Aber dort wie hier hatte er seine Häupter oder „Centren", seine bürgerlichen und militärischen Beamten, seine Kassen und seine Agenten. Dort wie hier waren dieselben geheimen Eide, Paßworte und Ebleme, dieselben Gesetze und Strafen in Gebrauch. Dort wie hier waren die Bundesfarben Grün und Gold. In Irland wie in Amerika häufte man insgeheim Waffen an, hatte man seine Correspondenten, seine Kassen und Waffenmagazine, seine nächtlichen Uebungen für den Kriegsdienst, seine Zeitungen und selbst seine eignen Volkslieder und Balladen. Aber die Herrlichkeit währte nicht lange. Sehr bald machten sich Verräther ans Werk, die Organisation von innen heraus zu zerstören, und zwar geschah dieß sowohl in Europa als in Amerika. So sagt der Untersuchungsausschuß der fenischen Bruderschaft in seinem 1866 abgestatteten Berichte:

„Nach sorgfältiger Prüfung der Angelegenheiten des Bundes findet Ihr Comité, daß die Sache Irlands fast in jeder Hinsicht dem Vortheil Einzelner dienstbar gemacht worden ist. Leute, die man als Patrioten pries, nahmen jede Gelegenheit wahr, den Säckel des Vereins zu plündern, legalisirten ihre

Angriffe auf denselben aber, indem sie sich die Unterschrift John O'Mahoneys verschafften . . . . Das Vertrauen des Bundes auf O'Mahoneys Rechtschaffenheit war ohne Grenzen, und ob die Täuschung dieses Vertrauens durch bloße Unfähigkeit oder bewußt und absichtlich herbeigeführt worden, ist eine Frage, die wir unentschieden lassen. Es genügt, daß er sich dieses Vertrauens unwürdig gezeigt hat. . . . Niemals in der Geschichte des irischen Volkes hat dieses so fest auf seine Führer vertraut, und niemals zuvor ist es so niederträchtig betrogen und verrathen worden. In der That, das Moffat Mansion (das Hauptquartier der amerikanischen Fenier) war nicht nur ein Armenhaus für bettelhafte Beamte und hungrige Abenteurer, sondern zugleich ein Telegraphenamt für die canadischen Behörden und den britischen Gesandten in Washington. Diese bezahlten Patrioten und berufsmäßigen Märtyrer der vaterländischen Sache, nicht zufrieden damit, unsern Schatz zu leeren, gaben sich dazu her, die englischen Behörden im Voraus von unsern Bewegungen zu unterrichten".

Aus diesem Berichte ergiebt sich ferner, daß sich 1866 im Schatze der Fenier Amerikas 185,000 Dollars befanden, daß die Ausgaben für die Schmarotzer, welche das Moffat Mansion fütterte, sich in drei Monaten auf 104,000 Dollars belaufen hatten, und daß Stephens, das „Hauptcentrum" der Fenier in Irland, von Amerika in demselben Zeitraume 106,000 Dollars erhalten hatte, obwohl O'Mahoney in Betreff desselben stets das größte Mißtrauen geäußert. Er sah in jenem ohne Zweifel nicht so sehr den Verräther als den geriebeneren und dreisteren Schurken, der ihm seinen Antheil an der Beute wesentlich schmälerte. Aber sein Mißtrauen war gerechtfertigt. Stephens stand im geheimen Einvernehmen mit der englischen Regierung, die ihn bezahlte; denn wie ließe sich sonst erklären, daß er, ohne irgend welche Vorsichtsmaßregeln zu treffen, monatelang in einem prächtig möblirten Hause in der Nachbarschaft Dublins lebte und von der Polizei nicht aufgehoben wurde?

Die fenische Wühlerei erstreckte sich auch auf England und fand namentlich in Liverpool Anklang und pecuniäre Unterstützung. Aber auch hier stellten sich bald Betrug und Verrath ein, und unter Anderm sagte der Mensch, der in Liverpool als „Centrum" fungirte, als man ihm wegen Plünderung der Kasse zu Leibe wollte, den Anklägern kaltblütig, wenn man ihn wegen des Geldes nicht in Ruhe ließe, werde er sie anzeigen und sammt und sonders an den Galgen bringen.

Er scheint wirklich Anzeige erstattet zu haben, und auf Grund dieser oder andrer Mittheilungen schritt die britische Regierung 1867 gegen den Bund ein und setzte einige von den Führern desselben gefangen. Kurz darauf wurde auch Stephens eingezogen, fand aber bald Gelegenheit, zu entkommen, was den Verdacht, er sei ein Spion der Engländer, nur verstärken konnte. Die übrigen Verhafteten wurden wegen Hochverraths vor Gericht gestellt und zu verschiedenen Strafen verurtheilt. Mehrere Einbrüche in Canada, die 1867 stattfanden, bei denen man aber dicht an der Grenze schon wieder Kehrt machte, ein Versuch, sich Chester Castles zu bemächtigen, der mißglückte, ein im April desselben Jahres von etwa fünfzig amerikanischen Feniern unter dem General Nagle unternommener Versuch, an der irischen Küste zu landen, der das gleiche Schicksal hatte, kleine Aufstände in Drogheda und Killarney, der Angriff, der im September 1867 zu Manchester auf die Polizei erfolgte, welche die Fenierhäuptlinge Kelley und Deasey nach dem Gefängniß escortirte, und bei welchem der Sergeant Brett erschossen und die Befreiung der beiden Gefangnen erreicht wurde, endlich die von furchtbaren Folgen für eine große Anzahl von

Perſonen begleitete Sprengung der Mauer des Gefängniſſes zu
Clerkenwell, wo zwei feniſche Verſchwörer, Burke und Caſay
in Haft waren, zeigten, daß das Einſchreiten der Regierung
den Bund noch nicht vernichtet hatte, und bald folgten weitere
Zeichen, daß derſelbe noch am Leben war. Im December 1867
machte eine Rotte Fenier einen Angriff auf den Martellothurm
zu Fota bei Queenstown in der Grafſchaft Cork, wobei es
ihr gelang, aus demſelben eine Anzahl Waffen und eine
Quantität Munition zu entführen. Ihre letzte Heldenthat verrichtete die Geſellſchaft endlich im Jahre 1871, indem eine
Fenierbande hoch oben im Nordweſten Amerikas über die
canadiſche Grenze ging und ſich des britiſchen Zollhauſes bei
Pembina bemächtigte. Sie wurden indeß ſchon am nächſten
Tage von Cruppen der Vereinigten Staaten zerſtreut und ihr
„General" O'Neil gefangen genommen.

Seitdem iſt von feniſchen Unternehmungen wenigſtens in
der Oeffentlichkeit wenig mehr die Rede geweſen. Man wühlte
aber ſicher im Stillen weiter, und zwar, wie behauptet wird, in
Gemeinſchaft mit der Internationale, welche geräuſchvolle Putſche
verſchmäht und ihre Zeit zu erwarten weiß. Die iriſche
Kirchenbill vom Jahre 1869 und die iriſche Hausbill von
1870 waren beſtimmt, der Unzufriedenheit in Irland ein Ende
zu machen; es iſt aber ſchwerlich viel damit erreicht worden.
Indeß hat die engliſche Regierung, indem ſie glaubte oder ſich
doch den Anſchein gab, zu glauben, daß ihre Reformen das
Volk der grünen Inſel zufriedengeſtellt und beruhigt hätten,
1871 die gefangnen Fenier ihrer Haft entlaſſen, doch gebrauchte
ſie dabei die Vorſicht, die Mehrzahl derſelben aus dem Lande
zu ſchaffen.

Um dieſe Zeit hatten ſich in Amerika unter O'Donnovan
Roſſa „Neu-Fenier" gebildet. Aber ſie wollten nicht gedeihen,

und der genannte Führer zog es nach kurzer Thätigkeit vor, die Direction niederzulegen und Weinhändler zu werden, und es scheint keinem Zweifel zu unterliegen, daß die Komödie ausgespielt hat oder demnächst ausspielen wird.

Ihren Namen leiten die Fenier von dem Helden Fionn, dem Fingal Macphersons, her, der in Leinster, einer der vier Provinzen Altirlands, die Küstenwache befehligt haben soll, welche das Land gegen die Landung von feindlichen Heerhaufen zu schützen gehabt, und die nach ihm Fians geheißen hätte. Aber in dem alten Liede von der Schlacht bei Gabra lesen wir auch von nichtirischen Fians. Es heißt hier: „Die Barden der Fians von Alban" und an einer andern Stelle: „Die Fians von Lochlan waren mächtig", Alban aber ist Schottland, und unter Lochlan sind Dänemark und Norwegen zu verstehen. Die Fenier der alten Küstenwache waren also sehr wahrscheinlich nicht Leute von ersischem Stamme, sondern ein von den Iren völlig verschiedenes germanisches Volk.

Zum Schlusse noch einen Auszug aus der patriotischen Litanei vom heiligen Laurentius O'Toole, die bei gewissen Versammlungen der Fenierbruderschaft abgesungen wurde. Es heißt darin:

„Rufe zu Hülfe, o freiheitliebender O'Toole, jene christlichen Bundesgenossen voll Macht und Herrlichkeit: die seelenerhebende Kanone, die demüthige und getreue Flinte, die fromme Büchse und die das Gewissen prüfende Pike, die, gekräftigt durch den Glauben eines Märtyrers, die Hoffnung eines Feniers und die Liebe eines Rebellen, über den Teufel triumphiren und uns unser Land auf ewig wieder schaffen werden. Amen!

O'Toole höre uns! Von englischer Bildung, von britischem Recht und Gesetz, von angelsächsischer heuchlerischer Freiheit, vom Joche der englischen Königin, von Rule Britannia, vom gespaltenen Hufe, von der Nothwendigkeit, uns alle Jahre zu empören, von Soldateneinquartierung, vom frommen Kirchenregiment" —

Chor: „Erlöse uns, O'Toole"!

„Von der Sklaverei, für gekrönte Häupter beten zu müssen, von königlichen Geburtstagen, von Scheinuntersuchungen, von allen rein englischen Dingen" —

Chor: „Erlöse uns, O'Toole"!

„Das Fenierthum ist die Rettung unseres Volkes".

Chor: „Zeichne das droben auf, O'Toole".

„Das Fenierthum soll ausgerottet werden wie die Rinderpest".

Chor: „Wir wollen beweisen, daß sie falsche Propheten sind, O'Toole".

„Irland zum Gehorsam zurückgeführt, Irland unterwürfig und getreu der Krone, Irland mit Zugeständnissen zufriedengestellt und beruhigt, Irland wird die britische Armee wieder mit Rekruten versehen, Irland nicht Eins in seinen Bestrebungen" —

Chor: „Es ist eine Lüge, O'Toole".

„Irland wird sich nie wieder von einer andern Nation am Schweife fortschleppen lassen".

Chor: „Verkünde es droben in der Höhe, O'Toole".

Eine Kritik dieser abgeschmackten Salbaderei ist wohl nicht von Nöthen.

IX.

Die Carbonari.

arbonari, d. h. Köhler, ist der Name einer geheimen Gesellschaft mit politischen Zwecken, die in der Geschichte des nach Einheit und Befreiung von der Fremdherrschaft ringenden Italien eine nicht unbedeutende Rolle gespielt und auch in Frankreich eine Zeit lang viele Anhänger gehabt hat.

Wie fast alle Geheimbünde, so beanspruchte auch dieser, für sehr alt zu gelten. Starkgläubige ließen die Gesellschaft unter Philipp von Macedonien entstanden sein. Andere begnügten sich mit der Fabel, daß sich zur Zeit des Papstes Alexander des Dritten unter den Kohlenbrennern der deutschen Wälder ein Verein zu gegenseitigem Schutze gegen Räuber und gewaltthätige Ritter gebildet habe, und daß dieser Verein, mit dem die Rettung der sächsischen Prinzen aus der Gewalt Kunz von Kauffungen's in Verbindung gebracht wurde, der Ursprung des Carbonarismus sei, indem er sich nach Italien ausgebreitet habe.

Etwas weniger unwahrscheinlich klingt folgende Ableitung.

obwohl auch sie offenbar mit verschiedenen Fabeln versetzt ist. Vor Alters bestand im französischen Jura ein zunftartiger Bund der Holzhauer (Fendeurs), der sich „Le bon cousinage", d. h. die Gesellschaft der guten Vettern, nannte. Derselbe hatte drei Grade: Lehrling, Gesell und Meister. Bei den Aufnahmen breitete man ein weißes leinenes Tuch auf den Erdboden, auf das man ein Salzfäßchen, einen Becher mit Wasser, eine brennende Kienfackel und ein Kruzifix stellte. Der Aspirant mußte bei dem Salz und Wasser schwören, die Geheimnisse des Bundes treu zu bewahren, worauf man ihm die Erkennungszeichen des letzteren und die Bedeutung der auf dem Tuche stehenden Gegenstände mittheilte. Von diesen sollte das Kreuz die Erlösung, das Salz die christlichen Tugenden, das Tischtuch das Tuch, in welchem die Todten bestattet wurden, die Fackel endlich die Lichter darstellen, die an den Sterbebetten zu brennen pflegten. Die Erkennungszeichen bestanden vorzüglich in folgendem Zwiegespräch.

„Woher kommst Du, Vetter von der Eiche"?

„Aus dem Walde".

„Wo ist Dein Vater"?

„Erhebe Deine Augen gen Himmel".

„Wo ist Deine Mutter"?

„Schlage die Augen zur Erde nieder".

„Wie ehrst Du Deinen Vater"?

„Durch Huldigung und Ehrfurcht".

„Was giebst Du Deiner Mutter"?

„Während des Lebens meine Pflege, später meinen Leib".

„Was wirst Du mir zukommen lassen, wenn ich Hülfe bedarf"?

„Ich werde die Hälfte meines Tagesverdienstes und mein kümmerlich Brot mit Dir theilen; Du sollst in meiner Hütte ausruhen und Dich an meinem Feuer wärmen".

Der Patron dieses Köhlervereins war nach der Behauptung der Carbonari Sanct Theobald, als erster Protector galt ihnen der König Franz der Erste von Frankreich.

Hierüber gingen unter den Carbonari folgende, wie man sehen wird, sehr wenig zu einander passende Sagen:

Erste Sage: Theobald, aus einem Grafengeschlecht der Champagne stammend, verließ, von Sehnsucht nach einem Leben in der Einsamkeit getrieben, Rang und Reichthum, um mit seinem Freunde Gautier sich in einem Walde des Schwabenlandes niederzulassen, wo die beiden Eremiten sich vom Kohlenbrennen nährten. Sie machten später mehrere Pilgerfahrten nach berühmten heiligen Stätten und siedelten sich zuletzt bei Vicenza an, wo sie endlich starben. Theobald wurde darauf vom Papst Alexander dem Dritten unter die Heiligen versetzt.

Zweite Sage: Unter der Königin Isabella von Schottland (die mythisch ist, da die Geschichte von ihr nichts berichtet) herrschten große Tyrannei und allerlei Wirrsal, sodaß viele vornehme Leute in die Wälder flüchteten, wo sie als Köhler lebten, zugleich aber politische Zwecke verfolgten. Unter dem Vorwande, ihre Kohlen zu Markte zu bringen, trafen sie in den Städten mit ihren Parteigenossen zusammen, um ihnen ihre Pläne mitzutheilen und sich mit ihnen darüber zu berathen. Sie erkannten einander an Zeichen, Griffen und Worten und hatten eine Organisation, nach der sie sich in verschiedene Grade sowie in Bezirke und Unterbezirke theilten, die nach ihrem Gewerbe „Kohlenhandlungen" und „Köhlerhütten" hießen. Die Mitglieder nannten sich unter einander „gute Vettern". Der Eremit Theobald schloß sich ihnen an und wurde ihr Vorsteher. Nun begab sich's, daß eines Tages Franz der Erste, König von Frankreich, in seinen an Schottland grenzenden Wäldern (!) jagend, sich von seinem Gefolge verirrte und, nachdem er lange vergebens den Rückweg gesucht, auf eine von den Hütten der Köhler stieß. Er wurde von Theobald gastfrei aufgenommen (! dieser starb 1066, König Franz aber wurde 1494 geboren) und schließlich in die Geheimnisse des Bundes eingeweiht. Nach Frankreich zurückgekehrt, erklärte er sich zum Schutzherrn desselben. Der Ursprung dieser Sage ist vielleicht in dem Schutze zu suchen, den Franz nach dem Vorgange Ludwigs des Zwölften den nach der Dauphiné geflüchteten Waldensern gewährte. Als geschichtlich könnte sonst von beiden Fabeln betrachtet werden, daß der Bund der Fendeurs des Jura sich allmählich nach Italien ausgebreitet und dort vielfach umgestaltet hätte, bis er im zweiten Decennium unseres Jahrhunderts mit theilweise stattfindender Beibehaltung der alten Formen einen völlig neuen Inhalt bekommen hätte und zum politischen Geheimbunde geworden wäre. Wahrscheinlicher ist indeß, daß die Carbonari eine Umgestaltung des Freimaurerbundes sind, deren Ursprung erst in die letztgenannte Zeit fällt, d. h. in die Periode, wo die Franzosen über Neapel herrschten. Unter Murats Regiment flüchteten neapolitanische Patrioten, theils Republikaner, theils Anhänger des bourbonischen Königs Ferdinand, in die Waldschluchten der Abruzzen, und hier könnten sie mit dem alten Köhlerverbande zusammengetroffen sein und denselben umgestaltet haben, indem man gewisse Riten von der Gemeinschaft der Masonen entlehnte. Eine kurze Zeit hindurch wurden die Carbonari als antifranzösische Gesellschaft von der Königin Caroline von Sicilien und ihrer Polizei begünstigt und benutzt. Später überwog das republikanische Element, das bald ganz zur Herrschaft im Bunde gelangte. Das Haupt des letzteren war in den zwanziger Jahren Capobianco, ein ausgezeichneter Redner. Ihren Zweck drückten die Carbonari durch den Ruf aus: „Rache für das durch den Wolf erwürgte Lamm"! Die Grundlage ihrer Symbole war: „Säuberung des Waldes von Wölfen", d. h. Kampf gegen die Tyrannen Italiens, unter denen nach Wiedereinsetzung der von den Franzosen vertriebenen Dynastien der Halbinsel diese letzteren sowie die Oesterreicher, deren Stützen, verstanden wurden. Diese republikanischen Grundsätze wurden jedoch nur in den höheren Graden mitgetheilt.

Eine Centralleitung des Bundes, der bald nach seiner Entstehung oder seiner Umbildung in eine Gesellschaft mit politischen Zwecken dreißigtausend und später mehr als siebenmalhunderttausend Mitglieder gezählt haben soll, und unter dessen Angehörigen sich namentlich viele Militärs und Geistliche befanden, scheint nicht zu Stande gekommen zu sein. Die Vereine der einzelnen Orte aber standen nach den Provinzen mit einander in Verbindung. Der Versammlungsort hieß „baracca", Hütte, das Innere desselben „vendita", Kohlenhandlung, die äußere Umgebung wurde als „Wald", die Gesammtheit aller Hütten oder Logen einer Provinz als „Republik" bezeichnet. Eine solche wurde von einer „alta vendita", Ober- oder Großhütte, regiert. Derartige Republiken der Carbonari waren die von Hirpinien, die von Daunien, die von West- und die von Ostlucanien (in der sogenannten Basilicata), welche als bezeichnendes Motto den Vers Monti's adoptirte:

„Ma tua pianta radice non pone
Che su' pezzi d'infrante corone:
Ne si pasce di freschi ruggiade
Ma di sangue di membra di re".*)

*) Aber deine Pflanze soll nur Wurzel schlagen unter den Bruchstücken zerschmetterter Kronen; kein frischer Thau soll sie nähren, sondern nur das Blut von Königsgliedern". — Schauerlich schön!

Endlich gehört in diesen Zusammenhang noch, daß die Carbonari auch religiöse Freiheit wollten, da es in ihren Statuten heißt: „Jeder Carbonaro hat das natürliche unveräußerliche Recht, den Allmächtigen nach seiner eignen Einsicht und Ueberzeugung zu verehren.

Nach diesen allgemeinen Bemerkungen berichte ich über die Einzelnheiten dieser Organisation.

Die Loge oder Hütte soll nach dem Gesetzbuche des Carbonarismus ein hölzerner Raum in Gestalt einer Scheune sein, dessen Fußboden mit Backsteinen gepflastert ist, und in welchem Bänke ohne Lehne stehen. An dem der Thür gegenüber befindlichen Ende des Raumes soll ein Holzblock mit drei Beinen aufgestellt sein, hinter dem der Stuhlmeister wie hinter einem Tische Platz zu nehmen hat. Rechts und links davon sollen vor gleich großen Blöcken der Redner und der Schreiber der Hütte sitzen. Auf dem Blocke des Stuhlmeisters liegen ein leinenes Tischtuch, Wasser, Salz, ein Kreuz, Blätter, Zweige, Feuer, Erde, eine Krone von Weißdorn, eine Leiter, ein Zwirnknäuel und drei Bänder: ein blaues, ein rothes und ein schwarzes. In der Hütte hängen fünf transparente Dreiecke, von denen das eine, in der Mitte befindlich, die Anfangsbuchstaben der Losung des zweiten Grades enthält, während das zweite, links davon, das Wappen der betreffenden Vendita zeigt, und die drei andern, rechts angebracht, die Initialen der heiligen Worte des ersten Grades leuchten lassen. Der Stuhlmeister und seine beiden Assistenten halten jeder eine Art in der Hand. Die Mitglieder der höheren Stufen sitzen an der Wand zur rechten Seite der Loge, die Lehrlinge ihnen gegenüber auf der linken. Die sämmtlichen Mitglieder haben die Hüften mit einem Stricke umgürtet.

Bei Aufnahmen in den Bund fand folgendes Ritual statt. Der Stuhlmeister sagte, nachdem er die Loge eröffnet hatte:

„Erster Gehülfe, wo wird der erste Grad verliehen"?

Die Antwort lautete: „In der Hütte eines guten Vetters, im Verbande der Köhler".

„Wie wird derselbe verliehen"?

„Ein Tuch wird über einen Holzblock gedeckt, auf dem sich die Grundbilder befinden: erstens, das Tuch selbst, dann Wasser, Feuer, Salz, das Kruzifix, ein dürrer Zweig und ein grüner Zweig".

Bei einer Aufnahme müssen mindestens drei gute Vettern zugegen sein, ferner der Einführende, der stets von einem Meister begleitet sein und mit diesem draußen vor dem Orte bleiben muß, wo sich die „Grundbilder" und die guten Vettern befinden. Der Meister, welcher den Einführenden begleitet, stampft dreimal mit dem Fuße auf und ruft:

„Meister, gute Vettern, ich brauche Hülfe".

Die guten Vettern treten um den Holzblock, schlagen darauf mit den Stricken, die sie um die Hüften tragen, und machen das Zeichen, indem sie mit der rechten Hand von ihrer linken Schulter nach der rechten Seite streichen. Einer von ihnen ruft:

„Ich habe die Stimme eines guten Vetters gehört, der Hülfe braucht. Vielleicht bringt er Holz, um den Meiler zu nähren".

Der Einführende wird nun herein geholt, und der Stuhl= meister fragt ihn: „Mein guter Vetter, wo kommst Du her"?

Antwort des Einführenden: „Aus dem Walde".

„Wo gehst Du hin"?

„In die Kammer der Ehre, um meine Leidenschaften zu besiegen, meinen Willen zu unterwerfen und in den Lehren der Köhler unterrichtet zu werden".

„Was hast Du aus dem Walde mitgebracht"?

„Holz, Laub und Erde".

„Bringst Du noch etwas mit"?

„Ja, Glaube, Hoffnung und Liebe".

„Wer ist der, welchen Du da bei Dir hast"?

„Ein Mensch, der sich im Walde verirrt hat".

„Was sucht er"?

„Eintritt in unsre Bruderschaft".

„So führe ihn herein".

Der Neophyt wird nun hereingeholt. Der Stuhlmeister legt ihm verschiedene Fragen in Betreff seiner moralischen und religiösen Grundsätze vor und heißt ihn dann, indem er das Kruzifix emporhält, ihm knieend folgenden Eid nachsprechen:

„Ich gelobe und verpflichte mich bei meiner Ehre, niemals die Geheimnisse der guten Vettern zu enthüllen, nie auf die Tugend ihrer Weiber oder Töchter einen Angriff zu machen und alle Hülfe, die in meiner Macht steht, jedem guten Vetter zu gewähren, der dessen bedarf. So wahr, als mir Gott helfe"!

Dieser Aufnahme in den Bund folgte sofort die in den ersten Grad desselben durch Abhörung des Carbonari-Katechismus. Der Stuhlmeister fragte den Novizen:

„Was bedeutet der Holzblock"?

Antwort: „Den Himmel und die Rundheit der Erde".

Weitere Frage: „Und was versinnbildet uns das Tischtuch"?

„Das, was sich verbirgt, wenn es geboren ist".

„Und das Wasser"?

„Das, was zum Waschen und zur Reinigung von der Erbsünde dient".

„Und das Feuer"?

„Es zeigt uns unsere höchsten Pflichten".

„Das Salz"?

„Daß wir Christen sind".

„Das Kruzifix"?

„Es erinnert uns an unsere Erlösung".

„An was aber gemahnt der Zwirnknäuel"?

„An die Mutter Gottes, die ihn spann".

„Was bedeutet die Krone von Weißdorn"?

„Die Kämpfe und die Schmerzen der guten Vettern".

„Was ist der Meiler"?

„Die Schule der guten Vettern".

„Was sagt uns der Baum mit den Wurzeln, die nach oben in die Luft gekehrt sind"?

„Daß, wenn alle Bäume wie dieser wären, es der Arbeit der guten Vettern nicht bedürfte".

Der Katechismus ist viel länger, aber es mag an diesen Proben genügen. Sie zeigen hinreichend, wie viel man den Novizen zu Anfang wissen ließ oder — wie wenig. Die eigentliche Bedeutung der Grundbilder oder der Symbole des Carbonarismus war eine andere als die angegebene. Der Carbonaro erfuhr dieselbe erst in den höheren Graden des Bundes oder, wenn er sich nicht als vertrauenswerth erwies, niemals. Indeß verräth sich ihr wahrer Sinn bei einigen ohne viel Nachdenken. Das Feuer z. B. ist die heilige Flamme der Freiheit, der Meiler das Bild der gemeinschaftlichen Arbeit der Brüder am Werke der Befreiung Italiens, die Kohle enthält verborgnes Licht und latente Wärme, der Wald stellt das italienische Vaterland vor, die „Wildniß" Dantes, „erfüllt von Raubthieren", den fremden Unterdrückern. Der Baum endlich, der auf seinem Wipfel steht und die Wurzeln in die Luft streckt, ist ein Gleichniß der Königreiche und Throne, die man umstürzen will. Anspielungen auf Gegenstände oder Persönlichkeiten der christlichen Religion, z. B. auf Jesus, den „guten Vetter aller Menschen", waren in den Katechismus nur aufgenommen, um der Sache eine gewisse mystische Weihe zu verleihen; denn die Mehrzahl der Wissenden bestand aus ungläubigen Freidenkern.

Im Rituale des zweiten Grades nehmen diese Anspielungen einen viel breiteren Raum ein; ja das Märtyrerthum Christi spielt hier die Hauptrolle, wodurch der Katechismus hier einen düsteren Charakter erhält, der darauf berechnet ist, den Candidaten zu überraschen und zu erschrecken. Die im Vorigen angeführten Sinnbilder bekommen einen völlig andern Inhalt, sodaß Feinde des Bundes, nachdem sie durch Täuschung und Verstellung bis vor diesen Grad gelangt sind, irre werden und die Spur der Grundidee und der letzten Tendenz des Carbonarismus verlieren. In der steten Bezugnahme auf das Leiden und Sterben des „guten Vetters Jesus", die hier stattfindet, entdecken wir vorzüglich zwei Zwecke: einen wesentlich erziehenden, die Befreundung des Novizen mit der Idee der Aufopferung, selbst des Lebens, und einen politischen, die Absicht, unter den Gläubigen, den zur Mystik Geneigten, den, wenn auch Vorurtheilsvollen, doch im Grunde guten, weil Idealdenkenden und der Liebe Fähigen Proselyten zu werben.

Die Symbole auf dem Holzblocke bedeuten hier alle etwas auf die Passion Bezügliches. Der Meiler ist das heilige Grab, das Rascheln des dürren Zweiges erinnert an die Geißelung des „guten Vetters", welcher der Großmeister des Universums war. Der Candidat, der gebunden von einem Beamten der Vendita zum andern geführt wird, repräsentirt Christum auf seinem Wege zum Hohenpriester und zu Pilatus, der Stuhlmeister spielt die Rolle des letzteren, sein erster Assistent stellt Kaiphas, sein zweiter Herodes vor. Der Novize wird zuletzt zur Kreuzigung verurtheilt, aber dann begnadigt, indem er sich

zu einem zweiten Eide versteht, in welchem er einwilligt, im
Fall einer Verrätherei von seiner Seite in Stücke gehauen und
verbrannt zu werden. Das wahre Geheimniß aber erfährt er
auch jetzt noch nicht.

Erst der Grad des „großen Auserwählten" giebt dem
Carbonaro Einsicht in das Ziel und den Zweck der Gesellschaft, in welche er eingetreten ist. Dieser Grad wird nur mit
großer Vorsicht, ganz im Geheimen und nur solchen Mitgliedern der beiden vorhergehenden Grade ertheilt, die sich
durch Klugheit, Eifer, Muth und unbedingte Ergebung in den
Willen der Bundesobern hervorgethan haben. Außerdem aber
müssen die Candidaten, die Einlaß in die „Grotte der Aufnahmen" finden wollen, nach dem Codex der Carbonari „treue
Freunde der Volksfreiheit und bereit sein, gegen tyrannische
Regierungen zu kämpfen, welche die verabscheuten Beherrscher
des alten schönen Ausoniens sind".

Die Zulassung wird in diesem Grade durch Abgabe von
Stimmkugeln entschieden. Drei schwarze Kugeln genügen, um
den Zutritt Wünschenden zurückzuweisen. Derselbe muß
wenigstens dreiunddreißig Jahre und drei Monate alt sein,
„wie Christus, als er starb". Sonst spielen hier Beziehungen
auf religiöse Vorstellungen nicht mit. Das Drama der Aufnahme ist vielmehr rein politischer Natur. Die Feierlichkeit
findet an einem abgelegnen und geheimgehaltnen Orte statt,
der nur denjenigen bekannt ist, die bereits in den Grad der
„großen Auserwählten" aufgenommen sind. Die Loge oder
Vendita ist dreieckig und am östlichen Ende abgestumpft. Der
Großmeister der Auserwählten sitzt auf einem Throne. Zwei
Wachen, die man nach der Gestalt ihrer Schwerter „Flammen"
nennt, behüten den Eingang. Die beiden Gehülfen des Vor-
sitzenden heißen der eine der Mond, der andere die Sonne.

Drei Lampen, die ihrer Form nach Sonne, Mond und Sterne darstellen, hängen, je eine, in den drei Ecken der „Grotte". Der Katechismus enthüllt hier dem Candidaten, daß der Zweck der Genossenschaft ein politischer ist, daß dieselbe den Sturz aller Gewalthaber Italiens erstrebt, und daß die Zeit der Befreiung der Völker nahe herbeigekommen ist. Jedem hervorragenden Mitgliede des Bundes werden seine Stellung und seine Pflichten bei dem zukünftigen Zusammenstoße mit der öffentlichen Gewalt zugetheilt, und die Ceremonie schließt damit, daß sämmtliche Anwesende niederknien und sich einander ihre Degen auf die Brust setzen, während der Vorsitzende der Versammlung die folgende Eidesformel, bei der wir uns an den alten Freimaurereid erinnert finden, vorspricht:

„Ich, ein freier Bürger Ausonias, schwöre vor dem Großmeister des Weltalls und dem großen auserwählten guten Vetter (Jesus), mein ganzes Leben dem Siege der Grundsätze der Freiheit, der Gleichheit und des Fortschrittes zu weihen, welche die Seele aller geheimen und öffentlichen Acte des Carbonarismus sind. Ich gelobe, daß ich, wenn es unmöglich sein sollte, die Herrschaft der Freiheit ohne Kampf aufzurichten, bis zum Tode kämpfen will. Für den Fall, daß ich mich meinem Eide ungetreu erweisen sollte, willige ich ein, daß meine guten Vettern, die großen Auserwählten, mich erschlagen, mich nackt an das Kreuz in einer Loge heften, nachdem sie mich mit Dornen gekrönt haben, mir den Leib aufreißen und mir Herz und Eingeweide herausnehmen, um sie in alle Winde zu zerstreuen. Das sind unsere Bedingungen. Schwört"!

Die guten Vettern dieses Grades erwidern: „Wir schwören".

Das klingt ziemlich furchtbar, und sieht daneben etwas theatralisch aus. Indeß lieben die Italiener und die romanischen Nationen überhaupt dergleichen Dinge, und so wird der Schwur immerhin einige Wirkung gethan haben, zumal in der späteren Zeit, wo man wußte, daß gebrochne Eide vom Bunde wirklich in der angegebnen Weise gerochen worden waren — eine Thatsache, die wir für ebenso erwiesen halten dürfen wie die Hinrichtung des eidbrüchigen Morgan durch die Freimaurer in Amerika.

Der oberste Grad des Carbonarismus war der des „Großmeisters der großen Auserwählten", zu dem nur solche gelangten, welche Proben ungewöhnlicher Intelligenz und Charakterstärke abgelegt hatten. Die Aufnahme in denselben vollzog sich unter den folgenden seltsamen Ceremonien, die allein hinreichen, mich zu rechtfertigen, wenn ich die Carbonari den wunderlichen Heiligen beizähle.

Nachdem sich die guten Vettern dieses Grades in der Loge versammelt haben, wird der Candidat mit verbundenen Augen hereingeführt. Zwei Mitglieder, welche die Schächer darstellen, schleppen große Kreuze herzu, welche fest in den Boden gerammt werden. Einer der angeblichen Schächer wird dann als Verräther der guten Sache bezeichnet und verurtheilt, am Kreuze zu sterben. Er ergiebt sich in sein Schicksal als in ein wohlverdientes und wird mit seidenen Stricken an das Kreuz befestigt, worauf er, um den noch immer mit verbundenen Augen dastehenden Candidaten zu schrecken, lautes Gestöhn und Gewimmer ausstößt. Der Großmeister, der den Vorsitz führt, verurtheilt hierauf den andern Schächer zu demselben Loose. Der aber stirbt, als der unbußfertige, mit allerhand Drohungen, indem er ausruft:

„Ich werde mein Schicksal erdulden, aber indem ich euch verfluche und mich mit dem Gedanken tröste, daß man mich rächen wird, und daß Fremdlinge euch ausrotten werden bis zum letzten Carbonaro. Wisset, daß ich euren Schlupfwinkel den Führern der feindlichen Armee verrathen habe, und daß ihr binnen Kurzem ihnen in die Hände fallen werdet. Thut mit mir, was euch beliebt".

Der Großmeister wendet sich hierauf an den Candidaten, um ihn zu benachrichtigen, daß er gleichfalls an das Kreuz befestigt werden müsse, um hier an seinem Körper die Zeichen zu empfangen, an denen die Mitglieder dieses höchsten Grades der Köhlerbruderschaft einander erkennen, den Eid zu leisten und dann herabzusteigen, um das Licht zu erhalten und mit den Insignien eines Großmeisters der großen Auserwählten bekleidet zu werden. Der Candidat wird hierauf an das Kreuz zwischen den beiden Schächern gebunden und mit einer Nadel geritzt, dreimal auf den rechten, siebenmal auf den linken Arm und wieder dreimal unter die linke Brustwarze. Die guten Vettern umstehen dabei das in der Mitte der Höhle aufgerichtete Kreuz, richten, während dem Candidaten „das Licht gegeben", d. h. die Binde von den Augen genommen wird, ihre Degen und Dolche auf seine Brust und bedrohen ihn mit dem schrecklichsten Tode, falls er Verrath übe. Sie beobachten zugleich sein Benehmen, um zu sehen, ob er irgendwelche Furcht zeigt. Darauf wird siebenmal hinter einander auf sein Wohlsein getrunken, und der Vorsitzende erklärt die Bedeutung der Symbole, die nicht gedruckt, sondern nur aufgeschrieben werden darf. Er schließt seine Rede damit, daß er den Triumph der von den Carbonari beabsichtigten und vorbereiteten Revolution nicht nur auf der ganzen Halbinsel, sondern so weit die italienische Zunge klinge, für eine nahe Zukunft voraussagt. „Sehr bald", so verkündet er den Brüdern, „werden die Völker, müde der Tyrannenherrschaft, ihren Sieg über die Unterdrücker feiern. Sehr bald —"

Hier schreit ihm der unbußfertige Schächer von seinem Kreuze herunter zu: „Sehr bald werdet ihr untergehen"! und unmittelbar nachher hört man draußen vor der Thür Getümmel und Waffengeklirr. Einer der Wächter meldet, daß die Feinde erschienen und im Begriffe sind, die Thür einzurennen, und sogleich erfolgt ein Ansturm gegen dieselbe. Die guten Vettern stürzen nach ihr hin, der Lärm wird lauter, man vernimmt die Stimmen österreichischer Soldaten, die Carbonari flüchten, von der Ueberzahl überwältigt, nach rückwärts, sagen ein paar ermuthigende Worte zu dem Candidaten am Kreuze und verschwinden durch eine Fallthür im Fußboden. Gute Vettern in der Uniform der verhaßten Tedeschi dringen herein, wundern sich anscheinend über das Verschwinden der Carbonari und entdecken plötzlich die drei Gekreuzigten. Eben machen sie sich bereit, sie zu erschießen, als plötzlich Schüsse knallen, und eine Menge von Kugeln in die Höhle fliegen. Die Soldaten fallen wie vom Blitze getroffen zu Boden, und die entflohenen guten Vettern springen aus einer Anzahl von Seitenthüren, die sich sofort wieder hinter ihnen schließen, von Neuem in die Grotte, indem sie rufen: „Sieg! Tod der Tyrannei! Lange lebe die Republik Ausonien! Lange lebe die Freiheit! Lange lebe die von den tapfern Carbonari aufgerichtete Herrschaft"! Darauf geht man daran, die scheinbar todten Soldaten und die Schächer hinauszuschaffen. Man hilft dem Candidaten von seinem Kreuze herunter, und der Großmeister verleiht ihm nun, indem er mit seiner Axt sieben Schläge auf den vor ihm stehenden Holzblock thut, den unter so viel seltsamen Ereignissen erworbenen Grad.

Wie sich die Auguren angesehen haben mögen, wenn sie das zum zweiten oder dritten Male mitmachten! In der That, eine fast unglaublich abgeschmackte Komödie. Aber nicht wenige geheime Gesellschaften, namentlich die amerikanischen, trieben und treiben bei ihren Aufnahmen in höhere Grade ähnliche Kindereien, und wenn die Carbonari es am Schlimmsten machten, so wissen wir, daß die Italiener geborene Komödianten sind.

Um den Zusammenhang und den raschen Gang der Erzählung nicht zu unterbrechen, habe ich im Vorhergehenden die Erklärung der Symbole, die in diesem höchsten Grade der Organisation des Bundes gegeben wurde, ausgelassen und bis hierher aufgehoben. Man wird sehen, daß es ein Gebot der Klugheit war, wenn man sie nicht drucken ließ. Sie enthielt Material zu einer Anklage auf versuchten Hochverrath in Fülle.

„Das Kruzifix", sagt meine Quelle", „dient zur Kreuzigung des Tyrannen. Die Krone von Weißdornzweigen soll sein Haupt durchbohren. Der Zwirn deutet auf den Strick hin, der ihn an den Galgen henken soll, und die Leiter wird ihm hinaufsteigen helfen. Die Blätter versinnbilden die Nägel, die man ihm durch Hände und Füße schlagen wird. Die Spitzhacke wird in seine Brust eindringen und sein unreines Blut vergießen. Die Axt wird seinen Kopf vom Körper trennen, das Salz von seinem Kopfe die Verwesung fernhalten, damit er als ein Denkmal ewiger Schande der Despoten erhalten bleibt, die Stange ist da zum Aufstecken desselben, der Meiler ist da, um seinen Leib zu verbrennen, die Schaufel wird seine Asche in alle Winde zerstreuen. Die Hütte soll zur Vorbereitung neuer Qualen für den Tyrannen, bevor er getödtet wird, dienen. (Eine wahre Henker- und Folterkammerphantasie, aber wörtlich den Acten der später gegen die Carbonaria eingeleiteten Untersuchung entnommen.) Das Wasser wird uns von dem schändlichen Blute reinigen, das wir vergossen haben werden, die Leinwand wird unsere Flecken wegwischen. Der Wald endlich ist der Ort, wo die guten Vettern arbeiten, um ein so wichtiges Ergebniß zu erreichen.

Nachdem der Candidat in den höchsten Grad des Carbonari-Bundes aufgenommen war, traten andere gute Vettern in die Grotte und verkündeten jubelnd den allgemeinen Sieg der Brüder über die Tyrannen und die Fremden sowie die Errichtung der Republik Ausania, worauf die Loge geschlossen wurde. Die Mitglieder trugen alle besondere Ordensnamen, wie die deutschen Illuminaten des achtzehnten Jahrhunderts. Diese Namen wurden in ein Buch eingetragen, während ein zweites ihre bürgerlichen Namen aufnahm. Beide Bücher wurden gesondert aufbewahrt, so daß die Polizei, wenn sie das eine fand, davon keinen Gebrauch zur Identificirung der Verschwörer machen konnte. Die höheren Beamten wurden „Lichter", gewisse zu besonders gefährlichen Unternehmungen reservirte Mitglieder „Sturmcolonnen" genannt, wogegen man die, welche wegen Mangel an Muth und Einsicht nicht über den ersten Grad hinaus befördert wurden, als „Stabene", d. h. Haltmachende, Zurückbleibende bezeichnet. Wie die Freimaurer so hatten auch die Carbonari ihre besondere Zeitrechnung, die von König Franz dem Ersten an datirte, auf welchen auch bei Gastmählern des republikanischen Bundes das erste Glas geleert wurde.

Das Ritual und die Ceremonien, die ich im Vorstehenden mitgetheilt habe, waren nicht in allen Provinzen oder Republiken der Carbonari völlig die gleichen, aber der Geist, den sie athmen, beherrschte den Bund allenthalben, und das politische Ziel war bei allen Hütten und Oberhütten im Wesentlichen das nämliche. Dasselbe spricht sich deutlich in folgendem Manifeste des Bundes aus:

„Italien, welchem neue Zeiten einen neuen wohlklingenden und reinen Namen geben werden, Ausonia muß frei werden von den drei Meeren, welche es umgeben, bis zu den höchsten

Spitzen der Alpen. Das Gebiet der Republik soll dann in einundzwanzig Provinzen getheilt werden, von denen jede einen Vertreter in die Nationalversammlung senden wird. Jede Provinz bekommt ihren besondern Landtag. Alle Bürger, gleichviel, ob reich oder arm, können sich um alle öffentlichen Aemter bewerben. Die Art, wie die Richter zu erwählen sind, wird genau festgestellt werden. Zwei Könige, jeder auf einundzwanzig Jahre gewählt, ein Landkönig und ein Seekönig, werden von der souveränen Nationalversammlung gekürt. Alle Bürger Ausoniens sind zum Kriegsdienste verpflichtet. Alle Festungen, soweit sie nicht zum Schutze des Landes gegen die Fremden dienen, sollen von Grund aus geschleift werden. Man wird neun Häfen an den Küsten errichten, und die Flotte, die für Kriegszwecke gehalten wird, soll eine Vermehrung erfahren. Das Christenthum soll die Staatsreligion, daneben aber jeder andere Glaube geduldet sein. Das Cardinalcollegium darf in der Republik, so lange der während der Veröffentlichung dieser Verfassung regierende Papst lebt, fortbestehen wie bisher; dann aber wird es abgeschafft. Erbliche Titel und feudale Rechte werden beseitigt. Die Hospitäler, die übrigen Wohlthätigkeitsanstalten, die Hochschulen, die Lyceen, die Mittel- und Primärschulen sollen stark vermehrt und an passende Orte verlegt werden. Die Todesstrafe wird fortan nur noch an Mördern vollstreckt, alle andern Strafen werden künftig durch Deportation nach einer der Inseln der Republik ersetzt. Die klösterlichen Einrichtungen bleiben erhalten, aber kein Mann darf vor dem fünfundvierzigsten Jahre Mönch, kein Weib vor dem vierzigsten Nonne werden, und selbst dann, wenn sie ihre Gelübde abgelegt haben, soll es ihnen freistehen, aus der Clausur zu ihrer Familie und in die Welt überhaupt zurückzukehren. Das Betteln ist nicht gestattet; denn das Land wird Arbeit für den

dazu Fähigen und Hülfe für die dazu nicht Geeigneten finden.
Die Gräber großer Männer werden an die Landstraßen verlegt,
die Ehre einer Bildsäule wird von der souveränen Nationalversammlung verliehen. Der verfassungsmäßige Vertrag wird
alle einundzwanzig Jahre einer Revision unterworfen werden".

Ein anderer, von dem soeben im Auszuge mitgetheilten
Verfassungsentwurf wesentlich verschiedener Plan zur Umgestaltung der politischen Einrichtungen Italiens wurde 1813
von den Carbonari der englischen Regierung vorgelegt, damit
sie sich darüber äußere. Es heißt in diesem Actenstück u. A.:

"Italien soll frei und unabhängig werden. Seine Grenzen
sollen die drei Meere und die Alpen sein. Corsica, Sardinien
und die sieben Inseln sowie die Eilande längs der Küste des
Mittelländischen, des Adriatischen und des Jonischen Meeres
sollen einen unabtrennbaren Theil des Reiches bilden... Die
Hauptstadt desselben wird Rom sein... Sobald die Franzosen
die Halbinsel geräumt haben werden, wird man den neuen
Kaiser aus den regierenden Familien von Neapel, Piemont
oder — England wählen. Illyrien soll ein Königreich für
sich bilden und dem König von Neapel als Entschädigung für
Sicilien gegeben werden, welches nach dem Obigen mit Italien
zu verbinden sein wird".

Das außerordentlich rasche Wachsthum des Carbonarismus
im Neapolitanischen beunruhigte Murat, dessen Befürchtungen
sich steigerten, als der Staatsrath Dandolo ihm schrieb: "Sire,
der Carbonarismus verbreitet sich in Italien, befreien Sie Ihr
Königreich, wo möglich, davon; denn die Secte ist eine Feindin
der Throne". Auf der andern Seite aber rieth ihm sein Polizeiminister Maghella, sich offen gegen Napoleon zu erklären, die
Unabhängigkeit Italiens zu verkünden und schon jetzt im Hinblick auf diesen Zweck die Carbonaria zu begünstigen. Die von

ihm ergriffnen Maßregeln vermehrten indeß nur die Thätigkeit des Bundes, während sie zugleich die Hoffnungen der vertriebenen Bourbonen steigerten, die im benachbarten Sicilien, durch die englische Flotte gedeckt, jede Wendung beobachteten, welche ihre Rückkehr beschleunigen konnte. Murat verbot und verfolgte die Carbonari, wogegen dieselben von den Bourbonen und ihren britischen Gönnern und Verbündeten so viel als möglich geschützt und in ihrem nächsten Zwecke, der Vertreibung der Fremden, gefördert wurden. Die Emissäre des Bundes, die nach Palermo gesandt worden waren, kamen mit einem Insurrectionsplane zurück, der von den Carbonari in Calabrien und in den Abruzzen auszuführen versucht wurde. Murat schickte den General Manhès gegen die Aufständischen, und es gelang demselben, eine Anzahl von den Führern derselben gefangen zu nehmen, die darauf erschossen wurden. Die Empörung dauerte dann zwar noch ein paar Wochen fort, aber die Königin Caroline Murat, damals Regentin für ihren abwesenden Gemahl, wußte sie schließlich durch energisches Einschreiten auch in den entferntesten Gegenden der genannten Provinzen Neapels zu dämpfen.

Um diese Zeit verursachten Meinungsverschiedenheiten innerhalb der hier geschilderten politischen Secte einen großen Riß. Einige von den leitenden Persönlichkeiten, welche die Unmöglichkeit begriffen, eine so weitverbreitete und so ungemein zahlreiche Genossenschaft gehörig zu regieren, entwarfen den Plan zu einer Reform derselben und führten ihn in der Stille so schnell als möglich aus. Dabei wurden viele Mitglieder ausgestoßen, und ein großer Theil derselben vereinigte sich nun mit der inzwischen zu Palermo entstandenen geheimen Gesellschaft der „Calderari", d. h. der Kesselschmiede oder Kesselflicker, welche zwar ebenfalls die Befreiung Italiens und zu nächst Neapels von der Fremdherrschaft anstrebte, aber theils durch den Groll jener von den Carbonari Ausgestoßnen, theils durch den Umstand, daß zu ihr viele der bigotten und absolutistischen Sanfedisten von 1799 gehörten, trotzdem sehr bald zu einer sehr eifrigen Bekämpferin der Carbonari werden sollte. Murat entschloß sich endlich, sich mit den Carbonari ins Einvernehmen zu setzen, die ihm durch ihre Zahl imponirten, und dieselben kräftig zu unterstützen. Aber es war zu spät. Sie hatten kein Zutrauen mehr zu ihm, auch kannten sie seine verzweifelte Lage, und so ließen sie ihn fallen.

Der Fall Murats gereichte den Führern der Carbonaria somit zur Befriedigung. Aber die Ersetzung desselben durch die nunmehr zurückkehrenden, in jeder Hinsicht reactionär gesinnten Bourbonen behagte dem liberal denkenden und auf eine ausonische Republik hinstrebenden Theile derselben durchaus nicht. Andrerseits war der König Ferdinand dem Bunde abgeneigt. Derselbe hatte ihm Beistand bei den Bestrebungen geleistet, wieder auf den Thron Neapels zu gelangen, aber er hatte dafür versprechen müssen, dem Lande eine freisinnige Verfassung zu geben, und das gedachte er nicht zu thun. Er sagte sich von seinem Versprechen los und verbot die Versammlungen der Carbonari. Der Fürst von Canosa, sein Polizeiminister, verfolgte im Jahre 1819 den Plan, sie völlig auszurotten, indem er sich zur Ausführung desselben der Calderari bediente, die er zu diesem Zwecke umgestaltete. Die in diesen Bund Eintretenden mußten folgenden Eid leisten:

„Ich, N. N., verspreche und schwöre bei der heiligen Dreifaltigkeit, auf dieses Kreuz und diesen Stahl, das Rachewerkzeug, das die Meineidigen straft, zu leben und zu sterben im römisch-katholisch-apostolischen Glauben und mit meinem Blute diese Religion und die Gesellschaft treuer Freunde, die sich die

Calderari nennen, zu vertheidigen. Ich gelobe, die Kinder der treuen Freundschaft nie zu beleidigen oder an ihrer Ehre, ihrem Leben und ihrer Habe zu beschädigen. Ich schwöre ewigen Haß aller Freimaurerei und ihren abscheulichen Gönnern und Beschützern, desgleichen allen Jansenisten, Molinisten und Illuminaten. Ich schwöre, daß ich, falls ich durch Gottlosigkeit oder Leichtsinn meineidig werden sollte, mein Leben verloren haben und mich verbrennen lassen will", u. s. w.

Der König war nicht für Canosas Plan zu gewinnen. Er wollte von dem Versuche, den einen Teufel durch den andern auszutreiben, nichts wissen. Canosa fiel in Ungnade und wurde verbannt, und so blieben seine Bemühungen ohne Erfolg.

Im Jahre 1819 erfolgte die Erhebung zu Cadix, durch welche Ferdinand der Siebente gezwungen wurde, den Spaniern eine Verfassung zu geben. Dieses Ereigniß regte die Carbonari, die inzwischen fortbestanden hatten, an, ihre alten Pläne wieder mit einiger Energie aufzunehmen. Allein es fehlte ihnen durchweg an Einigkeit und Entschlossenheit, und die entstehenden Ränke führten zu Verräthereien, die vielen von ihnen Verhaftung und mehrjährige Einsperrung brachten.

Ein im nächsten Jahre unternommener Versuch, eine Verfassung zu erlangen, glückte besser. Der Abbate Menichini, der an der Spitze dieser Bewegung stand, setzte die Sache durch. Der Einfluß der Carbonaria wuchs, allenthalben entstanden neue Hütten, und selbst die Frauenwelt trat mit der Secte in Verbindung. Damenlogen wurden gegründet, deren Mitglieder „Giardiniere", Gärtnerinnen, genannt wurden und die Namen von Blumen annahmen. Die Geheimnisse des Carbonarismus gelangten zum Theil in die Oeffentlichkeit, seine Zeichen, Symbole und Embleme wurden vor aller Welt getragen und in den Kirchen von der Geistlichkeit gesegnet. Aber dieser Triumph des Bundes währte nicht lange. Oesterreichischer Einfluß, die Wortbrüchigkeit des Königs und der unter den Carbonari selbst herumschleichende Verrath führten schon nach wenigen Monaten die Wiederherstellung des absolutistischen Regiments herbei. Ein österreichisches Heer unter General Frimont jagte die neapolitanische Armee mühelos und ohne viel Blutvergießen aus einander und hielt dann das Land jahrelang besetzt. Der König widerrief alle neuen Einrichtungen. Die leidenschaftlichsten Freunde der alten Zustände, namentlich Canosa, übten jetzt den leitenden Einfluß, die geistliche und weltliche Reaction verfuhr von dieser Zeit an rücksichtsloser und unduldsamer wie je vorher. Die Umgestaltung des Unterrichts im jesuitischen Sinne, die Bereicherung der Jünger Loyolas, die Erweiterung der Macht der Geistlichkeit, Missionen und die abgeschmacktesten Mirakel zeigten das Uebergewicht, das die clericale Partei gewonnen hatte. Endlich aber war die Polizei unermüdlich im Aufspüren und Verfolgen der Liberalen, und die Prozesse gegen die Verschwörer von 1820 und namentlich gegen die Carbonari spannen sich ins Endlose fort.

Oesterreich selbst legte sich endlich ins Mittel, verlangte ein milderes und vernünftigeres Verfahren und setzte es auch durch, daß Canosa entlassen und ein neues Ministerium gebildet wurde. Doch dauerte die Gährung noch bis zum Tode des Königs Ferdinand, der 1825 erfolgte, fort, und die unablässige Verfolgung der Carbonari und ein strenges Gesetz über die geheimen politischen Verbindungen überhaupt konnten nicht hindern, daß jene sich in der Stille erhielten, immer neue Geheimbünde entstanden und das Land von Verschwornen wimmelte, die zwar nichts erreichten, aber doch allenthalben Unsicherheit und Unzufriedenheit verbreiteten.

Die Carbonari im Kirchenstaat erstrebten den Sturz der

päpstlichen Macht und wählten den Augenblick, wo man den Tod des Papstes erwartete, zur Ausführung ihres Planes. Sie hatten bereits starke Massen bei Macerata, wo sie ihre Waffenvorräthe liegen hatten, gesammelt und waren im Begriffe, loszuschlagen, als der Papst sich wieder erholte, und ihr Unternehmen dadurch vereitelt wurde. Die Führer geriethen durch Verrath, der trotz aller Vorsicht auch hier sich in den Bund einzuschleichen wußte, in die Hände der römischen Regierung, und mehrere derselben wurden zum Tode, andere zu lebenslänglichem Gefängnisse verurtheilt.

Auch in Norditalien hatte die Carbonaria ihre Hütten in jeder Stadt, ihr Ziel aber war hier in erster Reihe die Vertreibung der Oesterreicher und ihrer fürstlichen Vasallen in den kleinen Staaten. Aber auch hier gelangten die Verschwörer zu keinen Erfolgen, wenigstens zu keinen solchen, die Dauer hatten. Vielmehr wanderte eine große Anzahl von Mitgliedern des Bundes, unter andern Silvio Pellico, Gonfalonieri, Corelli und Maroncelli, nachdem man sie vorher an den Pranger gestellt, auf Jahre in die Gefängnisse des Spielbergs und andere Kerker der Tedeschi.

Die italienische Carbonaria lag nun eine Weile darnieder, bis sie um das Jahr 1825 wieder regsamer wurde, ohne indeß von ihren Tendenzen viel mehr als früher verwirklichen zu können. In den dreißiger Jahren aber verschmolz sie mit dem „Jungen Italien" Mazzinis, dessen Bestrebungen in allen wesentlichen Stücken auf dasselbe Ziel hinausliefen wie die der Carbonari. Einer der letzten kleinen Erfolge des in Italien fortan nicht mehr genannten Bundes war 1831 die Verjagung der Herzogin von Parma, Maria Louise. Einer ihrer Räthe, dem sie bis dahin das meiste Vertrauen geschenkt hatte, der aber insgeheim Carbonaro war, begleitete sie bei ihrer Flucht ins Ausland bis an den Wagenschlag und wünschte ihr ironisch glückliche Reise. „Was für ein Judas"! sagte die Fürstin zu ihrer Hofdame. Allein auch dießmal dauerte der Triumph der Carbonari nicht lange. Nach vier Wochen kam die Herzogin wieder, nachdem die Oesterreicher die Erhebung gegen sie niedergeschlagen hatten.

Auch nach Frankreich verbreitete sich der Bund der italienischen Köhler, und zwar soll dieß durch Vermittelung zweier politischen Flüchtlinge, Namens Joubert und Dugier geschehen sein, die, nachdem sie eine Zeit lang in Italien gelebt und hier den Carbonari beigetreten, bei ihrer Heimkehr die Grundsätze und das Ritual derselben mitgebracht und unter ihren Landsleuten eingeführt hätten. Die Secte machte unter den Franzosen der Restaurationszeit rasche Fortschritte, indem sich ihr die Mehrzahl der geheimen Gesellschaften, die sich seit der Wiedereinsetzung der Bourbonen gebildet hatten, allmählich anschloß. Sie nahm natürlich hier einen vorwiegend französischen Charakter an, der sich vorzüglich in größerer Centralisation der Gewalten äußerte. Die Mitglieder nannten sich hier „Charbonniers" oder „bons cousins", im Gegensatze zu den Nichteingeweihten, die „païens" oder Heiden hießen. Eine französische Loge oder Venta hatte nie mehr als zwanzig Mitglieder. Die Abgeordneten von zwanzig Venten bildeten eine „Centralventa", die ihrerseits wieder mit der „hohen Venta" ihrer Provinz in Verbindung stand, während diese wiederum über alle wichtigeren unter ihren Angelegenheiten an die höchste Venta in Paris zu berichten hatte und von dieser ihre Befehle empfing. Diese oberste Behörde aller französischen Köhlerhütten hatte den Grundsatz, nichts Schriftliches aufzubewahren, sondern mit den Gliedern des Bundes nur auf mündlichem Wege zu verkehren. Gewöhnlich kannte der Eingeweihte der untern beiden Grade nur die Mitglieder seiner Venta. Meineid und Verrath sollten nach den Statuten der Gesellschaft durch die Hand eines durch das Loos bestimmten guten Vetters mit dem Tode bestraft werden. Die Verbindung, welche in der Zeit ihrer Blüthe allein in Paris mehrere Hunderte von Venten gehabt und in ganz Frankreich über sechzigtausend Mitglieder gezählt haben soll, war namentlich kurz vor und während der Intervention der Franzosen in Spanien sehr thätig, vermochte aber gegen die reactionäre Regierung zunächst nichts auszurichten. Es bestand damals ein Ausschuß für militärische Angelegenheiten des Bundes, auch war der letztere im Heere ziemlich verbreitet. Später dachte man weniger an directe Versuche zu einer Revolution als an Vorbereitung des Volksgeistes für eine solche, und nur eine kleine Zahl von Eingeweihten nahm hieran Theil. Doch existirte der geheime Verein bis 1830, wo Lafayette, sein Großmeister, der Herzog von Montebello und der spätere Justizminister Barthe sowie mehrere andere Führer der französischen Carbonari sich der neuen Regierung näherten und sich dann mit ihr verständigten.

Dagegen entstand jetzt eine „Charbonnerie democratique", welche Frankreich in eine Republik verwandeln wollte und alle ihre Formen von der alten italienischen Carbonaria entlehnte. Die Hauptrolle spielte in dieser Gesellschaft Buonarotti, der einstige Mitverschworne des Vaters der Communisten Baboeuf, dessen Lehre von der unbeschränkten Gleichheit der Menschen den Katechismus der Secte als Geist durchzog; Teste und der Deputirte d'Argenson waren nächst jenem die hervorragendsten Leiter. Im entschiedenen Widerspruche mit jener Gleichheits=theorie, die von Rechtswegen keinerlei Vorzug, keine Spitze kennen sollte, erschien diesen Führern Paris als der Mittelpunkt und der vornehmste Ort der Welt, und in dieser Auffassung der Dinge arbeiteten sie auf einen Absolutismus dieser Stadt und weiter auf die absolute Gewalt eines Einzelnen, des Bundeshauptes, also auf eine demokratische Dictatur hin, und dieses Streben, Alles von Paris abhängig zu machen, führte zu Zerwürfnissen, die mit Abfall und Spaltung endigten. Namentlich sagten sich mehrere italienische Flüchtlinge von der Genossenschaft los, um neben dem Bunde das „Junge Italien" zu gründen, woraus sich allerhand ärgerliche Auftritte, Anklagen und Kämpfe entwickelten. Diese Reibungen, Zänkereien und Befehdungen machten die Hauptbeschäftigung der Herren Verschwornen aus, und obwohl die Charbonnerie bis zur Revolution von 1848 fortdauerte, ist sie doch ohne irgend welchen erkennbaren Einfluß auf dieselbe gewesen.

Neben den italienischen und französischen Carbonari ging noch eine Anzahl von Geheimbünden mit ähnlicher oder mit etwas anders gefärbter Tendenz her. Namentlich bildete die bonapartistische Partei derartige Vereine. In Messina wurde um das Jahr 1820 die Loge der „Patriotischen Reformatoren" gegründet, die mit Tochterlogen in Florenz, Mailand und Turin vermittelst musikalischer Noten correspondirte. In Palermo entstand 1823 der Verein der „Italienischen Literaturfreunde", der mit seinem harmlos klingenden Namen politische Absichten und Bestrebungen sehr weitgehender Art verdeckte. In jeder Stadt von Bedeutung hatte er einen Delegaten, welcher „der Radicale" hieß und die Befugniß besaß, sich zehn Andere beizugesellen, denen er darauf als „Centurio" vorstand. Die von ihm Aufgenommenen bezeichnete man als „Söhne", und dieselben hatten das Recht und die Pflicht, wieder um sich zehn geeignete Leute als Loge zu sammeln. Bei den Aufnahmen stellten die Candidaten den „Bruder Barrabas", vor, während Christus ihnen als Tyrann gegenüber stand, was wohl so zu deuten sein wird, daß Christus die tyrannische Kirche, Barrabas das nach Befreiung von ihr strebende Volk sein sollte. Man erkannte einander an einem Ringe und unterzeichnete seine Briefe mit den bekannten Buchstaben: I. N. R. I. Die Gesellschaft war eine Zeit lang sehr gefürchtet, schadete aber ungefähr ebenso wenig als sie nützte; sie schadete eigentlich nur sich selbst, insofern sie die Gefängnisse füllen half.

Ganz besonders reich an politischen Secten geheimer Art waren kurz vor und während der Zeit der Restauration Calabrien und die Abruzzen. Wir begegnen hier um das Jahr 1813 den Geheimbünden der „Europäischen Patrioten" oder „Weißen Pilger", der „Philadelphier", die bonapartistische Zwecke im Auge hatten, und der „Decisi", die sich dann über andere Theile des Südens von Italien verbreiteten und militärisch organisirt waren. Die Logen der letzteren nannten sich „Decisionen", die der Weißen Pilger „Schwadronen" und die der Philadelphier „Lager".

Die bedeutendste dieser drei geheimen Secten waren nach meiner Quelle die Decisi. Sie sollen in ihrer Blüthezeit gegen vierzigtausend Mitglieder gezählt haben, hielten ihre Zusammenkünfte, bei denen sorgfältig Schildwachen ausgestellt wurden, um Ueberraschungen zu verhüten, bei Nacht ab und übten sich in einsam gelegnen Häusern und verlassnen Klöstern in den Waffen. Ihre Absicht ging darauf hinaus, Neapel zu überfallen und dort die Republik auszurufen, aber die Umstände waren dem Plane nicht günstig, und so begnügte sich ihr Führer Ciro Annichiaro damit, das Land im Stile eines höheren Räuberhauptmannes mit Mord und Brandschatzung heimzusuchen.

Annichiaro war ursprünglich Priester. Wegen eines Mordes, den er aus Eifersucht begangen, sollte er auf fünfzehn Jahre

in die Verbannung gehen, zog es aber vor, in die Bergwälder zu entfliehen und hier an die Spitze einer Bande von flüchtigen Verbrechern zu treten, mit denen er dann allerlei wilde Thaten verübte, wie er denn unter andern Abscheulichkeiten zu Martano in das vornehmste Haus der Stadt eindrang und, nachdem er der Herrin desselben Gewalt angethan, sie mit allen ihren Leuten ermordete und 96,000 Ducati raubte. Er stand im Verkehr mit allen Briganten Süditaliens, und wer einen Feind beiseite geschafft zu sehen wünschte, hatte sich nur an ihn zu wenden, um seinen Wunsch prompt erfüllt zu sehen. Die Zahl der von ihm eigenhändig Umgebrachten soll sechzig bis siebzig betragen haben. Seine Behendigkeit, Schlauheit und Unerschrocken=
heit waren nach den Berichten von Augenzeugen ganz erstaunlich. Er war ein vortrefflicher Reiter und ein ausgezeichneter Schütze, und das Glück, mit dem er den größten Gefahren entschlüpfte, ließ das Volk ihn als einen Gefeiten betrachten. Obschon er Priester war und gelegentlich die Functionen eines solchen aus=
übte, war er ein Freidenker, der seine Amtsbrüder — vielleicht nicht völlig mit Unrecht — für glaubenslose Betrüger und Heuchler ansah. Er verbot den Missionspredigern bei Todes=
strafe, sich in den Dörfern seiner Gegend blicken zu lassen, „weil sie statt der wahren Grundsätze des Evangeliums nichts als Fabeln und Täuschungen lehrten". Man rühmte ihm die Gabe der Beredsamkeit und zugleich außerordentliche physische Kraft nach. An allen Orten, die er durchzog, hatte er Maitressen.

Als König Ferdinand auf den Thron Neapels zurückkehrte, rief er alle wegen ihrer politischen Vergehungen Vertriebenen oder Geflüchteten heim. Ciro versuchte auch als politischer Flüchtling zu gelten, aber es erging sofort ein neuer Befehl zu seiner Verhaftung, und jetzt trat er, nachdem er derselben ent=

wischt, an die Spitze der Decisi, mit deren Hülfe er der Regierung lange Zeit Trotz bot und allerhand Unthaten an den Anhängern derselben verübte, bis man endlich den General Church gegen die Banden der Secte aussandte. Dessen Truppen schlossen Ciro ein, belagerten ihn in einem befestigten Bauernhause bei Francavilla und zwangen ihn schließlich, sich zu ergeben. Ein Kriegsgericht verurtheilte ihn zum Tode durch Pulver und Blei. Ein Priester bot ihm die letzten Tröstungen der Religion an. Er wies ihn lächelnd mit den Worten zurück: „Keine Possen, wir sind von demselben Handwerk, lachen wir einander nicht in die Gesichter". Auf der zur Hinrichtung bestimmten Stelle angekommen, wollte er stehend sterben. Man hieß ihn mit dem Rücken den Soldaten zugekehrt niederknieen, dann fiel er, von zwanzig Kugeln getroffen, starb aber erst, als man ihm noch eine silberne Kugel und zwar aus seinem eignen Gewehre durch den Kopf jagte. „Er war gefeit, und der Zauber ließ sich nur auf diese Weise brechen", meinte einer von der Executionsmannschaft später sehr ernsthaft.

Nach Ciro wurden noch 120 Decisi erschossen und ihre Köpfe in verschiedenen Orten auf Stangen gesteckt.

Die Farben dieser geheimen Gesellschaft waren Blau, Roth und Gelb. Sie stellten ihren Bundesbrüdern Certificate aus, die mit zwei Siegeln versehen waren, von welchen das obere einen Todtenkopf mit einer phrygischen Mütze und daneben zwei gekreuzte Beile, das andere, unten befindliche Blitzstrahlen zeigte, die auf eine Königskrone und eine Tiara herabzuckten. Die Großmeister der Logen der Decisi hatten die Befugniß, Todesurtheile auszusprechen und vollziehen zu lassen. Wenn sie an jemand schrieben, um ihm eine Contribution abzupressen, so fügten sie, falls der Betreffende bei einer Zahlungsverweigerung Ermordung zu gewärtigen haben sollte, vier Punkte hinzu.

Andere geheime Gesellschaften jener Zeit waren die „Hemden=losen", die von einem gewissen Manuel gegründet wurden, Simson als ihren Schutzpatron verehrten und nur kurze Zeit bestanden, die „Gespenster in der Gruft", die 1822 existirten und den Sturz der Bourbonen in Neapel erstrebten, und die „Neue Reform", die, etwas später auftretend, nur solche in ihre Reihen aufnahm, welche schon den Carbonari, den Freimaurern oder den Europäischen Patrioten angehört hatten, und aus deren Ritual ich nur den Eid und eine Stelle des Katechismus mittheile. Jener lautete:

„Ich, N. N., gelobe und schwöre, in Ewigkeit ein Feind der Tyrannen zu sein, nie sterbenden Haß gegen sie zu hegen und, wenn sich Gelegenheit darbietet, sie zu erschlagen".

In dem Katechismus dieser Gesellschaft aber finden wir folgendes Zwiegespräch:

„Wer bist Du"?

„Dein Freund".

„Woher kennst Du mich"?

„Ich sehe die Last, die Deine Schultern drückt, und ich lese auf Deiner Stirn in blutigen Buchstaben: Siegen oder Sterben".

„Was willst Du"?

„Die Throne zertrümmern und Galgen aufrichten".

„Mit welchem Rechte"?

„Mit dem Rechte der Natur".

„Zu welchem Zwecke"?

„Um mir den glorreichen Namen eines Bürgers zu ver=dienen".

„Und willst Du Dein Leben wagen"?

„Ich achte das Leben geringer als die Freiheit".

Schön gegeben, pompös, nicht? Aber herausgekommen ist bei diesen bluttriefenden Großsprechereien nicht das Geringste. Auch diese wunderlichen Heiligen verschworen sich eigentlich nur, um sich zu verschwören und sich an Wortgeklingel und Spielen mit Symbolen zu erfreuen.

Wieder eine andere politische Secte des Italien der Restaurationszeit waren die „Neuen Französischen Liberalen", eine Gesellschaft, die nur wenige, darunter aber einige sehr vornehme Mitglieder zählte und bei ihrem Streben — aus irgend welchem seltsamen Grunde — Hülfe und Unterstützung von Seiten der Amerikaner erwartete. Die Angehörigen des Bundes trugen an ihren Uhren ein schwarzes Band mit einem goldnen Petschaft, einem Stückchen Koralle und einem stählernen Ringe. Das Band sollte ein Symbol ihres ewigen Hasses gegen die Unterdrücker des Landes sein, das goldne Petschaft sollte andeuten, daß man zu Erfolgen — viel Geld bedürfe, der Stahlring, daß man dazu auch Waffen nöthig habe, die rothe Koralle, daß man dabei Blutvergießen nicht scheuen dürfe.

Einer der neuesten mit der Carbonaria verwandten politischen Geheimbünde Italiens war der Verein, der sich das „Apostolat Dantes" nannte. Derselbe wurde 1855 gegründet, hatte vorzüglich in der Romagna viele Anhänger und bemühte sich, nationale Ideen zu verbreiten. An der Spitze stand Tamburini, ein wohlbekannter Patriot, und auch sonst zählte die Gesellschaft Leute zu Mitgliedern, die auf politischem und literarischem Gebiete Ruf und Ansehen genossen. Von unmittelbarem Erfolge aber waren ihre Bemühungen nicht. Im December 1856 wurden Tamburini und ein großer Theil seiner Genossen verhaftet, und nach fast dreijähriger Untersuchung verurtheilte das Gericht jenen zu zwanzigjähriger und die Uebrigen zu zehnjähriger Einsperrung. Pio Nono weigerte sich, obschon die Richter selbst sich zu Gunsten der Verurtheilten verwendeten, die Strafe zu mildern. Doch wurden im Jahre 1859 die fünf jüngsten von den Verhafteten entlassen, und zwölf Monate später setzte das Volk die übrigen in Freiheit.

Ein wichtiger Knoten in dem großen Netze der verschiedenartigsten Verschwörungen, welches Italien in der Restaurationsperiode überzog, waren die „Guelphen", die mit der Carbonaria insofern in Verbindung standen, als sie die Angehörigen der höheren Grade der letzteren zu Führern nahmen. Sie theilten oder gliederten sich in „Rathsversammlungen" zu je sechs Mitgliedern, die einander aber nicht kannten, sondern immer durch Vermittelung eines von ihnen, welcher „der Sichtbare" hieß, mit einander Verkehr unterhielten. Diese Rathsversammlungen, von welchen jede ihren besondern Namen, als „Tugend", „Ehre", „Gerechtigkeit" hatten, und deren wir in Mailand, Venedig und Florenz antreffen, hatten ihr Centrum in einem obersten Rathe, der in Bologna seinen Sitz hatte. In ihren Bestrebungen mit den Vorigen verwandt waren die „Delphischen Priester". Ihre Loge hieß „das Schiff", ihr Vorsteher „der Lootse". In ihrem Katechismus werden die Freunde Frankreichs „Heiden", die Anhänger Oesterreichs „Ungeheuer", die Deutschen aber „Wilde" genannt. Sie erwarteten „Hülfe vom Ocean", d. h. von Amerika, in der „Zeit der Kur", d. h. eines großen Weltkrieges.

Ferner gehören bis zu einem gewissen Grade hierher verschiedene bonapartistische Geheimbünde Italiens und Frankreichs, z. B. die „Amerikanischen Jäger", die 1819 in Ravenna entstanden, und unter andern Männern von Ruf Joseph Bonaparte und Lord Byron zu ihren Mitgliedern gezählt haben sollen. Sie hofften auf eine Rückkehr Napoleons, der unter dem Beistande der Amerikaner dem Liberalismus in Italien und ganz Europa zum Siege verhelfen sollte.

Aehnliche krause und kindische Ansichten und Erwartungen hegten und verbreiteten die „Söhne des Mars", die, meist aus alten Offizieren des gestürzten Kaisers rekrutirt, ihre Logen „Bivouacs", ihre Candidaten „Freiwillige", ihre Mitglieder „Korporale" und ihre Stuhlmeister „Sergeanten" nannten. Ferner sind hier anzureihen der Verein der „Schwarzen Nadel", die „Sonnenritter" und die „Gesellschaft der allgemeinen Wiedergeburt", die den Zweck verfolgte, Napoleon an die Spitze eines italienischen Staatenbundes oder Bundesstaates zu stellen, wo er den Titel: Kaiser von Rom von Gottes Gnaden und durch den Willen des Volkes" führen sollte. Wie das zu machen, wird man schwerlich gewußt, auch wohl nicht herauszufinden versucht haben. Endlich müssen hier noch die „Illuminaten" der Restaurationsepoche erwähnt werden, eine Secte, die in Frankreich entstand und, als sie hier auf zu große Hindernisse stieß, nach Italien verpflanzt wurde. Sie hatte die Idee, die Napoleoniden auf den französischen Thron zurückzuführen. Bis zur Mündigkeit des Königs von Rom (der damals als Herzog von Reichsstädt in Wien lebte) sollte dessen Mutter, Marie Louise von Parma Regentin und Napoleon, von St. Helena befreit, Oberbefehlshaber des Heeres werden. Die Gesellschaft setzte sich mit Las Casas in Verbindung, der nach Bologna, wo die Hauptloge war, kommen sollte. Aber, wie kaum hervorgehoben zu werden verdient, von einem ernstlichen Versuche, zu vollbringen, was man wollte, war nicht die Rede, und ebenso wenig hatten spätere Umtriebe der Bonapartisten, die bis 1842 fortdauerten und von Peter Bonaparte, Lady Christina Stuart, der Tochter Lucian Bonapartes, der

Marchesa Pepoli und der Gräfin Lipona sowie von dem Grafen Responi geleitet wurden, irgend welchen sichtbaren Erfolg.

Schließlich wurde auch die Sache des Papstthums und der Reaction durch verschiedene Geheimbünde zu fördern versucht. Ich nenne von diesen nur die bekannten „Sanfedisten" des Cardinals Consalvi, die „Consistorialen" und die „Apostolische Congregation".

Die Consistorialen, deren leitender Geist der Exjesuit und Beichtvater des Papstes Gregor, Talbot, war, und zu denen außer vielen römischen Adeligen auch der Herzog von Modena zählte, wollten vor Allem Vergrößerung des Kirchenstaates durch Toscana und Modenas durch Lucca und einen Theil der Lombardei, sodann aber ein strenges theokratisches Regiment und Erhaltung aller feudalen Rechte.

Die Congregation aber entstand unter dem Einflusse des Abbé Lamennais in Frankreich und verbreitete sich von dort aus nach Oberitalien. Ihre Lehre war ein mystisches Gemisch von Theokratie und Freiheit — Feuer und Wasser. Man erkannte einander an einem gelben Bande mit fünf Knoten. Die Logen dieser wunderlichen Heiligen bestanden immer nur aus fünf Mitgliedern, das Paßwort hieß „Eleutheria", eigentlich Freiheit, hier aber die Freiheit der Kirche neben dem Staate, das geheime Wort der höheren Grade war „Ode", was Unabhängigkeit (scil. der kirchlichen Gewalten von den bürgerlichen Gesetzen und Behörden) bedeuten sollte. Die Kirche, der Papst, ideal gedacht, sollte die Menschheit regeneriren, sie frei und politisch glücklich machen, und dergleichen schöne Dinge mehr. Man ließ viele große Worte vom Stapel, empfand tief, tiefer, am Tiefsten, gefiel sich in mystischer Spielerei und hatte in seiner Unschuld keine Ahnung, daß die päpstliche Weltherrschaft, von der man träumte und schwärmte, selbst in ihrer verklärtesten Gestalt nothwendig eine ärgere Sklaverei der Völker und der Einzelnen im Gefolge haben mußte, als die napoleonische, die man — die Gesellschaft entstand während der Gefangenschaft Pius des Siebenten — gebrochen zu sehen wünschte.

X.

Die griechische Hetäria.

Im Vorhergehenden habe ich eine Anzahl von politischen Geheimbünden geschildert, deren Wesen und deren Geschichte das zu Anfang des achten Abschnitts abgegebne Urtheil über geheime Gesellschaften durchweg rechtfertigte. Im Folgenden werde ich von einem Vereine berichten, der mehr leistete, dieß aber auch nur vermochte, weil ihn die Umstände begünstigten, d. h. weil auf dem einen Schauplatze seiner Thätigkeit ein ganzes Volk hinter ihm stand, und die einfältige Gleichgültigkeit und Unachtsamkeit der Gegner ihm das Spiel wesentlich erleichterte. Auf dem andern scheiterte das Unternehmen des Vereins kläglich und zwar vorzüglich an den Fehlern aller dieser Gesellschaften.

Ich meine die Hetärie der Griechen, die im zweiten und dritten Decennium unseres Jahrhunderts die Befreiung ihrer Nation von der Herrschaft der Türken vorbereitete und sie, nachdem der Versuch dazu in der Moldau und Walachei gemißglückt war, in Hellas in Verbindung mit andern Kräften durchführte. Bei der Erzählung von ihrer Einrichtung und ihren

Thaten folge ich in der Hauptsache Mendelssohn-Bartholdys "Geschichte Griechenlands"*), wo man Ausführlicheres über diesen Bund findet, als hier mitgetheilt werden kann.

Derselbe wurde im Jahre 1814 gegründet und zwar auf russischem Boden. In Odessa trat in diesem Jahre der griechische Kaufmann Skufas aus Arta mit zwei andern Griechen, dem Athanasios Tsakaloff und dem Freimaurer Xanthos zu einer geheimen Gesellschaft zusammen, die gleich Anfangs politische Zwecke ins Auge faßte, indem man über die Gleichgültigkeit des Wiener Congresses zürnte, welcher der orientalischen Frage sorgfältig aus dem Wege ging, statt einen Kreuzzug gegen die Türken zu beschließen. Skufas und seine beiden Freunde beschlossen zu vollbringen, was man seit Jahrzehnten von der Menschenliebe der europäischen Fürsten vergeblich erhofft hatte. Ihr Bund, die Hetärie der Philiker, wollte eine bewaffnete Einmischung der Christen zur Erhöhung des Kreuzes über den Halbmond. Derselbe mußte in Anbetracht der Verhältnisse ein geheimer sein, und die Form desselben wurden von der Freimaurerei und den Pariser Carbonari hergenommen. Die Hetärie zerfiel in sieben Grade, deren niedrigster der Bundesbruder hieß; dann folgten aufsteigend der Lehrling, der Priester, der Hirt, der Oberhirt, der Eingeweihte und der Höchsteingeweihte. Die beiden letzten und höchsten Stufen hatten militärischen Charakter und waren direct für den Krieg bestimmt. Trotz der hierarchischen Stufenleiter erfuhr man wenig Neues, wenn man von einer niederen Sprosse auf eine höhere gelangte, der Zweck der Einrichtung war vielmehr, der Sache Würde und Feierlichkeit zu verleihen. Die Einweihung und Vorbereitung zu allen Graden lief auf Ermahnung zu baldigem

---

*) Band I., Seite 131 ff.

losschlagen gegen die Türken hinaus. Man führte die Neugeworbenen bei Nacht in ein Zimmer, in dem sich ein Bild der Auferstehung Christi befand, ließ sie vor demselben niederknieen und nahm ihnen dann durch einen Priester unter allerlei Ceremonien einen Eid ab, in dem sie dem Bunde Treue, Verschwiegenheit und Gehorsam gelobten. Der „Bundesbruder" übernahm bei seiner Aufnahme einfach die Verpflichtung, die Waffen in Bereitschaft und fünfzig Patronen in einer Patrontasche zu haben, um sie zu gebrauchen, sobald Befehl von oben käme. Der „Lehrling" hörte in der Stunde der Einweihung den Zuruf: „Kämpfe für den Glauben und das Vaterland, hasse, verfolge und rotte aus die Feinde des Glaubens, des Volkes und des Vaterlandes". Der Priester erfuhr, daß das Ziel der Hetärie die Befreiung Griechenlands sei. Dasselbe wurde den höheren Graden etwas deutlicher eröffnet. Wenn aber ein „Höchsteingeweihter" aufgenommen wurde, reichte ihm der Katechet einen Säbel und sprach: „Dein Vaterland giebt ihn Dir, gebrauche ihn in seinem Dienste".

Wie überall bei solchen Geheimbünden, mischte sich auch in das Treiben der Hetärie allerlei Unlauteres: Selbstsucht, Lüge und phantastische Leichtgläubigkeit. Die Priester durften Neulinge einführen und den eignen Priestergrad verleihen. Da die Neulinge in die Hände ihrer Lehrer eine gewisse Summe niederlegen mußten, so wählten Viele die Stufe des Priesters, um sich damit Geld zu erwerben. Wunderlich klang es, wenn der Priester seine Katechumenen auf das Evangelium schwören ließ; ihnen aber zugleich versicherte, daß er sie kraft der Vollmacht aufnehme, die ihm die Großpriester der heidnischen Mysterien von Eleusis verliehen. Die Hetäristen glaubten ferner an den Stein der Weisen und bemühten sich, geringe Metalle in Gold und Edelsteine zu verwandeln, weshalb sie an eden Proselyten bei der Aufnahme die Frage richteten, ob ihnen Wissenschaft von einer unbekannten Verbindung zugekommen sei. Man trug kein Bedenken, sich zur Erhöhung des Ansehens der Gesellschaft mit Verbindungen am russischen Hofe zu brüsten, von denen pecuniäre und militärische Unterstützung zu hoffen sei, ja man ließ in dämmerndem Hintergrunde als die „Arché", die höchste Regierung des Bundes, den Czar Alexander ahnen. Daß der Bund auf russischem Boden entstanden, daß ein jonischer Grieche, Kapodistrias, oberster Rath des Kaisers von Rußland war, trug dazu bei, diese Illusion zu empfehlen und zu nähren. Auch die Prophezeiung des Agathangelos, nach welcher die Rettung „von einem Geschlechte rothbrauner Männer aus dem Norden" zu erwarten war, mußte zur Bestärkung jener Meinung dienen.

Gervinus hat diese und ähnliche Täuschungen, die von Anfang an das ganze System der Philiker durchdrangen, als unmoralisch getadelt, mit Recht aber bemerkt unsere Quelle: „Von einem revolutionären kriegerischen Bunde kann man nicht erwarten, daß er, in allen Schritten makellos, die Skrupel der strengsten Legitimität befriedige. Mit gesetzlichen Mitteln war hier nichts zu erreichen; List und Lüge wurden Waffen der Unterdrückten", die, wenn kein anderes Lob, wenigstens das verdienten, daß sie wußten, was sie wollten. Sie rechneten eben als Politiker mit den Phantasien und Lieblingswünschen der Menschen. Die Hetärie wäre ohne das Stratagem der russischen Beihülfe, wie Trikupis sagt, „geblieben, was sie war — Nichts".

Der Verein war zunächst auf keine sehr weite Verbreitung berechnet, und das Directorium desselben bestand bis 1819 nur aus den drei Gründern und vier andern Personen: Galatis, Komizopulos, A. Sekeris und A. Gazis, zu denen später noch

Leventis, Dikäos, Ignatios und Maurokordatos und zuletzt Patsimadis und Ipsilantis hinzutraten. Durch Galatis wäre die Sache der Hetäristen beinahe gleich zu Anfang arg compromittirt, um nicht zu sagen, verrathen worden. Dieser junge Mann, ein Verwandter von Kapodistrias, ließ sich die Ehre, in das Directorium gewählt worden zu sein, stark in den Kopf steigen und war überdieß mehr dreist als geschickt. Er ging nach Moskau und Petersburg, wo er als Graf und Gesandter des hellenischen Volkes auftrat und dadurch die Blicke der Polizei auf sich lenkte, die ihn verhaftete und seine Papiere mit Beschlag belegte, die dem Kaiser das ganze Geheimniß der Hetärie enthüllten. Nur die Fürsprache von Kapodistrias wendete üble Folgen ab. Galatis wurde lediglich nach der Moldau ausgewiesen, wo man ihm sogar noch eine Entschädigung von 500 Kolonnati auszahlte. Später, als Skufas, der Gründer des Bundes, den kühnen Gedanken gefaßt, den Feind im eignen Herzen anzugreifen, und sich deshalb in Konstantinopel niedergelassen hatte, erweckte Galatis sogar den Verdacht, neben dem Wohle des Vaterlandes auch das seine stark zu berücksichtigen, ja jenes diesem unterzuordnen. Unaufhörlich forderte er Geld von den Leitern des Bundes, auch in Konstantinopel, wohin man ihn aus den Donaufürstenthümern abberufen, setzte er dieß fort, und als seiner Zudringlichkeit nicht entsprochen wurde, stieß er, auf seinen Verkehr mit dem türkischen Minister Halet Effendi, dem Günstlinge Mahmuds hinweisend, vorwitzige Drohungen aus. Darauf hin stand es im Rathe der Hetärie fest, daß er beseitigt werden müsse, und ohne Verzug schritt man zur Ausführung dieses Beschlusses. Galatis wurde zu Ende des Jahres 1818 angewiesen, den Peloponnes zu bereisen. Hetäristen, auf die man sich verlassen konnte, wurden ihm als Begleiter mitgegeben. Als sie eines

Mittags in der Nähe von Hermione gelagert waren, und Galatis sich eben behaglich in den Schatten eines Ahornbaumes hingestreckt hatte, trat ein Hetärist hinterrücks an ihn heran und feuerte seine Pistole auf ihn ab. Mit dem Schrei: „Was habe ich euch gethan"? gab der Getroffene seine Seele auf. Die Mörder, in deren Sinn sich Wildheit und Sentimentalität seltsam mischten, schnitten die letzten Worte ihres Opfers in die Rinde des Ahorns ein.

Einige Monate vorher war Skufas gestorben, aber Dank der Blindheit der türkischen Polizei blieb Konstantinopel der Sitz des Bundes. In Xanthos' Hause berieth das Directorium weiter und begann die Propaganda systematisch zu betreiben. In allen Provinzen der Türkei und ihrer Nachbarländer wurden „Ephorien" oder kommissarische Behörden errichtet, deren Mitglieder von den Hetäristen mit einfacher Majorität gewählt wurden. Jede Ephorie hatte ihre eigne Kasse und die Befugniß, in ihrem Kreise zu handeln und alle Mittel zu ergreifen, die der Zweck des Bundes erheischte. Nur in den wichtigsten Fragen war sie der letzten Entscheidung der obersten Leitung am goldnen Horn unterworfen. Sendboten gingen zwischen dieser und jenen Unterbehörden hin und her. A. Gazis übernahm die Bearbeitung des Festlandes vom Pelion aus. Nach der Morea und der Insel Hydra wurden griechische Kriegsleute abgeordnet, die gerade aus Rußland zurückgekehrt waren, und unter denen Perrhäwos hervorragte. Vor Allem galt es, sich des militärisch wichtigsten Punktes in der Morea, der Mani (gewöhnlich Maina genannt) zu versichern, und es gelang hier mit Hülfe des in das Geheimniß der Philiker eingeweihten Patriarchen Gregor, den einflußreichen Maniaten-Bei Mauromichalis zu gewinnen. Derselbe söhnte sich mit seinen mächtigen Gegnern in Lakonien, den Familien der Gregorianer und Trupakiden aus, und es kam ein Vertrag zu Stande, in dem sich die Vorsteher dieser Familien verpflichteten, für das „hellenische Museum" und „die Schule", d. h. in der Geheimsprache der Philiker das Vaterland und dessen Befreiung, nach Kräften thätig zu sein und sein Blut für sie nicht zu schonen. Auch in Messenien einte Perrhäwos die streitenden Familien zum Besten des Planes der Verschworenen, und 1820 war die Hetärie in allen Klassen des Peloponnes verbreitet. Auf den Cykladen, den Sporaden, an der kleinasiatischen Küste und den jonischen Inseln, selbst in Jerusalem gewannen die Emissäre des Bundes zahlreiche Anhänger. Auch in Südrußland, der Geburtsstätte der Hetärie, war die Zahl ihrer Mitglieder in stetem Wachsen begriffen. In Kiew nahm G. Katakazis zu Anfang des Jahres 1818 den Nikolaus Ipsilantis auf. Begierig fragte dieser nach der Leitung des Ganzen. „Sei nicht neugierig", ward ihm zur Antwort, „denn das ist im Unterrichte verboten". — „Ach, das sind Regeln, die ihre Ausnahmen haben". — „Allerdings", erwiderte Katakazis, „aber auch ich weiß weiter nichts, weil auch mein Lehrer nicht mehr wußte oder sich doch so stellte". Nikolaus Ipsilantis gewann nun auch seine Brüder Georg und Demetrius.

Alexander Ipsilantis wollte sich jedoch nicht eher aufnehmen lassen, als bis er über die Leitung des Ganzen beruhigt sei. Nikolaus forschte vergeblich darnach: die „Arché" blieb ihm ein unaufgehelltes Geheimniß. Dennoch warb er eifrigst für den Bund, und auf seinen Antrieb wurden 1819 eine Anzahl vornehmer Griechen, Rhizos Nerulos, G. Manos und Gregor Sutsos Mitglieder desselben. Aber trotz dieser Erfolge waren die Häupter der Hetärie in Sorge um die Zukunft. Sie fühlten ihre eigne Bedeutungslosigkeit, und je mehr die Ungeduld der Griechen nach Gewißheit in Betreff der obersten

Leitung und des geheimen Zusammenhanges mit Rußland wuchs, desto mehr empfanden jene, daß sie entweder ihre Charlatanerien enthüllen oder suchen mußten, das bisherige Treiben auf einen hochbedeutsamen Grund zurückzuführen und sich damit vor Vorwürfen zu schützen.

Damit aber war ein entscheidender Wendepunkt in der Geschichte der Hetärie gegeben. „Was bisher mehr Zufall gewesen, wurde Plan: die russische Tendenz trat unverhüllt hervor". Man beschloß, den Vorhang vor der „Arché" zu lüften und eine berühmte Persönlichkeit an die Spitze der Hetärie zu stellen. Zwei Männer waren es vor Allem, auf welche Griechenland mit Stolz blickte, weil sie den griechischen Namen in Rußland zu Ehren gebracht hatten: ein vielgewandter Diplomat, der Graf Johann Kapodistrias, und ein tapferer Kriegsmann, der Fürst Alexander Ipsilantis.

Bei der Berathung über diese beiden Männer neigte sich die Mehrzahl der Leiter des Bundes auf die Seite des Diplomaten, und die Minderheit drang mit ihrer Ansicht, daß „das Schwert allein zum Ziele führe und Hellas folglich einen Soldaten, nicht einen Politiker brauche", nicht durch. Xanthos aber schlug vermittelnd vor, er wolle sich nach Petersburg begeben und bei beiden anklopfen, wer von ihnen ihm öffne, der solle die Rechnungen, die Akten des Bundes und den Titel eines unbeschränkten Oberhauptes der Hetärie empfangen. Zuerst aber wolle er sich, wie es dem Range der beiden entspreche, an Kapodistrias wenden. So kam am 22. September 1818 folgender Vertrag zwischen den Mitgliedern des Directoriums zu Stande:

„Die Unterzeichneten, welche die ganze Unternehmung der Hetärie der Philiker leiten und sich nur trennen wollen, nachdem ein jeder, wie billig, eine andere Richtung wegen seiner

Geschäfte eingeschlagen hat, setzen fest und beschließen das Folgende, was ihnen als Richtschnur in ihrem Verhältniß unter einander und mit Andern dienen soll:

1) Keiner von den Leitern wird in Zukunft einen selbstständigen Weg einschlagen, sondern alle ihre Handlungen werden einzig und allein das Wohl der Hetärie bezwecken. Auch die Abwesenden, die augenblicklich irgendwie in die Bewegung eingeweiht sind, unterliegen dieser Verpflichtung. Doch wird dem A. Komizopulos und dem A. Sekeris eine Frist von sechs, dem A. Gazis eine solche von drei Monaten zur Abwickelung seiner Geschäfte gewährt. Handeln sie diesem Beschlusse nicht gemäß, so werden sie fortan als einfache Mitglieder angesehen. Nur dem P. Sekeris wird, weil sein Verbleiben in Konstantinopel wünschenswerth ist, gestattet, sein Geschäft so weit fortzuführen, als er es für gut befindet.

2) Die Leiter sind verpflichtet, unter einander über ihre Maßregeln zu berichten, gemeinschaftlich über die Gelder der Hetärie und deren Nutzen zu verfügen, desgleichen über deren Briefschaften, ohne daß einer das Recht hat, nach Belieben zu schalten und zu walten.

3) Keiner wird die leitende Regierung offenbaren, weder einen der Directoren nennen, noch merken lassen, daß er selbst Director ist, oder daß er etwas über die Regierung herausgefunden hat. Nichts Definitives wird bezüglich eines allgemeinen oder lokalen Aufstandes in Angriff genommen, wenn die andern leitenden Mitglieder nicht einwilligen. Bei Meinungsverschiedenheit entscheidet die Majorität. Eine Ausnahme findet nur in Betreff der Offenbarung der leitenden Regierung bei E. Xanthos statt, der zu einer Besprechung mit Graf Johann abreist, er hat die Erlaubniß, diesem allein die Regierung zu offenbaren. Johann tritt in die Zahl der Leiter ein und

unterschreibt dieses Aktenstück, während Xanthos verpflichtet ist, sofort über alle seine Beziehungen zu dem Grafen und seine Correspondenzen mit demselben die Mehrzahl der Leiter in Kenntniß zu setzen".

Xanthos begab sich hierauf zunächst nach dem Pelion, um sich mit A. Gazis zu besprechen und bei ihm die Urkunden des Bundes zu deponiren. Dann kehrte er nach Konstantinopel zurück, um von hier aus im Februar 1819 seine Missionsreise nach Rußland anzutreten. Er brauchte fast ein Jahr, um über Bukarest, Kiew und Moskau nach Petersburg zu gelangen, indem er auf dem Wege nicht blos Bundesangelegenheiten, sondern auch eigne betrieb und in Moskau u. A. sich mit der Errichtung einer Nationalbank, die den Kriegszwecken der Hetärie dienen sollte, ohne viel Erfolg beschäftigte. Endlich in Petersburg eingetroffen, fand er die Stimmung bei Hofe seinen Absichten durchaus ungünstig. Der Kaiser war über den Erfolg der Militärrevolution, die in Spanien ausgebrochen war, in großer Unruhe. Er erblickte darin nur einen Triumph der Demagogie und einen verhängnißvollen Präcedenzfall. Der Sendbote eines griechischen Geheimbundes mit revolutionären Zwecken würde ihm in diesem Augenblicke eine höchst unwillkommne Erscheinung gewesen sein. Kapodistrias aber, von diesem Bunde bereits durch verschiedene Anfragen von griechischer Seite unterrichtet, die wissen wollten, wie sein Gebieter sich zur Hetärie stellen werde oder bereits stehe, war ungehalten und ängstlich über die Ungeduld und das Ungestüm der Griechen. Er empfand keinen Beruf, den unter diesen massenhaft aufgehäuften Brennstoff zu entzünden. "Seiner feinen Diplomatennatur, seinem zugeknöpften Wesen sagte die Berührung und der Verkehr mit diesen volksthümlichen Elementen nicht zu; es war zu besorgen, daß die eigne Stellung beim Kaiser compromittirt werde, und so war er vor Allem darauf aus, sich vor diesen verwegenen Emissären keine Blöße zu geben".

„Xanthos führte sich mit einem Empfehlungsschreiben des Anthimos Gazis bei ihm ein, worin es hieß: ‚Erinnern Sie sich daran, Herr Graf, wie wir uns in Wien über die jammervolle Lage unseres Volkes unterhielten und Sie mir sagten: findet sich unter Ihnen kein einziger Thrasybul? Sehen Sie, wie viele Thrasybule sich Ihnen jetzt darbieten'! Aber diese Anspielung auf die großen Gestalten des Alterthums blieb unbeachtet. Xanthos ward dringender; er äußerte, der Aufstand sei unvermeidlich, und Kapodistrias dürfe nicht gleichgültig bleiben und den Griechen die Hoffnung auf eine so hochansehnliche Führerschaft entziehen. Der Graf sah sich endlich genöthigt, seine Gesinnung zu offenbaren. Er lehnte die ihm angesonnene Leitung entschieden ab, bekannte sich aber mit dem Grundgedanken des Bundes einverstanden, indem er dem Xanthos schließlich erklärte: ‚Kann ich jetzt nicht, so können die Vorsteher, sobald sie dieß erfahren, andere Mittel ergreifen, und ich flehe, daß ihnen Gott zur Erreichung ihres Zieles behülflich sein möge'".

Der Emissär der Philiker sah ein, daß hier nichts weiter zu erlangen war und wandte sich nunmehr an Ipsilantis. Derselbe stammte aus einer der vornehmsten Fanariotenfamilien, die sich rühmte, daß kaiserliches Blut in ihren Adern fließe. Sein Großvater war Hospodar der Moldau gewesen. Seinen Vater hatte der Haß Napoleons gezwungen, Konstantinopel, wo er Pfortendolmetsch war, zu verlassen und sich nach Kiew zurückzuziehen. Alexander Ipsilantis trat frühzeitig in russische Militärdienste, in denen er sich während der Kämpfe mit Napoleon auszeichnete. Bei Dresden verlor er durch einen Schuß die rechte Hand, bei Kulm rückte er zum Major auf.

Als der Kaiser ihn fragte, ob er damit zufrieden sei, erwiderte
er, er habe Besseres erwartet, eine Dreistigkeit, die nicht übel
genommen wurde. Im Gegentheil wendete ihm der Kaiser von
jetzt an seine Gunst zu. Alexander Ipsilantis war ein tapferer
Offizier, aber kein General, der selbständig Entschlüsse fassen muß,
und noch weniger ein Politiker; denn es mangelte ihm energisches
Wollen und selbstbewußte Folgerichtigkeit, er war leicht zu be-
geistern, aber unklar, er besaß zu wenig Ruhe und Ueberlegung.
Als Xanthos ihm die Anträge der Hetärie mittheilte, gerieth
der Fürst in lebhafte Bewegung, und nach kurzem Besinnen
erklärte er sich bereit, die oberste Leitung des Bundes zu über-
nehmen. Kapodistrias, den er deshalb consultirte, billigte seinen
Entschluß und bestärkte ihn darin, indem er, als jener fragte,
ob man auf materielle Unterstützung von russischer Seite
rechnen könne, die Antwort gab: „Das Erscheinen weniger
Tausende Aufständischer in Griechenland genügt, damit Rußland nach Kräften zu Hülfe kommt". Dagegen rieth er dem
Fürsten von einer durch diesen ins Auge gefaßten Befragung
des Kaisers Alexander über die Sache ab und schlug, als
Ipsilantis bei seinem Vorsatz beharrte, vor, dem Kaiser eine
Denkschrift über die Lage zu verfassen, die er demselben bei
günstiger Gelegenheit überreichen wolle. Ipsilantis arbeitete
das Schriftstück ohne Verzug aus, Kapodistrias aber erklärte,
nachdem acht Tage verflossen waren, es sei völlig unmöglich,
dem Kaiser derartige Vorschläge zu unterbreiten, da derselbe
keinen Krieg mit der Türkei und keine Verwickelung mit England wolle. Indeß nahm er seine frühere Versprechung nicht
zurück, und so bildete sich in dem bethörten Kriegsmanne der
feste Glaube aus, der Kaiser bedürfe zu günstigen Entschlüssen
nur einer vollendeten Thatsache, und er ermuthige nur aus

offiziellen Rücksichten ein Unternehmen nicht, dem er im Stillen Erfolg wünsche.

Von frischer Hoffnung erfüllt, meldete Ipsilantis jetzt den Häuptern des Bundes, daß er die oberste Leitung desselben übernommen habe, worauf Xanthos trotz des Vertrags vom September 1819 keinen Anstand nahm, ihm das Diplom der Mitgliedschaft in der Arché und seine Briefschaften und Rechnungen zu übergeben, ohne die Einwilligung der übrigen Directoren vorher einzuholen. Ipsilantis erhielt bei dieser Gelegenheit den Ehrennamen Euergetikos, Kapodistrias die Bezeichnung Kalos. Am 12. April wurde der Euergetikos zum General-Ephoren der Arché ernannt, und bald spürte man die Folgen des Umstandes, daß die Leitung jetzt in einer Hand lag. Nach allen Seiten hin zeigte Ipsilantis seine Ernennung zum Oberaufseher der Philiker an, forderte Beiträge ein und ermunterte „die Nachkommen von Miltiades und Leonidas", sich zum Kampfe bereit zu halten. Ueberall fanden seine Ansprachen Anklang. Sutsos, der Hospodar der Moldau, sandte ihm 1000 Gulden „für die Schule von Chios" und versprach weitere Unterstützung. Sein Sekretär Rhizos verglich in einem begeisterten Ergnß vom November 1820 den Ipsilantis an Geist mit Thrasybul und Pelopidas, an Gestalt mit Achilles und beschwor ihn, „den Weg des Ahnenruhmes mit nacktem Schwert zu zeigen". In Konstantinopel trug man das erste Schreiben des Fürsten triumphirend von Haus zu Haus, und selbst der alte Klephthenhauptmann Kolokotronis, sonst kein Schwärmer, gerieth in Ekstase, als Ipsilantis ihm schrieb, daß man seinen Eifer und seine Tapferkeit kenne.

Zugleich mit der einheitlichen Leitung trat eine kräftigere Organisation der Hetärie ins Leben. Ipsilantis schaffte die beiden Grade des Bundesbruders und des Lehrlings ab und wirkte dem weiteren Proselytenmachen für die untern Klassen entgegen, da dieselben leicht ein Agitationsobject einzelner Ungeduldigen werden und durch zu frühes Losschlagen Alles aufs Spiel gesetzt werden konnte. „Als ersten Grad", so berichtet Mendelssohn-Bartholdy, „setzte er den der Priester, als zweiten den der Hirten ein und verlangte eine strenge Glaubensprüfung als Bedingung des Eintritts in den ersten Grad. Für den zweiten faßte er vorzüglich die Mitglieder des höheren Klerus ins Auge. Ferner hob er den Grad der Oberhirten auf und setzte an die Stelle der „Eingeweihten" Militärbeamte, die in seiner Gegenwart Treue und Gehorsam schwören mußten, unter Wiederholung des Wortes „Würdig" den Ritterschlag erhielten und schließlich mit einem Schwerte umgürtet wurden". — „Eine Militärverordnung schärfte den Mitgliedern der Hetärie die strengste Disciplin ein. Die Militärs mußten dem Vaterlande Treue, die niedern Klassen den höheren unbedingten Gehorsam schwören. So erhielt der gesammte Bund der Philiker einen militärisch-aristokratischen Zuschnitt. Das System der Ephorien fand die Billigung des General-Ephoren, doch schärfte er den einzelnen Ephorien sorgfältige Ueberwachung der Mitglieder und genaue Erfüllung der Bundespflichten ein, regelte die Beiträge, stellte Quittungen im Namen des Vaterlandes aus und" — „wirkte darauf hin, daß die Centralephorien russische Konsuln und Konsularagenten in ihre Mitte aufnahmen". Dieß und der Umstand, daß Ipsilantis, der nunmehrige Dictator, von Petersburg aus schrieb, trugen wesentlich dazu bei, die in der Brust aller Griechen seit der Prophezeiung des Agathangelos schlummernde Hoffnung auf russische Unterstützung zur Gewißheit werden zu lassen.

Die Bewegung schwoll so mächtig an, daß der oberste Leiter derselben nicht mehr in der Ferne bleiben konnte. Nachdem er Urlaub auf unbestimmte Zeit genommen, begab er sich im Juli 1820 nach Moskau und bald nachher über Kiew nach Odessa. Ueberall wurde er von seinen Landsleuten begeistert begrüßt. Andrerseits aber drängten sich jetzt auch verwegene Abenteurer mit Plänen an ihn heran, die sich an Keckheit und Ungereimtheit überboten. Die Einen wollten das Kastell von Braila stürmen, die Andern in Alexandrien eine Handelsbank errichten, die Mehemed Ali um einige hunderttausend Piaster betrügen sollte, wieder Andere hatten ein ausführliches Project entworfen, nach welchem Konstantinopel überrumpelt, die dort ankernde türkische Flotte verbrannt und der Sultan festgenommen werden sollte. Ipsilantis war unbesonnen genug, sich von solchen schwindelhaften Phantasmagorien blenden und fesseln zu lassen und den Ephoren in Konstantinopel den Aufstand und die Verbrennung der dortigen Flotte zu befehlen. Die Vorstellungen derselben gegen diese Thorheiten fruchteten bei ihm wenig, auch die Aengstlichkeit und die Knickerei, denen er bei den reichen griechischen Kaufleuten in Odessa begegnete, und die ihn nöthigten, zur Bestreitung der nothwendigsten Bedürfnisse Privatanleihen aufzunehmen, schreckte ihn nicht ab. „Je geringer die Mittel waren, die ihm zu Gebote standen, desto üppiger wuchs das Selbstvertrauen des Mannes. Mit staunenswerther Ruhe fuhr er fort, über imaginäre Armeen zu verfügen und Luftschlösser zu bauen". Im Juli hatte er in Kiew den Olympier Georgakis zum „Obergeneral der Donauarmee" ernannt, im August machte er Perrhäwos zum „Oberfeldherrn des epirotischen Heeres". Er selbst gedachte, über Triest nach dem Peloponnes zu gehen und hier am 25. März 1821 in der Mani die Fahne der Unabhängigkeit aufzupflanzen, wobei er von dem Glauben ausging, daß der ganze Peloponnes ein bewaffnetes Lager sei und die Zahl der

griechischen Krieger derjenigen der türkischen weit überlegen sei.
Paparrigopulos, der Gesandte der Peloponnesier, bewies ihm,
daß dieß ein Irrthum. Andere riethen, zuerst in den Donaufürstenthümern loszuschlagen, weil dann die Pforte wegen
Serbiens und Bulgariens besorgt werden und alle ihre ver-
fügbaren Truppen an die Donau schicken würde, sodaß Griechenland freie Hand hätte, wogegen sie, wenn der Peloponnes sich
zuerst erhöbe, ihre gesammte Macht dorthin werfen und den
Aufstand bald ersticken würde.

Ipsilantis schwankte. Eine von ihm veranstaltete Zusammenkunft der bedeutendsten Hetäristen, die am 1. October 1820
auf dem Kirchhofe von Ismail stattfand, entschied sich auf
Grund eines Berichtes des Archimandriten Dikäos und gegen
den Einspruch des Perrhäwos für das Losschlagen im Peloponnes.
Von Neuem gingen Briefe und Sendboten nach den verschiedensten Richtungen ab, Dikäos eilte nach der Insel Hydra,
Perrhäwos nach Lakonien, um Alles für den Empfang des
Dictators vorzubereiten, dessen Aussichten hier in der That nicht
ungünstig standen.

Dessen Wankelmuth besann sich jedoch bald wieder anders.
Er fürchtete, in Triest festgenommen zu werden, und er begann,
inzwischen nach Kischineff übergesiedelt, im Hinblick auf die
zwischen Milosch und der Pforte eingetretene Spannung von
Serbien Unterstützung zu hoffen. Er dachte wieder an Rußlands Hülfe. Die Verträge zwischen diesem und der Türkei
untersagten beiden Mächten, ohne gemeinsame Verständigung
ein Heer in die Fürstenthümer einrücken zu lassen, und wenn
die Pforte infolge der Erhebung der Hetäristen Truppen nach
Bukarest sandte, so mußte nach der Ansicht Ipsilantis Rußland die Aufständischen unterstützen. Er beschloß daher, nicht,
wie in Ismail ausgemacht worden, im Süden, sondern im

Norden den Krieg zu beginnen, und zwar sollten am 14. November die Feindseligkeiten beginnen.

Da indeß in den Fürstenthümern noch nicht Alles gehörig geordnet war und Milosch keinen rechten Ernst zeigte, so schob Ipsilantis den Termin zum Losschlagen weiter hinaus, während der verhängnißvolle Entschluß, im Norden zu beginnen, von ihm festgehalten wurde. Es gelang den hetäristischen Agenten, die Fürstenthümer völlig zu unterwühlen und die Unzufriedenheit mit der dortigen Regierung, deren Spitzen die Bojaren und das niedere Volk bedrückten und zu ihrem Privatvortheil ausbeuteten, auf den höchsten Grad zu steigern. Man gerieth jedoch durch dieses Verfahren vor die Nothwendigkeit, gegen seine eignen Anhänger, die Hospodaren und deren Familien Front machen zu müssen und sich diese so zu entfremden. Aber die Hetäristen wollten einen Anfang haben, wenn es auch ein Anfang der Verwirrung war. So bewogen sie den in russischen Diensten gewesenen Rumänen Wladimiresko, der sich den Philikern trotz seines Hasses gegen die Griechen wegen der russisch-orthodoxen Färbung des Bundes angeschlossen hatte, unter dem Schein eines rumänischen, ja griechenfeindlichen Aufstandes für ihre Zwecke thätig zu sein. Derselbe bemächtigte sich mit einer Schaar von Getreuen der Stadt Tschernetz an der Trajansbrücke und verbreite, er komme als getreuer Unterthan der Pforte, um den Mißbräuchen und Erpressungen der fanariotischen Hospodare ein Ende zu machen. Der Schachzug glückte. Denn jetzt konnte der Hospodar der Moldau nicht umhin, sich den Hetäristen zur Verfügung zu stellen. Er setzte eine Anzahl von Militärcommandanten, die Ipsilanti gewünscht, ein, sorgte für Proviant, gab eine nicht unerhebliche Summe Geld her und versprach, mehr zu zahlen. Milosch aber war nicht so leicht zu gewinnen. Ipsilantis hatte ihm in einem

Schreiben vom 7. Januar 1821 den Titel eines rechtmäßigen Fürsten von Serbien zugestanden und ihm einen Föderativ-Vertrag zwischen Griechenland und Serbien vorgeschlagen. Der schlaue Serbe jedoch ging darauf nicht ein, und so durfte man von ihm wohl Sympathien, aber wirksame Hülfe nur dann erwarten, wenn damit materielle Förderung der serbischen Interessen bedingt wurde.

Ipsilantis aber mußte jetzt ohne Zögern losschlagen. Ein gewisser Asimakis, der sich den Philikern angeschlossen, hatte in Gemeinschaft mit dem Bruder des bei Hermione ermordeten Galatis der türkischen Polizei alle Details der Verschwörung verrathen. Der als Sendbote nach Petersburg gegangne Kamarinos begann bei seiner Rückkehr den Betrug von der russischen Unterstützung zu enthüllen und konnte von weiterer Aufdeckung nur dadurch abgehalten werden, daß die Hetäristen ihn tödten ließen. Vor Allem aber galt es, in dem Kampfe, der zwischen Ali Pascha in Albanien und dem Sultan entbrannt war, rasch Partei zu nehmen und den Moment zu benutzen, wo die Kerntruppen der Pforte durch die Belagerung von Janina in Schach gehalten waren. Im Hinblick hierauf begab sich Ipsilantis am 6. März von Kischineff nach Jassy, wo er in dem von Verschwornen und Soldaten erfüllten Palaste des Kantakuzenos sein Hauptquartier aufschlug, und von wo er am 8. folgende pomphafte Proclamation an das griechische Volk erließ:

„Hellenen! Seit langer Zeit kämpfen Europas Völker um ihre Rechte und Freiheiten und muntern euch zur Nacheiferung auf. Sobald sie frei sind, trachten sie mit dem Aufgebot aller Anstrengung die Freiheit und ihr Glück zu befestigen. Unsre Freunde, die Serben und Sulioten, stehen schon bereit, ganz Epirus erwartet euch bewaffnet und gleichfalls für die Freiheit begeistert. Europa richtet Blicke des Unwillens auf unser

Zaudern und unsere Verlegenheit. Ganz Griechenland ist uns zu helfen bereit, die Kriegstrompete ertönt und das Geräusch der Waffen. Europa erwartet Wunder von unsrer Tapferkeit, die Tyrannen erbeben, voll Furcht schicken sie sich zur Flucht an. Die gebildeten Völker Europas sind mit der Gründung ihres eignen Wohles beschäftigt, und überzeugt von dem edlen Charakter unsrer Vorfahren wünschen sie Griechenlands Freiheit. Auf, ihr Freunde, und wißt, daß eine große Macht uns beschützen wird! Welch ein griechisches Herz kann bei dem Aufrufe des Vaterlandes gleichgültig und unthätig bleiben? Zaudern wir aus verderblicher Verblendung, so wird die Wildheit der Tyrannen wachsen, und alles Unglück wird aus den Wolken über uns herabstürzen. Erhebt eure Augen, Gefährten, und betrachtet Griechenlands bejammernswerthen Zustand. Seht eure Tempel entheiligt, eure Töchter euch entrissen zu schändlicher Befriedigung barbarischer Lüste, eure Häuser öde, eure Felder wüste und ihr selbst unglückliche Sklaven. Durch Vorzeigung von Cäsars blutiger Tunika regte ein Freund des Gemordeten das römische Volk auf. Was werdet ihr thun, Hellenen, denen das Vaterland seine bluttriefenden Wunden zeigt? Stellen wir uns zwischen Macedonien und den Thermopylen auf! Führen wir den Krieg auf den Gräbern unsrer Vorfahren, welche für ihre Freiheit stritten und fielen! Die Türken, diese weichlichen Nachkommen des Darius und Xerxes, sind mit weit geringerer Mühe zu überwältigen als einst die Perser".

In einem ähnlichen aus Pomp und Schwindel gewebten Gewande bewegte sich eine Ansprache, die Ipsilantis an die „Daker", d. h. an die Bewohner der Moldau und Walachei richtete. „Kopfschüttelnd mag", so bemerkt Mendelssohn-Bartholdy hierzu, „der rumänische Bauer die wunderbare Kunde vernommen haben; der Gedanke, daß ein griechischer Fürst, von Fanarioten umgeben, als Herold der Freiheit in den Fürstenthümern auftrat, mußte den Meisten als bitterer Spott erscheinen. Aber auch die Griechen selbst hatten keine Veranlassung, sich über diesen Beginn ihrer Revolution in der Fremde zu freuen. Was in Suli begonnen und im Peloponnes fortgesetzt wurde, das deutet auf den Pulsschlag ureignen Lebens im griechischen Volke. Daß man aber eine Bevölkerung, die von Griechenland nichts wissen wollte, für Griechenlands Freiheit zu den Waffen rief, war in der That ein verhängnißvoller Fehlgriff. Gerade deshalb ist es bedeutungsvoll, daß die nordische Schilderhebung kläglich scheiterte, während die volksthümlichen Bestrebungen des Südens zur nationalen Unabhängigkeit geführt haben".

Nach Laibach, wo in diesem Augenblicke die Fürsten und Diplomaten Europas gerade über die neapolitanische Revolution zu Gerichte saßen, schrieb Ipsilantis: "Alle edlen Antriebe der Völker kommen von Gott, und zweifellos durch göttliche Eingebung erheben sich heute die Griechen in Masse, um das abscheuliche Joch abzuschütteln, das seit vier Jahrhunderten auf ihnen lastet. Mehr als zweihundert Adressen, von mehr als sechsmalhunderttausend Namen von Notabeln aller Klassen und Provinzen Griechenlands rufen mich an die Spitze, um mit ihnen zu siegen oder zu sterben. In diesem Augenblicke schlagen die Kapitäne in Epirus die Truppen des Sultans, die Sulioten, die Bewohner von Parga kehren in ihre Heimath zurück, um sich für frei zu erklären, alle Berge Griechenlands bevölkern sich mit furchtlosen Streitern der Freiheit, die Morea, der Archipelagus regen sich, Kreta steht auf, Serbien, Bulgarien, Thracien und Macedonien eilen zu den Waffen. Die Walachei und die Moldau werfen das Joch von sich, und die erschreckten

Türken liegen zu Konstantinopel selbst auf einem Vulkan, der bereit ist, sie zu verschlingen". Zu gleicher Zeit bat der Fürst Sutsos in Jassy den Czaren, russische Truppen in die Moldau zu entsenden; denn dieselbe sei, da Ipsilantis ohne Verzug nach Griechenland abmarschiren werde, schutzlos dem Untergang durch die Türken preisgegeben.

Der Eindruck, den diese Schreiben in Laibach machten, war ein ganz anderer, als die Hetäristen erwarteten. „Er rief alle Kräfte der Reactionspartei wach", sagt Mendelssohn-Bartholdy, er verhalf der Metternich'schen Politik, die „das Geheimniß von Kaiser Alexanders Leben", d. h. das Ueberwiegen der Revolutionsfurcht vor der Griechenliebe in seiner Seele, kannte, zu einem vollständigen Siege. Der Czar, der schwerlich ahnte, daß sein vertrauter Günstling Kapodistrias selbst die Hand im Spiele gehabt und Ipsilantis durch Hindeutung auf russische Hülfe in seinem Vorsatz, sich an die Spitze der Verschwörung zu stellen, bestärkt hatte, sah sich gänzlich außer Stande, die antirevolutionären Grundsätze, die er soeben in der italienischen Frage feierlich gutgeheißen, in der griechischen zu verleugnen. In einer Zusammenkunft mit dem Kaiser Franz, Metternich und Bernstorff, die am 14. März stattfand, betheuerte er sein Festhalten an der heiligen Allianz und seine principielle Gegnerschaft gegen die Revolution mit solchem Eifer und solcher mystischen Salbung, daß seine Zuhörer „von tiefster Rührung" ergriffen wurden. In der Stimmung, in der er sich befand, dachte er eher an alles Andere als daran, auf die Zumuthung des Führers der Philiker einzugehen, der ihm die Rolle eines Vorkämpfers des Kreuzes gegen den Halbmond und eines Befreiers der Griechen vom Türkenjoche ansann, und in der That wurde die Schilderhebung Ipsilantis von Rußland sofort auf das Entschiedenste gemißbilligt. Man strich den Fürsten aus den russischen Armeelisten, man ertheilte dem Befehlshaber der russischen Truppen am Pruth gemeßnen Befehl, sich unter keinem Vorwand in die Unruhen der Fürstenthümer zu mischen, man ließ dem Divan erklären, daß die russische Politik den Umtrieben, welche die Ruhe türkischer Provinzen gestört, völlig fremd sei. Den Grafen Kapodistrias selbst aber traf das harte Schicksal, das Absageschreiben des Czaren an Ipsilantis abzufassen und dem Freunde, den er insgeheim ermuthigt hatte, eine Vorlesung halten zu müssen über „den Geist des Schwindels, der die Menschen unseres Jahrhunderts dazu bringt, daß sie im Vergessen ihrer nächsten Pflichten ein Gut suchen, welches man sich nur von der strengen Erfüllung der Vorschriften der Religion und der Moral versprechen darf ... Keine Hülfe", so schloß das Schreiben, „weder mittelbar noch unmittelbar, kann Ihnen vom Kaiser gewährt werden; denn es würde seiner unwürdig sein, den Grund des türkischen Reiches durch die schmähliche und schuldvolle Thätigkeit einer geheimen Gesellschaft zu unterwühlen ... Benutzen Sie eine heilsame Warnung. Machen Sie das Unheil, das sie angerichtet haben, wieder gut. Kommen Sie dem Verderben zuvor, das Sie über Ihr schönes und unglückliches Vaterland heraufbeschwören".

Wenige Tage, bevor die in Laibach versammelten Fürsten und Staatsmänner sich trennten, am 7. Mai 1827, faßte Metternich die Aeußerungen des Czaren mit den Gedanken des Kaisers Franz zu einer Denkschrift zusammen, die, erst von Mendelssohn-Bartholdy an's Licht gezogen, auf das Bestimmteste erklärt, daß der griechische Aufstand nicht Folge einer nationalen Bewegung, sondern die Entwickelung eines lange vorbereiteten Planes gegen die „den Wühlern furchtbare Union der beiden Monarchen von Rußland und Oesterreich zu einem System der Erhaltung und Wiederherstellung" sei. „Wie kann", so hieß es in der Denkschrift weiter, „die griechische Erhebung im Interesse der griechischen Nation erfolgt sein, da doch diese Nation in den letzten Jahrhunderten auf die tiefste Stufe der Entartung herabgesunken ist? Nein, es ist die Fackel der Zwietracht, die man zwischen Oesterreich und Rußland wirft, ein Mittel, um die liberale Feuersbrunst zu unterhalten und den mächtigsten Monarchen der griechischen Kirche mit seinen Glaubensgenossen in Verlegenheit zu setzen, um das russische Volk gegen die Politik seines Souveräns aufzuwühlen, endlich ein Mittel, um ihn zu zwingen, seine Blicke vom Westen wegzuwenden und ganz auf den Orient zu heften". Die „Erklärung der alliirten Mächte" und die österreichische Circulardepesche vom 12. Mai athmeten denselben Geist wie dieses Document, und noch in der letzten Unterredung, die zwischen dem österreichischen Staatslenker und dem Kaiser Alexander zu Laibach stattfand, wurde festgesetzt, daß man niemals von den in der Denkschrift niedergelegten Grundsätzen abweichen werde.

Metternich und Gentz waren hierdurch für eine Weile beruhigt. Ob sich aber der Czar für längere Zeit als gebunden ansah? Ob jenes „Niemals" von russischer Seite für eine ferne Zukunft gemeint war? Nachdem die Oesterreicher die Furcht vor der Revolution bei Alexander wachgerufen hatten, konnte ihnen doch über kurz oder lang seine stille Liebe zu den Griechen wieder einen Streich spielen, und wenn die russische Politik eine Weile den Grundsätzen der Legitimität zu folgen schien, konnten rasch wieder die orientalischen Interessen bei ihr die Oberhand gewinnen. Unterstützte man den Divan, so trieb man die Griechen Rußland in die Arme und machte es dem Czaren schließlich unmöglich, aus Rücksichten der Legitimität die Gebote der Menschlichkeit und den Gedanken an die Religonsverwandten zu vergessen.

Es gab, so meint unsere wiederholt angeführte Quelle, für Oesterreich nur einen Ausweg aus dem Dilemma. „Man mußte die Griechen in ihren nationalen Bestrebungen unterstützen, sie unabhängig machen und dadurch in die Lage setzen, den Vorspiegelungen des russischen Ehrgeizes zu widerstehen". „Es ist das Kriterium eines klugen Staatsmannes, daß er selbst mit den Phantasien Anderer zu operiren, daß er die politischen Schwärmereien und enthusiastischen Träume der Menschen zu benutzen versteht, auch ohne sie zu theilen. Aber Metternich zog es vor, von der einsamen Warte des höheren Rechtsstandpunktes aus auf die Irrthümer und Leidenschaften Europas herunterzublicken, die Schwärmerei der Griechenfreunde vornehm zu belächeln und sich hinter einer Politik des Abwartens und Geschehenlassens zu verschanzen, die im Grunde nur den russischen Plänen dienen sollte".

Kehren wir zu der Geschichte der Hetärie zurück, so begann Ipsilanti in Jassy sein Unternehmen mit allerlei Mißgriffen und Unterlassungssünden. Er mußte sein Hauptquartier in Braila aufschlagen, dort ein verschanztes Lager errichten und die bürgerliche und militärische Verwaltung beider Fürstenthümer in einer Hand concentriren. Gestützt auf Braila mußte er sich der Dobrudscha und der Festungen unterhalb der Stadt Galacz bemächtigen und sich zum Herrn des ganzen Laufs der Donau von Orsowa bis zum Meere machen. Endlich galt es, das Volk der Rumänen zu gewinnen, ihm Bürgschaften gegen den Druck der Bojaren zu geben und eine gleichmäßige Vertheilung der Steuern herbeizuführen. Der Generalephore der Philiker that nichts von alledem. Er dachte weder an Centralisation der Verwaltung, noch an Concentrirung des Heeres, noch an eine gehörige Verpflegung desselben aus Magazinen. „Er dachte eigentlich nur daran", sagt Mendelssohn-Bartholdy,

„die Fürstenthümer als russisches Depôt zu verwalten und zu warten, bis die Hand des Czaren ihn auf den Thron des griechischen Reiches erhob. Er trat mit einem Aplomb auf, als säße die byzantinische Krone schon auf seinem Haupte. Die Bojaren behandelte er, als ob sie Lakaien wären". Er sprach davon, daß er deren Vorrechte abschaffen und alle Stände für gleichberechtigt erklären wolle. Da er aber auf Rhizos Nerulos' Vorstellungen diese Absichten rasch wieder aufgab, verletzte er nur die Aristokratie, ohne das rumänische Volk für sich zu gewinnen.

Nicht genug damit, vertheilte Ipsilantis, als ob der Sieg schon errungen wäre, bürgerliche und militärische Stellen an die Schaar von Verwandten und Schmeichlern, die ihn umdrängte. Häuptlinge mit ein paar hundert Abenteurern wurden zu Generalen ernannt, seine Brüder stellte er an die Spitze des Stabes seiner beiden imaginären Armeecorps. Während er Männer, die allein geeignet waren, die Revolution mit Energie durchzuführen, unbeachtet ließ oder zurückstieß, begünstigte er den unwürdigen Karawias, der mit einem arnautischen Söldnerhaufen die türkische Besatzung von Galacz überfallen und niedergehauen, die Stadt geplündert, die Kirchen geschändet und zur Einweihung der neuen Aera Frevel jeglicher Art begangen hatte. Wenn Leute dieses Schlags vor den Augen des Dictators Gnade fanden, so war es nicht zu verwundern, daß er die Augen zudrückte, als das Gesindel in Jassy auf die Kunde von den zu Galacz begangnen Greueln über die dort sich aufhaltenden friedlichen Türken herfiel und sie kalten Blutes ermordete, und wenn ähnliche Schandthaten sich in den Fürstenthümern allenthalben wiederholten. Sehr übel wirkte endlich, daß Ipsilantis, um seiner finanziellen Verlegenheit abzuhelfen, einen reichen Bankier, den er revolutionärer Gesinnung beschuldigte, festnehmen ließ und erst wieder freigab, als jener sich mit sechzigtausend Dukaten losgekauft hatte; denn diese eigenthümlich gestaltete Zwangsanleihe des „Befreiers" bewog eine große Anzahl wohlhabender Leute zur Flucht auf russisches oder österreichisches Gebiet, und viele Andere begannen die Rückkehr der Türken herbeizuwünschen, unter denen es nicht so arg zuging als unter dem Banner der neumodischen Freiheit der Hetäristen.

Endlich brach Ipsilantis mit einem Heere von 2000 Mann, die überall als eine Armee von 10,000 ausposaunt wurden, von Jassy nach Bukarest auf. In Fokschani, an der Grenze der beiden Fürstenthümer, erließ er wieder einen volltönenden Aufruf an die „Daker", der wieder ohne irgendwelchen Erfolg blieb. Dagegen verstärkte sich seine Armee hier durch die Arnauten des Karawias und andere Zuzüge, auch wurde hier nach dem Vorbilde der Thebaner eine „heilige Schaar" gebildet, deren Mitglieder mit ihrer schwarzen Uniform und dem Todtenkopf auf ihrem Hute den unwiderruflichen Entschluß, zu siegen oder zu sterben ankündigten. Fünfhundert Jünglinge aus den edelsten und reichsten Familien, zum Theil freilich zu zart für die Strapazen eines Feldzugs, aber alle voll Begeisterung für die vaterländische Sache, traten zu diesem Corps zusammen, das sich fortan sowohl durch Tapferkeit als durch Mannszucht vor den übrigen Truppen Ipsilantis' auszeichnete. Statt jedoch dem Eifer dieser jungen Leute Gelegenheit zu geben, sich zu bethätigen, kühlte er ihn durch Zögern und langsames Vorrücken ab. Erst am 7. April gelangte man nach Kolentina, erst am 9. nach Bukarest. Hier schloß sich ihm die höhere Geistlichkeit mit den zurückgebliebnen Bojaren in der Hoffnung an, daß die Führer der Banden, die sich neben seinem Heere gebildet hatten, desgleichen thun, sich ihm unterordnen und so auch die anarchischen Elemente der Revolution in seinen Dienst stellen, unschädlich machen oder vielleicht selbst in nützliche umgestalten würden. Diese Hoffnung ging indeß nur zum kleinen Theil in Erfüllung. Der Hetärist Georgakis stellte sich ihm zur Verfügung und blieb ihm fortan als treuer und kundiger Begleiter zur Seite. Andere dem Bunde angehörige Hauptleute revolutionärer Haufen wie Sawwas und Wladimiresko waren weit davon entfernt, diesem Beispiele zu folgen. Der letztere blieb auf dem Wege, den er mit der Proclamation vom 29. März betreten, in der er den Bewohnern von Bukarest verkündet hatte, daß er nicht gesonnen sei, den Fanarioten Zugeständnisse zu machen. Von Sawwas aber vernahm man gar, daß er im Stillen auf Wiedereinsetzung der Türken in die Oberherrschaft hinwirke. Beide kokettirten mit rumänischen Velleitäten, beide trauten dem Dictator nicht, wie sie einander nicht trauten.

Ipsilantis hatte unter diesen Umständen nichts Wichtigeres zu thun, als ein Theater zu errichten und Komödianten für dasselbe zu besorgen, während er doch selbst mehr Komödiant als Feldherr war. Täglich erschien er in der prunkenden Uniform eines russischen Generals. Ein zahlreicher Stab von Offizieren durcheilte, phantastisch herausgeputzt, vom Morgen bis in die Nacht in zweckloser Geschäftigkeit die Straßen der walachischen Hauptstadt. Die Reichen wurden mit willkürlichen Requisitionen heimgesucht, die Soldaten der Hetärie lebten zuchtlos auf Kosten der Bürger und Bauern, nur die heilige Schaar kannte noch Ordnung und Rücksicht.

In dieser kläglichen Verfassung traf den Generalephoren der Philiker der russische Absagebrief aus Laibach und mit demselben der Bann seiner Kirche: Der Patriarch derselben belegte ihn und die Hetärie mit seinem Fluche, und damit war alle Hoffnung auf Beitritt der Rumänen zu der Sache des

Bundes begraben. Sawwas und Wladimiresko machten sich jetzt offen zu Vorkämpfern der rumänischen Opposition gegen die Unternehmung der Griechen in den Fürstenthümern, die Bojaren und die Geistlichkeit zogen sich scheu von dem Gebannten zurück, und von den andern Klassen des Volkes war ernstlich nie etwas von Unterstützung zu erwarten gewesen.

„Ipsilantis suchte zwar das Gewicht des doppelten Schlags, der ihn getroffen, damit abzuschwächen, daß er den Bannstrahl der Diplomatie und der Kirche nur als eine Form hinstellte, hinter welcher sich die geheime Sympathie des Czaren und des Patriarchen augenblicklich verhülle. Er hatte die Stirn, zu versichern, daß jener ihn lediglich politischer Gründe halber vor Europa desavouirt, aber durch Kapodistrias heimlich benachrichtigt habe, die Hetäristen möchten nicht eher die Waffen niederlegen, bis sie den Ausgang der zu Gunsten der Griechen bei der Pforte gemachten russischen Vorschläge erführen. Er richtete im Namen der griechischen Nation eine Reihe von Anträgen an den russischen Gesandten in Konstantinopel und an den Czaren, verlangte Autonomie für Griechenland und erklärte, die von ihm eingenommene Stellung nicht eher aufgeben zu wollen, als bis diese Vorschläge angenommen seien". Vergebens, man sah seine Behauptungen nur als Ausreden eines Verzweifelnden an, und der hetäristische Handstreich mußte als in den Donaufürstenthümern gescheitert gelten.

Ipsilantis hatte sich jetzt entweder dem von ihm herbeigeführten Mißgeschicke zu fügen oder einen kühnen Entschluß zu fassen. Er mußte für sich und seine Gefährten das Mitleid der europäischen Großmächte anrufen oder rasch entschlossen den Schauplatz seiner Thätigkeit nach Nordgriechenland verlegen. Ging er ohne Zögern bei Rustschuk oder Sistowa über die Donau, schlug er sich, was gewagt, aber nicht unmöglich, durch

Bulgarien hindurch, drang er bis nach Epirus vor, so konnte er den in Janina eingeschloßnen Ali Pascha entsetzen, den aufständischen Sulioten die Hand reichen und vereint mit diesen Kräften und den Griechen der Morea den Sieg gewinnen. „Aber der Fürst war nicht aus dem Metall geschaffen, mit dem man einen so kühnen und genialen Schlag wagt. Kleinliche Bedenken sprachen dagegen, sich mit dem türkischen Rebellen Ali und mit den Sulioten zu vereinigen. Es schien die höchste Verwegenheit, im Rücken die unsichere, ja feindselige Bevölkerung der Fürstenthümer zurückzulassen. Als vollends Wladimiresko, der inzwischen im hetäristischen Lager erschienen war und sich sehr ergeben stellte, jenen Plan eifrigst befürwortete und versicherte, daß der Fürst auf bulgarische Unterstützung rechnen dürfe, war Ipsilantis sich ganz klar darüber, daß man ihm nur eine Falle legen und ihn nur mit guter Manier aus den Fürstenthümern hinauscomplimentiren wolle; er nahm seine innere Abneigung vor dem kühnen Plane für die Stimme der Klugheit.

Andrerseits wollte er sich aber auch, noch immer auf Rußland hoffend, nicht zur Demuth herbeilassen und sich als armen Sünder bekennen. Mit seiner geringen Truppenmacht, fast ohne Artillerie, setzte er sich am 13. April von Kolentina in Bewegung, und jetzt beging er den letzten seiner vielen verhängnißvollen Mißgriffe. „Statt an die Donau zu eilen, den Uebergang und Bukarest zu decken, wandte er sich nördlich nach Tirgowischt und stellte seine Armee am Fuße der Karpathen in einem so weiten Gürtel auf, daß die geringste Streitkraft der Türken genügt haben würde, die einzelnen Abtheilungen aufzurollen und zu vernichten". Für den Fall, daß die Türken Ernst machten, beabsichtigte er auf österreichisches Gebiet überzutreten. Er hoffte aber durch Verwendung des russischen

Gesandten in Konstantinopel für sich und sein Gefolge freien Rückzug auszuwirken. Da die russische Regierung das Einrücken türkischer Truppen zur Dämpfung des Aufruhrs bewilligt hatte, so mußte Ipsilantis sich auf einen baldigen Zusammenstoß gefaßt machen. Er nahm infolge dessen eine Miene an, als wollte er Widerstand leisten, ließ seine Leute Schanzen aufwerfen und sich im Bayonnetfechten üben und tischte ihnen bei Gelegenheit das Märchen von russischer Hülfe wieder auf.

In der zweiten Woche des Mai überschritten die Türken die Donau. Auf ihrer Linken rückte der Pascha von Widdin gegen die kleine Walachei vor, in ihrem Centrum setzte sich der Pascha von Silistria gegen Bukarest in Bewegung, auf ihrer Rechten faßte der Pascha von Braila die Wiedereroberung des von Karawias genommenen Galacz ins Auge. Vor dieser Stadt kam es am 13. Mai zum ersten Zusammenstoß, bei dem die Hetäristen durch Tapferkeit vieles vergessen ließen, was von ihren Führern in den vorhergehenden Monaten gesündigt worden war, wie sie denn überhaupt ihrer Mehrzahl nach mit Ehren untergingen. „Die Insurgenten hielten, etwa 700 Mann stark, drei Schanzen an der Straße nach Braila besetzt. Sie verfügten über zwei Kanonen. Ihre Stellung war von ihrem Anführer Athanasios von Karpenisi so geschickt gewählt, daß man hoffen durfte, sich selbst gegen die fünffache Uebermacht der Türken lange zu behaupten. Allein die Mehrzahl der Vertheidiger jener Schanzen bestand aus Gesindel, Matrosen von den im Hafen ergriffenen Schiffen und jenen Räubern und Mördern, die unter Karawias ihr Unwesen getrieben hatten und jetzt wenig Lust verspürten, sich für eine ihnen fremde Sache zu opfern. Sobald die Türken sich zum Angriff anschickten, stob der große Haufe auseinander und überließ es dem Hauptmann Athanasios und den wenigen Griechen, mit

Anstand zu fallen. Nun entspann sich der ungleiche Kampf.
Die stärkste der drei Schanzen wurde von dem griechischen
Häuflein den ganzen Tag hindurch wacker gehalten, die Reiter-
angriffe der Türken wurden abgeschlagen, die beiden Geschütze
der Vertheidiger fügten den Stürmenden beträchtlichen Schaden
zu. Mit dem Einbruch der Dunkelheit ließ der Kampf nach,
die Griechen ersannen ein Mittel, um die Gegner zu täuschen
und zu entkommen. Sie warfen ihre Oberkleider vor die
Schanze, die Türken hielten in der Finsterniß den Rock für den
Mann und schossen darnach, zugleich hatten die schlauen Hellenen
ihre beiden Kanonen so geladen, daß, sobald die Besatzung der
Schanzen geflohen, erst die eine, dann die andere losgehen und
die Aufmerksamkeit von den Fliehenden ablenken mußte, und
siehe da, die List gelang, und die Griechen retteten sich zunächst
auf eine kleine Halbinsel an der Mündung des Pruth in die
Donau und von da nach Jassy". Hier herrschte die größte
Verwirrung. Der unfähige Fürst Kantakuzeno, den Ipsilantis
nach der Hauptstadt der Moldau geschickt, vermochte sich dort
nur wenige Tage zu halten. Um die Mitte des Juni, beim
Anrücken der türkischen Heerhaufen, brachte er sich nach
Bessarabien in Sicherheit, nachdem er Athanasios und den
übrigen Anführern der Griechen gerathen, deßgleichen zu thun.
„Diese aber schalten ihn einen elenden Feigling, erklärten, daß
sie geschworen, die griechische Sache bis aufs Aeußerste zu vertheidigen, nahmen das Abendmahl und gaben sich das Wort,
ehrenvoll zu fallen oder zu siegen. Mit 400 Mann und
8 Kanonen trotzten sie in einem schwachen Verhau bei Skuleni
acht Stunden lang dem übermächtigen Feinde und warfen durch
ihren heroischen Widerstand noch einen Abendsonnenglanz auf
die Sache der moldauischen Insurrection. Athanasios fand
dabei den Heldentod. Nahezu tausend Türken waren gefallen,

dreihundert Griechen im Kampf und in den Wellen des Pruth umgekommen, der Rest rettete sich auf das andere Ufer des Flusses. „Mit zehntausend solchen Streitern", erklärte der Statthalter von Bessarabien, „kann Ipsilantis es leicht mit einer vierfachen türkischen Uebermacht aufnehmen".

Die Moldau war verloren, und inzwischen hatte der Pascha von Silistria, ohne ernstlichem Widerstande zu begegnen, seinen Marsch gegen Bukarest fortgesetzt. Am 29. Mai rückte er dort ein. Von allen Seiten zog sich das Gewitter um Ipsilantis zusammen, der noch immer rathlos und mit Proclamationen und Intriguen beschäftigt, in Tirgowischt stand. In seinem Lager herrschte die elendeste Wirthschaft. Sogar in der heiligen Schaar begann das Ausreißen. Der Zwist mit Sawwas und Wladimiresko währte fort. Jener hatte Bukarest willig vor den Türken geräumt und war dem Dictator gefolgt, den er bei nächster Gelegenheit gefangen zu nehmen und dem Pascha von Giurgewo auszuliefern trachtete. Wladimiresko bereitete sich zum Abzug in die kleine Walachei vor, wo er sich so lange zu halten hoffte, bis die von ihm mit den Türken angeknüpften Unterhandlungen Erfolg gehabt hätten. Auch erbot er sich gegen den Kiajah des Paschas von Silistria, Ipsilantis und Georgakis ermorden zu lassen. Aber seine Ränke kamen dem General-ephoren zu Ohren. Georgakis erschien im Lager Wladimireskos und verhaftete ihn mitten unter seinen Offizieren, worauf er den treulosen Mann nach Tirgowischt bringen ließ. Hier versuchte sich dieser vergeblich herauszulügen, und Ipsilantis befahl, ihn ohne Weiteres niederzuschießen. Die Truppen des hingerichteten Pandurenchefs, 4000 Mann mit 4 Geschützen ließ Ipsilanti unter den Befehlen des Serben Hadschi Proda und des Walachen Makedonsky das strategisch wichtige Dorf Dragatschan besetzen. Er selbst gedachte sich später mit allen seinen Leuten sowie mit den Corps des Dukas und des Sawwas eben daselbst zu concentriren und hier eine feste Rückzugsstellung einzunehmen. Allein Dukas erschien erst nach langem Zögern und Sawwas gar nicht — er hatte es vorgezogen, mit seiner Mannschaft offen zum Feinde überzugehen.

Die Vorhut der von Bukarest heranziehenden Türken gestattete dem Dictator der Hetärie nicht, seine Manöver ruhig und ungestört zu vollenden. Am 8. Juni stieß sie beim Kloster Nochetto auf eine griechische Abtheilung unter Anastasios von Argyrokastro, der sie hart zusetzte. Eine von Tirgowischt zur Unterstützung der Griechen heranrückende Truppe unter Dukas gab, ihren Befehlshaber an der Spitze, Fersengeld und verbreitete bei ihrer Rückkunft im Lager von Tirgowischt eine solche Bestürzung, daß die Leute Ipsilantis' in aller Eile und mit Zurücklassung des Gepäcks den Rückzug antraten. Nochetto ließ sich nicht länger vertheidigen. Mit schweren Verlusten gelangte Ipsilantis über die angeschwollene Dumbowitza nach Kimpolunghi und von da nach Piteschti. Am 13. Juni zog er, offenbar den Uebertritt über die österreichische Grenze ins Auge fassend, über die Aluta nach Rimnik, während die Türken Tirgowischt besetzten.

Das Ende des hetäristischen Aufstandes in den Donaufürstenthümern war jetzt vor der Thür. Der Kriegsschauplatz beschränkte sich in diesem Augenblicke auf die kleine Walachei, wo die Türken bereits im Besitz der Hauptstadt Krajowa waren. Von hier aus rückten sie nach Dragatschan vor, welches sie mit 2000 Mann besetzten, da Ipsilantis' Panduren dieß nicht zu rechter Zeit gethan hatten, und jetzt trat die Katastrophe ein.

„Trotz der erlittenen Verluste verfügte Ipsilantis in Rimnik noch über 7500 Mann und 4 Geschütze, Georgakis hielt die Gelegenheit für günstig, durch einen Hauptschlag gegen Dragatschan den gesunkenen Muth der Truppen wieder zu beleben. Klar und verständig traf er seine Anordnungen, um die an Zahl schwächeren Feinde einzuschließen, und am 19. Juni 1821 standen auf den Höhen rings um das Dorf fünftausend Insurgenten concentrirt und zwar so, daß auch die Straße nach Krajowa besetzt und den Türken in Dragatschan der Rückzug abgeschnitten war. Das Corps Ipsilantis' war noch im Anmarsche begriffen. Durch Regenwetter zurückgehalten, stand es mehr als drei Wegstunden vom Kampfplatze entfernt. Sobald es in Linie gerückt war, gedachte Georgakis zum Generalangriff zu schreiten, und seine Boten beschworen den Fürsten, herbeizueilen und den Ruhm des Tages zu sichern. Den Türken war die Gefahr, in der sie schwebten, nicht entgangen. Gegen Mittag versuchten sie aus dem Dorfe zu debouchiren und eine davor gelegene Höhe zu besetzen, allein das Unternehmen schlug fehl; denn die Griechen hielten Stand. Da steckten jene das Dorf in Brand, um unter dem Schutze der Flammen ihren Rückzug bewerkstelligen zu können. Diesen Augenblick hielt Karawias, den Ipsilantis zum Obersten der hetäristischen Kavallerie gemacht hatte, für günstig, um wohlfeile Lorbeern zu pflücken. Der Brand des Ortes galt seiner Unvernunft als Signal türkischer Flucht und Niederlage. Neidisch auf Georgakis, beschloß er demselben die Ehre des leichten Sieges zu rauben und den erhaltenen gemessenen Befehlen zum Trotz mit seinen fünfhundert Reitern einen Sturm auf Dragatschan zu wagen. Er überredete den Bruder des Dictators, Nikolaus Ipsilanti, den tollen Streich mit der heiligen Schaar und der Artillerie zu unterstützen, und setzte, ohne auch nur dem Oberbefehlshaber Meldung zu machen, den Kopf von Wein erhitzt, an der Spitze seiner Reiter über die Brücke, die zum Dorfe führte. Die Türken wichen Anfangs zurück, da sie ja schon von selbst in einer rückgängigen Bewegung begriffen waren, und da sie fürchteten, daß ein allgemeiner Angriff der Feinde beginne. Als sie aber bemerkten, daß nur Karawias und die heilige Schaar vorrückten, ohne von den übrigen griechischen Abtheilungen unterstützt zu werden, faßten sie Muth, ordneten sich und warfen zuerst die ungestüm heranjagenden Reiter in wilde, regellose Flucht. Dann kam die Reihe an die heilige Schaar. Feine, zartgebaute Jünglinge, die erst seit wenig Wochen die Waffen trugen und kriegerische Erfahrung vergebens durch guten Willen und Begeisterung zu ersetzen strebten, vermochten diese Hierolochiten den wettergebräunten türkischen Spahis nicht zu widerstehen. Sie fielen, wie Trikupis sagt, „gleich blühenden Zweigen unter der Axt des Holzhauers". Aber sie zeigten wenigstens, daß es ihnen nicht an heroischem Entschluß und Muth zu sterben mangelte. Fünfhundert an der Zahl warfen sie sich dem übermächtig anstürmenden Feinde in geschlossnen Gliedern entgegen; reihenweise fielen sie in heißem Kampfe mit dem Bewußtsein, durch Heldentod die Schmach der letzten Tage zu sühnen.

Mit der heiligen Schaar erlag der treue, für die vaterländische Sache wahrhaft begeisterte Theil des hetäristischen Heeres, Furcht und Schrecken ergriffen die Uebrigen, und die Flucht wurde allgemein. Georgakis, der bei dem ersten Kanonendonner mit seinen Veteranen an die Stätte der Gefahr eilte, kam gerade noch zu rechter Zeit, um die Fahne und zwei Kanonen der heiligen Schaar heraus zu hauen, den Rest der letzteren, etwa hundert Mann, zu retten und eine Nachhut zu bilden, unter deren Schutz der Strom der fliehenden Griechen sich nach Klausenburg und Rimnik hinwälzte. Das Corps des Generalephoren wurde in die allgemeine Verwirrung und Auflösung mit hineingerissen, und die walachische Abtheilung, welche den

Türken den Rückzug nach Krajowa abschneiden sollte, stob auseinander. Kurz zuvor vom Untergange bedroht, waren die Türken selbst erstaunt, und wollten kaum daran glauben, daß ein bloßes Vorhutgefecht zu einem entscheidenden Siege über die gesammte Macht der Gegner geführt hatte. Aber es war in der That so, das hetäristische Drama hatte im Norden des Reiches der Pforte ausgespielt".

Ipsilantis brachte es über sich, seine Schande zu überleben. Nach Kosia geflüchtet, unterhandelte er für sich und seine Brüder mit den österreichischen Behörden um Erlaubniß zum Ueberschreiten der Grenze. Diesseits derselben war seine Sicherheit von den eignen Leuten bedroht. Man sprach davon, ihn den Türken auszuliefern und den Preis, der auf seinen Kopf gesetzt war, zu verdienen. Die Reste seines Heeres waren jetzt größtentheils ohne Spur von Mannszucht, und selbst die Scham war ihnen abhanden gekommen — die Hetäristen fielen sich unter einander an, um sich zu berauben und zu morden. Als einer der wenigen Männer von Ehre und Treue leuchtete unter ihnen in dieser Noth Georgakis hervor. Obwohl er lieber gesehen hätte, daß Ipsilantis blieb, förderte er doch dessen Flucht, indem er die gefährlichsten der Verschwörer entfernte, die dem Fürsten auflauerten. Dann nahm er betrübt Abschied von diesem und begab sich zu seinem Gesinnungsgenossen Farmakis nach Ardschih, um mit diesem dem Eide getreu, den sie geleistet, bis zum Aeußersten fortzukämpfen.

Anders der Dictator, der „Befreier", der bis zum Aeußersten log und sich durch Gaukelei über die Grenze ins Trockne brachte, indem er, um seine aufgeregte Umgebung zu beschwichtigen, noch einmal die alten Kunstgriffe hervorsuchte. „Er ließ falsche Nachrichten und Briefe verbreiten, daß Kaiser Franz der Pforte den Krieg erklärt habe, daß die Oesterreicher in die Fürstenthümer einrücken würden, und daß er selbst zu einer Besprechung mit dem kaiserlichen Gouverneur berufen sei. Zu größerer Glaubwürdigkeit veranstaltete er einen offiziellen Festjubel, ließ Freudensalven geben, das Kloster in Kosia illuminiren und auf die Gesundheit des Kaisers von Oesterreich als des Retters in der Noth trinken". So gelang es ihm, mit seinen Brüdern und wenigen andern Begleitern auf österreichisches Gebiet zu entkommen, wo man ihn, der sich hier Alexander Komnenos nannte, nach der Festung Arad brachte. Untergeordnete Beamte hatten ihm Hoffnung auf einen Paß nach Amerika gemacht. Es sollte aber anders kommen.

Inzwischen machte Ipsilantis sich an die Aufgabe, die Art, wie er seine Kampfgenossen im Stiche gelassen, zu rechtfertigen. In einem von Rimnik datirten, aber in Wahrheit von Arad aus erlassenen prunkhaften Tagesbefehl, in dem er die Schuld des Mißlingens der hetäristischen Sache von seinen Schultern auf die von Andern zu wälzen suchte, sagte er:

„Soldaten! Doch nein, ich will diesen ebenso schönen als ehrenvollen Namen nicht beflecken, indem ich mich an euch wende. Feige Sklavenhorden, eure Verräthereien und die Komplotte, die ihr geschmiedet, zwingen mich, euch zu verlassen. Von diesem Augenblicke an ist jedes Band zwischen mir und euch gelöst; ich trage allein in der Tiefe meiner Seele die Schande, euch befehligt zu haben. Ihr habt eure Eide mit Füßen getreten. Ihr habt an Gott, an dem Vaterland, an eurem Führer Verrath begangen; ihr habt mir selbst den Ruhm geraubt, im Kampfe zu fallen. Lauft zu den Türken, erkauft eure Sklaverei mit dem Leben, mit der Ehre eurer Weiber und Kinder.

Ihr aber, Schatten der echten Hellenen und der heiligen Schaar, die ihr verrathen als Opfer für das Heil eures Vaterlandes gefallen seid, empfangt durch mich den Gruß eurer Blutsverwandten. Bald wird eine Säule sich erheben, die eure Namen verewigt.

Mit glühenden Buchstaben sind die Namen der Freunde, welche mir bis zuletzt Treue und Ehrlichkeit zeigten, in jede Faser meines Herzens geschrieben. Die Erinnerung an sie ist stets der einzige Thautrank meiner Seele.

Dem Hasse der Menschheit aber, der Strenge der Gesetze, dem Fluche unsrer Landsleute überliefere ich Dich Meineidigen und Verräther Sawwas, euch Deserteure und Urheber der allgemeinen und schmachvollen Flucht, euch, Ducas, Barlas, E. Manos, G. Sutsos und Dich elenden N. Skufos. Den Karawias enthebe ich des Postens, den er inne hat, wegen seines Ungehorsams und seines unziemlichen Benehmens".

"Sollten diese hallenden Phrasen", so fragt Mendelssohn-Bartholdy, "vielleicht den Aufruhr übertönen, der durch Ipsilantis Brust wogte? Als Mann von Ehre mußte er sich sagen, daß er seine Waffengefährten im Unglück nicht preisgeben durfte, daß selbst die völlige Auflösung und Demoralisation des Heeres, die Bedrohung seiner persönlichen Sicherheit in Rimnik und in Kosia keine ausreichende Rechtfertigung boten. Er hat seinen Mangel an Standhaftigkeit und Treue schwer gebüßt, schwerer fast, als er verdiente".

Verträge zwischen Oesterreich und der Türkei verlangten, daß man Flüchtlinge von dieser oder jener Seite nur unter der Bedingung aufnähme, daß sie dadurch unschädlich würden. Auf diesen Umstand hin eröffnete man Ipsilantis, man werde ihn den Türken ausliefern, wenn er sich nicht schriftlich auf Ehrenwort verpflichte, keinen Fluchtversuch zu machen. Dann brachte man ihn wie einen gemeinen Verbrecher nach dem von Sümpfen umgebnen Schlosse Munkacz, wo ihm hoch oben ein

Dachstübchen zum fernern Aufenthalt angewiesen wurde. „Er duldete dort", sagt Trikupis, „was hart zu sagen ist". Jahre lang saß er in enger Haft, und erst als seine Gesundheit wankte, durfte er nach einem weniger ungesunden Kerker in Theresienstadt übersiedeln. 1827 endlich auf Verwendung des Kaisers Nikolaus freigelassen, starb er schon im nächsten Jahre — wie das Volk sagte, an gebrochnem Herzen. Inzwischen hatte er erleben müssen, daß seine Anhänger in der Türkei verfolgt und getödtet wurden, daß seine Familie in Noth gerieth, daß er gefesselt nicht mit helfen konnte, als das Volk in Griechenland erfolgreicher als die Hetäristen der Donauländer für die Freiheit und das Vaterland kämpfte. „Sein trauriges Schicksal hat manche der früheren Gegner versöhnt, hat ihm selbst die Gunst der öffentlichen Meinung zurückerobert. Die Dichtung hat um den Gefangnen von Munkacz ihren verklärenden Glanz gebreitet, und ein dankbares Volk sieht in ihm den Märtyrer der griechischen Freiheit".

Zur Ehre der Hetärie endigte ihr Unternehmen nicht blos mit diesem sentimentalen Ausklang. Die Geschichte verzeichnet Besseres, Mannhafteres von ihr, und zwar zunächst auch vom Schauplatz ihres Auftretens im Norden, wie uns Mendelssohn-Bartholdys Werk S. 175 bis 178 erzählt.

Mit Ypsilantis Flucht, so lesen wir da, war der Aufstand in der That als gedämpft anzusehen; die Reste seiner Getreuen kämpften nur noch um die Ehre. Von der Bevölkerung willig unterstützt, vermochten die Türken rascher als sonst ihre Art war, die zersplitterten Theile des Ypsilantischen Corps aufzureiben. Wer von den hetäristischen Führern sich ihnen auf Treu und Glauben überlieferte, erlitt den Henkertod. Auch den Verräther Sawwas schützte der beflissene Diensteifer nicht, den er gegenüber früheren hetäristischen Freunden an den Tag legte. Kara Achmed ließ ihn zu Bukarest sammt seinen Offizieren und Soldaten niederschießen und schickte die Köpfe nach Konstantinopel. Solch eine Massenhinrichtung sollte der walachischen Bevölkerung zur heilsamen Lehre dienen.

Noch waren Georgakis und Farmakis übrig, die tapfersten und treuesten Führer der Aufständischen. Entschlossen, ihr Leben weder dem österreichischen Schutze noch dem türkischen Mitleid anzuvertrauen, schlugen sie sich durch die siebenbürgischen Grenzgebirge durch; sie wollten das russische Gebiet gewinnen, von wo sie leicht in das eigentliche Griechenland entkommen konnten. Georgakis ließ sich, krank, wie er war, auf einer Bahre tragen. Während des mühseligen und gefahrvollen Marsches schmolz die Zahl seiner Begleiter auf vierthalbhundert Mann herab. Das Landvolk verrieth den verfolgenden Türken jede seiner Bewegungen, er war, noch ehe er die moldauische Grenze erreicht hatte, schon von allen Seiten umstellt. Nun beging er obendrein die Unvorsichtigkeit, sich in eine Sackgasse zu verrennen, indem er das Kloster Sekko befestigte, das mit nur einem Auswege in enger tiefer Schlucht gelegen ist. Dort schlug er am 17. September den ersten Angriff der türkischen Vorhut glücklich ab, und seine Zuversicht wuchs. Auch Verrath von Seiten der griechischen Geistlichkeit bestimmte ihn, wie es scheint, hier zu verbleiben, ein arglistiger Brief des Bischofs Romanos, des Inhalts, man möge doch die Reichthümer des Klosters den Türken nicht preisgeben, soll Georgakis in seinem verhängnißvollen Entschlusse, hier zu verharren, bestärkt haben.

Dieser Entschluß ward zum Untergange der letzten Hetäristenschaar. Am 20. September erschienen viertausend Türken im Rücken des Klosters und seiner Vertheidiger. Sie wurden auf bisher unbekannten Pfaden von „eingebornen Ephialtes", d. h. von rumänischen Bauern, so geführt, daß sie die Vertheidigungslinien der Griechen durchschnitten und die am Eingange der Schlucht aufgestellten Vertheidiger des Klosters von den übrigen trennten.

> Der Feinde große Wolke naht, - schwarz, schwarz stehn seht die Berge.
> Ob Hülfe wohl uns kommt allda? Sinds etwa Kampfgenossen?
> Nein, nein, nicht naht uns Hülfe da, nicht sind es Kampfgenossen,
> Uns überfiel der Türken Schaar, ja fünfzehntausend Feinde.

So singt ein Volkslied aus jenen Tagen, das sich „der Tod von Georgakis und Farmakis" nennt.

Während Farmakis sich in das Hauptgebäude des Klosters warf, wurde Georgakis gezwungen, mit nur elf Gefährten im Glockenthurme Schutz zu suchen. Er war verloren. Schon zündeten die Türken die zunächst gelegnen Holzschuppen an.

„Ich werde mich verbrennen. Flieht, wenn ihr wollt. Ich selbst öffne euch die Thür", rief der unerschrockne Häuptling seinen Genossen zu. Damit stieß er die Thür zum Thurme auf, warf Feuer in die Pulvervorräthe, die dort aufbewahrt waren, und begrub auf diese Weise die hereinstürzenden Feinde, sich selbst und zehn seiner Gefährten unter den Trümmern des zusammenfallenden Gebäudes. Nur einer der Griechen entkam dieser Katastrophe wie durch ein Wunder.

Bis in die letzte Stunde hinein war Georgakis sich selbst und dem Gebote der Ehre treu geblieben. Weder der Verfall und die schließliche Auflösung der hetäristischen Sache, noch körperliches Leiden und Siechthum hatten seinen Willen zu brechen, seine Entschlossenheit zu schwächen und ihn zu hindern vermocht, daß er, als ihm der Weg, weiter für das Vaterland zu kämpfen, verschlossen war, ein Ende mit Ehren suchte. Mit vollem Rechte weisen ihm die griechischen Geschichtschreiber den ersten Platz selbst vor den Märtyrern von Dragatschan und

Skuleni an. Philimon findet etwas Uebermenschliches, Göttliches in seinem Entschlusse. Trikupis schließt seinen Bericht von der Katastrophe im Kloster Sekko mit den Worten: „Unter solchen Umständen überwindet die Menschheit ihre eigne schwache Natur". „Georgakis", so äußert sich Mendelssohn-Bartholdy, „war der gute Genius, der getreue Eckart Ipsilantis', er hat seine Treue mit dem Tode besiegelt".

Sein Waffenbruder Farmakis hielt das Kloster noch elf Tage lang, nach deren Verlauf Munition und Lebensmittel erschöpft waren. Am 4. October erst nahm er eine günstige Kapitulation an, für deren Erfüllung sich der Pascha von Braila und — der österreichische Konsul verbürgten. Man hatte darin den Belagerten ehrenvollen freien Abzug mit den Waffen versprochen. In der Nacht vor dem Abschluß des Vertrags entflohen aber dreiunddreißig von den zweihundert Kriegsleuten des Farmakis und retteten sich auf österreichisches Gebiet, da sie mit vollem Rechte den türkischen Versprechungen nicht trauten. Die Zurückgebliebnen sollten ihre Vertrauensseligkeit rasch bereuen. Den Tag darauf wurden die Soldaten unter ihnen von den Türken getödtet, die Offiziere schleppte man nach Silistria und ließ sie dort ebenfalls hinrichten, den Farmakis endlich brachte man als hervorragendes Siegeszeichen nach Stambul, wo er erst grausam gemartert und dann enthauptet wurde. Das erwähnte Volkslied ruft in Bezug hierauf aus:

> „Wie soll ich Armer wissen denn, wie soll ich ahnen können,
> Daß Christen, Christenkonsuln je uns so verrathen dürfen?
> Ihr Vögel alle, die ihr fliegt hoch droben in den Lüften,
> Geht, meldet das im Frankenland, in allen Christenlanden,
> Auch ihr, Farmakis' armer Frau, bringt, ach! die Todeskunde".

„Mit dem Kerker von Munkacz", so schließt Mendelssohn-Bartholdy seine Betrachtung der Thätigkeit des Hetäristenbundes im Norden der Balkanhalbinsel, „und mit der Katastrophe von Sekko endigt das Drama in den Fürstenthümern, welches sieben Monate hindurch die Aufmerksamkeit der Pforte und Europas vorzugsweise auf sich gezogen und die gleichzeitigen Ereignisse in Epirus und Suli im eigentlichen Griechenland verdunkelt hat. Die außerordentliche Wichtigkeit, die man dieser nördlichen Diversion beimaß, beruhte weniger auf der Bedeutung der Insurrection selbst als auf dem Glauben, daß Rußland dieselbe insgeheim gern sehe und fördere. Wenn es richtig war, was man nicht nur in Konstantinopel, sondern auch in Wien eine Zeitlang als sicher annahm, und was die Hetäristen triumphirend verkündigten, daß eine Großmacht den Aufstand beschütze, so war auch die Pforte berechtigt, in der Erhebung Ipsilantis' die größte und dringendste Gefahr zu erblicken. Pflegten damals doch die Conflicte zwischen der Türkei und Rußland in den Fürstenthümern zu beginnen.

Allein man hatte sich getäuscht. Man hatte Tradition und Geist der russischen Politik, man hatte die Theilnahme, die der Czar Alexander für Ipsilantis empfand, für stärker gehalten, als sie in Wirklichkeit waren, und damit die Bedeutung des moldau-walachischen Aufstandes überschätzt, ganz in ähnlicher Weise, wie dieß von Seiten der Philiker selbst geschehen war. Sobald die Täuschung an's Licht trat, sobald der Czar das unter Mißbrauch seines Namens Geschehene desavouirte, fiel das Unternehmen der Hetäristen in diesen Provinzen des Pfortenreiches in sich selbst zusammen, und es zeigte sich, daß hier Alles auf flüchtigen Sand gebaut war. Der Sand wäre möglicherweise, ja wahrscheinlich zu einer Grundlage geworden, so fest wie Stein, wenn Ipsilantis in seiner Eigenschaft als Dictator mehr Einsicht, mehr Entschlossenheit und mehr moralischen und physischen Muth besessen, wenn er die Rumänen durch eine rasche und gründliche Reform ihrer Lage zu gewinnen verstanden und wenn er, von Rußland aufgegeben, sich selbst nicht aufgegeben, sondern den Aufstand im Sinne und Geiste von Athanasios und Georgakis unerschrocken fortgeführt hätte. Auch ihn trifft der Vorwurf, daß er auf die eigne Kraft nicht genug vertraute und die Bedeutung der ihm in Petersburg gewordenen Versprechungen auf Hülfe überschätzte, so daß er von dem Augenblicke an, wo ihn der diplomatische Bannstrahl aus Laibach traf, im Grunde Alles für verloren hielt.

Dieser Mangel an innerm Vertrauen, diese Haltlosigkeit, dieses Sichanlehnenmüssen an das Ausland drückte von Anfang an, ganz besonders aber seit dem April 1821 dem ganzen Unternehmen des Generalephoren der Philiker jenes falsche Gepräge auf, das sich in Ränken, Flunkereien und rathlosem Zögern kundgab, bis ein unglücklicher Zufall, ein bloßes Vorhutsgefecht, die entscheidende Katastrophe herbeiführte.

Dennoch war die Hetärie der Philiker die beste — oder sagen wir lieber, die am wenigsten gering zu achtende — der geheimen politischen Verbindungen, welche unser Jahrhundert gesehen hat. Gewiß gehört auch sie mit vielen ihrer Aeußerungen und Persönlichkeiten und vor Allem mit ihrem pomphaften, theatralischen Generalephoren in das Kapitel der wunderlichen Heiligen. Aber ebenso gewiß hat Mendelssohn-Bartholdy Recht, wenn er sagt:

„Hat Jpsilantis in einsamer Haft, haben seine Gefährten durch den Tod auf dem Schlachtfelde manchen der von ihnen begangnen Jrrthümer gebüßt, so darf man auch mit Bestimmtheit behaupten, daß dieses Ende des nördlichen Aufstandes den Gang der großen griechischen Freiheitsbewegung gefördert hat. Durch ihre Leiden haben diese Hetäristen der nationalen Sache vielleicht besser gedient als durch ihre Thaten. Das Martyrium in Munkacz sollte nicht fruchtlos bleiben, das Blut der Tapfern von Skuleni, Dragatschan und Sekko nicht umsonst geflossen sein.

Traurige Einzelnheiten, Unthaten wie die in Galacz und Jassy begangnen Schändlichkeiten gegen friedliche Bewohner des Landes traten in der Erinnerung zurück und wurden zuletzt von der öffentlichen Meinung vergessen. Die gebildete Welt im Frankenlande sah dann nur die Schatten des Leonidas und seiner Dreihundert, wo Friedrich Gentz nur ein „lüderliches Gesindel" gesehen hatte. So haben die Hetäristen die Vorwürfe, die an ihrer Sache hafteten, durch ihren Untergang getilgt, das allgemeine Mitleid hatte ihn verklärt. Die öffentliche Meinung war aber eine Macht, die auch vom Selbstherrscher Rußlands beachtet werden mußte, sobald es sich um das Schicksal seiner unterdrückten orthodoxen Glaubensgenossen handelte".

Der Czar hatte den obersten Führer der Hetärie öffentlich dementirt. Allein seine geheimen Sympathien hatten den „edlen Jüngling", wie er ihn nannte, freigesprochen. Er hatte den Aufstand in Rumänien öffentlich nicht unterstützen können, aber er hatte andrerseits auch nicht gewünscht, daß er durch die grausame Türkenfaust zu Boden geschmettert werde. Die greuelvolle Strafe, welche die Paschas der Donaufestungen nach ihrem Siege über die Besiegten verhängten, die Unmasse von Bestialitäten, welche die türkische Reaction in den Fürstenthümern beging, — das alles hatte der Kaiser nicht erwartet und noch weniger gewollt.

Und so sollten denn die Hetäristen zufolge einer wunderbaren Fügung wenige Jahre nach dem Scheitern ihres Unternehmens in der Moldau und Walachei das eigentliche Ziel desselben, die Herbeiführung russischer Hülfe, erlangen. Aus der türkischen Occupation der rumänischen Fürstenthümer entspann sich eine Reihe politischer Verwickelungen und Empfindlichkeiten zwischen dem Kabinet von Sanct Petersburg und dem Divan, die schließlich zum offnen Bruche führen mußten. Ypsilantis sollte noch den Ausgang dieses diplomatischen Ringens, den Beginn des russisch-türkischen Kriegs von 1828 und 1829 erleben, er sollte aber zugleich aus der Ferne Zeuge sein, wie mit ganz anderer, förmlich elementarer Kraft der Aufstand im Süden der Balkanhalbinsel ausbrach, den er im Norden mit seinen künstlichen Mitteln vergeblich wachgerufen hatte. Dem eigentlichen Griechenland war es jetzt vorbehalten, zu zeigen, daß es auch Männer vom Schlag des Georgakis und Athanasios für die Freiheit und das Vaterland in den Kampf senden und daß es ohne fremde Einmischung den Sieg erlangen könne".

Auch hierbei war die Hetärie thätig, indeß mehr vorbereitend. In der weiteren Entwickelung trat sie zurück, und so gehört dieser Theil ihrer Wirksamkeit nicht in diesen Zusammenhang. Wer aber im Einzelnen belehrt sein will, wie die Griechen des Südens allmählich den Sieg über ihren Erbfeind gewannen, dem sei das hier benutzte Werk Mendelssohn-Bartholdys angelegentlich empfohlen.

XI.

Die Mafiusi Siciliens.

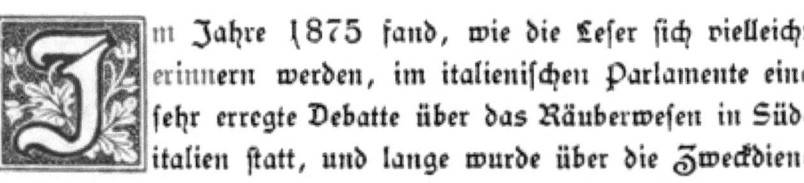m Jahre 1875 fand, wie die Leser sich vielleicht erinnern werden, im italienischen Parlamente eine sehr erregte Debatte über das Räuberwesen in Süditalien statt, und lange wurde über die Zweckdienlichkeit und Nothwendigkeit der von der Regierung zur Unterdrückung desselben beantragten „misure eccezionali" hin und her gestritten, die sich namentlich auf die Zustände auf der Insel Sicilien bezogen. Auch die deutsche Presse hat an der Besprechung dieses Gegenstandes vielfach theilgenommen, und dabei kamen erhebliche Irrthümer und Mißverständnisse vor, die zu beseitigen sind, wenn man ein richtiges Gesammturtheil über die Sache gewinnen will. Dazu eignet sich der folgende Aufsatz Luigi Monti's, der im letzten Hefte (Januar) des Jahrgangs 1876 des in Boston erscheinenden „Atlantic Monthly" enthalten war, in ganz besonderem Maße. Der Verfasser desselben berichtet über seinen Gegenstand, eine Erscheinung, die von sehr wesentlichem Einfluß auf die neueste Geschichte Süditaliens war und uns hochinteressante Blicke in die Denk- und

Lebensweise der dortigen Bevölkerung thun läßt, mit genauester Kenntniß der in Betracht kommenden Verhältniſſe. Er iſt ein Eingeborner des Landes, um das es ſich handelt, er hat ferner geraume Zeit als Beamter in Sicilien gelebt, er verſteht anmuthig und lebendig zu erzählen und zu ſchildern, ſodaß er neben dankenswerther Belehrung auch angenehme Unterhaltung gewährt. So ſind ſeine Mittheilungen, die ſich vorzüglich auf die geheime Geſellſchaft beziehen, welche ſeit Jahrzehnten ſchon unter dem Namen der „Mafia" auf der alten Trinakria ihr Weſen treibt, ein ungemein werthvoller und willkommener Beitrag zur Kenntniß der bisher ziemlich dunkeln Vorgänge, welche jene Geſetzvorſchläge veranlaßten.

Das Räuberweſen auf der Inſel Sicilien hat einen ganz eigenthümlichen Charakter, und die Mafia iſt nicht ſo ohne Weiteres in dieſen Zuſammenhang zu verweiſen. Die „Mafiuſi", „Malandrini" oder „Camorriſti" Siciliens — ſie werden bald mit dem einen, bald mit dem andern dieſer drei Namen, am Häufigſten aber mit dem erſten bezeichnet — leben nur ſelten in bewaffneten Banden zuſammen wie die Briganten der Abruzzen und der Baſilicata, ſie begehen nicht häufig Straßenraub, und wo dieß geſchieht, da liegt ihren Bewegungen ein beſtimmter Plan ihrer Obern zu Grunde. Die Häuptlinge ſammeln, wenn ſie ſich vorgenommen haben, einen Reiſenden zu überfallen und auszuplündern oder einen reichen Gutsbeſitzer aus ſeinem Hauſe wegzuführen, um ihm ein Löſegeld abzupreſſen, eine zur Ausführung der ins Auge gefaßten Unternehmung genügend ſcheinende Anzahl ihrer Getreuen, und ſobald die That geſchehen iſt, geht die Geſellſchaft wieder auseinander, und die Theilnehmer an der Operation widmen ſich wieder ihren gewöhnlichen Geſchäften in der Stadt und auf dem Felde, als ob ſie die rechtſchaffenſten und achtbarſten

Arbeiter von der Welt wären. Wegelagerer vom Handwerk, berufsmäßige Buschklepper, die nur von Raub und Diebstahl leben, sind die Mafiusi nicht. Im Gegentheil, sie sind wiederholt als Beschützer der von solchen Uebelthätern Bedrohten aufgetreten. Allerdings aber erheben sie von dem wohlhabenden Theile der Bevölkerung einen gewissen Tribut, der ihnen seit unvordenklichen Zeiten willig gewährt wird, da er, vom Standpunkte der Sicilianer betrachtet, nur ein Schutzgeld darstellt, für welches Etwas geleistet oder unterlassen wird. Denn für diese Abgabe verbürgt die Mafia den Besteuerten ihr Leben und ihr Hab und Gut, und sie versteht sie darin besser zu schützen, als dieß unter dem Regimente der Bourbonen und lange Zeit auch unter dem Victor Emanuels die Regierung verstand.

Wenn solche unter der Protection der Mafia stehende Personen ihre Quote bezahlt haben, die in der Regel ihren Verhältnissen angemessen und, man möchte fast sagen, nach Grundsätzen der Billigkeit festgestellt ist, so betrachten es die Mafiusi als Ehrensache, sie unter ihre Flügel zu nehmen, und wehe dem nicht zum Bunde Gehörigen, der sich untersteht, dessen Schützlinge zu berauben oder auch nur zu belästigen. Die Mafiusi betrachten ein solches Verfahren als eine ihnen selbst angethane schwere Beleidigung, und ihre Vendetta erreicht dann ganz sicher binnen Kurzem den Spitzbuben, der in ihrer Provinz zu plündern gewagt hat. Auf dem Lande haben sie in gewisser Beziehung Aehnlichkeit mit jener Menschenklasse in den schottischen Hochlanden, die man in den Tagen Rob Roy Macgregors „pretty men" nannte, und die letzte Ursache ihrer Existenz und Macht ist fast dieselbe wie dort, nämlich Haß gegen das Regiment der Fremden, welches Sicilien in den letzten beiden Jahrhunderten unterdrückte. In den Städten dagegen gleichen sie mehr den englischen Trades Unions".

Seit der Mitte des vorigen Jahrhunderts, wo Sicilien mit Neapel vereinigt wurde, und mit demselben das Königreich beider Sicilien bildete, welches bekanntlich geschaffen wurde, damit der spanische Zweig der Bourbonen noch einen Thron hätte, hatte die Insel unter der Regierung oder besser, der Mißregierung von Vicekönigen gestanden. Nur die wenigen Jahre, wo Frankreich seine erste Republik und dann sein erstes Kaiserreich sah, machten hiervon eine Ausnahme. Während dieser kurzen Periode suchte der Hof von Neapel, von Napoleon vertrieben, auf der Insel Sicilien Zuflucht. England schützte ihn mit einem Heere unter Lord Bentinck und noch mehr durch eine gewaltige Kriegsflotte unter Nelson gegen die Angriffe der Franzosen.

Zu jener Zeit existirte auf der Insel eine zahlreiche Klasse bewaffneter Hintersassen, Diener und Vasallen, welche der Feudaladel, die Geistlichkeit und andere Grundeigenthümer zum Schutz ihrer Person und ihres Besitzstandes verwendeten. Diese von Manzoni in seinem Roman „Die Verlobten" so trefflich geschilderte Menschenklasse, welche mit dem Fortschreiten der Gesittung im übrigen Italien verschwunden war, erhielt sich in Sicilien bis zur Mitte des vorigen Jahrhunderts ziemlich unverändert. Sie beschützte die Schlösser und Güter ihrer Herren, aber unter der Bedingung, daß diese ihr ihrerseits Schutz gewährten, wenn die öffentliche Behörde wegen Missethaten, Ueberschreitung ihrer Befugniß oder anderer Verbrechen und Vergehungen gegen sie einzuschreiten im Begriffe wäre. Solche Verbrechen kamen sehr häufig vor, und sie wurden nicht selten für eigne Rechnung dieser Leute, ungefähr ebenso oft aber auch für Rechnung ihrer Herren verübt. Die letzteren bedienten sich dann zu Gunsten der durch die Obrigkeit bedrohten Vasallen ihrer feudalen Rechte, Privilegien und richterlichen Befugnisse oder der Immunitäten der Kirchen und Klöster.

Während nun der König von Neapel unter dem Schutze der Engländer auf Sicilien residirte, verlieh er auf den Rath oder auf den ausdrücklichen Befehl Englands dem Lande eine Verfassung, welche ein Abklatsch der britischen war, und rief ein Parlament zusammen, unter dessen ersten Beschlüssen sich die Aufhebung der sämmtlichen auf der Insel geltenden Feudal= rechte befand.

So wurden den feudalen Herren weltlichen und geistlichen Standes alle Anrechte entzogen, die sie auf die Dienste ihrer Vasallen bisher besessen hatten, und so sahen sich dieselben genöthigt, ihre bewaffneten Diener und Anhänger zu entlassen. Die Folge war, daß diese wilden Gesellen, die schon von Natur aus zu allerlei Gewaltthaten und rücksichtslosem Blutvergießen geneigt waren, fast Mann für Mann zu Räubern wurden. Die bourbonische Regierung, ausschließlich auf den Besitz Siciliens als eines Trittbretes zum Wiederbesteigen des Thrones von Neapel bedacht, und bei allen Verschwörungen der alten Mon= archien gegen Frankreichs und Napoleons Herrschaft betheiligt, hatte weder die Zeit, noch das Geld, noch auch den Wunsch, diese alles Gesetz und alle Ordnung verachtenden Schurken zu unterdrücken. Um indeß wenigstens eine gewisse Sicherheit herzustellen, nahm sie ihre Zuflucht zu einem sehr ungewöhn= lichen Auskunftsmittel, welches darin bestand, daß sie die Hauptleute dieser selben Räuber in ihre Dienste nahm, die Banditen unter dem Namen „compagnie d'armi" zu einer förmlichen Landpolizei oder Gendarmerie organisirte und sie mit der Handhabung der Sicherheitsmaßregeln im Innern der Insel beauftragte. Der Teufel sollte durch den Teufel aus= getrieben werden, es war die Fabel von dem Wolfe, der die Lämmer bewachen sollte, der Bock war zum Gärtner gesetzt.

Diese Compagnien hatten die Obliegenheit, Räubereien und

Erpressungen zu verhüten, und das thaten sie denn auch zum Schein, in Wirklichkeit aber betrieben sie unter der Hand selbst das Räuberhandwerk. Das Innere der Insel war ganz ihrem Belieben überlassen. Sie wurden allmählich sehr mächtig, und verstärkten ihre Macht dadurch, daß sie den schlimmsten Taugenichtsen des Landes den Eintritt als Affiliirte in ihre Compagnien gestatteten, wobei sie nur die eine Bedingung stellten, daß dieselben ihnen selbst aus dem Wege gingen und sich offner Raubthaten enthielten, wogegen sie das Recht haben sollten, die Besitzer von Grund und Boden zu brandschatzen. Diese hatten sich in dieses Abkommen zu fügen, wenn sie nicht die Vendetta der von der Regierung errichteten Gendarmerie auf sich lenken wollten.

Die natürlichen Folgen eines solchen Standes der Dinge, welcher sich von den Feudalzeiten bis in unsre Tage hinein fortsetzte, liegen auf der Hand. Statt daß das Unwesen der Räuberbanden und der Erpressung von Steuern an deren Führer mit der Wurzel ausgerottet wurde, erhob man dasselbe zur Würde einer Staatseinrichtung. Mehrere Generationen hindurch hat sich die sicilianische Bevölkerung gewöhnt, die Sache als ein nothwendiges Uebel zu betrachten, und niemand fiel es ein, sich die Möglichkeit vorzustellen, daß man sie einmal wieder loswerden werde. Das Beste, worauf man hoffen konnte, war eine Herabminderung der Erpressungen auf mäßige Proportionen, und das haben die Landbesitzer in der That zu Stande gebracht, indem sie sich den Forderungen der wilden Burschen mit guter Manier fügten, den Hauptleuten derselben allerlei Gefälligkeiten erwiesen, ihnen, ihren Leuten und ihren Affiliirten gelegentlich Geschenke machten, einen oder zwei davon gegen hohen Lohn zu Hütern ihrer Güter bestellten und vor Allem den Behörden gegenüber in Betreff aller Dinge, die ihren Bedrückern Schaden bringen konnten, reinen Mund hielten. Wo letzteres nicht geschah, ließ die Vendetta — und zwar immer eine blutige Vendetta — nicht lange auf sich warten.

Die niedere und ungebildete Klasse auf dem Lande und in den Städten gewöhnte sich daran, jene Verbündeten, welche, wie bemerkt, die Namen Mafiusi, Malandrini oder Camorristi annahmen, als Glieder und Schützlinge einer mächtigen und furchterweckenden Genossenschaft, stärker als die Reichen, stärker selbst als die Regierung zu betrachten. Sie gelangten sogar dahin, daß sie es für eine Ehre ansahen, wenn man ihnen Mitglied der Verbindung zu werden erlaubte. Sogar die friedfertigen Handwerker und Tagelöhner hegten zuletzt eine Art achtungsvoller Bewunderung vor den Mafiusi; denn in ihren Augen repräsentirten sie den Widerstand Siciliens gegen die bourbonische Unterdrückung. Sogar die Bezeichnungen Mafiuso oder Malandrino verloren ihre ursprüngliche Bedeutung und wurden aus Worten, welche Tadel und Unehre einschlossen, zu einer Art Ehrentitel wie in Griechenland die Worte „Klephthe" und „Pallikare". Ein Mafiuso zu sein, heißt in der jetzigen Bedeutung des Ausdrucks unter den Sicilianern nichts mehr und nichts weniger als ein tapferer Mann, der sich vor niemand fürchtet, und manche gute Mutter spricht von ihrem Knaben als von einem kleinen Mafiuso oder Malandrino, ohne damit etwas anderes ausdrücken zu wollen, als er sei ein wackrer, aufgeweckter, unerschrockner Junge.

Eine der ersten Verfügungen Garibaldis nach seiner Eroberung Siciliens war, daß er in seiner Eigenschaft als Dictator die compagnie d'armi auflöste und unterdrückte, wodurch er diesem schmachvollen Systeme officieller Räuberei und Brandschatzung den Todesstoß versetzte. Die unmittelbare Folge dieser Maßregel aber war eine Zunahme der Zahl der Mafiusi, in-

dem die Hauptleute und Mannschaften der Compagnien, als
ihnen die Gunst der Regierung entzogen war, natürlich rück=
sichtslos zu dem Handwerke zurückkehrten, aus dem sie hervor=
gegangen waren. Sie schlossen sich ihren alten Bundesbrüdern
und Schützlingen an, und ihre Banden erhielten eine furcht=
bare Verstärkung durch die Gefangnen und Sträflinge, die
während der Revolution aus den Gefängnissen und Zucht=
häusern entlassen wurden, und so bildete sich eine weitverbreitete
geheime Genossenschaft, deren Verzweigungen sich über alle
niedern Klassen der sicilianischen Gesellschaft und selbst höher
hinauf erstreckten.

Der Bund hat ein förmliches Gesetzbuch, die „Omerta"
genannt, dessen Bestimmungen die Mitglieder unverbrüchlich zu
beobachten haben. Die Hauptparagraphen dieses Codex sind:
„Jeder hat Abhülfe bei ihm widerfahrener Unbill mit eigner
Hand zu suchen", und: „Niemand darf vor dem Richter
Zeugniß ablegen, selbst wenn er der Geschädigte ist". Gehorsam
den Regeln dieses Gesetzbuches, werden selbst die Achtbarsten
unter dem gemeinen Volke niemals Zeugniß vor Gericht ab=
legen, wenn sie zufällig Zuschauer bei einem Verbrechen ge=
wesen sind, und nicht allein das, sie werden es für ihre Pflicht
und für eine edle Handlung ansehen, einen Meuchelmörder oder
sonst einen schweren Verbrecher vor der Verfolgung durch die
öffentliche Gerechtigkeit zu verbergen; denn nach jenem Codex
der Mafinsi soll „nicht die Gerechtigkeit, sondern der Lebende
den Todten rächen", und daher kommen die Gesetze der
Vendetta.

Die Mafia der Insel Sicilien ist eine ganz regelmäßig
organisirte geheime Gesellschaft. Die Mitglieder nennen sich
„giovani d'onore", ehrenhafte Jünglinge, und die Aufnahme
in den Bund findet erst statt, nachdem man ihre bisherige

Aufführung geprüft hat, und nachdem sie eine Probe durch einen Zweikampf bestanden haben.

Die Mafiusi zerfallen jedoch in zwei Klassen, in solche nämlich, welche ein Anrecht auf einen Theil des Ertrags der Besteuerung der Grundbesitzer mit Schutzgeld und auf eine Quote dessen haben, was der Gesellschaft die Einschmuggelung von Waaren über die staatlichen und städtischen Zollschranken einbringt, und solche, welche nur um des Schutzes und der Sicherheit willen, welche die Mafia ihren Mitgliedern gewährt, die Aufnahme in die Gesellschaft erstreben. Jener Prüfung und jener Waffenprobe haben sich nur die zu unterwerfen, welche der ersten Klasse angehören wollen, und die Form, in welcher Derjenige, welcher Aufnahme in den Verein als actives, zur Theilnahme am Gewinne desselben berechtigtes Mitglied erlangt, ist die folgende.

Fünf oder sechs von den Chefs der Mafiusi versammeln sich und verschaffen sich vor allen Dingen Gewißheit, daß der Aspirant keine nach landesüblichen Begriffen Schande bringende und namentlich keine feige Handlung begangen hat.

Die schändlichsten Handlungen sind nach den Vorstellungen der Mafiusi, jemand bei der Polizei angezeigt zu haben, durch unvorsichtiges Plaudern Anlaß gewesen zu sein, daß jemand verdächtig geworden oder von der Behörde ergriffen worden ist, ferner, gegen jemand vor Gericht Zeugniß abgelegt zu haben, gleichviel, ob der Angeklagte den Zeugen geschädigt oder beleidigt hat, sodann, von jemand, daß er solch Zeugniß abgelegt hat, gewußt und es den Mafiusi nicht mitgetheilt zu haben, damit sie vor ihm auf der Hut sein könnten, und eine Anzahl ähnlicher Vergehungen.

Unter einer feigen Handlung wird vor Allem die Weigerung verstanden, sich, wenn man beleidigt oder herausgefordert wird, mit dem Betreffenden auf Messer zu schlagen. Taschendiebe und solche Leute, die sich mit dem Rauben von Kleinigkeiten befassen, werden niemals in die Gesellschaft aufgenommen, da deren Mitglieder eben „ehrenhafte Jünglinge" zu sein beanspruchen. Dagegen verleiht ein Mord, vorausgesetzt, daß er im Zweikampfe oder aus Rache für widerfahrene Beleidigung verübt worden ist, den Anspruch auf Mitgliedschaft. Einige Jahre oder Monate Einsperrung wegen eines ähnlichen Vergehens oder wegen Verweigerung von Auskunft oder Zeugniß vor der Staatsbehörde waren (vorzüglich unter der Herrschaft der Bourbonen, wo das Gesetz dem Richter gestattete, jemand auf den Verdacht hin, Zeuge eines Verbrechens gewesen zu sein, in das Gefängniß zu setzen und ihn eine Zeit lang dort festzuhalten) gleichfalls eine starke Empfehlung für den Bewerber um den Eintritt in die Genossenschaft als actives und vollberechtigtes Mitglied derselben.

Die Waffenprobe, welche das zweite Erforderniß der Zulassung ist, da der Candidat thatsächlich darzuthun hat, daß er „dem Eisen furchtlos die Stirn bieten (star di fronte al ferro) kann", und welche in der That ein Duell in aller Form darstellt, wird in folgender Weise vorgenommen. Die fünf oder sechs Chefs der Mañusi, welche die Examinationscommission bilden, ziehen Loose, unter denen eins beschrieben ist, und derjenige von ihnen, auf welchen das letztere fällt, ist der Gegner des Aspiranten. Man sucht sich einen passenden Ort aus, gewöhnlich in einem Walde oder auf einem abgelegnen Felde, hier werfen die beiden Kämpfer ihre Röcke oder die Sammetjacke ab, welche die gewöhnliche Tracht dieser Menschenklasse ist, umwickeln ihren linken Arm mit zwei oder drei seidenen Tüchern, um ihn dann gewissermaßen als Schild zu gebrauchen, und nehmen in die rechte Hand jeder ein großes Messer. Die

Klinge dieser Messer, welche sich wie Taschenmesser öffnen
und schließen, ist ungefähr einen Fuß lang und unten einen
Zoll breit, nach der Mitte zu wird sie breiter, bis sie anderthalb
Zoll erreicht, und von da ab wird sie wieder schmäler, bis sie
in eine lange doppelschneidige Spitze endigt. Wenn das Messer
geöffnet ist, bleibt es vermöge einer im Griffe angebrachten
Feder feststehen, ohne einzuknicken. Es wird dann wie ein
Stoßdegen nur zum Stechen gebraucht und ist eine mindestens
ebenso furchtbare Waffe wie dieser. Bei diesen Muthproben
zielen die Mafiusi niemals nach der Brust oder dem Gesichte,
sondern stets nur nach den Armen und Schultern des Gegners.
Die andern Mitglieder der Genossenschaft stehen als Zeugen
oder Secundanten dabei, damit keine Verstöße gegen Ordnung
und Herkommen stattfinden. Noch mehr aber ist es ihnen mit
ihrer Zeugenschaft darum zu thun, die Gesichtszüge und
Mienen des Candidaten zu beobachten, und wenn sie darin das
geringste Zeichen von Furcht oder Feigheit gewahr werden, so
weisen sie seine Aufnahme sogleich zurück und sagen ihm, er
möge sich, bevor er sich wieder melde, erst mehr Muth anschaffen
und lernen, dem Messer ein unerschrocknes Gesicht zu zeigen.
In diesem Falle tritt er in die Reihe der Mafiusi zurück, die
nur Schutzbefohlene des Bundes sind und keinen Antheil an
der Beute oder dem Gewinn desselben haben. Wenn er dagegen
den gehörigen Grad von Muth an den Tag legt, geht der Kampf
fort, bis einer der beiden Duellanten eine Wunde davonträgt,
die in den meisten Fällen nur eine Fleischwunde ist. Sobald
der Kampf zu Ende ist, umarmen und küssen sich die Gegner
wie Brüder, der Sieger verbindet dem Andern liebreich seine
Wunde, und das Ganze endet mit einem lustigen Schmause in
einer benachbarten Schenke und der Aufnahme des Candidaten
unter die activen Glieder der Genossenschaft.

Wenn der Mafiuso förmlich in diesen Grad seines Vereins aufgenommen ist, hat er mit den andern Mitgliedern desselben gleichen Anspruch auf die Rechte der Gesellschaft in dem Bezirke, in welchem er wohnt, oder in dem Berufe oder Gewerbe, welchem er angehört, und gleichen Anspruch auf allen Gewinn und Erwerb derselben, möge derselbe nun aus der Besteuerung von Nichtmitgliedern oder aus dem Schmuggel in diesem Bezirke fließen. Zu gleicher Zeit übernimmt er aber auch alle mit seiner neuen Stellung im Vereine verknüpften Pflichten, und deren sind nicht wenige. Er muß die Schwachen gegen die Starken vertheidigen, den Paschern gegen die Zollwächter und Accisebeamten beistehen, den von der Polizei Verfolgten gegen die Häscher Hülfe leisten, und gelegentlich muß er sich auch zu Gunsten der Gesellschaft schlagen und sein Messer gebrauchen und überall, wohin er kommt, Hecht im Karpfenteiche sein.

Das eigentliche Ziel der Mafia ist nicht Raub und Diebstahl, sondern die Herrschaft in ihrem District, Unabhängigkeit von den bürgerlichen Behörden, eine Stellung neben und selbst über dem Gesetze. Offene Räubereien werden nur von der niedrigsten Klasse und von eigentlichen Verbrechern begangen, welche der Bund zwar kraft seines Codex zu verbergen und durch Zeugnißverweigerung vor der gesetzlichen Strafe zu schützen hat, die ihm aber unbequem und unangenehm sind, da sie ihm Störung in dem einträglicheren Geschäfte der Erhebung von Schutzgeldern und in der Umgehung von Zollstätten verursachen, weil die Behörden selbstverständlich da, wo ein Raubanfall stattgefunden hat, durch Aufstellung von Wachen in größerer Zahl die Wiederholung eines solchen Vorfalls, damit aber auch die Manöver der Mafiusi erschweren.

Der Bund der Mafia hat sowohl in der Stadt als auf dem platten Lande intelligente Leute zu Angehörigen. Er hat

Loosungen, Paßworte und andere Erkennungszeichen für seine
Mitglieder und Schützlinge. Sein Einfluß durchdringt alle
Verhältnisse der Insel, und die besseren Klassen haben, außer
Stande, seine Macht erfolgreich zu bekämpfen, sich seit alter
Zeit schon mit ihm auf guten Fuß gestellt und seiner zu ihrer
Sicherung bedient. Jeder große Grundbesitzer beinahe hat ein
paar wohlbewaffnete Wächter, die gewöhnlich beritten sind, in
seinem Solde, und diese sind fast ohne Ausnahme Mafiusi;
selbst die königlichen Domänen werden zum Theil von Leuten
dieser Art gehütet.

Die Häupter der Genossenschaft auf dem Lande draußen
sind gewöhnliche Feldwächter, kleine Pächter und selbst Grund=
besitzer; in den Städten gehören sie den verschiedenen Hand=
werkern sowie der Klasse der Tagelöhner an. Sie sind in
ihrer Art vollkommen ehrlich und in der That sind sie Gegner
aller kleinen Räubereien und suchen dieselben in ihrem Bereiche
nach Kräften zu verhüten. Grundbesitzer können bei niemand
bessern Schutz finden als bei ihnen, vorausgesetzt, daß sie willig
die dafür von ihnen verlangte mäßige Steuer entrichten.

Um die Schmuggler=Operationen der Mafiusi zu verstehen,
muß man wissen, daß alle Stadtverwaltungen Siciliens gleich
denen im übrigen Italien und in Frankreich die ihnen nöthigen
Mittel sich durch eine Steuer auf alle Eßwaaren und Getränke
verschaffen, welche in die Stadt eingeführt werden, um dort
verzehrt zu werden. Fleisch, Fische, Gemüse, Wein, kurz alle
Nahrungsmittel bezahlen einen Zoll, und dieser wird in dem
Augenblicke und an der Stelle erhoben, wo diese Dinge das
Gebiet der Stadt betreten. Rings um jeden Ort ist eine imagi=
näre Linie gezogen, welche auf die Vorstädte und bisweilen
auch die weiter hinaus gelegnen, aber noch zum Rayon der
Stadt gezählten Landhäuser einschließt. Diese Bannmeile wird

von bewaffneten städtischen Beamten begangen, und hier und da befinden sich auf ihr Zollstätten, wo jene Accise während des Tages zu entrichten ist. Nun erspart sich jeder, welcher sich der Wachsamkeit der Zollaufseher entziehen und die Linie mit Nahrungsmitteln für den städtischen Markt oder die Gastwirthschaften passiren kann, die Steuer. Natürlich wird deshalb dieser kleine Schmuggel von der niedern Klasse der Bevölkerung eifrig und in großem Maßstabe betrieben, und die Mafiusi sind die Hauptarbeiter dabei.

Kein Gesetz kann ihrer Genossenschaft beikommen, ausgenommen das Standrecht; denn sie sind, abgesehen von den berufsmäßigen Eisenfressern und Messerhelden unter ihnen, allem Anschein nach die ruhigsten, harmlosesten Leute von der Welt, höflich, wohlmeinend, gefürchtet, geachtet und oft selbst geliebt in ihren Bezirken, ihren Dörfern und Städten, wo sie unter ihrer Klasse und den Aermeren nicht selten viel Gutes wirken. Man findet sie in allen Schichten der niederen Volksklasse, unter Fiakerkutschern, Maurern, Markthökern, Fischern, Feldarbeitern und Tagelöhnern im Allgemeinen, selbst im Stande der Dienstboten fehlen sie nicht.

"Bei einer Gelegenheit hatte ich", so erzählt unser Gewährsmann, "einen Diener weggejagt, weil er mir einige silberne Löffel versetzt und das Geld verspielt hatte. Sofort bewarben sich einige andere Diener um die erledigte Stelle, aber ich bemerkte, daß jeder sich erst sorgfältig nach dem Grunde erkundigte, aus dem ich meinen letzten Bedienten entlassen hatte. Die Ursache war, daß nicht ein einziger von diesen Leuten eingewilligt haben würde, in meine Dienste zu treten, wenn ich meinen letzten Diener ohne Grund oder aus keinem genügenden Grund weggeschickt hätte. Die Mafiusi der dienenden Klasse würden es verboten, und kein Mitglied dieser Klasse würde gewagt haben, gegen das Verbot zu handeln. Dasselbe läßt sich von allen andern Berufsarten, die ich kennen gelernt habe, behaupten. Sie haben alle ihre Spione, ihre Polizei, ihre Gerichtshöfe, Prozesse und Strafen, welche letzteren die Schuldigen sicher und oft recht schwer treffen.

Ein englischer Reisender gerieth in Zorn über einen Droschkenkutscher in Palermo, welche Stadt das große Hauptquartier der Mafia ist, und versetzte ihm einen Stoß, daß er vom Bocke fiel. Wären sie an einem abgelegenen Orte gewesen, so würde der Englishman vermuthlich für seine Rohheit einen tüchtigen Messerstich bekommen haben; denn diese Leute sind äußerst empfindlich für jede körperliche Mißhandlung, namentlich aber nehmen sie es ungemein übel, wenn jemand die Hand gegen sie aufhebt. Bei dieser Gelegenheit jedoch begnügte sich der Kutscher, da der Vorfall auf einem menschenerfüllten Platze und vor einer Wache stattfand, sich in den Finger zu beißen und zu sagen: „Me la pagherai" (das sollst du mir bezahlen). Der Engländer erzählte die Geschichte seinem Wirthe, der ihm den Rath ertheilte, niemals zur Nachtzeit auszugehen und sich ebenso wenig nach einem abgelegnen Orte zu begeben, da diese Menschenklasse sehr rachsüchtig sei. Der heißblütige Sohn Albions befolgte diesen Rath, und es geschah ihm nichts Arges. Nur konnte er von jetzt an nie mehr einen Droschkenkutscher finden, der bereit war, ihn irgendwohin zu fahren. Wenn er sich an einen solchen Rosselenker wendete, war der Mann entweder schon bestellt oder wollte eben heim in den Stall oder hatte irgend einen andern Grund bei der Hand, der seine Weigerung rechtfertigte. Einmal bat er seinen Wirth, ihm eine Droschke zu bestellen, und der Wirth befahl einen Kutscher herbei, der seinen Standort vor dem Gasthofe hatte, und welcher sich infolge dessen nicht gut sträuben konnte, und gebot ihm, den Herrn nach der Kathedrale zu fahren. Der Kutscher gehorchte und fuhr in raschem Trabe die Straße hinab; aber kaum war er um die Ecke, so stürzte das Pferd, „ganz von ungefähr", und konnte nicht weiter.

So ging es fort, bis der Engländer auf den Rath eines Freundes, der mit den Anschauungen und Bräuchen der Eingebornen bekannt war, den von ihm gemißhandelten Droschkenkutscher aufsuchte und ihm für den Stoß, den er ihm versetzt, ein Schmerzensgeld von einem oder zwei Napoleons einhändigte, und jetzt wurde das Interdict, mit dem die Mafiusi den Beleidiger eines Bundesbruders belegt hatten, von den Vorständen der Gesellschaft aufgehoben.

Dieser Vorfall erklärt sich leicht. Der Droschenkutscher wendete sich mit seiner Klage über den groben Briten an die Häupter der Mafiusi seiner Klasse, welche verpflichtet waren, ihn zu schützen und eventuell zu rächen; denn er zahlte wie alle andern Droschkenführer seine regelmäßigen Prozente von allem, was er verdiente, an die Mafia. Die Mafiusi konnten nun dem Engländer nicht gut dicht auf den Leib kommen, da er Vorsicht beobachtete, auch rechtfertigte der Fall keine offne Gewaltthat, und die Mafiusi schreiten gegenwärtig zu einer solchen nur bei ganz besondern Gelegenheiten. In der That würde ihnen etwas der Art sofort die Behörden auf den Hals gebracht haben, zumal es sich um einen Fremden handelte, und dieser keinen Anstand genommen haben würde, gegen sie auszusagen. Aber sie waren verbunden, ihn zu strafen, um ihren Schützling zufrieden zu stellen, und so ließen sie den Befehl herumgehen, dem Engländer nicht eher wieder ein Fuhrwerk zur Verfügung zu stellen, bis er dem von ihm Gemißhandelten aus seiner Börse eine Entschädigung gezahlt habe. Für den Fall des Ungehorsams drohten sie mit ihrem Mißfallen und schwerer

Züchtigung. Ich habe erzählt, wie getreulich die Kutscher Palermos dieser Weisung nachkamen.

Bei einer andern Gelegenheit entließ einer von meinen Nachbarn, der Marquis D., einen Bedienten, der sich unverschämt und respectwidrig gegen ihn betragen hatte. Der Mensch aber hatte eine Frau und ein Kind, die in Betreff ihres Unterhaltes gänzlich von ihm abhingen, und die in derselben Straße wohnten. Die arme Frau ging in großer Bekümmerniß zu dem Vorsteher der Mafiusi ihres Mannes, einem ehemaligen Bedienten, der sich zurückgezogen hatte, um von seinen Ersparnissen und dem, was die Mafia abwarf, zu leben, und derselbe unternahm es, die fatale Angelegenheit in befriedigender Weise zu begleichen.

Ich entsinne mich des Burschen recht wohl. Er hieß Cola und war ein behäbiger, lustiger, angenehmer, immer lächelnder Mann in den besten Jahren. Sein fettes Gesicht strahlte von Gutmüthigkeit und Behagen, seine Augen waren klein, aber kohlschwarz und voll Glanz und Feuer. Er hatte graue Haare und einen Backenbart von derselben Farbe. Die Oberlippe und das Kinn waren sauber rasirt. Wenn er lachte, zeigte er ein schönes Gebiß weiß wie Elfenbein. Seine Schultern und Arme hätten einem Herkules keine Schande gemacht. Seine dicken Finger waren bedeckt mit einfachen goldnen Ringen. Sein grellrothes Halstuch war in eine Schleife geknüpft, wie sie die Matrosen tragen, und darauf steckte ein goldnes Herzogskrönchen, ein Andenken an seinen verstorbnen letzten Herrn, der ihm einen kleinen Jahrgehalt für treue Dienste hinterlassen hatte.

Er war der Gebieter der ganzen Schaar von Domestiken, Köchen, Portiers und Lakaien, die in diesem Stadtviertel sich aufhielten, und es gab keinen wichtigeren Mann in dem kleinen Kaffeehause um die Ecke und in dem Hinterstübchen desselben, wo man Billard und Karte spielte. Er legte heute seinen besten Rock an, setzte seinen neuen Hut auf, um bei der Gelegenheit recht stattlich zu erscheinen, und bat, als er in das Haus des Marquis kam, ihm bei demselben eine Privataudienz zu erwirken, die ihm denn auch ohne Verzug bewilligt wurde.

Ich werde die Unterredung, die darauf zwischen den Beiden stattfand, so übersetzen, daß ich die sicilische Redeweise, die fast orientalische Farbe hat, anwende, um den Lesern eine recht charakteristische Vorstellung von der niedern Klasse auf der Insel zu geben. Und ich muß noch vorausschicken, daß solche Leute mit Einschluß der Mafiusi, obwohl sie unter Ihresgleichen gebieterisch und anmaßend auftreten, sich gegen den hohen und niederen Adel ungemein respectvoll, höflich und ich möchte fast sagen, ehrfurchtsvoll betragen. Ein ererbtes und überliefertes Gefühl der Vasallenschaft, die, wie bemerkt, erst in den letzten Jahrzehnten des achtzehnten Jahrhunderts aufhörte, lebt noch immer in ihnen fort und veranlaßt sie, zu vornehmen Leuten wie zu höheren Wesen aufzublicken, und wofern sie nicht auf Seiten der letzteren den Wunsch vermuthen, ihrer „Mafiuseria" entgegenzutreten, verhalten sie sich äußerst bescheiden und demüthig vor ihnen.

Cola beginnt also: „Euer Excellenz (in Sicilien ist jedermann, der über der Mittelklasse steht, eine Excellenz — ein Rest der Sitten, die sich unter der lange dauernden spanischen Herrschaft ausbildeten), ich habe mir die Freiheit genommen, zu kommen, um Ihnen die Hand zu küssen und Ihrer Herrlichkeit eine Bitte um eine Handlung der Barmherzigkeit zu Füßen zu legen".

Der Marquis: „Wenn es in meiner Gewalt steht, Cola, so werde ich es mit großem Vergnügen thun".

Cola: „Euer Excellenz sind ein Edelmann, wie es deren

nur wenige giebt, und würdig, geehrt und geliebt zu werden, wie unser Herr Jesus, und wie es für uns Pflicht und Schuldigkeit ist".

Der Marquis: „Danke, Cola, danke; aber laß uns hören, was Du für ein Anliegen hast".

Cola: „Eine Handlung der Barmherzigkeit, Euer Excellenz, eine Handlung der Gnade. Ihre Herrlichkeit soll thun, wie der Beichtvater dem bußfertigen Sünder thut, Ihre Hand erheben, absolviren und vergeben".

Der Marquis: „Aber wem habe ich denn etwas zu vergeben, Cola"?

Cola: „Jenem verächtlichen Lumpenkerl, jenem Hallunken, der nicht würdig ist, den Staub zu küssen, auf den der Fuß Euer Excellenz tritt*) — jenem schlecht erzognen niederträchtigen Viehe von einem Vincenzo, der verdient hätte, an einen Pfeiler gebunden und ausgepeitscht zu werden. Aber wahrhaftig, ich will's ihm schon eintränken! Allein Euer Excellenz müssen Rücksicht nehmen auf seine arme Frau, auf sein armes Kind. Sie werden mitten in der Straße Hungers sterben müssen. Haben Sie Mitleid, seien sie barmherzig gegen das arme Weib und ihr unschuldiges kleines Würmchen, und verzeihen Sie Vincenzo um ihretwillen, und nehmen Sie ihn wieder in Ihre Dienste".

Der Marquis: „Aber bedenke doch einmal, Cola, daß der Kerl äußerst frech und unverschämt gegen mich gewesen ist, und daß" . . .

---

*) Ein orientalischer Ausdruck, dem man häufig im Koran begegnet, und der in der Sprache der niederen Klassen in Sicilien ebenfalls sehr oft gebraucht wird. Er ist eine der vielen Reliquien, die von der Zeit übrig geblieben sind, wo im achten und neunten Jahrhundert die Sarazenen auf der Insel herrschten.

Cola: „Der Wein, Herr Marquis, der Wein! Dieser neumodische Wein, dieses garstige Zeug (chitinu), das sie jetzt als Wein verkaufen. Er muß dem armen Jungen zu Kopfe gestiegen sein. Aber ich werde ihm den Kopf zurechtsetzen, ich werde's ihm eintränken. Es wird nie wieder geschehen. Ihre Herrlichkeit jedoch werden dieses Werk der Barmherzigkeit verrichten — ich beschwöre sie darum bei der Liebe, die sie zu jenem heiligen Engel, der gnädigen Frau Marchesa, und zu ihren Kindern haben. Haben Sie Mitleid mit seiner armen Familie. Thun Sie dieses Werk der Barmherzigkeit, thun Sie es um meinetwillen, und ich verspreche Ihnen, daß ich darauf sehen werde, daß er sich rechtschaffen aufführt, und wenn er sich je wieder unterfangen sollte, es an Erfüllung seiner Pflicht gegen Ihre Herrlichkeit fehlen zu lassen, so soll er es mit mir zu thun bekommen. Thun Sie es, Herr Marquis, und Sie sollen von da an allezeit über mich gebieten können wie über Ihren Sklaven".

Der Marquis: „Schon gut, Cola, schon gut. Reden wir nicht mehr davon. Mag er denn zurückkommen auf die Bedingung hin, daß etwas Derartiges nicht wieder geschieht".

Cola: „Wieder geschieht! Euer Excellenz dürfen das nicht für zweifelhaft halten. Ich gebe Ihrer Herrlichkeit mein Wort, daß es nun und nimmermehr wieder geschehen wird; sonst wehe ihm — ich werde ihn wie ein Stück Brot aufessen. Ich bitte Euer Excellenz um Entschuldigung, daß ich mir die Freiheit genommen habe, Sie zu stören; aber Ihr Herz ist wie Honig, und unser Herrgott wird Ihnen die Barmherzigkeit, die Sie dieser armen Familie erzeigt haben, tausend Jahre lang segnen. Ich küsse Euer Excellenz die Hand, und wenn Sie mir jemals einen Befehl zu geben haben, so steht hier Ihr stets bereiter Diener".

Der Marquis: „Sehr wohl, Cola, sehr wohl. Ich will ihm für dieß Mal verzeihen und ihn wieder in meine Dienste nehmen. Guten Tag, Cola, guten Tag".

Cola: „Allzeit zu Euer Excellenz Füßen".

Ungefähr eine halbe Stunde später wurde der gutherzige Marquis ersucht, von seinem Balkon in den Hinterhof seines Hauses zu blicken; denn Cola wünsche ihm ein Wort zu sagen. Der Marquis trat infolge dieser Bitte hinaus und sah in seinem Hofe Cola Vincenzo beim Arme halten. Derselbe war von einem Haufen Thürsteher, Köche, Küchenjungen, Lakaien und andern Dienstleuten dieses und der benachbarten Häuser umgeben. Als der Marquis auf dem Hofe erschien, nahm Cola seinen Hut vor ihm ab und händigte ihn dann einem der Umstehenden ein. Dann blickte er zu dem Marquis hinauf und sagte: „Euer Excellenz, hier steht der reuige Sünder; aber bevor er seinen Fuß wieder in Ihrer Herrlichkeit Haus setzt, wünsche ich ihm einen Denkzettel zu geben, der ihn lehren wird, wie er sich fortan immerdar gegen einen so würdigen Herrn, wie Euer Excellenz ist, zu benehmen hat".

Beinahe eher noch, als er mit dem letzten Satze zu Ende war, ließ er seine ungeheure fette rechte Hand auf Vincenzos linke Wange und dann wieder seine linke Hand auf Vincenzos rechte Wange aufprallen, und diese Dosis von Ohrfeigen wiederholte er mit so rascher Bewegung, daß der Kopf des armen Vincenzo wie eine schwimmende leere Flasche aussah, die von zwei gegen einander wirkenden Wellen hin- und hergeschleudert wird. Es war vergeblich, wenn der Marquis mit lauter Stimme vom Balkone hinabrief: „Halt ein, Cola, halt ein, laß ihn gehen, das ist genug, basta, basta"! Der unbarmherzige Cola fuhr fort, Vincenzos Gesicht zu bearbeiten, bis es so roth wie eine Runkelrübe war. Dann nahm er ihn beim Ohre, führte ihn bis an die Stufen der weißen Marmortreppe des Hauses und sagte:

„Nun marsch hinauf, küsse Deinem Herrn die Füße, bitte ihn um Verzeihung und erinnere Dich, daß, wenn Du Dir jemals wieder ein Vergehen gegen ihn zu Schulden kommen läffest, Du es mit mir zu thun kriegen wirst".

Und indem er sich wieder dem Marquis zuwendete, welcher mit Staunen und Zittern dem aufregenden Schauspiele beigewohnt hatte, fuhr er fort:

„Euer Excellenz müssen mir die Freiheit verzeihen, die ich mir genommen habe. Aber es war meine Pflicht, Euer Herrlichkeit die Genugthuung zu verschaffen, die Ihre Güte verdient".

Von diesem Tage an hatte der Marquis V. keinen treueren, gehorsameren und aufmerksameren Diener als unsern Vincenzo.

Ich muß in diesem Zusammenhange bemerken, daß, wenn der Marquis selbst jenen Bedienten übel behandelt und mit Ohrfeigen oder Prügeln tractirt hätte, der ganze Haufe seiner Dienstleute und derjenige andrer Herrschaften sich gegen ihn erklärt haben würde, und daß er dann mit ihnen Noth ohne Ende gehabt hätte. Aber daß er ihn wegen des von ihm begangnen dummen Streiches weggejagt hatte, wurde für ganz gerecht und in der Ordnung angesehen, und daß er ihn auf die Verwendung des Führers der Mafiusi hinwieder in seine Dienste nahm, hielt man für eine sehr edle und barmherzige Handlung, welche alle Achtung und Anerkennung verdiene, und Vincenzo unterwarf sich ruhig und demüthig der wuchtigen Bearbeitung seiner Backen durch Colas Fäuste, die ihm als eine billige Strafe erschien, während sie, vom Marquis vollzogen, ihm und seiner ganzen Klasse als eine unleidliche Unbill vorgekommen sein würde.

In jener Züchtigung lag aber noch eine sonderbare und sehr charakteristische Eigenthümlichkeit. Cola gebrauchte dabei seine Hand auf Vincenzos Gesicht, weil er durch dessen Frau entfernt mit ihm verwandt war und deshalb ihm gegenüber in gewissem Maße das Recht der Vetternschaft hatte. Wäre Vincenzo ein ihm völlig Fremder gewesen, so hätte er seine Hand nicht gegen ihn erheben dürfen, sondern einen Lederriemen, einen Ochsenziemer oder seine Füße anwenden müssen. Denn jemand mit der Hand ins Gesicht schlagen, heißt ihn, wenn man nicht ein älterer Verwandter ist, entehren, und der so Beleidigte hat dann das Recht, es übel zu nehmen und sogar an blutige Rache zu denken, wenn er sich nicht auf andere Weise Genugthuung verschaffen kann. Jedermann tritt dann auf seine Seite. Dieses Vorurtheil ist ebenfalls morgenländischen Ursprungs. Denn im Orient ist es die größte Entehrung und Schande, wenn jemandes Gesicht oder Bart von einem Andern mit der Hand berührt worden ist. Eine tüchtige Auspeitschung mit der Karbatsche oder eine gründliche Bastonnade wird für viel weniger schmachvoll gehalten als eine einzige Ohrfeige".

Unser Gewährsmann erzählt dann weiter: „Ich hatte ein paar Jahre in offizieller Stellung in Sicilien gelebt und zwar in Palermo, als ich es im Hinblick auf die Gesundheit meiner Frau und meiner Kinder für rathsam hielt, die Stadt zu verlassen und meine Wohnung ein Stück weiter draußen aufzuschlagen, wo sie den Gebrauch eines Gartens haben und sich viel in freier Luft bewegen konnten. Eine reizende Villa in der malerischsten und gesündesten Gegend war zu vermiethen. Sie lag an einer Stelle, von der aus man eine ausgedehnte Aussicht über den Thalkessel von Palermo, die „goldene Muschel" der sicilianischen Dichter, hatte. Auf der einen Seite stieg eine Kette hochragender Berge als Hintergrund des Bildes empor, auf der andern breitete sich die bezaubernd schöne Bucht mit ihrem blauen Wasser aus. Der einzige Einwand, der sich gegen diese Herrlichkeit erheben ließ, bestand darin, daß die Gegend eins der schlimmsten Nester der Mafiusi war, die sich hier vorzüglich damit beschäftigten, daß sie Lebensmittel, namentlich Oel und Wein, über die Zollgrenze in die Stadt einschmuggelten. Da ich indeß hinsichtlich des Verfahrens gut berathen war, durch welches ich allen Unannehmlichkeiten, die sich hieraus ergaben, aus dem Wege gehen konnte, miethete ich die Villa und schlug meinen Wohnsitz in ihr auf.

Dieses Landhaus war in einem etwas wunderlichen Stil erbaut, der halb gothisch und halb toskanisch war. Auf der Seite nach der Straße hin befand sich eine prächtige Terrasse, auf die wir durch jede Glasthür im Hause, ja ich kann sagen, durch jedes Zimmer gelangen konnten; denn das Gebäude hatte nur ein einziges Stockwerk. Die Terrasse erhob sich, mit riesigen Blumenvasen geschmückt, welche Magnolien, Feigenbäume, Aloën und verschiedene Kaktusarten enthielten, etwa acht Fuß über die Landstraße, von welcher aus jeder gewandte junge Mann sich hätte hinaufschwingen können. Parallel mit dieser lief hinter dem Hause eine zweite mächtige Terrasse hin. Sie war hundert Fuß lang und fünfzig Fuß breit und mit buntfarbigen Seekieseln gepflastert, eine Mosaik, deren Muster zwölf eirunde, mit weißen Steinen eingefaßte Schilde bildete, auf denen sich Wappen aus der alten Zeit Siciliens befanden. Man sah hier die dreibeinige Medusa oder Trinacria, das syrakusanische Pferd, den arabischen Halbmond, das normannische Schachbret, den schwarzen Adler Schwabens, die Pfeiler Spaniens und andere Sinnbilder aus der Geschichte der Insel. Diese untere Terrasse, in der Mitte mit einem stattlichen Oleanderbusch, ringsum mit großen Blumenvasen geziert und von einem riesigen Rebstock wie mit einem Sommerzelt von grünem Blattwerk überspannt, sah auf einen entzückenden Garten hinab, der Citronen-, Orangen-, Limonen-, Mandarinen- und Feigenbäume, zwei hochragende Palmen und alle möglichen Arten von Aloën, Kakteen, Rosen, Nelken, Sonnenblumen und andern süßduftenden Gewächsen in morgenländischer Fülle enthielt, sodaß wir in den Monaten Mai und Juni oft genöthigt waren, die Fenster zu schließen, da der Wohlgeruch, der aus ihm emporstieg, geradezu betäubend war.

Der Garten war mit einer sieben Fuß hohen Mauer umgeben, welche auf der einen Seite an den Garten eines der Aerzte des Stadtkrankenhauses grenzte und auf der andern das ausgedehnte Landgut eines ausländischen regierenden Herzogs überblickte. Die Straße, die aus der Stadt nach ihr hinführte, war einer von den gewöhnlichen vorstädtischen Wegen, die auf das offne Land hinauslaufen. Sie war auf beiden Seiten mit zwei- und dreistöckigen Häusern besetzt, die allesammt erst vor Kurzem erbaut waren, ausgenommen einige alte Paläste, die meist im Erdgeschoß von Leuten niederen Standes, im ersten Stock von der Mittelklasse und in den sogenannten „quarti nobili" von den vornehmeren Ständen bewohnt waren.

In Süditalien und besonders in Neapel und Sicilien wohnen die verschiedenen Stände nicht blos in derselben Straße, sondern auch in demselben Hause beisammen. Indeß sind sie so weit von einander getrennt, als ob sie in verschiedenen Gebäuden lebten; denn das niedere Volk betritt seine Wohnung durch Thüren, die sich auf die Straße öffnen, die Bewohner des ersten Stocks gelangen in ihre Zimmer durch Seitenthüren und enge Treppen, der Besitzer des Hauses oder die Leute, welche das „quarto nobile" innehaben, bedienen sich der großen Einfahrt und der prächtigen Marmortreppe in der Mitte. Der

Hinterhof, die Ställe und Wagenremisen sowie der Garten werden stets zum quarto nobile gerechnet.

Dieß ist ebenfalls ein Rest des Mittelalters. In diesen Zeiten baute sich jeder Feudalbaron und jeder Abt eines Mönchsordens einen ungeheuren Palast, ein riesiges Kloster, in welchem er mit seiner Ritterschaft, seinen Knappen, seinen bewaffneten Dienern, kurz mit allen seinen Vasallen oder mit seinen Mönchen hauste. Es gab damals Barone in Sicilien, welche aus ihren Stadtschlössern mit einem Gefolge von dreißig andern hohen Herren, fünfzig Rittern sammt deren Knappen und zweihundert Speerträgern und Bogenschützen ausrücken konnten, die zusammen mit den zahlreichen Dienern und den Mitgliedern von deren Familien ein förmliches kleines Volk in einem einzigen ungeheuren Gebäude bildeten. Dasselbe könnte von den colossalen Abteien und Klöstern gesagt werden, von denen einige so ausgedehnt sind, daß sie jetzt zwei Regimentern Infanterie, also etwa dreitausend Mann, bequeme Unterkunft gewähren. Diese gewaltigen Gebäude waren von mächtigen Steinblöcken errichtet, die Jahrhunderten Widerstand geleistet haben und künftige Jahrhunderte überdauern werden. Als das Feudalwesen vor sechzig oder siebzig Jahren abgeschafft wurde, verfielen diese stolzen Burgen alle, und der Adel mußte, nicht im Stande, seine bisherige Lebensweise fortzusetzen, sein ungeheures Heer von Clienten, Vasallen und Dienstleuten entlassen und, indem er sich in die quarti nobili zurückzog, die andern Theile seiner riesigen Paläste vermiethen, die auf diese Weise zu Wohnungen und Quartieren der verschiedenen Klassen der Bevölkerung wurden.

Unsere Villa war jedoch von neuerem Ursprung und hatte keine andern Insassen, als den Besitzer mit seiner Familie, welcher den obern Theil inne hatte, uns und den Gärtner, der in einem Häuschen dicht beim Garten wohnte. Wir besaßen für unsere Miethe das ganze Erdgeschoß und das volle Recht auf die Blumen und Früchte des Gartens mit alleiniger Ausnahme der Orangen und Limonen, eines sehr werthvollen Productes, welches der Besitzer sich vorbehielt, doch überließ er uns auch von diesen Bäumen einige zu unserm Gebrauche.

Die Bevölkerung der Straße, in welcher unser Landhaus lag, schien sehr ruhiger Natur zu sein, und wir bemerkten, daß die niedere Klasse sich sehr achtungsvoll gegen die in ihr wohnenden Leute besseren Standes und den hier residirenden Adel benahm. Sie bestand meist aus den Gärtnern der verschiedenen Grundeigenthümer; denn jedes Haus hatte hinter sich einen schönen Garten und bisweilen beträchtliche Feldgrundstücke, die sich nach den eine Stunde Weges entfernten Bergen ausdehnten, dann aus Karrenführern, Grobschmieden und Vieharzten, außerdem aber aus einer scheinbar recht faulen Menge von Tagelöhnern, die während des Tages nichts oder wenig mehr thaten, als daß sie in den Weinschenken und Barbierstuben der Nachbarschaft herumlungerten. Man theilte mir mit, daß der uns zunächst wohnende Barbier und unser Gärtner die geachtetsten und gefürchtetsten Personen unter ihnen seien.

Ein paar Tage, nachdem ich meine Wohnung in der Villa aufgeschlagen hatte, sah ich unsern Gärtner allein im Garten, und da ich mit ihm eine Unterhaltung zu haben wünschte, ging ich auf einer dorthin führenden Nebentreppe zu ihm hinunter. In dem Augenblicke, wo er meiner gewahr wurde, kam er, den Hut in der Hand, auf mich zu und richtete den üblichen Gruß dieser Menschenklasse an mich: „Lege mich Euer Excellenz zu Füßen. Haben Sie irgendwelche Befehle für mich"?

„Guten Morgen", sagte ich. „Wie geht es Euch, Zu* Paulu? Was macht Eure Familie"? Man muß nämlich diese Leute stets nach ihrer Familie fragen, gleichviel, ob man dieselbe kennt oder nicht.

Zu Paulu war ein echtes Exemplar des sicilianischen Gärtners, besonders desjenigen, der das Thal von Palermo bewohnt und hier in den Villen und auf den Landgütern des Adels und andrer Grundbesitzer dient. Er verband in seiner Person die verschiedenen Berufsarten eines Gärtners, Jägers, Wächters und Hauptmanns der Manusi unter den Feldarbeitern und andern Dienstleuten seines Herrn und außerdem noch vieler anderer. Er war ein kurzgewachsener, untersetzter Mann mit einem kleinen Kopfe und kohlschwarzen Haaren, die sehr kurz abgeschoren waren, ausgenommen zwei Locken, welche von seinen Schläfen ausgingen und ihm bis auf die Mitte der Wangen herabhingen, wo sie sich wie eine Neune ein wenig wieder nach aufwärts wendeten. Sein Gesicht war glatt rasirt mit Ausnahme eines schmalen Streifens Bart, der von seinem Ohre bis beinahe an das Kinn lief und demjenigen glich, welchen die spanischen Stierfechter tragen, wie denn diese Mode, den Bart zu schneiden, wahrscheinlich eine Ueberlieferung aus der Zeit der spanischen Herrschaft in Sicilien ist. Seine Augen, schwarz und durchbohrend wie die eines Adlers, verriethen ein heißes, leidenschaftliches Temperament, das sowohl großmüthiger als wilder Handlungen fähig war, aber vollständig unter der Herrschaft seines Verstandes stand. Seine Gesichtsfarbe war das Olivengelb, welches an die Abstammung eines Theils der sicilianischen Bevölkerung von den

---

*) Zu ist das schriftitalienische Zio (Onkel) im sicilianischen Dialekt. Man redet damit alle älteren Leute der arbeitenden Klasse, vorzüglich Gärtner und Bauern, an.

Sarazenen erinnert. Er war in seinem Betragen äußerst
respectvoll, aber durchaus nicht bedientenhaft, und obwohl man
sah, daß er, gehörig behandelt, bereit und Willens sein würde,
alles, was man von ihm verlangte, zu thun, hatte man doch
zugleich die Empfindung, daß er ein Charakter war, mit dem
fertig zu werden schwer oder unmöglich sein mußte, wenn man
ihm auch nur die leiseste Mißachtung oder Nichtbeachtung zeigte.

Seine Kleidung war die gewöhnliche Tracht aller Gärtner
dieser Klasse — ein Anzug von olivengrünem Sammet, Hosen,
die sehr weit über die dickbesohlten, mit schweren Nägeln be-
schlagnen und ungeschwärzten Schuhe fielen, eine Reihe von
sechs blanken, runden Messingknöpfen hatten und um die Hüften
von einer langen, aus rother Seide gestrickten Schärpe zusammen
gehalten wurden, deren Quasten unter seiner Weste hervor-
sahen. Dieses letztere Kleidungsstück hatte auf jeder Seite drei
Taschen, eine über der andern, die jede einen verschiedenen bei
der Jagd nothwendigen Artikel enthielt; Zündhütchen, Pfröpfe,
Pulverhorn, ein messingnes Pulvermaß und eine ebenfalls
messingne Nadel zur Reinigung des Schlosses und Zündlochs
der Flinte waren an kleinen Ketten von Kupferdraht befestigt,
die auf jeder Seite der Tasche herunterbaumelten wie früher
bei uns die Uhrketten aus der Hosentasche. Um den untersten
Theil dieser eigenthümlichen Weste lief ein Lederbesatz oder
Gürtel, der verschiedene Sorten Schrot und einige Kugelpatronen
enthielt. Die Aufschläge seiner Jacke zeigten, mit Silberfäden
gestickt, das Wappen seines „Padrone", eines Edelmannes, und
der Rand seines grauen Schlapphutes, auf der einen Seite in
die Höhe gekrempt, prunkte hier mit einer großen versilberten
Schnalle, welche ihn an dem Kopfstücke des Hutes festhielt.
Das landesübliche rothe Bandanna-Halstuch, in einen Matrosen-
knoten geknüpft, und die ebenfalls hier zu Lande gebräuchlichen

vier oder fünf goldenen Ringe auf seinen Fingern vervollständigten seinen Putz.

„Wir befinden uns, der Madonna sei's gedankt, alle mit einander wohl und stehen Euer Excellenz zu Diensten", erwiderte Zu Paulu respectvoll.

„Dieß ist ein schöner Garten", sagte ich. „Besorgt Ihr die Pflege desselben ganz allein"? Ich machte eine Bewegung mit der Hand, die ihm erlauben sollte, seinen Hut wieder aufzusetzen, was er mit einem „Wie Sie befehlen" that.

„Ja wohl, Signorino", erwiderte er. Signorino ist ein Ausdruck achtungsvoller Vertraulichkeit, der von den älteren Dienstleuten ihren jungen Herren gegenüber gebraucht wird, und den jene so lange sich erlauben, bis diese Großväter werden.

„Ihr habt einige sehr reizende Blumen hier", fuhr ich fort. „Meine Frau war ganz entzückt über den Strauß, den Ihr uns diesen Morgen schicktet. Ich werde Euch nicht viel Mühe machen, aber die Signorina, die eine außerordentlich große Blumenfreundin ist, wird Euch etwas zu thun geben. Und beiläufig, obschon ich durch meinen Miethcontract nicht verpflichtet bin, irgendeine Remuneration zu gewähren, da die Dienste eines Gärtners in meiner Miethe inbegriffen sind, so will ich doch in Anbetracht der Extraarbeit, die Ihr zu thun haben möget, indem Ihr den Lieblingsblumen meiner Frau besondere Pflege angedeihen laßt, Euch, so lange ich hier wohne, monatlich fünf Thaler aussetzen".

„Ich bedanke mich für Ihre Güte, und ich hoffe, die Signorina wird mit meiner Arbeit zufrieden sein".

„Bitte, sagt mir aber doch einmal, Zu Paulu", fuhr ich fort, indem ich ihm mit einer dummpfiffigen Miene gerade ins Gesicht blickte, „meine Frau und ich haben in den letzten

Nächten bemerkt, daß sowohl in unserm Garten als in dem anstoßenden viele Vögel singen. Ist es nicht etwas ganz Außerordentliches für Vögel, mitten in der Nacht sich hören zu lassen"?

Das Gesicht zu Paulu's erhellte sich bei diesen Worten. Er erhob seine schwarzen, durchbohrenden Augen, die er bis dahin respectvoll gesenkt gehalten hatte, und richtete sie mit fragendem Blicke auf die meinen, um zu sehen, ob man mir trauen könne oder nicht. Der Schluß, zu dem er durch diese Prüfung gelangte, muß befriedigend gewesen sein; denn er erwiderte:

„Der Signorino muß darauf nichts geben. Es sind keine Vögel, sondern die Jungens und die Wächter (i picciotti e i guardiani) der Nachbarschaft, die sich mit Nachahmung der Lockrufe der Vögel während der Nacht vergnügen". Und wieder heftete er mit schlauem Blicke seine Augen auf die meinigen.

„Ja wohl, ich verstehe", entgegnete ich auf diese Auskunft, obwohl ich die Sache eigentlich nicht recht verstand und sie mir schlimmer vorstellte, als sie im Grunde war. „Sie vergnügen sich auf diese Weise, um gute Wache über das Obst und die Landhäuser zu halten. Ich nehme daher an, daß man hier durchaus keine Gefahr läuft, beraubt zu werden oder jemand des Nachts ins Haus dringen zu sehen".

„Ins Haus eindringen? In die Villa meines Padrone? — Signorino, Sie können ruhig schlafen und jedes Fenster nach der Gartenseite auflassen. Kein Mensch wird wagen, in diese Villa einzudringen. Ich bin Gärtner und Wächter zugleich, und meine Doppelflinte ist in der Nachbarschaft sehr gut bekannt. Befürchten Sie deshalb nichts — die Jungens haben Respect vor mir (i picciotti mi portanu rispetto)".

Er sagte diese letzten Worte mit einer so vollkommen zuversichtlichen Miene, daß in meiner Seele alle Zweifel und Bedenklichkeiten hinsichtlich der Sicherheit der Villa schwanden; denn ich kannte den Einfluß und die Macht, welche derartige Leute über ihre Standesgenossen ausüben. Indem ich nun über die Gartenseite beruhigt war, gedachte ich auch die Straßenseite zu berücksichtigen, um mich doppelt sicher zu stellen. Ich brauche die Dienste eines Barbiers nur sehr wenig, da ich mich selbst rasire, und die meisten meiner Haare schon seit Jahren verschwunden sind; dennoch aber schickte ich, da er eine wichtige und nützliche Persönlichkeit war, nach Don Piddu, dem Figaro unserer Straße. Wie der Name des heiligen Joseph, im sicilianischen Dialekte Giuseppi, jemals zu Piddu zusammenschrumpfen konnte, ist eine jener philologischen Metamorphosen, welche das Nachdenken der gelehrtesten Sprachforscher vereiteln.

Don Piddu kam, ein kleiner, dicker, rundbäuchiger Mann, der sich immer mit Maccaroni überfüllt zu haben schien. Sein derbes, stets lächelndes Gesicht glänzte wie der volle Mond. Er hatte kleine graue Augen und kastanienbraunes Haar, welches sehr kurz verschnitten war. Er kleidete sich sehr bunt in der Weise der besseren Stände, indem er gelbe Tuchhosen, einen hellblauen Rock und eine große weiße Schooßweste trug, aus deren Tasche eine ungeheuer dicke goldne Uhrkette baumelte. Er zeigte nicht den geringsten Anflug von einem Mafioso, wenn man von der ungewöhnlichen Menge von Ringen absah, mit denen er seine fetten Finger geschmückt hatte. Doch war dabei der Unterschied, daß, während die Mitglieder der Mafia gemeiniglich ganz einfache goldne Ringe tragen, die seinigen Steine von allen Gattungen, mit Buchstaben, Chiffern und Cameen hatten.

Er kam mit würdevoller Miene und jenem Bestreben,

elegant, zutraulich und zugleich artig zu sein, herein, welches
beim Berufsgenossen des Figaro herkömmlich ist. Als ich ihm
bemerkte, daß ich nur meine Haare geschnitten zu sehen wünsche,
da ich mich selbst zu rasiren pflege, warf er einen etwas ver-
blüfften Blick auf die Glatze auf meinem Scheitel. Aber ich
machte ihm wieder Muth, indem ich ihm sagte, ich beabsichtige,
ihm in der Weise Beschäftigung zu geben, daß er meinen
Kindern wöchentlich ein paar Mal die Haare durchkämmen und
frisiren solle, wofür ich ihm die übliche monatliche Vergütung
von zwei Thalern zu zahlen gedenke. Dieß versetzte ihn natürlich
sofort in gute Laune, und er plauderte eine Stunde lang fort,
während welcher Zeit ich alles und mehr als ich wünschte,
über jede einigermaßen hervorragende Familie dieser Gegend
erfuhr.

Als er seine Arbeit besorgt hatte, fragte ich wie von ungefähr: „Don Piddu, wie steht es mit der Sicherheit dieser
Straße? Kann ich spät in der Nacht nach Hause kommen, ohne
fürchten zu müssen, auf dem Wege beraubt zu werden"?

„Räubereien auf unsrer Straße, Signorino"? rief Don
Piddu, indem sein Gesicht Erstaunen und zugleich verletztes
Bewußtsein, eine Persönlichkeit von Einfluß und Bedeutung zu
sein, ausdrückte. Euer Excellenz kann in dieser Beziehung ganz
ruhig sein. Die Straße ist Tag und Nacht so sicher wie eine
Kirche. Sie ist nur von rechtlichen Leuten bewohnt, und ein
Galantuomo, der in ihr residirt, hat durchaus keine Gefahr
zu befürchten".

„Ich bin erfreut, Sie das sagen zu hören, Don Piddu",
erwiderte ich, „und ich fragte nur, weil ich, da es geschehen
kann, daß ich einmal spät in der Nacht nach Hause komme,
Gewißheit zu haben wünschte, daß die Straße sicher ist; vorzüglich, da die Terrasse auf der Straßenseite so niedrig ist, daß

in der Nacht sehr leicht jemand sich hinaufschwingen und in das Haus einbrechen kann".

„In dieses Haus"? entgegnete der Barbier. „Wer wollte sich's unterstehen, in diese Villa einzubrechen? Zu Paulu ist der Gärtner, und ich bediene den Padrone und nunmehr auch Euer Excellenz. Wer sollte sich da getrauen, einzusteigen"?

Wenn Don Piddu der Polizeidirector dieses Quartiers gewesen wäre, so hätte er nicht zuversichtlicher sprechen können. Aber, um ihn weiter auszuhorchen, sagte ich:

„Was hat das für eine Bewandtniß mit jenen Vogelstimmen, die wir während der ganzen Nacht überall im Garten hören"?

Don Piddu sah mich mit einem pfiffigen Augenzwinkern an, dann antwortete er:

„Der Signorino hat so lange in fremden Gegenden gelebt, daß er ganz und gar vergessen hat, wie es in seinem Vaterlande zugeht. Das sind keine Vögel, sondern die Picciotti. Unter dieser neuen Regierung haben sie die Steuern so hoch hinaufgeschraubt, und das Leben hat sich so erschrecklich vertheuert, daß die armen Leute versuchen müssen, sich so gut durchzuschlagen, als es gehen will, und zu diesem Zwecke müssen sie auch des Nachts arbeiten".

„Aber ich kann ungefährdet in meinem Garten spazieren gehen, wenn ich diese Vogelstimmen höre"? fragte ich.

„Warum denn nicht, Signorino"? entgegnete er. „Sie sind überall und zu allen Stunden Herr. Nur thun Sie, wenn Sie was Ungewöhnliches hören, als ob Sie taub wären, und wenn Sie jemand sich um den Garten herumdrücken sehen, so stellen Sie sich blind. Ich versichere Ihnen, daß Sie dann hier so sicher sein werden, als ob Sie in einem Mönchskloster wohnten".

Diese Unterhaltung beruhigte mich; dennoch aber war ich sehr begierig, zu erfahren, was für eine Art Arbeit die Nacht hindurch in den verschiedenen Gärten vorgenommen würde; denn in unregelmäßigen Zwischenräumen hörte man die Lockrufe der Vögel allenthalben.

Eines schönen Herbstabends, als ich sie wiederholt in der Ferne erschallen und dann allmählich näher kommen gehört hatte, ging ich in den Garten hinunter und begann, meine Cigarre rauchend, durch die verschlungnen Pfade desselben zu wandeln. Plötzlich sah ich den Kopf eines Mannes oder vielmehr eines großen Jungen oben auf der Mauer auftauchen, welche den Garten des Arztes von dem unsrigen schied, und als ich mich näherte, erkannte mich der Mensch, nahm seine Mütze ab, verbeugte sich respectvoll und richtete den gewöhnlichen Gruß dieser Leute an mich: „Lege mich Euer Excellenz zu Füßen". — „Guten Abend", sagte ich und ging rauchend weiter, indem ich that, als nähme ich von dem, was er und die, welche nach ihm gekommen, thaten, keine weitere Notiz, gab aber immer noch Acht, um zu sehen, was weiter geschehen werde. Ich hörte, wie Männerstimmen im Garten des Doctors flüsterten, und wie die gewöhnlichen Vogelstimmen andern solchen Lockrufen in verschiedenen Entfernungen antworteten.

Der Mensch, den ich zuerst gesehen, sprang, als er sich überzeugt hatte, daß die Luft in dieser Gegend rein war, — denn ich war die einzige Person ringsum — in den Garten herab, und ein Anderer erschien oben auf der Mauer. Auch er verbeugte sich, als ich mich der Stelle, wo er sich befand, näherte, und grüßte in der üblichen Weise, dann setzte er sich rittlings quer über die oberste Steinschicht der Wand. Darauf begann ein regelmäßiges Herüberreichen von Weinfässern, welche von ihren Gefährten auf der andern Seite dem auf der Mauer

reitenden Manne eingehändigt wurden, der sie seinerseits dem
in unserm Garten Befindlichen heruntergab. Nachdem sie mit
dem Herüberschaffen von etwa zwölf oder fünfzehn Fässern
fertig waren, kletterten ebenso viele Männer — dieselben
Burschen, die wir während des Tages um die verschiedenen
Schankwirthschaften hatten herumlungern sehen — über die
Mauer, sprangen zu uns herab und schritten, nachdem jeder
sich ein Faß auf die Schultern geladen, quer durch unsern
Garten. Als sie bei mir vorbeigingen, der ich stehen geblieben
war und das ganze Treiben beobachtete, nahm jeder seine
Mütze ab und grüßte respectvoll mit dem gewöhnlichen Refrain:
„Lege mich Euer Excellenz zu Füßen". — „Bitt' um Euerer
Herrlichkeit Segen". — „Küß' Eurer Gnaden die Hand",
worauf ich jedesmal mit „buona sera" antwortete. Als sie die
gegenüber befindliche Mauer des Gartens erreichten, machten
sie dieselbe Operation durch und verschwanden in dem Gute
des Herzogs, von wo der Wein ohne Zweifel in die Stadt
gelangte, ohne die Accise zu bezahlen, welche fünfundzwanzig
Centesimi für das Faß betrug.

An diesem selben Abend kamen mein Freund, der Padrone,
und der Stadtkrankenhausarzt, um uns einen Besuch zu machen.
Im Laufe der Unterhaltung erkundigte ich mich in Betreff
dessen, was ich soeben im Garten gehört und gesehen hatte,
und sie erzählten mir beide, daß diese Art Pascherei in großer
Ausdehnung betrieben würde und zwar schon seit vielen Jahren,
daß in der That der größere Theil der niederen Bevölkerung
in diesem Bezirke davon lebe, und daß die Sache allgemein
bekannt wäre, es indessen kein Mittel gäbe, ihr zu steuern.
Es wäre eben kein Criminalverbrechen, und die Stadt hätte
keine andere Befugniß als diejenige, die bezüglichen Waaren
wegzunehmen und mit Beschlag zu belegen, wenn man die

Schmuggler mit ihnen beträfe. Die Behörden der Stadt wären aber durchaus nicht berechtigt, in ein Privathaus oder einen Privatgarten einzudringen, sodaß man jene Dinge nur dann wegnehmen und confisciren könnte, wenn sie auf ihrem Wege vom Lande draußen die Zollgrenze passirten oder ohne den Stempel, der ihre Verzollung bekunde, durch die Straßen geschafft würden. Aus diesem Grunde vermieden jene nächtlichen Arbeiter die Gassen und Landstraßen und nähmen ihren Weg quer durch die Gärten.

Ich fragte meine Freunde, was die Folge sein würde, wenn sie — vorzüglich der Doctor, der ja ein von der Stadt besoldeter Beamter war — den städtischen Obrigkeiten von diesem unerlaubten Verkehr Anzeige machen wollten, sodaß jene den Paschern eine Falle stecken und die Contrebande wegnehmen könnten.

„Was"! erwiderte der Arzt, „diese Leute denunciren! Je nun, die Stadt würde dabei nichts oder nicht viel gewinnen, sie würde für dieses eine Mal ein paar Fässer geringen Weines von der Sache haben, dann aber würden die Mafiusi sehr bald einen andern sichern Weg für ihre Hantierung finden, und wir — je nun, wir würden sicher binnen vierundzwanzig Stunden ermordet werden".

Der Padrone fügte dem noch hinzu: „Und was würde aus unserer Sicherheit werden? Wir könnten nicht mehr ruhig in unsern Betten schlafen. Wir würden jede Nacht Gefahr laufen, ermordet oder beraubt zu werden. Diese Leute, welche alle Beutelschneider und Schnapphähne in der Stadt kennen, erlauben niemals, daß eine Räuberei in dem Stadtviertel oder der Straße verübt wird, wo sie wohnen und ihre Schmuggleroperationen betreiben; denn ein Raubanfall würde das Auge der Polizei dorthin lenken, und ihnen ihre im Stillen betriebnen

Geschäfte stören. Ich bin in dieser Villa auf die Welt gekommen, und ich erinnere mich nicht, jemals von einer Räuberei in dieser Straße vernommen zu haben. Sie werden aber ferner bemerken, daß, obwohl eine solche Menge von Leuten in unserm Garten frei ein- und auspassiren, nicht ein einziges Mal etwas wegkommt. Sie rühren nicht einmal eine Orange oder Limone oder eine Weintraube an, und sie treten mit ihren nackten Füßen so leise auf, daß sie kaum das Gras beugen, über das sie hingehen. Es liegt in ihrem Interesse, mit allen Gutsbesitzern auf gutem Fuße zu stehen, und sie schützen uns und unser Eigenthum thatsächlich besser, als es die Regierung im Stande ist".

Ich merkte mir das natürlich und verfuhr darnach. Und ich muß anerkennen, daß ich in den fünf Jahren, während welcher ich jenes Landhaus bewohnte, obwohl ich sehr oft in später Nacht allein und zu Fuß nach Hause zurückkehrte, nicht ein einziges Mal angefallen oder auch nur belästigt wurde, und daß auch in meinem Hause und Garten niemals irgendwelche Störung und Ungebühr vorkam, obschon wir bei offnen Fenstern schliefen.

Eine andere merkwürdige Beobachtung bei diesen nächtlichen und oft schon im Zwielichte des Abends vor sich gehenden Wanderungen von Weinfässern und Oelschläuchen über die Gartenmauern hinter dem Hause war die, daß wir niemals einen von den Führern der Mafiusi dabei unmittelbar eine Rolle spielen sahen. Sie waren allerdings überall dabei, aber wie die Generale bei Heeren in der Schlacht hübsch in der Ferne, wo sie die Manöver beobachteten und leiteten. Nie befanden sie sich bei der Wein- oder Oelkarawane selbst, welche vielmehr größtentheils aus kräftigen und gewandten Leuten in jugendlichem Alter bestand". —

„Wir waren einige Zeit auf der Insel gewesen", so erzählt unser Sicilianer weiter, „hatten aber niemals eine von den merkwürdigen und interessanten Trümmerstätten der altgriechischen Periode Siciliens besucht, oder vielmehr, meine Frau hatte nichts der Art besucht, ich selbst hatte Einiges davon in meiner Knabenzeit in Augenschein genommen. Aber man betrachtete in der Zeit, von der ich schreibe, das Reisen im Innern infolge der vielen Raubanfälle, welche stattfanden, als höchst unsicher. Das platte Land war damals — in den ersten Jahren nach 1860 — von den sogenannten „Renitenti" heimgesucht, d. h. von den jungen Leuten, die bei der Rekrutirung das Loos gezogen hatten, aber, statt in der Armee zu dienen, nach den Bergen geflohen waren, sich dort auf den großen Gütern verborgen hielten und von Raub und Erpressung lebten.

Ein Jahr später schickte die italienische Regierung ein von dem bekannten General Gorone befehligtes Armeecorps hinüber, welches sich über die ganze Insel, besonders aber über die Provinzen Girgenti und Palermo verbreitete und jeden jungen Bauer festnahm, der das Alter von einundzwanzig Jahren zu haben schien. Man untersuchte dann, ob die Eingefangnen Rekruten wären, und schickte sie, wenn dieß der Fall war, zu ihren Regimentern. Die Zahl Derjenigen, welche sich der Conscription entzogen, belief sich in zwei oder drei Jahren auf mehr als fünftausend Mann. Seit jener Zeit haben sie sich ruhig in die Sache gefügt, und dieselbe hat sich als das beste Mittel erwiesen, welches man sich zur Civilisirung des Landvolkes hätte ersinnen können; denn nach dem italienischen Gesetze wird diesen Rekruten, die größtentheils nicht die geringste Schulbildung genossen haben, innerhalb der drei Jahre, die sie beim Militär dienen müssen, das Lesen und Schreiben beigebracht, und sie werden nicht eher entlassen, als bis sie sich diese

Kenntnisse erworben haben. Es ist sehr interessant, die Kasernen und die Kanonendecks der italienischen Kriegsschiffe zu besuchen; denn für drei oder vier Stunden des Tages verwandeln sich dieselben in Schulstuben, und die unwissenden Soldaten und Matrosen werden von den Sergeanten und Quartiermeistern unter der Aufsicht der Dienst habenden Offiziere im Abc und im Buchstabiren unterrichtet. So kehren viele Tausende von ungebildeten jungen Leuten, die ihr ganzes Leben hindurch keine Schule besucht haben würden, mit den ersten Anfängen der Bildung nach Hause in ihr Dorf oder ihre kleine abgelegne Stadt zurück, wo sie sich ohne diese Einrichtung nimmermehr irgendwelche Kenntnisse verschafft haben würden.

Nach dieser Einleitung will ich noch ein Erlebniß mit den Mafiusi erzählen.

Eine vornehme junge Dame aus England, die sich als Malerin auszeichnete und in Gesellschaft einer älteren Frau sammt deren Tochter den Winter in Sicilien verlebte, hegte den sehnlichen Wunsch, den alten Tempel von Segeste zu besuchen, und meine Frau hätte sich der Gesellschaft gern angeschlossen. Der englische Consul hatte sich bereit erklärt, den vier Damen eine Eskorte von Gendarmen zu verschaffen, aber als sie mich um Rath fragten, ging ich zu meinem Padrone, welcher sagte:

„Nein, nein, nehmen Sie keine militärische Begleitung mit, es müßte denn eine sehr zahlreiche Truppe sein. Denn sonst würden die Picciotti sich wenig daran kehren, und wenn sie die Damen auf der Straße an sich vorbeiziehen sähen, würden sie denken, es wären sehr reiche Leute, und sich in genügender Zahl in den Hintergrund auf die Lauer legen und auf der Rückreise — denn sie müssen denselben Weg wieder zurückkommen — eine Salve in die Truppen und die Pferde hinein feuern, und obwohl die Soldaten die Gesellschaft wahr=

scheinlich vertheidigen und retten würden, so denken sie doch nur einmal an die Gefahr und den Schrecken, denen die Damen ausgesetzt sein würden. Nein, nein, sie thun besser, diesen Leuten zu trauen; denn, wissen Sie, die Picciotti werden Frauen niemals — es müßte denn die allerstärkste Veranlassung und Aussicht, etwas zu gewinnen, vorliegen — anfallen, selbst nicht, um sie zu berauben".

In Betreff dieser Rücksicht auf die bessere Hälfte der Menschheit ist eine Erklärung bezüglich der Natur der Sicilianer im Allgemeinen und insbesondere der untern Klassen nothwendig. Reisende, welche das italienische Festland und andere Gegenden Europas besucht haben, müssen, vorzüglich im Neapolitanischen und in der römischen Campagna, häufig Frauen auf dem Felde und bei andern Arbeiten außerhalb des Hauses am Werke gesehen haben. Die Sicilianer dagegen, und zwar selbst die aus der niedrigsten Klasse des Landvolks, werden ihren Weibern und Töchtern niemals gestatten, geschweige denn sie zwingen, außerhalb des Hauses zu arbeiten, und obwohl sie dieselben als untergeordnete Wesen betrachten und sie mit orientalischer Eifersucht bewachen, halten sie es doch für unmenschlich und schmachvoll, von ihnen irgendwelche andere Arbeit als häusliche zu verlangen. „Geloso como un Siciliano", eifersüchtig wie ein Sicilianer, ist eine oft gehörte Redensart in Italien, und der leichteste Verstoß gegen die Ehre ihrer Weiber, Töchter oder andrer weiblicher Angehörigen ihrer Familie, sei er ein wirklicher oder blos eingebildeter, wird übel genommen und mit aller Wildheit ihrer vulkanischen Natur gerächt. Die Hälfte der blutigen Verbrechen, die auf der Insel begangen werden, ist die Folge dieser übertriebnen Vorstellung von der Ehre ihrer Frauen. Eine gleiche Auffassung der Dinge setzen sie bei Andern voraus, und obwohl sie einen Mann anfallen, berauben und mißhandeln können, würden sie aus Furcht vor der Vendetta sich etwas der Art gegen eine Frau niemals zu Schulden kommen lassen, und ich muß annehmen, daß sie dabei auch eine angeborne wilde Großmuth gegen das weibliche Geschlecht bewegt.

Mein Padrone sagte zu mir: „Warum erkundigen Sie sich über die Sache nicht bei Zu Paulu? Er ist ein großer Jäger und kennt in jener Gegend jeden Fuß Boden und alle Welt. Er kann Ihnen sagen, ob es sicher ist oder nicht, und wie Alles eingerichtet werden muß".

Diesem Rathe folgend, schickte ich nach Zu Paulu, und als ich ihm meinen Wunsch vortrug, sagte er: „Allerdings ist um diese Jahreszeit das Wetter ziemlich ungünstig für einen solchen Ausflug, aber wenn Sie sich nur die Dienste eines Fuhrmanns von der rechten Art verschaffen können, wird er dem Regen auszuweichen verstehen".

Diese Leute sprechen gemeiniglich in Bildern, die nur ein Eingeborner, welcher den Ausdruck ihrer Augen beobachtet, zu deuten weiß. Der obige Satz sollte heißen: „Gegenwärtig wird das platte Land draußen von Räuberbanden unsicher gemacht, und so hat man sich vorsichtig zu verhalten, aber wenn sie einen Mann finden können, der Einfluß und Ansehen genug bei den Leuten genießt, so würde es gar keine Gefahr haben".

„Und wer würde dieser Fuhrmann von der rechten Art sein"? fragte ich.

„Der Einzige, welchen ich empfehlen könnte, wäre Gnuri Gaitann*), welcher sein Fuhrherrengeschäft hinter der Kathedrale hat".

Auf diese Empfehlung hin schickte ich nach diesem Gnuri Gaitanu oder, wie er gewöhnlich abgekürzt genannt wurde,

---

*) Gnuri ist der Vorname aller Kutscher und Fuhrleute in Palermo.

Gnu Tann. Er kam den folgenden Tag auf mein Bureau. Es war ein hochgewachsener, sehniger, athletischer Mann von etwa fünfundvierzig Jahren, in dessen schwarze Haare sich mäßig graue mischten. Sein ovales Gesicht, ursprünglich von maurischer, olivengelber Farbe, war dadurch, daß es fortwährend der heißen Sonne Siciliens ausgesetzt gewesen, dunkelbraun geworden und zeigte eine Adlernase, dunkle, stechende Augen, schmale Lippen und ein spitzes Kinn. Hätte er einen Vollbart getragen und einen Burnus angezogen, so würde er leicht haben für einen arabischen Schech passiren können.

„Gnu Tann", sagte ich, „meine Frau und eine Dame aus England haben Lust, einen Ausflug nach dem Tempel von Segeste zu machen. Ihr seid mir als der beste Kutscher empfohlen, der sich ihrer annehmen könnte, und so möchte ich Euch ersuchen, Euch auf die Tour vorzubereiten. Könnt Ihr die Sache unternehmen"?

„Immer zu Ihren Diensten, Signorino", erwiderte er. „Geht kein Herr in der Gesellschaft mit"?

„Es geht keiner mit. Die Freundinnen meiner Frau wollen mit dieser allein reisen, und überdieß gestatten auch meine Amtspflichten mir nicht, meinen Posten zu verlassen. So muß ich die vier Damen ganz Eurer Fürsorge anvertrauen".

„Immer zu Ihrem Befehl, Signorino. Und wann wünschen die Damen die Reise anzutreten"?

„Das überlasse ich Euch zu entscheiden; aber sobald das Wetter günstig zu diesem Ausfluge ist, Gnu Tann."

„Nächste Woche also, Signorino, nächste Woche. Denn das Wetter ist noch nicht recht ruhig geworden, und außerdem habe ichs übernommen, eine Gesellschaft nach Trapani zu bringen, und da ich hierbei die Straße einschlage, die wir mit den Damen fahren werden, will ich für diese in Alcamo Wohnung vorbereiten, wo sie zwei Nächte werden schlafen müssen, wenn der Ausflug bequem werden soll. Es giebt in Alcamo nur Gasthäuser für Fuhrleute; aber ich habe dort einen guten Freund, und der wird für die Unterbringung der Damen ein paar ordentliche Stuben zurecht machen".

„Und was verlangt Ihr dafür, Gnu Tanu"?

„Das wollen wir in Ordnung bringen, Signorino, wenn ich Ihnen gedient habe", sagte er.

„Was für Geld oder Lebensmittel werden die Damen mitzunehmen haben"? erkundigte ich mich.

„Gar nichts, Signorino, durchaus nichts", erwiderte Gnu Tanu. „Ich werde für alles sorgen, was sie brauchen, und ich ersuche Sie, den Damen den Rath zu geben, ihre ältesten und unscheinbarsten Reisekleider anzuziehen. Insbesondere dürfen sie keinerlei Kostbarkeiten, Ringe, Uhren, Armbänder oder Brustnadeln mitnehmen; denn diese Dinge könnten zerbrechen oder verloren gehen oder auch gestohlen werden. Uebrigens ist es auf jeden Fall gut, wenn man vermeidet, die Leute in Versuchung zu führen. Was die Tageszeit betrifft, so besitze ich eine ganz gute Uhr", und er zog eine große silberne Zwiebel heraus, um mir zu zeigen, daß er wirklich eine Taschenuhr besaß, „und außerdem kann ich die Stunde sagen, wenn ich nach der Sonne sehe".

„Sehr wohl, Gnu Tanu", versetzte ich. „Wir werden das den Damen mittheilen. Und wie steht es mit der Sicherheit der Straßen draußen? Ist irgend welche Gefahr auf dem Wege zu befürchten"?

Gnu Tanu richtete sich mit der Miene beleidigter Würde auf, er erhob seinen rechten Arm mit ausgebreiteter Hand und legte letztere auf seine breite Brust, dann rief er mit dem Ausdruck des Selbstgefühls und des festen Vertrauens auf seine

Kraft und Bedeutung ans: „Sicherheit, Gefahr, Signorino? Vannucu mia! Sie gehen ja mit mir".

Er hätte nicht mit mehr Würde und Zuversicht sprechen können, selbst wenn er der König des Gebirgs gewesen wäre.

„Nächsten Montag früh neun Uhr werde ich mit meinem Wagen vor Ihrem Hanse sein. Lege mich Euer Excellenz zu Füßen". Das war das ganze Abkommen, welches ich mit Gnu Tanu traf. Ueber die Reise selbst sollen einige Auszüge aus dem für mich geführten Tagebuche meiner Frau berichten. Dieselben lauten, wie folgt:

Gnu Tanu ist ein Juwel von einem Fuhrmann, so intelligent, so auf alles Mögliche bedacht, so galant, darf ich mich ausdrücken. Er behandelt uns mit einer Art achtungsvoller vormundschaftlicher Würde, wie wenn wir vier junge Fräulein wären, die man ihm auf die Seele gebunden hätte. Er sieht uns alle unsere Liebhabereien und Launen nach, läßt uns aber nicht einen Augenblick aus den Augen, was so weit geht, daß es uns bisweilen vorkommt, als ob er zu aufdringlich und gebieterisch für unsere die Unabhängigkeit liebenden angelsächsischen Naturen wäre. Die Art und Weise, auf welche wir reisen, ist ebenfalls etwas Neues für uns. Du bemerktest, als Gnu Tanu diesen Morgen zu uns kam, wie die Pferde drei neben einander gespannt waren und prunkende Pfauenfedern auf den Köpfen und Lederkummete mit klingenden Schellen um den Hals hatten, die mich an unsre heimischen Schlittenfahrten erinnerten. Du wirst Dich auf den Wagen mit seiner weißen Leinwandplane, die uns vor der Sonne schützen sollte, und mit dem ungeheuren Netze von Stricken besinnen, das wie eine Hängematte darunter ausgespannt war und allerhand Körbe und Schachteln mit unsern Lebensmitteln für eine dreitägige Reise enthielt. Auch des komischen schwarzäugigen Knaben

wirst Du Dich erinnern, der neben Gnu Tanu saß, und der
gelegentlich von uns fortgeschickt wurde, um uns eine seltne
wilde Blume zu pflücken, der aber während der heißen Zeit
des Tages in aller Stille unter den Wagen glitt, um sich zu
unsrer großen Verwunderung in jenes selbe Netz zwischen die
Körbe und Schachteln zu legen, wo er, über die heiße, staubige
Straße hinschaukelnd, eine entzückende Siesta hielt.

Wir verließen Monreale ein paar Minuten nach zehn Uhr
und hielten einige Augenblicke auf dem Platze vor der alten
normannischen Kathedrale, um die Pferde von dem steilen
Aufstieg verschnaufen zu lassen. Sofort umgab unsern Wagen
das gewöhnliche Gedränge von Bettelleuten, und ein solches
zerlumptes und schuftig aussehendes Volk habe ich in meinem
ganzen Leben nicht vor den Augen gehabt. Aber das Selt-
samste war dabei der Augenblick, wo Gnu Tanu aus der
Schenke zurückkehrte, in die er für ein paar Minuten getreten
war. Als er die Menge gewahr wurde, die unsern Wagen
umringte — es müssen ihrer wenigstens dreißig gewesen sein —
bahnte er sich ohne Weiteres seinen Weg durch sie hindurch,
indem er sie nach rechts und links bei Seite schob. Dann rief
er einen alten Mann herbei, der nur einen Arm und eine
Physiognomie hatte, daß er zum Bild eines Banditenpatriarchen
hätte sitzen können, steckte ihm etwas Geld in die Hand und
sagte ihm, er möge rasch das ganze Lumpengesindel forttreiben,
und wunderbar, auf eine einzige Bewegung seiner Hand hin
humpelte die ganze Gesellschaft sofort und ohne das geringste
Zögern oder Murren von dannen und nahm ihren Sitz auf
den Steinstufen und Treppenwangen der Balustrade vor der
Kirche wieder ein. Kein Einziger getraute sich mehr, in
unsre Nähe zu kommen, sondern alle blieben sie da unter

der heißen Sonne sitzen, starrten zu uns herüber und warteten, bis andere Reisende kamen, auf die sie sich losstürzen könnten.

Wir brachen bald darnach wieder auf und gelangten, indem wir am Saume der Bergwand hinfuhren, auf ein lang gestrecktes, ein wenig ansteigendes Plateau, das im Hintergrunde neue Berge sehen ließ. Wir begegneten sehr wenigen Menschen auf der Straße, und diese waren meistentheils Bauern oder Fuhrleute. Gelegentlich konnten wir auch Tagelöhner sehen, die auf dem Felde arbeiteten.

Jedermann schien Gnu Tanu zu kennen, und gewöhnlich begrüßte man ihn mit den Worten: „Salutamu, o Gnu Tanu, chi jamu facennu a st' ura"? Gott grüße Dich, Kutscher Tann, was machst Du in dieser Stunde? Und er pflegte zu antworten: „Tutti l'uri sunnu boni pr' abuscarisi lu pani", d. h. alle Stunden sind gut zum Brotverdienen. Er erwiderte den Gruß der Leute stets mit denselben Worten, gleichviel, wie er angeredet wurde. Es war dabei jedesmal vom „Brotverdienen" die Rede.

Gegen ein Uhr fingen wir an, Hunger zu bekommen, und so drückten wir unserm Führer und Beschützer den Wunsch aus, an einem schattigen Plätzchen Halt zu machen und zu frühstücken. Allein Gnu Tanu sagte, daß wir ein paar tausend Schritt weiter beim „Feudo", d. h. Gute des Baron O. anhalten würden, dessen „Curatulo" (Schaffner, Oberknecht) ihm befreundet sei und uns erwarte, und dort könnten wir nach unsrer Bequemlichkeit unter den Wipfeln eines Orangenhaines oder in den Gemächern der mit dem Gute verbundenen schönen Villa unser Frühstück einnehmen.

Zu rechter Zeit wurden das Gut und die Villa erreicht, und der Curatulo, ein Mann, der ganz wie unser Zu Paulu aussah, empfing uns mit großer Höflichkeit und führte uns in das

Landhaus des Barons, wo im Speisesaale bereits der Tisch gedeckt, aber mit nichts als grünen Mandeln, Erdbeeren, Salat und süßem Fenchel sowie verschiedenen Sorten Wein besetzt war. Indeß schleppte Gnu Tanu einen der Körbe aus dem riesigen Stricknetze unter dem Wagen herbei, der allerhand gute Dinge enthielt, und wir hatten ein entzückendes Frühstück. Als wir mit demselben fertig und bereit waren, unsere Reise fortzusetzen, versuchten wir dem Curatulo ein Zehnfrankenstück in die Hand gleiten zu lassen, aber er lehnte artig ab, es anzunehmen. Gnu Tanu bemerkte es und erklärte sich sehr respectvoll, aber mit aller Entschiedenheit dagegen, daß wir irgend jemand Geld anböten. Wir nahmen uns das zu Herzen und thaten fortan nach seinem Willen.

Während wir im Speisezimmer, das auf eine Seitenesplanade der Villa hinaussah, beim Mahle saßen, gewahrten wir eine Anzahl Männer mit Gewehren, von denen man uns sagte, sie seien die Wächter des Gutes. Sie waren alle in baumwollenen Sammet gekleidet, trugen rothe griechische Mützen und waren eine recht trotzig und wild dreinblickende Schaar. Gnu Tanu schien mit ihnen allen ein Herz und eine Seele zu sein, und sie bekamen etwas zu essen und in Fülle zu trinken, zu welchem Zwecke sie sich draußen unter die Orangenbäume hinlagerten.

Wir erreichten Alcamo, als man das Avemaria läutete. Der Eindruck, den der Ort auf uns machte, war der, als ob wir das wiederbevölkerte Pompeji betreten hätten, wo seine alten Bewohner herumwimmelten oder vor ihren Thüren säßen, um die kühle Abendluft einzuathmen. Alles sah so alt, verräuchert, verschimmelt und von Oelqualm überzogen aus, Alles war überfüllt. Die Form der Lampen war genau diejenige der altrömischen Lampen, selbst das Brot auf den Tischen vor den Bäckerhäusern war von der Gestalt wie das, welches in den Backöfen Pompejis verkohlt gefunden worden ist. Die Oel- und Wasserkrüge waren endlich ebenfalls dieselben wie im Alterthum.

Das Haus, vor welchem wir Halt machten, ist ein zweistöckiges Gebäude, das unten nur drei Stuben hat, in welchen eine alte Frau und deren Sohn eine Art Speisewirthschaft halten. Oben sind ebenfalls drei Zimmer, von denen sich eins immer auf das andere öffnet. Sie sind für uns zurecht gemacht, das mittelste enthält vier Betten für uns, das zweite, in dem ich schreibe, ist zum Speisesaale bestimmt, und das dritte bewohnt unser Gnu Tanu selbst.

Nachdem wir hier angekommen waren, bekamen wir ein vortreffliches Diner; denn diese Leute verstehen wahrhaftig ihre nationalen Gerichte zu kochen, und ich bin überzeugt, daß wir in unserm ganzen Leben nie bessere Maccaroni gekostet haben. Der Sohn der Wirthin ist ein sehr hübscher Bursch und scheint mit Gnu Tanu innig befreundet zu sein. Er soll uns morgen nach dem Tempel begleiten.

Dienstag früh. Als ich gestern Abend mit meiner Schreiberei fertig war, gedachte ich die nach Außen führende Thür zu verschließen, aber es gab keinen Schlüssel. Ich versuchte sie zu öffnen, um nachzusehen, ob er draußen stecke, aber ich machte die Entdeckung, daß wir verbarrikadirt waren. Gnu Tanu hatte sein Bett vorgeschoben und schlief wahrscheinlich schon. Auf das Geräusch, welches ich machte, fragte er, ob ich etwas wünsche. Ich erwiderte ihm, daß ich nur die Thür zu verschließen wünschte. Er entgegnete, das würde nicht gehen, da es zu ihr keinen Schlüssel gäbe, aber wir brauchten deshalb keine Angst zu haben — er wäre ja da.

Abends. Wir standen mit Tagesanbruch auf und machten

uns, nachdem wir eine Tasse Kaffee mit frischer Ziegenmilch und Butterbrot zu uns genommen hatten, auf den Weg nach Calatafimi. Der Sohn unsrer Wirthin in seinem besten Staate, einem funkelnagelneuen Sammetanzug, Massaniellos rother Mütze, einem grellrothen Bandanna-Halstuch und einer Anzahl von goldnen Ringen an seinen Fingern — vom Kopf bis zu den Füßen ein flotter, flinker Brigante — setzte sich zu Gnu Tanu auf den Bock, nachdem der schwarzäugige Knabe in sein Strick-netz unter dem Wagen verschwunden war.

Wir erreichten Calatafimi gegen acht Uhr Morgens und hielten vor einem Gasthause, das Miß S. stark an eine spanische Venta erinnerte. Hier fanden wir sieben Esel gesattelt und bereit, vier für uns Damen, einen für Gnu Tanu, einen für dessen Freund, den Sohn der Wirthin in Alcamo, während der siebente und letzte, von einem großen Knaben am Zaume ge-führt, die Körbe tragen sollte, die unsre Lebensmittel enthielten.

Als wir aus Calatafimi hinauszogen, ging die Straße in ein tiefes, tiefes Gebirgsthal hinab, und an der andern Thal-wand stand auf der Spitze eines öden, einsamen, zerklüfteten Felskegels der berühmte Tempel von Segeste. Der Aufstieg zu ihm war außerordentlich ermüdend, und als wir den Gipfel erreichten, war unser erster Gedanke, den Inhalt unsrer Körbe auszubreiten; denn wir waren allesammt sehr hungrig. Gnu Tanu hatte aber an Alles gedacht, selbst an eine Spirituslampe, um das Wasser zu einer Tasse Thee ins Kochen zu bringen, die oben auf diesem hohen Berge, wo die Luft so dünn ist, außerordentlich willkommen war.

Wir verweilten hier fast vier Stunden und würden noch länger geblieben sein, wenn Gnu Tanu eingewilligt hätte. Aber er wollte nur bei Tageslicht auf der Straße sein; denn, wie er sagte: „Di jornu nu cunuscemu, ma la notti è di li cucchi". D. h. „Am Tage kennen wir uns, aber die Nacht gehört den Eulen. Eins von Euren komischen sicilianischen Sprichwörtern, nicht wahr"?

Wir haben bis jetzt einen höchst angenehmen und vom besten Erfolge begleiteten Ausflug gehabt. Jedermann ist freundlich gegen uns gewesen, und selbst die gewöhnlich so zudringlichen Bettler ließen uns an allen Orten unbelästigt; sie schienen auf unsern Fuhrmann und seinen Freund mit scheuer Furcht zu blicken". — — —

Am nächsten Tage, Mittwoch also, erwartete ich mit einiger Besorgniß die Rückkehr der Reisegesellschaft, da ich von verschiedenen Anfällen auf die Postkutschen und mehreren Versuchen, Leute zu berauben, gehört hatte, welche gerade auf den Straßen vorgekommen waren, über die meine Frau und ihre Freundinnen auf ihrem Wege zum Tempel von Segeste hatten fahren müssen. Wir erwarteten ihre Ankunft um sechs, spätestens um sieben Uhr Abends, aber es wurde neun Uhr, und noch immer waren sie nicht erschienen.

Nach einigen Minuten mehr jedoch hörten wir die Schellen der Pferde klingeln, und gleich nachher fuhr Gnu Tanu, tapfer mit seiner Peitsche knallend, in den Hof der Villa herein. Die Damen kamen allesammt so froh gestimmt und so glücklich als nur möglich in unsre Wohnung und verbreiteten sich mit ausführlicher Rede über die wohlgelungne Expedition und das viele Vergnügen, das sie gehabt hatten.

Auch Gnu Tanu kam herein und sagte mit der Miene eines getreuen Dieners, der stolz ist, seine Pflicht erfüllt zu haben: „Signurinu, ci li cunsignu sani e salvi", mein Herr, hier liefere ich sie Ihnen gesund und wohlbehalten zurück.

Ich sah ihn wohl zehn Tage nicht wieder, und als er dann kam und mir die Rechnung überbrachte, fand ich sie ganz in der Ordnung und viel mäßiger als Das, was die Hotels für einen solchen Ausflug gefordert haben würden.

Und jetzt frage ich: wie konnte er unbehelligt über dieselben Straßen fahren, die zu dieser Zeit von Räubern unsicher gemacht wurden? Und wie konnte dieß an denselben Tagen geschehen, wo auf der ganzen Strecke dieser Straßen Raubanfälle verübt worden waren? Der Leser wird die Ursache ohne Zweifel errathen haben. Gnu Tanu hatte Paßworte und Zeichen (unter jenen die Redewendung vom „Brotverdienen"), und niemand würde ihn anzurühren gewagt haben, da alle jene Wegelagerer und Schnapphähne ganz ebenso wie er zur Mafia gehörten.

Ich habe bis jetzt blos die lichte Seite des Bildes gezeigt, aber es hat auch eine dunkele schreckliche. Dieser gefährliche Bund, ein Ueberrest der Wirkungen des Fremdenjoches, welches auf Italien und namentlich auf Sicilien drei Jahrhunderte hindurch wie ein schwarzes bleischweres Leichentuch lastete, wuchtet auf der schönen Insel noch heute und schließt das Licht der Freiheit von ihr aus, welches über Italien leuchtet. Die Verbrechen, welche ihre Mitglieder begangen haben, um ihren verhängnißvollen Einfluß sich zu erhalten, sind himmelschreiender Natur. Aus Furcht vor ihrer Vendetta wagen achtbare Leute nicht, vor Gericht Zeugniß gegen sie abzulegen, scheuen sich Geschworenengerichte, das Schuldig über sie auszusprechen. Alle friedfertigen und rechtlichen Bürger fürchten die Macht der Mafia, die Landeigenthümer werden von ihr regelmäßig besteuert und ebenso jede städtische Berufsart. Werden die neuen Gesetze der italienischen Regierung ihr ein Ende machen? Wie frühere Erfahrungen zeigen, kann das Räuberwesen mit Gewalt unterdrückt werden, die Mafia aber nicht. Kein Gesetz und keine Strafe will gegen sie verfangen. Die Mafiusi werden dadurch bewogen werden, von offner Gewaltthat abzusehen, die Mafia aber, die im Dunkeln schleicht, die durch das freiwillige oder erzwungene Sichfügen eines großen Theiles der Bevölkerung gedeiht, kann nicht wohl durch Parlamentsbeschlüsse bei Seite geschafft werden.

Allgemeine Schulbildung, Aufklärung, die Anlage von Straßen und Eisenbahnen, die Vertheilung von Land an kleine Leute, namentlich die Zerschlagung und Vertheilung der ungeheuren Landstrecken, welche den vor Kurzem unterdrückten religiösen Körperschaften gehörten und jetzt verlassen und unbebaut daliegen, die Verbreitung freisinniger Ideen und vor Allem der Ueberzeugung, daß den Schutz der liberalen italienischen Regierung anzurufen mannhafter, ehrenvoller und, wenn die Regierung sich gebührend anstrengt, auch sicherer ist, als den der Mafiusi zu erkaufen, — nur diese Dinge können mit der Zeit den riesigen Geheimbund lahm legen und zuletzt absterben lassen, der seit Jahrhunderten wie ein Bandwurm am Lebensmarke des Gewerbfleißes Siciliens genagt hat, und dieser reichbegabten Insel ihre alte Fruchtbarkeit auf dem Gebiete des Ackerbaues, des Handels und der geistigen Thätigkeit wiedergeben.